Jacques Heers
Vom Mummenschanz zum Machttheater
Europäische Festkultur im Mittelalter

Aus dem Französischen von
Grete Osterwald

S. Fischer

Die französische Originalausgabe mit dem Titel
›Fêtes des fous et Carnavals‹
erschien 1983 bei Librairie Arthème Fayard, Paris
© Librairie Arthème Fayard, Paris 1983
Für die deutsche Ausgabe:
© 1986 S. Fischer Verlag GmbH, Frankfurt am Main
Alle Rechte vorbehalten
Umschlaggestaltung: Buchholz / Hinsch / Walch
unter Verwendung eines Gemäldes von Pieter Breughel d. Ä.,
›Der Streit zwischen Fasten und Fastnacht‹
Kunsthistorisches Museum, Wien
Josef S. Martin – ARTOTHEK
Gesamtherstellung: Clausen & Bosse, Leck
Printed in Germany 1986
ISBN 3-10-030702-X

Inhalt

II. Die Kanoniker: Privilegien und Hierarchien

III. Das Narrenfest

IV. Närrische Aufzüge
und Karnevalsbelustigungen

Einleitung

»Die Feste, deren Geschichte ich hier schreiben will, sind so ungewöhnlich, daß der Leser mir kaum glauben würde, wüßte er nicht, welche Unkenntnis und Kulturlosigkeit unter den Gläubigen geherrscht hat, bevor im 16. Jahrhundert erst in Italien und dann in allen anderen Teilen Europas die Renaissance der Schönen Wissenschaften erblühte... Unsere frommen Ahnen sahen nichts Gotteslästerliches in den Zeremonien, die ich beschreiben werde, fast alle heidnischen Ursprungs und in wenig aufgeklärten Zeiten bei uns eingeführt.«

Mit diesen wenigen, entschiedenen Sätzen beginnt Monsieur du Tillot, Hofjunker Seiner Königlichen Hoheit des Herzogs von Berry, 1751, im schönen Zeitalter der Aufklärung, sein kleines Buch *Mémoire sur la Fête des Fous*, hochinteressant übrigens, lebhaft geschrieben, voller spritziger Anekdoten und gespickt mit Verurteilungen, aus denen eher der dünkelhafte Stolz und die massive Verständnislosigkeit des »aufgeklärten«, »wohlanständigen« Mannes sprechen als eine moralische Mißbilligung. Der Hinweis auf die Jahrhunderte der »Kulturlosigkeit« und die festverwurzelte Idee eines unmittelbaren Zusammenhangs zwischen den Schönen Wissenschaften und der Sittsamkeit wären an sich schon einer gründlichen Abhandlung wert. Heutzutage kann man über solche Äußerungen nur noch staunen.

Siebzig Jahre später sieht Jean-Baptiste Thiers, Pfarrer von Champrond und Doktor der Theologie, die Dinge schon etwas klarer. In seinem *Traité des jeux et divertissements qui peuvent être permis ou qui doivent être défendus aux Chrétiens selon les règles de l'Eglise et le sentiment des Pères* analysiert er zwar nicht die wirklichen Ursprünge, aber zumindest die verschiedenen Aspekte dieser volkstümlichen Vergnügungen, die sich teilweise unter dem Vorwand religiöser Feierlichkeiten herausgebildet und gefestigt haben. Er legt unmißverständlich dar, daß der Mensch seit dem Sündenfall Spiele und Zerstreuungen bedarf, daß sie von den Kirchenvätern bejaht und durch das Beispiel der Heiligen und der religiösen Gemeinschaften autorisiert worden sind, »daß sie aus sich selbst heraus einen neutralen Charakter haben und nur durch die Umstände, unter denen sie stattfinden, verdorben werden können«.

Die Umstände, natürlich. Doch das Hauptübel ist, daß die Kirchenleute selbst mit dem schlechtesten Beispiel vorangehen, daß in den sakralen Gebäuden und auf den Friedhöfen alle möglichen Tänze oder Maskeraden veranstaltet werden, daß die Prozessionen gelegentlich in groteske oder liederliche Umzüge ausarten: in seiner ausgeprägtesten Form sinnfällig gemacht durch die Narrenfeste, die schlimmer sind als alle anderen, denen ein Höchstmaß an Tollheit zugesprochen wird.

Doch selbstverständlich sind die Feste und ihre Ausschweifungen nicht nur eine Angelegenheit der Sitten oder der Moral, der mehr oder weniger strengen Einhaltung religiöser Vorschriften. In den meisten Fällen besteht keinerlei Widerspruch zwischen dem christlichen Geist, den ehrfurchtsvollen Handlungen der Frömmigkeit einerseits und den kollektiven, manchmal geschmacklosen Ausgelassenheiten andererseits. Sie erscheinen in einem übergreifenden und komplexeren Kontext. So wie jeder andere Ausdruck einer Zivilisation rühren sie von Umständen her, an denen vielfältige politische und vor allem soziale Strukturen oder Praktiken beteiligt sind.

In der heutigen Zeit, die geprägt ist vom gesellschaftlichen Rückzug auf verschwindend kleine, winzige soziale Zellen, denen ein gänzlich abstraktes Gemeinschaftsleben gegenübersteht, fällt es schwer, sich diese Jahrhunderte der »Kulturlosigkeit« vorzustellen und zu verstehen, welche Rolle damals die Feste mit ihren erstaunlichen Formen, ihren überraschenden Manifestationen des sozialen Lebens gespielt haben mögen.

Feste, Mentalitäten und Machtverhältnisse

Feste sind zweifellos in erster Linie Zerstreuungen und – das sei von Anfang an betont – oft solche, die dem baren Vergnügen dienen: fröhliche Versammlungen in neuen Kleidern, bunte Scharen vermummter, maskierter, mit Hüten und Schleifen geschmückter Menschen. Wohin der Blick auch fällt, überall bietet sich eine Augenweide von Farben und Verzierungen, die den Freudentag aus der Alltäglichkeit und dem gewohnten Lebensrhythmus herausheben. Sämtliche Chronisten, sämtliche Dichter, ja sogar die Schreiber des städtischen oder fürstlichen Rechnungswesens kommen immer wieder auf die unerhörte Prachtentfaltung der Rot- und Grüntöne zurück, auf ihre Qualitäten und ihre Preise, auf den Flitter und das Gold. Wer ruiniert sich hierzulande schon noch wegen eines Prachtkleides, das er nur einmal trägt? Sicherlich niemand. Für die Töchter der provenzalischen Handwerker und Bauern indes ist der rote Hochzeitsmantel, der das ganze Leben lang eifersüchtig gehütet wird, bei weitem das wertvollste Stück ihrer Mitgift. Ein jeder kennt die Bedeutung der Farben, ihre manchmal subtilen Hierarchien; und in den *Lehnsbriefen*, die stets genaue Beschreibungen enthalten, finden sich – auf Geheiß des Grundherrn allen Ernstes eingetragen – neben den Bannrechten, den Abgaben in Form von Weizen oder Geflügel, neben den Summen, die im Namen der *taille* und der Zolltarife zu entrichten sind, schwarz auf weiß auch die ungewöhnlichsten Reitsporen und Handschuhe, allerhand Spezereien und vor allem die häufig erwähnten, nach altem Brauch zum Johannistag verschenkten Rosenhüte verzeichnet. In der Stadt ebenso wie auf dem Lande, bei den religiösen Feierlichkeiten wie bei den Festen des bürgerlichen und politischen Lebens durchbrechen verschiedenartige Schauspiele den gewohnten Lauf der Arbeiten und der Tage: Spiele, Wettbewerbe, Prozessionen und Umzüge, aber auch Darstellungen lebender Bilder, um eine Heiligenvita, eine Legende, irgendeine vertraute Episode zu illustrieren, und schließlich Aufführungen von Mirakel- oder Mysterienspielen, spaßhafte und satirische Farcen – lauter Ereignisse, die von der wirklichen Volkskultur unserer Vergangenheit zeugen und dem heutigen Historiker ein faszinierendes Material böten, könnte er sie anders erfassen als durch vage Anspielungen oder um den Preis oft willkürlicher Rekonstruktionen. Zerbrechliche Formen des Ausdrucks, vergängliche, nur wenige Tage haltbare Holzgebilde, die sich uns entziehen und eine schwerwiegende Lücke in unserem Repertoire der künstlerischen Arbeiten oder der »literarischen« Kompositionen hinterlassen... Das Fest als Widerschein einer Zivilisation, als Symbol und Träger von Mythen und Legenden ist wahrlich nicht leicht zu enträtseln.

Aber es ist auch das Abbild einer Gesellschaft und ein Spiegel politischer Intentionen. Seit uns historische Untersuchungen über die Festgebräuche im alten Rom vorliegen, wissen wir von dem Prestige, das auf denjenigen zurückstrahlt, der die Spiele, welche es auch sein mögen, anbietet, der sie bezahlt; und wir wissen von dem vielleicht noch höheren Ansehen, das denjenigen belohnt, der sich selbst zur Geltung bringt, der als Held des Tages, als Turnierkämpfer, Schauspieler oder gar Spaßmacher den ersten Platz erobert. So hat sich die Erinnerung an das erstaunliche altrömische Zeremoniell des *Triumphs* mit Lorbeerkränzen und Festwagen, mit Gefangenenzügen und exotischen Tieren auf einer streng politischen Ebene durchaus erhalten. Das »Mittelalter«, von dem wir immer wieder hören, es sei der Antike unendlich fern und gar nicht mit ihr zu vergleichen, hat dieses Fest keineswegs vergessen: als glänzender Sieger über den Verbund mehrerer vom Papst unterstützter lombardischer Städte läßt Friedrich II. 1237 einen regelrechten Triumphzug durch die Straßen der ihm stets treu ergebenen Stadt Cremona ziehen, nicht ohne dem *carrocco*, dem Kriegswagen der Besiegten mit deren gefesseltem Anführer, einen guten Platz einzuräumen. Wenig später drängt sich der *Triumph* den Dichtern und den Malern als eines der wichtigsten Themen auf, von dem sie sich zu zahlreichen Werken anregen lassen, bis hin zu den bewundernswerten Bildteppichfolgen über den Triumph des Scipio Africanus auf den Kartons von Giulio Romano Anfang des 16. Jahrhunderts. Kriegerische Triumphe, aber auch Triumphe der Liebe oder des Todes.

Gewiß, Aufzüge dieser Art gibt es weder in Frankreich noch in England, ja nicht einmal im deutschen Reich. Doch nach der

Schlacht von Bouvines kehrt der siegreiche Philipp August in Begleitung seiner Mannen mit ausgestellten Waffen und erhobenen Bannern nach Paris zurück; der verräterische Ferdinand wird auf dem Schandkarren mitgeführt, die Füße in Ketten geschlagen, während das treue Volk allenthalben die Straßen säumt, um dem König zuzujubeln und – vor allem – um den unglücklichen Besiegten mit Spott oder Schmähungen zu bedecken, deren unflätigen Ton man sich leicht vorstellen kann, obwohl sie von den Historikern in erleseneren Worten mitgeteilt werden: Gleicht diese Szene nicht einer Parodie oder gar einem hemmungslosen, hämischen, vielleicht spontanen Triumph, der nicht nur als Erhöhung der politischen Standhaftigkeit, der Vasallentreue empfunden wird, sondern darüber hinaus als ein Erwachen, als die Bewußtwerdung einer Art nationaler Gemeinschaft der Franzosen angesichts der Ambitionen des Kaisers, des zweiten Verlierers von Bouvines, der durch Abwesenheit geglänzt hat? Um das politische Ziel zu unterstreichen, werden die feierlichen Ehren hier sogar auf die spärlichen, zweifellos ein wenig tölpelhaften kommunalen Volksmilizen ausgedehnt, die auf dem Schlachtfeld kaum Gelegenheit gefunden haben, ihre Tapferkeit zu beweisen.

Mit unerhörtem Pomp und nach sorgfältigsten Vorbereitungen werden die herrschaftlichen *Einzüge* in die wichtigen Städte gefeiert: Feste zum Empfang der Fürsten und der Könige auf allen ihren Wegen, namentlich in den Wochen oder Monaten nach der Thronbesteigung, desgleichen zum Empfang der hohen Besucher, der Oberhäupter oder der Gesandten aus den Nachbarländern. Große Zeremonien an den Toren der Stadt, feierliche Schlüsselübergaben, Beteuerungen der Untergebenheit, mehr oder weniger diskrete Appelle an die Gunst der Obrigkeit in Steuerdingen und wohlgeordnete Prozessionen unter Wahrung subtiler Vorrangigkeiten, dazu weinspendende Brunnen, Straßen, die vom Mist gesäubert sind, und mit flatternden Stoffahnen oder Tapisserien herausgeputzte Häuser – manchmal sogar mit prachtvollen, vor den Fensterläden ausgestellten Goldschmiedearbeiten. An den Straßenkreuzungen gibt es Schauspiele aller Art: Maschinen, Mimen auf Holzbühnen, kleine Genreszenen und insbesondere Allegorien. Die profane, phantasievolle, exotische Zerstreuung soll ge-

fallen und gleichzeitig Verwunderung erregen: »...am Ponceau
Saint-Denis sah man über dem Brunnen und um ihn herum ein
sechsseitiges Tabernakel, reich geschmückt, ganz mit Himmelblau
und goldenen Lilienblüten überzogen, und oben darauf war ein
Wald gepflanzt, in dem unbekleidete Wilde Männer und Frauen
sehr liebenswürdig miteinander spielten, und im Becken des nämlichen Brunnens waren drei wunderhübsche Sirenen« (zum Einzug des jungen Heinrich VI. am 2. Dezember 1431 in Paris). Am
selben Tag wurde ein heiliges Mysterium gezeigt: »Und am Orte
der Trinité standen reich geschmückte Schaubühnen, auf denen
die Geschichte der Geburt unseres Herrn Jesus Christus von lebenden Personen dargestellt wurde; nämliche Personen bewegten
sich nicht, sie wirkten wie Bilder und waren ihrer doch immerhin
achtundzwanzig an der Zahl.« Dahinter verbirgt sich eine politische Absicht: Der Einzug des Herrschers wird mit dem Weihnachtsfest in Verbindung gebracht. Aber damit nicht genug: »Bei
der Festung Saint-Denis, oberhalb der Ziehbrücke, sah man ein
geschwungenes Silberschiff, so groß, daß es zwölf Personen faßte.
Selbige Personen hielten drei Herzen, die sie dem König darboten,
damit sie vor seinen Augen aufsprangen; aus dem einen kamen
drei weiße Tauben, aus dem anderen flatternde Vögelchen und aus
dem dritten violette Blumen und duftendes Grün. Darunter stand
in großen Buchstaben auf eine Tafel geschrieben:

> Die Stände dieser Stadt
> Bieten Euch in Eintracht und Ergebenheit
> Alle ihre Herzen dar.
> Möget Ihr sie gnädig empfangen.«

Ein wichtiger Tag, dieser Sonntag, der 2. Dezember 1431: Ein
Knabe von zehn Jahren, König von England und Frankreich, hält
seinen Einzug in die überaus bedeutsame, heiß umstrittene Stadt
Paris, die der neuen Dynastie zwar wohlgesonnen, aber dennoch
zurückhaltend und gefährlich ist. Kein Wunder, daß jeder Geste,
jeder durch sie hervorgerufenen Wirkung größte Bedeutung beigemessen wird. Nichts bleibt unbedacht, und da Weiß die Farbe
der Allmacht ist, reitet das Kind selbstverständlich »auf einem
weißen Zelter« ein, »bekleidet mit einem Gewand aus blaugolde-

nem Tuch und einer schwarzen Schweifkappe mit einer Spange am
unteren Ende des Seidenbands«.

Jeder königliche oder fürstliche Einzug löst eine Reihe von Festen
aus und regt die Phantasie der Dichter, der Maler und der Sticker
an. In Paris bieten sich zwangsläufig die meisten Gelegenheiten;
die feierlichen Einzüge häufen sich während der Unruhen des
Hundertjährigen Krieges, der Zeit der Bürgerkriege, der endlosen
Fehden zwischen den Armagnacs und den Burgundern. So kommt
es, daß die offiziellen oder anonymen Chronisten uns bei den Umzügen über einen immer gleichen, nunmehr festgelegten, quasi
geheiligten Weg mit bestimmten Stationen, Treffpunkten und
Spielstätten führen: von Saint-Denis, der königlichen Abtei,
durch die Tore am rechten Seineufer, die Rue Saint-Denis, am
Châtelet und an Notre Dame vorbei bis zum Palais de la Cité.

So hat im ganzen Abendland jede Hauptstadt eines Reiches oder
Fürstentums ihren großen Prozessionsweg, bestimmte Stadttore,
die im Schutz einer Kirche oder einer Kapelle an den belebtesten
Straßenkreuzungen liegen, Marktplätze, die sich von der Abtei bis
zum Brunnen, von der Basilika bis zum Palast erstrecken. Mancherorts sind auf diese Weise wahre Triumphstraßen entstanden,
Pulsadern des öffentlichen Lebens, gesäumt von den Palästen der
Fürsten, Adligen und Prälaten, die hier eiligst ihre Residenz errichten ließen.

Die großen festlichen Vergnügungen können aber auch dem
Ruhm der mächtigen Kommune dienen, indem sie an ein entscheidendes Ereignis der Vergangenheit, eine Heldentat, eine
überstandene Gefahr erinnern. Während dies in Frankreich noch
selten der Fall ist, tun sich die italienischen Städte schon früh mit
derartigen Festen hervor, namentlich das blühende und von inter-
nen Konflikten oder Erschütterungen relativ verschonte Venedig.
Mit dem Segen der Stadtväter und der hohen Räte haben die Vene-
zianer eine Vorliebe entwickelt, die Höhepunkte des Jahres durch
große kollektive Zeremonien hervorzuheben, die, oft sehr populär
und durchaus in der Tradition verankert, von den Einwohnern als
Ausdruck ihrer Individualität und ihrer Überlegenheit empfunden
werden. So etwa die *Vermählung des Dogen mit dem Meer*, bei
der ein geweihter Ring von der Prunkbarke, dem Buzentaur, ins

Wasser der Lagune geworfen wurde. Diese Zeremonie, Zeichen der venezianischen Herrschaft über die fernen Meere, gemahnte sowohl an den Aufbruch des Dogen Pietro Orseolo II. zur Eroberung Dalmatiens als auch an den Sieg der venezianischen Galeeren über die Flotte Friedrich Barbarossas bei Aquileia. Jahr für Jahr entrichtete die Kirche von Aquileia an diesem Tag eine Art Tribut: Sie schickte einen Stier und zwölf Schweine nach Venedig, um — recht unehrerbietig, aber durchaus ins damalige Bild der politischen Belustigungen passend — der Gefangennahme der zwölf Kanoniker von Aquileia durch den Dogen Vitale Michiele II. zu gedenken. Vor der großen Basilika auf der Piazetta di San Marco losgelassen, wurden die Schweine schließlich von den Schmieden und den Metzgern geschlachtet und zerlegt: eine frühe, geradezu aggressive Parodie. Am 1. Februar feierte man die Befreiung der zwölf venezianischen Jungfrauen, die in einer noch ferneren und zweifellos undurchsichtigen Vergangenheit von Piraten der dalmatinischen Küsten und Inseln verschleppt worden waren. Diese Zeremonie, *Marienfest* genannt, hatte bis 1379 Bestand: Zwölf junge Mädchen, geschmückt mit geliehenen Juwelen aus dem Schatz von San Marco, wohnten einer feierlichen Messe bei und begleiteten den Dogen dann in einer prachtvollen Prozession zur Kirche Santa Maria Formosa, jenseits des Canal Grande. Im April feierte Venedig die Erinnerung an die Einnahme von Konstantinopel, an die Gründung seines großen Kolonialreichs im Jahre 1204; ein dreifacher Gedenktag übrigens, da zwei weitere Erfolge der Signoria in die Feierlichkeiten einbezogen wurden, zwei Siege über Feinde im Innern, die Oberhäupter allzu ehrgeiziger Familien, die Initiatoren gewaltsam niedergeschlagener Revolten: die Siege über Bajamonte Tiepolo und Marino Falieri in den Jahren 1340 und 1355. Man kann also sagen, daß die hohen venezianischen Feste, prunkvoll aufgemacht, allseits berühmt und vielleicht eine Gewähr für die Aufrechterhaltung einer bestimmten sozialen Ordnung, vornehmlich politischen Anregungen entsprachen, daß sie einem zweifachen Wunsch dienten: die Besiegten, die Rebellen, alle, die sich des Ungehorsams schuldig gemacht hatten, zu erniedrigen *und* die Idee der Gemeinschaft zu stärken.

In Florenz bejubelte das Volk am Johannistag eine herrliche Prozession, eine Art Defilee im antiken Stil, bei dem die der Stadt
untertanen Völker, die benachbarten Herren und die verbündeten
oder von einem Florentiner Podesta verwalteten Städte ihre Tribute entrichteten: Die einen trugen wappenbesetzte Banner, die
anderen riesige, kunstvoll gestaltete, mit Bildern und Schleifen
geschmückte Kerzen. Das Fest kehrte sowohl die gemeinsame
Stärke als auch die Abhängigkeiten heraus.

Aber das politische Fest gilt nicht nur dem Triumph selbst, sondern auch, ja zweifellos in höherem Grade dem kriegerischen Spiel
und den Wettkämpfen, die Gelegenheit geben, Rivalitätsgelüste
zu befriedigen, den Zusammenhalt bestimmter Solidargemeinschaften zu festigen und die Kräfte der eigenen Gruppe an anderen
Gruppen zu messen.

Die Chronisten – jedenfalls die italienischen, oft erzählfreudiger
und eher auf der Höhe einer urbanen, militärisch geprägten Zivilisation, die in Italien ihre höchste Vollendung erreicht – versäumen
es nicht, solche sportlichen Rennen oder Kämpfe zu beschreiben,
im Prinzip durchaus harmlose Veranstaltungen, die aber den
Wetteifer, die Aggressivität unter den beteiligten gesellschaftlichen Gruppen oder Städten schüren, so daß sie fast immer in
heftige, gelegentlich in blutige Konflikte umschlagen. Die Mann-
schaften, *brigate* genannt, tragen die Farben und die Fahnen ihres
Viertels oder ihrer Gemeinde, manchmal die ihrer Stadt, je nach
den Dimensionen der Begegnung. Bei den Spielen selbst handelt
es sich zumeist um solche, die auf ritterliche Bräuche zurückge-
hen, die *battaglie*, eine Art von Turnieren, bei denen der Grup-
penzusammenhalt deutlicher im Vordergrund steht als die individuelle Heldentat und die viel Raum für Überraschungen, Gemeinheiten und Verrat lassen: Schlachten zu Fuß oder zu Pferde,
Umzüge mit allem, was an Nachahmungen, Belustigungen oder
Ausschweifungen dazugehört. Einerseits das überzogene höfische
Gebaren rund um das *Castello d'Amore*, ein Spiel, bei dem Scharen junger Männer in farbenprächtigen Kleidern eine aus Karton
oder Holz errichtete Festung stürmten, während die Mädchen von
innen herausspähten, um die Tapferkeit der Helden zu beurteilen; freilich warfen die jungen Männer nur mit Blumen und

Naschwerk, mit Bonbons und Konfetti, mit Gewürzbeuteln und Duftfläschchen, doch ihre unbeherrschte Leidenschaft ließ die Rivalitäten derart entflammen, daß der geringste Zwischenfall, vor allem jedoch die Enttäuschung der Verlierer über den Schiedsspruch der weiblichen Belagerten zu Raufereien und Krawallen führte, in die sich die eilends herbeigeholten Freunde einmischten – zahllos, so hören wir, waren die Spiele der edlen Liebe, die so zum Anlaß für brutale, ja gefährliche Kämpfe wurden. Andererseits – ebenfalls in Anlehnung an die Traditionen der Krieger- und der Ritterschaft – beherrscht die Parodie oder deren schlichte »volkstümliche« Version das Bild: Die Kämpfer gehen mit bloßen Händen oder mit erhobenen Knüppeln aufeinander los, so vor allem bei den berühmten »Brückenspielen« in Venedig und in Pisa, bei denen jeweils zwei Parteien, eine vom diesseitigen, die andere vom jenseitigen Ufer eines Kanals bzw. des Arno, die Brücke zu erobern suchen; anschließend ziehen die Sieger durch die ganze Stadt, um die Besiegten zu erniedrigen, und abends zählen beide Seiten ihre Verletzten, manchmal ihre Toten.

Noch beliebter indes sind die Rennen – keine Wagenrennen mehr wie die, die einst im römischen Zirkus veranstaltet wurden, mittlerweile aber nur noch in Byzanz, wo die *Blauen* gegen die *Grünen* antreten, in aller Härte und mit Erfolg ausgetragen werden, sondern Pferderennen, die *conestagiae*, bei denen die Reiter die Farben ihrer Pfarrgemeinde oder ihrer sozio-politischen Gruppe tragen; sie entwickeln sich in den italienischen Städten der damaligen Zeit zum großen Ereignis des Jahres. In Wirklichkeit fanden solche Rennen häufiger statt, zu jeder bedeutsamen profanen oder religiösen Feierlichkeit. Hier und dort, etwa in Genua, diente der Strand als Rennstrecke, zuweilen auch eine offene Wiese vor den Toren der Stadt, meist jedoch ein Ort innerhalb der Mauern. In Ermangelung eines geeigneten öffentlichen Platzes wurden die Pferde in Bologna lange Zeit im Galopp durch die Straßen gejagt; unter dem Jubel der Massen folgten sie einem tückischen, von Hindernissen unterbrochenen Parcours, den man von Jahr zu Jahr zu verbessern suchte. Es ist gut möglich, daß im Städtebau mehr für den *palio* getan wurde als für den Wagenverkehr. So erklärt sich, daß der sportliche Wettkampf an manchen Orten wieder wie ehemals, zur Zeit der Römer, über die Stadtplanung und die notwendigen Veränderungen des oft außerordentlich wirren Straßennetzes entscheidet.

Die Piazza Navona in Rom hatte ihre wunderschöne Struktur im antiken Stil bewahrt – eine verlockende Szenerie für den wilden Ansturm der Pferde. Und die herrliche Anlage der Piazza del Campo, des Rennplatzes von Siena, erscheint uns heute noch wie für diesen Zweck geschaffen: eine Art geschlossener Zirkus, und zwar nicht durch stufenförmige, funktionale, seelenlose Steinaufbauten, sondern durch die Fassaden vornehmer Häuser mit zahllosen Fensteröffnungen und logenähnlichen, vorgebauten Balkons, ein vollkommener Rahmen nicht nur für Pferderennen, sondern auch für Prozessionen, die sich dort sicherlich sehr viel prachtvoller entfalten konnten als auf dem relativ kleinen Platz des Duomo.

Die hier beschriebenen Wettkämpfe verlangen keinen bloßen Gewinner, sondern einen echten Triumphator, stets in Gestalt einer ganzen Gruppe, die lauthals ihren Sieg verkündet und die Unterlegenen verhöhnt. In Siena reitet die Mannschaft, die den *palio* – den Preis des Jahres – erringt, mit hochmütigem Geschrei und provozierenden Gesten durch die anderen Viertel der Stadt, wo sie ihre Pferde dreist und vermessen vor den Kirchentüren, manchmal sogar vor den Altären piaffieren läßt.

Psychologisch gesehen lebt in diesem Verhalten der alte Fehdegeist unverändert oder jedenfalls ungebrochen fort. Den Kämpfen zwischen den Parteien – zwischen den Guelfen und den Ghibellinen oder anderen der zahllosen, überaus komplexen und immer wieder erneuerten Faktionen – folgen nunmehr die Wettrennen, die mehr oder weniger vorgetäuschten Schlachten. Nichts hat sich gewandelt. Die Gruppen haben weiterhin Gelegenheit, ihre Kräfte zu messen, sich gegenseitig heftig, mit größter Arroganz zu provozieren, Haß und Eifersucht zu schüren – und das ist es, was zählt. Erst durch die wahren Parodien, durch die Schaukämpfe mit Tieren aus dem Hühnerhof, durch die unerwarteten, ungewöhnlichen burlesken Umzüge, durch die wirklich unbeschwerten Freudenfeste närrischer Leute verlieren die festlichen Spiele jenen gewalttätigen Charakter, der ihnen von den unerschütterlichen, gnadenlos konkurrierenden Solidargemeinschaften aufgeprägt wird. Mit dem Spaß fängt die Ungezwungenheit erst an.

Die soziale Gruppe: Prestige und Rivalitäten

Eine andere, vergleichsweise friedliche Funktion der Feste ist die Erhöhung der gesellschaftlichen Positionen und Werte, vor allem der Privilegien und der Macht, wobei die Zurschaustellung von Reichtümern und die Gesten der Freigebigkeit stets eine Verstärkerrolle spielen. Genau wie Nachbarschaftsverbände oder Parteien behaupten auch die Individuen und Familienclans ihren Platz innerhalb der Stadt oder der politischen Gemeinschaft durch ihre Teilnahme an den öffentlichen Festen. Zahllose kleinliche Reglements sollen die Streitigkeiten um den gesellschaftlichen Vorrang beim Bankett des Fürsten oder beim Defilee durch die Straßen schlichten helfen. Ein jeder nach seinem Rang, denn alle schauen zu, alle sind beeindruckt und werden sich entsprechend zu erinnern wissen. Die großen »Familienfeste«, namentlich Hochzeiten und Beerdigungen, sind willkommene Anlässe, sich verschwenderisch zu geben und viele Menschen um sich zu scharen: die Verwandten, die Hausdiener, die Sklaven, die ganze zahlreiche Klientel der Schutzbefohlenen, Untergebenen und Handwerker, manchmal gar die Bauern der ländlichen Domänen, junge Männer, die im Schatten der großen Häuser leben, junge Mädchen, die glücklich sind, am Hochzeitstag einen bescheidenen Dienst tun zu dürfen. Die Straßen des Viertels werden abgesperrt, die Fassaden der Paläste geschmückt, und für die gemeinsamen Mahlzeiten wird ein großes Zelt errichtet, außerdem eine Bühne für die Musiker, die zum Ball aufspielen. Ein einfacher genuesischer Kaufmann – oder vielmehr ein kleiner Bankier –, der in seiner Heimatstadt keinen großen Einfluß geltend macht und nie danach gestrebt hat, sich politisch Gehör zu verschaffen, gibt 1460 für das Hochzeitsmahl seiner Tochter genau ein Drittel dessen aus, was er braucht, um seinen Zehn-Personen-Haushalt ein Jahr lang zu ernähren. Als Bernardo Rucellai im Juni 1466 in Florenz seine Vermählung mit Piero de' Medicis Tochter Nannina feierte, nahmen 170 geladene Personen an der Haupttafel und 500 weitere Gäste an anderen Tischen Platz; 120 Fässer Wein, 3000 Stück Geflügel und 2800 Weißbrote wurden präsentiert; die Braut warf hundert Händevoll kleiner Silbermünzen, und, so heißt es, »an die Verwandten, die Diener und die Vertrauten der Familie wurden 70 Paar Beinkleider in den Farben unserer Livree verteilt«.

Sogar in zahlreichen Städten des Nordens, wo der Glanz der urbanen Zivilisation weniger lebhaft erscheint, kamen bei derartigen »Familienfesten« beträchtliche Menschenmengen zusammen, um ihren Beifall kundzutun, eine gute Mahlzeit zu haben und ihren Herren Treue zu geloben. An der Hochzeit von Nicolas de Heu 1489 in Metz nahmen 2000 geladene Personen teil, darunter 1000 Bauern aus den umliegenden Dörfern, die an verschiedenen Orten der Stadt bewirtet wurden, ferner »kamen mindestens zwölfhundert Arme, die je einen Schoppen Wein im Wert von gut neun Denaren, einen dicken Laib Brot und ein Stück Fleisch erhielten«.

Ähnlich war es bei den Totenfeiern: Im Norden, besonders in Flandern wurden die Armen zu den Mahlzeiten eingeladen, und am Tag vor der Beerdigung teilte die reiche Familie kleine Bleimarken mit dem Wappen des Hauses an sie aus; vor der Kirche wurde ein »Armentisch« aufgestellt, reich gedeckt mit Broten, Wein, Fleisch und Butter. Andernorts herrschte der Brauch, Geldmünzen auf die Straße zu werfen, was dem Spender vielleicht zusätzlichen politischen Rückhalt verschaffte. Über die Beerdigung des Grafen von Armagnac vermerkt der »Bürger von Paris« – ein sicherlich übelwollender, aber aufmerksamer und scharfsinniger Beobachter – in seinem *Journal*: »Es wurden keinerlei Gaben ausgeteilt. Hätten sie das geahnt, wären viertausend Teilnehmer nicht gekommen, und der Graf wurde von denen verflucht, die kurz zuvor noch für ihn gebetet hatten.« Dieser »Bürger von Paris« steht natürlich auf der Seite der Gegner, der Burgunder. Er benennt genau das, worum es geht: den Widerhall, den das Fest im Volk findet, die Resonanz einer großen Zeremonie. Und die Zen-

soren, die Vertreter eines stärkeren Staates oder einfach die Hüter
des öffentlichen Friedens – die Beamten des Königs und der Gemeinden – haben ihre guten Gründe, wenn sie sowohl die Höhe
der Ausgaben als auch die Anzahl der Gastmähler und der Tisch-
genossen bei privaten Festen systematisch beschränken – Maß-
nahmen, die allerdings ohne große Wirkung bleiben: Obwohl die
Anführer des *Popolo* 1321 in Florenz festlegen, daß nur zwölf
junge Frauen die Braut zu ihrem neuen Heim begleiten sollen,
sind es bei der Vermählung von Nannina de' Medici nicht weniger
als fünfzig – und noch mehr junge Männer –, die allesamt die
Farben des Hauses tragen.
Das öffentliche Fest stärkt die Macht, das »private« Fest bindet die
Klientel und die soziale Anhängerschaft. In beiden Fällen ist es
weder Spiel noch bloßes Schauspiel, sondern ein Ereignis, das für
das gesellschaftliche Kräfteverhältnis oder die hierarchische Ordnung schwer ins Gewicht fällt, ein entscheidendes Element, um
sich Ansehen zu verschaffen oder das Renommee zu erhalten.

Das Fest und der soziale Frieden

Nun stellt sich natürlich die Frage, ob man von Festen sprechen
kann, die geschlossenen Gruppen, gesellschaftlichen »Klassen«,
wie nur allzu gern gesagt wird, oder schlicht und einfach diesem
oder jenem sozialen oder kulturellen Milieu vorbehalten sind.
Kann man behaupten, es gäbe in diesem Bereich eine soziale Typo-
logie: Feste für den Adel, die Kirchenleute, die Bürger, das
»Volk«? Eine solche Einteilung ginge genau in die Richtung derer,
die sich, verliebt in rationale Klarheit, die Gesellschaften der Vergangenheit, unter anderem die des »Mittelalters«, zu ihrem eigenen Vergnügen als deutlich gegliederte, festgelegte, wenn nicht
gar erstarrte Ordnungen vorstellen, als Gesellschaften mit gerad-
linigen und festen Schranken in sämtlichen Sektoren des Alltagslebens und der Zivilisation.
Für die reinen Zeremonien, für die Initiationsriten als solche mag
dieses Konzept vertretbar sein, für die Feste, die als Begleiterschei-
nung fast immer hinzukommen, mit Sicherheit nicht.

Die in den beiden letzten Jahrhunderten des Mittelalters von den französischen und italienischen Höfen veranstalteten Turniere oder Stechspiele beispielsweise stellen sich uns als ritterliche Ereignisse *par excellence* dar: als Ereignisse, die nur für den Adel, für die Eingeweihten bestimmt sind, die mit ihren Wappenherolden, mit ihren gelehrten Abhandlungen über die Kampfführung äußerst komplexen und subtilen Ritualen folgen, Ereignisse, bei denen ein unerhörter Luxus entfaltet wird, die eine ferne Vergangenheit heraufbeschwören und Heldentaten in einer Art der Waffenübung rühmen, deren praktische Bedeutung weitgehend verlorengegangen ist. Zweckfreie Wettkämpfe also, die außerhalb der Zeit und außerhalb der Welt vor sich zu gehen scheinen. Und doch fanden diese großen Stechspiele keineswegs in einem geschlossenen, unzugänglichen Raum statt, sondern, ganz im Gegenteil, auf dem öffentlichen Platz oder auf freiem Felde außerhalb der Stadt, vor einem großen Publikum aus geladenen Gästen, Untertanen und Schaulustigen. Überdies gab es im Wechsel mit den Spielen der Lanzenstecher große szenische Darbietungen, die geeignet waren, die Massen zu beeindrucken, sie in Begeisterung oder in Rührung zu versetzen – man zeigte Löwen und Sarazenen, Mimen spielten die Taten des Herkules, man folgte Jason oder Gideon auf dem Weg zum Goldenen Vlies. Durch diese »feudalen« Feste – etwa das Goldene Vlies oder den Voeu du Faisan am Hofe von Burgund – vergewissert der Fürst sich der Treue eines manchmal unzufriedenen Adels, während er gleichzeitig seinen eigenen Vorrang betont, sein Prestige, das ihn über die Untertanen erhebt: Alle tragen seine Farben, und er sorgt für die ihm genehme Auswahl der Themen.

Das Publikum, die massenhafte Teilnahme an den hohen Festen sind der Maßstab jeder Macht, und keine politische Gemeinschaft, auch nicht die geschlossenste – etwa die der Ritterorden –, kann darauf verzichten.

Panem et circenses also – genau das greift Machiavelli wieder auf: »Zu bestimmten Zeiten des Jahres muß der Fürst dem Volk Feste und Spiele bieten.« Tatsächlich verfährt jede Macht nach diesem Rezept und kann ihre Anhängerschaft danach einschätzen. Der Herzog von Athen, der sich in der Florentiner Bevölkerung zunächst auf einen breiten Konsensus hatte stützen können, ließ in den vierziger Jahren des 14. Jahrhunderts eine Tyrannei walten, die den Unwillen der großen Familien erregte. 1343 wollte er dem Osterfest beeindruckenden Glanz verleihen, indem er auf der Piazza di Santa Croce, dem Platz der großen Massenversammlungen, mehrere Tage lang prachtvolle Umzüge und Spiele organisierte, zu denen er alle »seine Barone und Getreuen« einlud. Doch seine Popularität, sagt das Lästermaul Villani, ging bereits zur Neige, und »es kamen nur wenige Bürger, um an den Spielen teilzunehmen, denn der Herzog hatte beiden, den Großen wie den *popolani*, über die Maßen mißfallen«. Zum Maienfest unternahm er einen weiteren Versuch, mit dem er sich namentlich an die kleinen Leute wandte, die ersucht, ja ermahnt wurden, ihre Sorgen und Ängste zu vergessen und in fröhlichen *brigate* zum Tanz anzutreten; auch diesmal war der Mißerfolg perfekt.

Die städtischen Obrigkeiten, Konsuln, Bezirksvorstände, Ratsherren und Bürgermeister, benutzen das gleiche Rezept, indem sie von Stadt zu Stadt um das schönste Angebot an Lustbarkeiten rivalisieren, wobei die Zünfte – zumindest in England – oft gezwungen werden, mit erheblichem Kostenaufwand ihre eigenen Schauspiele zu inszenieren. 1451 erklären die Magistraten der Stadt Amiens sich bereit, die beträchtliche Summe von zweihundert Livres zu zahlen, damit »dem Volk das Mysterium der Passion unseres Herrn Jesus Christus sowie die hohen Ereignisse des Pfingstfestes von Personen dargestellt gezeigt werden«; sie tun es, so schreiben sie unverblümt in ihr Sitzungsbuch, »auf daß man nicht sage noch wider sie raune, sie wären schuld, daß es nicht gespielt und dem Volk nicht gezeigt würde, sondern alle froh sind, daß es statthaben kann«. Einige Jahre später, 1464, verlangen die Konsuln von Tournai, daß zum Einzug des Königs Ludwig XI. in ihre Stadt alles schön hergerichtet sei, daß die Häuser geschmückt werden, daß »ein jeder sein Haus bereitmache, um Personen und Pferde zu beherbergen, und dem, was ihm befohlen wird, vollen Gehorsam leiste, ohne Weigerung oder Schwierigkeiten, so er nicht als Rebell bestraft werden will«; außerdem sollen aus der ländlichen Umgebung die Lebensmittel herbeigeschafft werden, die »Menschen und Pferden dienen«.

Verschwendung und sogar Versuche, sich gegenseitig zu überbieten: 1466 besucht Karl der Kühne, Graf von Charolais und später Herzog von Burgund, die Städte Flanderns, und in jeder Stadt ist sein Einzug Anlaß für Lustbarkeiten und Spiele. In dieser Situation schicken die Ratsherren von Saint-Omer einen Amtsdiener nach Gent, damit er »sehe, wie die Leute in Gent ihn [Karl den Kühnen] empfangen werden, welche Mysterien oder Darbietungen sie für seine Ankunft bereithalten, und damit er die Mysterien, wenn sie gezeigt und aufgeführt worden sind..., schriftlich festhalte und überreiche..., zu welcher Reise er sechzehn Tage abwesend sein wird«. Eine Art politische und kulturelle Spionage, die man sich etwas kosten läßt (insgesamt über acht Livres) – was wohl genug darüber sagt, wie kräftig der Wunsch nach Informationen ist, um keinesfalls hinter den anderen zurückzubleiben.

Die Spiele ziehen sich immer mehr in die Länge, und Sieger ist, wer es fertigbringt, einen Zeitraum von vier, acht oder gar zwölf Tagen mit Mysterien und Festlichkeiten zu füllen. In Bourges selbst dehnte sich 1536 eine Aufführung der *Apostelgeschichte* über mehr als eine Woche aus.

Manchmal strömten die Massen von ferne herbei, was der Stadt eine Rechtfertigung für den Zugriff auf die Dörfer der Umgebung gab. Der im englischen Cambridgeshire gelegene Marktflecken Bassingbourn teilte sich die Ausgaben für das *Spiel vom Heiligen Georg und dem Drachen* mit 27 Nachbardörfern, die gezwungen waren, eine Art Beitrag zu bezahlen. So gesellten sich die Feststeuern denen hinzu, die bereits auf die gemeinsamen Festungsanlagen erhoben wurden, und der Bauer zahlte seinen Teil sowohl für den Schutz, der ihm gewährt wurde, als auch für die Teilnahme am Schauspiel.

Wenn es so weit war, versammelten sich Tausende von Menschen in der Stadt, sie drängten sich in den Straßen und an den Kreuzungen, um die Festzüge zu bewundern und die Geschichten zu sehen, die auf seltsamen Bühnen, manchmal auch auf großen Wagen oder Schlitten mit einer erhöhten Plattform – den englischen *pageants* – gespielt wurden. Jean Aubrion, Bürger von Metz, berichtet aus den Jahren 1480 – 1500, daß die Einwohner der Stadt an Festtagen schon im Morgengrauen aufstanden, um sich einen gu-

ten Platz zu sichern und nichts zu verpassen. Auch an den eingefriedeten Spielplätzen, einer Art von Freilichttheatern mit Logen –
in Frankreich *chambres* genannt –, mit Sitzbühnen, Galerien,
Schaugerüsten und stufenförmig erhöhten Bänken, strömten bei
Eintrittsgeldern von einem Sou oder sechs Denaren pro Kopf
große Menschenmengen zusammen – in Romans fanden sich
1509, am dritten Tag des *Mysteriums von den Drei Gaben*, allein
auf den Sitzbühnen ca. viertausend Personen ein.

Man sieht, wie leicht das Fest, das dem Volk bereitet wird und ein
breites Publikum anzieht, von den Mächtigen benutzt, in den
Dienst sozialer oder politischer Ziele gestellt werden kann, um das
Prestige zu stärken und folglich eine bestehende Ordnung zu
gewährleisten.

Natürlich provozieren diese Volksbelustigungen, diese Massenversammlungen oft zwiespältige oder gefährliche Situationen, die
den Frieden und die öffentliche Ordnung bedrohen: Außer den
bekannten Risiken der Kampfspiele kann die bloße Anwesenheit
von Fremden ebenso zu Konflikten führen wie das ungewöhnliche
Durcheinander von Männern und Frauen aus den verschiedensten
gesellschaftlichen Schichten, ganz zu schweigen von der erregten
Stimmung des Augenblicks und der vielfach herrschenden Trunkenheit, denn Wein oder Bier wird an den Brunnen und vor den
Eingängen der großen Bürgerhäuser stets freigebig und über-
reichlich ausgeschenkt; ganz zu schweigen auch von den Bränden
als unvermeidlicher Folge der allenthalben entzündeten Freuden-
und Strohfeuer. Jedermann weiß, daß die Stadt nie so gefährdet,
so wenig gesichert ist wie an den Festtagen. Hier ein böses Wort,
dort eine provozierende, absichtliche Beleidigung, eine Heraus-
forderung, und schon fließt das Blut. Im übrigen – und dies ist
weit bedrohlicher für das gesellschaftliche Gleichgewicht, für den
oft äußerst gefährdeten Frieden – sind die allgemeinen Sitten an
solchen Tagen nicht mehr ganz oder ganz und gar nicht mehr die
gleichen: Freizügigkeiten, ungehemmtes Wohlwollen, zuchtlose
Regelverletzungen beherrschen die Szenerie. Insbesondere die
Bälle bieten zahlreiche Gelegenheiten für Provokationen, für Erschütterungen des wohletablierten familiären und sozialen Rah-
mens: Man tanzt auf Straßen und Plätzen, vor Kirchen und Palä-

sten; die Frauen und die Töchter vornehmer Familien gehen aus, und die Männer nähern sich ihnen umstandslos, sehr viel leichter als gewöhnlich. In den städtischen Gesellschaften dieser Zeit, grob gesagt im 14. und 15. Jahrhundert, sind diejenigen, die man die *Jungen* oder *Edelleute* nennt, das heißt die Unverheirateten, die Junggesellen, denen die Eltern keinen eigenen Hausstand zubilligen, um das Erbe zugunsten eines älteren Bruders ungeteilt zu erhalten, äußerst zahlreich vertreten. Abends streifen sie in aggressiven Banden durch die Straßen, und in den Berichten der italienischen Chronisten kehren Bälle und Tanzereien wie ein zwanghaft sich wiederholendes Thema als Quelle der schlimmsten, beim geringsten Anlaß ausbrechenden Konflikte wieder. Immer geht es um die Frauen, wobei der Tanz als bloßer Vorwand dient. Am 1. Mai 1300, als die Auseinandersetzungen zwischen den *Weißen* und den *Schwarzen* bereits begonnen hatten, zogen die adligen jungen Leute beider Parteien mit ihrer Klientel in Reiterhorden durch Florenz; doch erst als sie »die Frauen auf dem Platz von Santa Trinità tanzen sahen, gingen sie unter wechselseitigen Beleidigungen aufeinander los, was eine furchtbare Schlägerei und auf beiden Seiten zahlreiche Verletzungen zur Folge hatte«.

Außerdem gaben die großen öffentlichen Feste, die Volksvergnügungen und sogar die Bälle jedermann die Möglichkeit, sich unter die Menge zu mischen, in eine gewisse Anonymität einzutauchen, ja sich möglicherweise zu verstecken, und dies auf eine so bequeme Art und Weise, daß die Moralisten ihre Mißbilligung nicht verbergen. Masken und Hinterlisten – lauter heimliche Angriffe auf die bestehende Ordnung, möchte man meinen. »Seit einiger Zeit besteht der seltsame Brauch, daß Männer wie Frauen sich maskieren und in diesem Zustand die Städte durchstreifen, daß sie zum Tanz in die Häuser der Großen und der Reichen einkehren, wo sie sich in bester Gesellschaft wissen… Sie sehen und kennen jeden, ohne selbst von irgend jemandem erkannt zu werden… So mancher glaubt, einen Freund zu empfangen, der sich hinter der Maske verbirgt, und empfängt doch in Wirklichkeit einen Feind, manchmal einen Todfeind… Die Unsitte, maskiert in die Häuser der anderen zu gehen, ist bei den Franzosen nicht ungewöhnlich... Diese Maskeraden sind, wie man nur allzu gut weiß, die fruchtbare Quelle zahlloser Verbrechen.«

Selbst die Kirchenmänner ziehen ihren Vorteil aus diesem Schabernack und gehen verkleidet auf die Straßen: »Wir verbieten den Geistlichen alle Maskeraden und ähnlichen Zerstreuungen, welche die Kirche entehren.« Andererseits legen die Weltlichen sich gern die Kleider von Mönchen oder Nonnen zu: eine ernste Angelegenheit, die in den Synodalbeschlüssen verurteilt wird und gegen die, wie wir hören, schon zur Zeit Justinians ein Gesetz erlassen wurde. »Das gleiche gilt für die nicht minder ehrwürdigen Gewänder der Kirchenmänner... sowie die der Magistraten und aller anderen Personen, die Respekt verdienen.«

Satiren und Maskeraden:
antike Traditionen und christliche Feste

Das wirft bereits ein anderes Licht auf die öffentlichen Vergnügungen. Die Masken oder Verkleidungen sind kein Selbstzweck mehr, keine bloßen Inventionen, keine von irgendeinem volkstümlichen Brauch der Ahnen oder von orientalischen Legenden angeregten Phantasieprodukte, die lediglich gefallen sollen. Es geht nicht mehr allein darum, häßlich oder grotesk zu erscheinen, um die anderen zu erschrecken oder zum Lachen zu bringen; es geht nicht mehr um bloße Exotik, um Anklänge an die phantastischen Welten ferner Länder. Allem Anschein nach handelt es sich vielmehr um echte Verstellungen, um die Kennzeichnung sozialer Transfers und zugleich – zweifellos in noch stärkerem Maße – um den Wunsch, nachzuahmen, nachzuäffen. Es handelt sich nicht mehr um die fratzenhafte, aber harmlose Darstellung des Teufels oder des Wilden, sondern um klare Unehrerbietigkeiten, wenn nicht gar Satiren. Die Vermummung wird zum Vorwand für burleske Übergriffe, die ziemlich direkt auf bestimmte Personen gemünzt sind und insofern nur von Eingeweihten verstanden werden, manchmal aber auch dem sozialen Typus selbst gelten, indem sie sich eines eher synthetischen Entwurfs der Lächerlichkeiten und des Machtmißbrauchs bedienen. Genau in diesem

Punkt verbündet sich das Fest freilich mit einer burlesk-satiri-
schen Tendenz, die damals sicherlich sehr lebhaft, ja ausgeprägter
war als zu anderen Zeiten und die wir heute fast nur noch durch
einige Stücke kennen, die dem Schicksal der Vergessenheit ent-
ronnen sind, durch Farcen und Verserzählungen, durch Soties und
Moralitäten, wie man die schärfer gefaßten Spottschauspiele zu
nennen pflegte.

Manche Autoren geben als Ursprung der Narrenfeste und ihrer
Ausschweifungen immer wieder die Traditionen der Römischen
Antike an, namentlich die der Saturnalien. Du Tillot beispielsweise eröffnet seine Abhandlung, indem er diese römischen Freu-
dentage in Erinnerung ruft und behauptet, die burlesken Zeremonien der Christen kämen fast alle vom Heidentum her: »Offenbar
haben die Christen die Saturnalien vorverlegt auf das Weihnachtsfest, das wegen der Geburt des Erlösers eine Zeit der Freude war,
und sie bis zum ersten Tag im Januar ausgedehnt.« Die Herleitung
von den Saturnalien drängt sich beinahe als selbstverständlich auf,
sowohl was das Datum betrifft als auch in Hinsicht auf die Art der
Vergnügen. In Rom hatte der uralte, eine Zeitlang in Vergessenheit geratene Saturnus-Kult eine gewisse Erneuerung erfahren,
als 217 vor Christi Geburt, nach der Schlacht am Trasimenischen
See, beschlossen worden war, dem Gott Saturnus ein Opfer zu
bringen und ihm zu Ehren ein Bankett an gedeckten Tafeln zu
veranstalten. In jeder Familie gab es ein Festmahl. Fortan wurden
die *Saturnalia* regelmäßig am Ende des Jahres gefeiert. An diesen
Tagen trug niemand die Toga oder irgendein anderes Würdenzei-
chen, sondern alle bekleideten sich mit der schlichten Tunika und
einer eigentümlichen Kopfbedeckung, dem *pileus libertatis*, der
Mütze der Sklaven oder vielmehr der Freigelassenen, der ehemaligen Sklaven – ein Symbol, dessen Spur sich nach vielfachen Verwandlungen und Sinnverkehrungen in der berühmten phrygi-
schen oder Jakobiner-Mütze erhalten hat. Wie auch immer, es
waren Volksfeste, auf denen erhebliche Freiheit herrschte. In allen
Häusern hatten die Dienerschaften frei; bei Tisch bedienten die
Herren sich selbst oder sie vertauschten die Rollen und bedienten
ihre Sklaven. Nachts füllten ausgelassene Menschenmengen die
Straßen und gaben sich unter Freudenschreien (*Saturnalia*) allen

nur erdenklichen Possen hin. Das Fest wurde zum Karneval und dehnte sich unter Augustus auf mehrere Tage aus. Macrobius, ein Schriftsteller aus dem 4. Jahrhundert, dessen Werke während des ganzen Mittelalters nicht nur gelesen und studiert wurden, sondern bis um 1400 als eine allen Gelehrten bekannte Quelle des Wissens über die antike Zivilisation galten, beschreibt die festlichen Ereignisse ausführlich und aufmerksam in seinen *Saturnalien*, einer in Dialogform abgefaßten Schrift.

Das kontinuierliche Fortleben eines Erbes fundamentaler volkstümlicher Traditionen über einen Zeitraum von mehr als einem Jahrtausend kann nur den überraschen, der an der – längst überholten – Idee festhält, es gäbe eine durch scharfe Einschnitte markierte Trennung zwischen der antiken Welt und jener Periode unserer Vergangenheit, die wir trotz ihrer Komplexität, ihrer Vielfalt und ihrer raschen Entwicklung törichterweise als das »Mittelalter« klassifizieren. Heutzutage wird ganz im Gegenteil allgemein anerkannt, daß jede allzu schroffe chronologische Periodisierung künstlich und illusorisch bleiben muß; daß unser Mittelalter den Verhaltensmustern und den Besorgnissen der alten Zeiten in zahlreichen Aspekten seiner Zivilisation und seiner Kultur treu geblieben ist; daß die berühmten »Revolutionen«, »Dekadenzen«, »Renaissancen« und sogar die »Unterbrechungen« in den meisten Fällen nichts als bloße Interpretationen oder Konstruktionen sind; daß der Volksbrauch unter allen Ausdrucksformen einer Kultur zweifellos derjenige ist, der dem zeitlichen Verfall und dem wechselhaften Einfluß der Obrigkeiten am besten widersteht. Was den religiösen Bereich im eigentlichen Sinne betrifft, so wissen wir, daß verschiedene Kulte, die sich um einen Heiligen, einen Glaubenshelden drehen, auf die Orte und sogar auf einige wenige uralte, man könnte auch sagen heidnische, tiefverwurzelte Praktiken zurückgreifen, vor allem dann, wenn sie mit dem Kult der Jahreszeiten zu tun haben.

Kein Wunder also, daß bestimmte christliche Feste, die an den Höhepunkten des Jahres gefeiert werden, geradewegs an eine Tradition anknüpfen, die lange vor der Evangelisierung des Abendlandes bestanden hat. So etwa, wie offenbar allgemein anerkannt, im Falle der Frühjahrsfeste, der fröhlichen Bräuche, der Bittgänge und Verwünschungen in den ersten Wochen der schönen Jahreszeit – Feste, die jahrhundertelang mit einem Zyklus von Prozessionen, Gebeten, Opfergaben und mehr oder weniger profanen Zerstreuungen einhergingen. In Rom haben insbesondere die großen, den *Laren* gewidmeten Feste und Spiele damals die heidnischen »Maifeiern« abgelöst: die *Cerealia* (bei denen Füchse mit brennenden Fackeln auf dem Rücken im Zirkus losgelassen wurden, bei denen man vor der Ernte ein Mutterschwein zu opfern pflegte) und die *Ludi Cereales*, die *Ambervalia* mit den Flurumgängen, ebenfalls zu Ehren der Ceres, und schließlich die sechstägigen *Ludi Florales*, die Spiele der Göttin Flora Ende April, Anfang Mai.

Die mittelalterlichen Gesellschaften bleiben diesem Brauchtum aufgrund einer ganz gewöhnlichen Spielbegeisterung vor allem auf dem Lande innig verbunden. Das Maifest mit dem galoppierenden und triumphierenden Reiter, mit dem Maibaum, den Kränzen und Umgängen bewahrt durchaus seinen im Grunde profanen Charakter, und die Mairiten, die Rundtänze der Bauern und der Bäuerinnen um Bäume oder Brunnen, leiten sich direkt von dem uralten heidnischen Kult der Quellen und der großen Wälder her. Lange Zeit gelang es der Kirche kaum, auch nur einige Gesten, einige wirklich christliche Formen der Frömmigkeit diesem Fest einzuprägen: Hier und dort gab es eine Wallfahrt zu einer wundertätigen Quelle, die mit dem Gedenken an einen Heiligen in Verbindung stand, oder man fällte und entwurzelte einen heiligen Baum, um am selben Ort eine Kapelle zu errichten. Später, mit der Entwicklung des Marienkults, mit der zunehmenden Verehrung der Schutzpatronin des »Marienmonats«, bewahrten die volkstümlichen Maiumgänge immer noch eine ganz eigene Bedeutung – durchsetzt mit beschwörenden Gesten sollten sie die Fruchtbarkeit der Frauen gewährleisten.

Obwohl tief in uralten Praktiken verwurzelt, war der Rogationszyklus der Bittage Ende April freilich deutlich von einer neuen Spiritualität, von der Intervention christlicher Riten geformt. Mehr oder weniger auf ein bestimmtes Datum festgelegt, fanden lange Prozessionen durch die Felder und die Straßen statt, Prozessionen, die an privilegierten Orten, bei Holzkreuzen oder Orato-

rien innehielten. Doch andere Prozessionen, häufig begleitet von
profanen Gesängen und alten, dem Zeitgeschmack angepaßten
Tänzen, bestimmten zunehmend den Rhythmus der populären
Festtage des Jahres, und zwar nicht immer unter dem einzigen
Gesichtspunkt eines Bittgangs. Die Rogationsfeste an den letzten
drei Tagen vor Himmelfahrt, vom Klerus auf den Bischofssynoden
auch *Litaniae minores* genannt, sollten den göttlichen Schutz für
die junge Getreidesaat durch Reinigungsopfer erwirken und waren im Prinzip auch Buß- und Fastentage. Aber es dauerte nicht
lange, bis sie wieder in die alten Volksbräuche der Zerstreuung
umschlugen, sofern sie nicht ganz und gar auf sie gegründet blieben: Lustbarkeiten, spontane Gesänge, ausgiebige Trankopfer und
Umzüge, bei denen zum Zweck der Teufelsaustreibung Glieder-
puppen in Gestalt böser Dämonen mitgeführt wurden. In Metz
hatte die Prozession ein monströses Tier im Schlepptau, den
Graioli, eine entsetzliche Bestie, die einst vom heiligen Klemens
bezwungen worden war, und an jeder der zwölf Stationen feierten
Kleriker und Priester eine kurze Messe: Gesänge und Litaneien,
Episteln und Lesungen aus dem Evangelium. In Tarascon und in
der Provence standen die heilige Martha und die *Tarasque*, ein
drachenähnliches Ungetüm, im Mittelpunkt. Wiederum in Metz
zogen am 25. April, dem Tag des heiligen Markus, lange Büßer-
prozessionen durch die Stadt, bei denen Blumenhüte zur Schau
gestellt und Kantilenen gesungen wurden.
Das große Fackelfest, dessen Ursprünge und Entstehungsgründe
sich offenbar in der Dunkelheit der Zeit verloren, da man in den
einzelnen Regionen nicht so recht wußte, wie man sie datieren
sollte, ob in der Zeit des frühlinghaften Erwachens, am ersten Fa-
stensonntag, oder mitten im blühenden Sommer, während der
Johannisnacht, wurde mit Fackelläufen durch Obstgärten, Weinberge und Wiesen begangen: Läufe und Sarabanden, die zwar mit
liturgischen Gebeten verbunden waren, aber auch mit heftigen
magischen Beschwörungen, furchtbaren Verwünschungen der
schädlichen Tiere – des Winter-Wolfs, der bereits floh – und rituellen Drohungen, die mit lauter Stimme im Chor gegen Obst-
bäume gerichtet wurden, deren Knospen abzufallen oder zu ver-
trocknen schienen.

Dann kam Pfingsten, das Fest der segensreichen Fülle, bei dem die Gaben des Heiligen Geistes in der Kirche selbst symbolisch vom Himmel fielen, dargestellt durch Lichterfluten, durch Sternen- oder Blumenregen, durch Ergüsse von Äpfeln oder Käsestück- chen, die unter Anwendung von Tricks und Maschinen herabge- lassen wurden.

Alle diese christlichen Feste, alle diese Gelegenheiten zur Andacht und zum inbrünstigen Eifer lösen ganz offensichtlich andere Frömmigkeitsformen ab und setzen die der alten Zeiten fort. Das gilt mit Sicherheit auch für die Eskapaden im Winter, die Narren- feste.

Doch das ist nicht alles – jedenfalls nicht das allein. Die Geschichte ist keine endlose Wiederholung. In Zeitabständen von Jahrhun- derten beweisen die Gesellschaften, durchaus ohne schroffe Brü- che, in ihren eigentümlichen Ausdrucksformen eine erhebliche Originalität. Das Fest löst sich niemals aus dem sozialen Kontext, der ihm Gestalt verleiht, und der es durch seinen Schwung und seine Farben prägt.

I. Kleriker und Gläubige:
Das Sakrale und das Profane

1. Soziologische Vorbemerkungen: eine komplexe, zuweilen doppeldeutige Welt

Es mag verwunderlich oder gar paradox erscheinen, aber die Narrenfeste, Feiern der Unordnung, der auf den Kopf gestellten Hierarchien, haben sich ausnahmslos in kirchlichen Kreisen entfaltet. Es waren Kleriker, die, vor dem manchmal verblüfften Volk, zu ihnen den Anstoß gaben, und dies, jedenfalls in der ersten Zeit, fast immer mit Unterstützung der zuständigen Dekane oder gar der Bischöfe.

Man kann sich heute nur schwer eine Vorstellung von der Komplexität dieser fremdartigen, beinahe undefinierbaren Welt der Geistlichen machen, von der außerordentlichen Unterschiedlichkeit der sozialen und kulturellen Milieus, der Lebensformen, von dem Wirrwarr der Vollmachten und Befehlsgewalten – Merkmale, die insgesamt eine Gesellschaft mit fließenden Grenzen und unbestimmten Beziehungen beschreiben. Der Begriff der »Ordnung«, der erst später zu seiner vollen Bedeutung gelangt, ist hier fehl am Platz. Den »mittelalterlichen« Klerus als eine wohlorganisierte, auf fest verankerten Strukturen beruhende »Ordnung« anzusehen, läuft, wieder einmal, auf die abstrakte Konstruktion eines in die ferne Vergangenheit zurückprojizierten Spiegelbildes der »modernen« Jahrhunderte hinaus.

Während des Hundertjährigen Krieges, erst recht natürlich lange davor, stellten die Verhältnisse sich ganz anders dar. Man sprach gewöhnlich nicht vom Klerus im Sinne einer Institution, einer Körperschaft; man sprach vielmehr von Priestern, Mönchen, Ordensleuten, Kaplanen oder »Klerikern«, womit sehr verschiedene, manchmal marginale, manchmal sogar rebellische soziale Positionen umschrieben wurden. Ganz zu schweigen von den Helfern, die für die Betreuung der Pfarrgemeinden, für den Gottesdienst, für die Vorbereitung der zahlreichen Zeremonien und liturgischen Feste gebraucht wurden: Kantoren, Kustoden und Gemeindedie-

ner, Diakone und Subdiakone, Chorknaben, Kirchenvorsteher
und Sakristane, Kerzenhändler und Almosensammler. Eine nicht-
festgelegte, ungewisse Welt.

In allen Städten des Abendlandes gab es Kleriker, die zwar Tonsur
und Kirchentracht trugen, aber kein Amt innehatten, die von der
Kirche mit keinerlei Aufgabe oder Benefizium betraut waren; die
genauso lebten wie die Weltlichen, vor aller Augen ganz gewöhnliche Berufe ausübten und sich lediglich des Wuchers enthielten.
Manchmal gab der Bischof ihnen – entgegen den päpstlichen Weisungen und den königlichen Verboten – eine Stellung an seinem
Hof, namentlich im Gerichtsbereich; man sah sie als Notare, Gerichtsdiener, Prokuratoren oder gar als Advokaten, stets bemüht,
für ihre Kinder gute Posten zu ergattern. Oft genossen sie bemerkenswerte Privilegien, Exemtionen von Steuern, Abgaben oder
Marktzöllen, und in schwierigen Zeiten stieg die Zahl der Kleriker,
die keine Pfründe hatten, die keinen Gottesdienst hielten oder einfach Pseudo-Geistliche waren, auf beunruhigende Weise an.

Das, so sagen die Kirchenlehrer und die Moralisten, war eines der
Hauptübel dieser Zeit. Bei Sebastian Brant[1] heißt es: »Jetzt stößt
manch Kind man in den Orden, eh es ein Mensch noch ist geworden, ... gar wenig kommen um Gottes Willen, die meisten um
ihren Hunger zu stillen. Des Standes haben sie nicht acht und tuen
alles ohn Andacht... Solch Klosterkatzen sind gar geil, das macht,
es bindet sie kein Seil«, sie erstreben den Stand eines Herrn, »der
die Geschwister kann ernährn... Sie wissen so viel vom Kirchen-
regieren, als Müllers Esel kann quintieren... Drum gibt es jetzt
viel junge Pfaffen, die so viel können wie die Affen, und Seelsorg
sieht man treiben die, denen man vertraute kaum ein Vieh.«

Ehrenwerte Bürger schreiben ihren Söhnen vor, Tonsur zu tragen,
und manche tun es selber, sobald sie über vierzig sind. Verab-
scheuungswürdige Folgen der Risikovermeidung und der Steuer-
flucht, sagen die Leute des Königs. Jedenfalls eine häufige Erscheinung, so daß diejenigen, die willig sind, zu arbeiten und zu zahlen,

---

[1] *A. d. Ü.*: Zitiert nach Sebastian Brant, *Das Narrenschiff*, übertragen von H. A.
Junghans, Stuttgart 1964. Dieser Ausgabe wurden alle weiteren Zitate aus Brant
entnommen.

ohnmächtig in der Minderheit bleiben. Pierre Desportes, dessen
Arbeit ich einige Beschreibungen dieser klerikalen Randgruppe
entnehme, schätzt, daß ein »geistlicher Bürger« der Stadt Reims
fünfmal weniger Steuern zahlte als ein im Laienstand verbliebe-
ner Bürger mit gleichem Vermögen. So nahmen die Dinge ihren
Lauf, bis die entsprechenden Privilegien 1404 per Parlamentsbe-
schluß abgeschafft wurden. Aber noch 1352 stellten die Kleriker
in einem einzigen Pfarrbezirk der Stadt, in der Gemeinde Saint-
Pierre, die damals zu den reichsten gehörte, über 30 Prozent aller
Bürger, die sich eine Waffenausrüstung leisten konnten. Man beginnt zu ahnen, welche Verwirrung und welche Mißverständ-
lichkeiten quer durch alle sozialen Schichten hindurch geherrscht
haben mögen.

Überdies wurden die großen Wellen der Spiritualität, die Neigung zur Mystik, zum Armutsbekenntnis und zur Entsagung
nur teilweise von Orden aufgefangen, so vor allem von den Bettelorden, namentlich den Dominikanern und den Franziskanern,
die von Rom reglementiert, strukturiert und anerkannt worden
waren. Am Rande indes hatten sich ungewöhnliche Bewegungen
aus umherziehenden, bußfertigen Klerikern und Laien entwik-
kelt, so etwa die *Flagellanten*, die *Armen Christi*, die *Begarden*;
in Scharen wanderten sie von Stadt zu Stadt, erschreckend durch
alle möglichen Exzesse, auf jeden Fall eigensinnig und keineswegs gefällig gegenüber den örtlichen Autoritäten: ein beein-
druckender Haufen rastloser, marginaler Gestalten. Wo immer
sie auftauchten, wehte der Wind des Aufruhrs, und die scharfe
Kritik, die sie übten, reichte bis zu den Bannflüchen eines Savonarola – mit den Eitelkeiten dieser Welt war nicht zu spaßen,
sie sollten getilgt, ihre nichtssagenden Zeichen verbrannt und
vernichtet werden.

Überall strömten Massen zusammen, wenn die großen Prediger
– auch dies eine Art Schauspiel – sonntags oder an Festtagen ihre
oft ein bis zwei Stunden dauernden Reden hielten, vor allem aber
dann, wenn einer der zweifelhaften Sittenprediger, die immerfort
unterwegs waren, das Wort ergriff. Manche hielten sich streng
an den orthodoxen Rahmen und beschränkten sich auf ganz vernünftige Effekte ihrer Redekunst, so etwa Moritz von Sully, der

Bischof von Paris, oder Jakob von Vitry, der in erster Linie wegen seines Wirkens im Heiligen Land bekanntgeworden ist, oder schließlich Fulco von Marseille, der in Toulouse das Amt des Bischofs innehatte und sich nach dem harten Vorgehen gegen die Albigenser um spirituelle Rückeroberung bemühte. Andere dagegen spielten ihr Talent voll aus, sowohl in geistlichen Belangen als auch hinsichtlich der Doktrin. Mit allen Mitteln appellierten sie an Herzen und Gefühle, ja sie versetzten ihr schwärmerisches Publikum in glühende Begeisterung, in einen oft gefährlichen Zustand unkontrollierter mystischer Verzückung. Man denke nur an Vinzenz Ferrer in Spanien und an die vielen anderen, die angesichts der von Gott verhängten Plagen in Tränen ausbrachen und die Schuldigen mit der Peitsche straften, die Sünder wie die Sündenböcke, die Juden, die Ketzer, die Unreinen, mitunter sogar die Reichen. So kam es abermals zu großen Prozessionen, zum Überschwang und, auf der anderen Seite, zu Pogromen. Aber auch predigende Pseudo-Geistliche tauchten in den Gemeinden auf: in England beispielsweise die Sittenprediger und Ablaßkrämer, die Chaucer in seinen *Canterbury Tales* so bewundernswert beschreibt; der Ablaßkrämer behauptet, im Auftrag Roms zu handeln, und weist sich mit gefälschten Bullen aus, von Ort zu Ort verkauft er im Namen des Papstes Ablaßzettel auf den Marktplätzen, seine Stimme macht ihn reich, und nachdem er ein »Offertorium« gesungen hat, worauf er sich gut versteht, predigt er vorzugsweise über die Barmherzigkeit; er führt angebliche Reliquien mit, in Wirklichkeit sind es Schweineknochen in einem Glas; binnen einer Stunde hat er mehr Geld eingenommen als der Gemeindepfarrer in zwei oder drei Monaten.

Ähnlich verhält es sich in der Normandie: Als Eudes Rigaud, Erzbischof von Rouen, 1250 die Pfarreien, die Kirchen und die Klöster seiner Diözese besucht, entrüstet er sich pausenlos über die falschen (und fast ebenso über die echten) Prediger, die Mißbrauch treiben, leichtfertig daherreden und zum Aberglauben aufrufen. Er, obwohl alter Franziskaner, ist den Bettelorden, die unentwegt durch die Dörfer ziehen und die Massen versammeln, nicht sonderlich hold. Seine Warnungen und Verweise gelten vor allem denen, die vom Papst oder von einem fernen Erzbischof ausgestellte

Briefe sowie Kreuze, Andachtsbilder und Reliquien mitbringen, die dröhnendes Glockengeläut veranstalten, die über ihren eigenen Schreinen Messen abhalten – eine große Neuheit natürlich, die jedoch nichts anderes ist als Betrug –, die auf den Straßen, den öffentlichen Plätzen predigen, die Leute aufwiegeln und sich selber zur Schau stellen, um alsdann mit ausgestreckter Hand besser zu kassieren. Manche sind Schwindler, alles andere als Priester, ja sie sind sogar – ein unmißverständlicher, bedeutungsschwerer Vorwurf – flüchtige Kriminelle. Es fällt nicht schwer, sich den Tonfall ihrer Reden vorzustellen.

Überall treffen wir also auf Außenseiter, auf Männer, die mit falschen Karten spielen, sich im Bannbruch befinden, sich wie Gesetzlose benehmen; Männer, die durch ihre bloße Anwesenheit Widerstand bekunden.

Die Goliarden

Die Goliarden, bekannt als fröhliche Vagabunden, drängen sich mit ihrem »Spektakel« erst recht in den Vordergrund, und dies nicht nur ein paar Tage lang, mitten im Dezember, zum Narrenfest in der Sonnenwendzeit, sondern das ganze Jahr hindurch: eine plumpe, derbe, bis zur Unkenntlichkeit übertriebene, burleske Parodie auf die religiösen Gemeinschaften, die Frömmigkeit, die liturgischen Gesänge und Rituale, ja selbst auf die Heilige Schrift. Auch sie, zumindest manche von ihnen, waren »Kleriker« ohne jede Bindung, immer unterwegs, Vaganten, die sich von einer Stadt zur anderen bald bettelnd, bald mit Schläue durchschlugen, vielleicht ewige Studenten, die der Wissenssuche in der Ferne noch nicht überdrüssig waren. »Damit geht uns die Jugend hin: so sind zu Leipzig wir, Erfurt und Wien, zu Heidelberg, Mainz, Basel gestanden und kamen zuletzt doch heim mit Schanden. Ist dann das Geld verzehret so, dann sind der Druckerei wir froh«, schreibt Sebastian Brant 1494, der diese Sorte »Kleriker« ohne viel Federlesens in sein *Narrenschiff* verfrachtet: »So ist das Geld wohl angelegt, Studentenkapp gern Schellen trägt!« Unfähig, einer ernsthaften Arbeit nachzugehen, laufen diese jungen

Leute, laut Brant, ihr Leben lang in einem Kostüm herum, dessen Schellen bei jeder Bewegung klimpern.

Aber das Goliardentum ist auch eine Folge der Armut, des Mangels an Ämtern oder Pfründen. »Kein ärmer Vieh auf Erden ist, als Priesterschaft, der Brot gebrist«, heißt es bei Brant. Armut also, ein glückloser sozialer Stand und – wie könnte es anders sein – eine Quelle der literarischen Inspiration. Jedenfalls sorgen die Goliarden für Gelächter und Skandale. Außerdem verbindet sich mit ihrem Namen eine originelle literarische und musikalische Gattung: gesungene, eher schwerfällige Gedichte, in denen sich das Kirchenlatein (Formeln und Verwünschungen) mit volkssprachlichen, meist deutschen, französischen und sogar slawischen Versen mischt; eine bis zum Überdruß bacchantische Poesie, betont erotisch – wenn man das so nennen kann – und gleichermaßen deftig; aber auch harte Satiren, in denen unentwegt Kirchenleute, allen voran der Papst, verspottet werden. Manche der Dichter haben sich einen erfundenen Namen zugelegt, unter dem sie bis heute bekannt sind: so der *Erzpriester*, der *Primas*, Beiname und Schriftstellerpseudonym eines gewissen Hugo von Orléans, oder Walther von Lille, manchmal Walther von Châtillon genannt. Gesammelt und aufgeschrieben wurden zahlreiche Werke der Vaganten zweifellos von Mönchen, die in den Klöstern ihren festen Platz hatten und diese Art des parodistischen Ausdrucks nicht eben verwerflich fanden. Ein bekanntes Beispiel ist jene Handschrift aus dem 13. Jahrhundert, die im Kloster Benediktbeuren aufbewahrt und um 1890 von Carl Orff für seine *Carmina Burana, profane Gesänge für Soli, Chor, Instrumente und begleitende Bilder* benutzt wurde. Hier stehen Trinklieder neben Studentenchören, Satiren und höfischen Gedichten, abgefaßt in einer schon damals unwiderstehlich komischen Sprache, die das Latein der Mönche durch phonetische und grammatikalische Verballhornungen absichtlich ins Lächerliche zieht, so etwa in den Tavernenliedern: »In taberna quando sumus / non curamus quid sit hurmus, / sed ad ludum properamus, / cui semper insudamus...«, oder in den Versen auf Blanziflor und Helena: »Ave formosissima / gemma preciosa, / ave decus virginum, / virgo gloriosa; / ave mundi luminar / ave mundi rosa, / Blanziflor et Helena / Venus generosa.«

Andere, weniger bekannte Verse sind offen satirisch oder gar auf-
rührerisch, mit einem deutlich antiklerikalen Unterton oder zumindest dem Beiklang antihierarchischer Gefühle. Hugo von Orléans widmet dem schlechten Charakter eines Bischofs ein ganzes
Gedicht, ausgeschmückt mit erfrischend kühnen Redensarten. Es
handelt sich um das Stück *Or est venu li moines ad episcopium*[2]:
Ein Mönch, der die Bischofswürde erlangt hat, tritt sein Amt
bleich und mager an, »doch bald geschiehts, daß er mit Zähnen
knirscht und beißt, sechs große Fische gar in seinem Mund zerreißt, daß einen Riesenhecht er an der Tafel speist, und nach Ablauf zweier Jahre schwankt er fettgemacht und feist«. Außerdem,
so heißt es weiter, begünstigt »der traurige Heuchler, den ihr habt
erwählt«, seine Freunde und Schützlinge, indem er den einen zum
Kanoniker, den anderen zum Kämmerer ernennt; die alten Diener
verlieren ihre Posten; er mißachtet jede Regel und peinigt seine
Leute mit Prozessen und Schikanen.

Die Erinnerung an so manche anderen Goliarden verliert sich freilich in der Anonymität; was sie betrifft, so überliefert die Geschichte nur ein Bild von Schabernack, von Aufwiegelungen, von
derben Phantasien, hinter denen der lebhafte Wunsch steht, zu
schockieren, etablierte Werte und Gewohnheiten umzustürzen,
auf jede erdenkliche Art zu opponieren.

Gewöhnlich erscheint die Welt der Kleriker nicht so inkohärent, so
zwiespältig, so sehr als eine Welt, die ihre Außenseiter und Spannungen selber hervorbringt.

Sämtliche Feste, die, wenn auch nur für kurze Zeit, auf den Kopf
gestellte oder in Unordnung geratene Gesellschaften rühmen,
entstehen oder leben weiter im Namen alter Traditionen, angeregt
von der oft kleinen, mehr oder weniger geschlossenen religiösen
Gemeinschaft – einem Kollegiatkapitel, einer Bruderschaft oder
einer Pfarrgemeinde –, die sie stetig um neue Elemente und Höhepunkte bereichert. Stets ist es eine dieser Gruppen aus Geistlichen
oder Gläubigen, die sich zum Zweck einer liturgischen Feier unter
dem gleichen Banner, dem Banner des Schutzpatrons versammelt,

---

[2] *A. d. Ü.*: Zitiert nach Karl Langosch, *Hymnen und Vagantenlieder*, übersetzt
von Karl Langosch, Darmstadt 1972, S. 161.

die das große Fest als eine esoterische, dem eigenen Kreis vorbe-
haltene Zerstreuung konzipiert, vorbereitet und organisiert. Das
komische, burleske und daher bald auch satirische Fest ist seinem
Ursprung und Wesen nach paraliturgisch: ein Zwischenspiel der
Eingeweihten, das die anderen überraschen oder aufstören soll,
um sie am Ende mitzureißen.

2. Die Kirchenmänner und die Welt

Über die Sitten der Kleriker ist viel geschrieben worden, oder, besser gesagt, die groben Darstellungen haarsträubender Bilder wurden so oft wiederholt, daß dem ernsthaften Leser nichts oder fast nichts mehr glaubwürdig erscheint. Jedermann kennt die Bemühungen der als »gregorianisch« bezeichneten Reform, die in Wirklichkeit, parallel zum Wirken der Gregorianer, von zahlreichen anderen Gemeinschaften betrieben wurde, um den nachlässig gewordenen Klerus, der es mit seinen Gelübden oder mit seinen Pflichten gewiß nicht immer genau nahm, wieder unter Kontrolle zu bringen. Daher die eifrigen Wiederbekehrungsversuche, aber auch die an Laien gerichteten Predigten, in denen die großen Plagen, die der Kirche zu schaffen machten, etwa die der Simonie und des Nikolaismus, unermüdlich und lauthals angeprangert wurden. So rückten schwarze Bilder und düstere, fraglos übertriebene Legenden in den Vordergrund. Zur Verdeutlichung wurden skandalöse Beispiele herausgestellt, und schließlich haben sich aus Bequemlichkeit, aus Spaß an der Beredsamkeit oder aus Lust am Drama feste Formeln ins Gedächtnis der Menschen eingeprägt, jederzeit abrufbar, oft völlig sinnentleert. Das gleiche Phänomen findet sich sehr viel später – das Erbe hat sich gut erhalten – in Schwänken, Possen, Verserzählungen und satirischen Gedichten aller Art, die fast immer den Mönch verulken, den feisten Abt, eine rundum lächerliche Gestalt, verfressen und lasterhaft. Auch dies ein Bild, das sich ungewöhnlicher Beliebtheit erfreut, das sich sämtlichen Spielleuten, Schriftstellern und Mimen, bisweilen sogar den Illustratoren als eine Art Modell aufdrängt – ein Schema, das langweilig zu werden droht, Slogans wie aufgereihte Perlen, immergleiche Situationen, die endlos wiederkehren. Der heutige Leser weiß Bescheid, bevor er auch nur eine Zeile gelesen hat: träge, monotone Bilder im

Dienst einer literarischen Mode, einer bestimmten Art von Theater.

Für viele ist die Possenfigur zum Abbild einer Wirklichkeit geworden und infolgedessen verpflichtet, sich selbst treu zu bleiben. Doch genau wie der stolze und verwegene Ritter, der durchtriebene und betrügerische Händler, der wirklich bäurische Bauer, genau wie das zänkische Weib der *Quinze Joies du Mariage* oder wie der Fuchs im *Roman de Renard* ist auch diese Figur eine literarische Schöpfung – faszinierend als Thema einer Geschichte des Schauspiels und des Gebrauchs von Symbolfiguren, aber völlig ungeeignet, eine wirkliche soziale Konstellation zu bezeugen. Der lebensfrohe, wollüstige Mönch hat sich in der gleichen Weise durchgesetzt wie später der Harlekin oder der schlaue, intrigante Diener, und er bedeutet nicht mehr als sie.

Ganz unabhängig von derartigen literarischen Schöpfungen fehlt es indes nicht an Texten, die uns die Lebenswelt der Kleriker vor Augen führen und uns erlauben, ihre Manieren wenn schon nicht objektiv, so doch immerhin nüchterner einzuschätzen.

Da wären zunächst die Konzilsakten und erst recht die Urkunden der zahlreichen Synoden, die häufiger zusammentraten, einmal im Frühjahr und einmal im Herbst, die sich stets mit einer einzigen Diözese befaßten und ausführlich über die Lebensumstände und Besorgnisse des Klerus berichten.

Die Diözesansynoden gehören zu den Höhepunkten des Jahres, und alle »mit der Seelsorge betrauten« Pfarrer sind gehalten, den Versammlungen beizuwohnen. Nach der feierlichen Messe verliest der Bischof im vollen Ornat, in Mitra und mit Bischofsstab, unter großem Gepränge die Synodalbeschlüsse, die später zu Statuten, einer Reihe von Empfehlungen und zahlreichen Verboten, zusammengefaßt werden. Und so wie in diesen Statutentexten, die gesetzmäßigen Charakter haben, wird stets das schlimmste Exempel verurteilt, man will Vorsorge treffen, das augenfällig Anstößige unterbinden. Es wäre daher eine recht dürftige Methode, jede Bemerkung über verderbte Sitten für das Anzeichen üblicher Praktiken zu halten. Trotzdem erfährt der heutige Leser viel, wenn er einigen dieser Texte, die leider nicht alle bekannt und nicht alle verzeichnet sind, seine Aufmerksamkeit schenkt. Man stößt z. B. auf Vorschriften, die sich auf die Versammlungen selbst beziehen: Die Priester dürfen nicht stundenlang in der Stadt verweilen, unterwegs müssen sie sich anständig betragen, ohne »in Schänken einzukehren«, die Synode darf keinesfalls »in einen Markt verwandelt« werden. Das alles zeigt schon, wie versucht wird, die Mitglieder des Klerus von einem allzu profanen, tief in die Laiengesellschaft verstrickten Lebensstil fernzuhalten. Auch beharren die Bischöfe und ihre Ratgeber lang und breit auf materiellen Details und verlangen, daß der sakrale Charakter des Gotteshauses bewahrt, daß es gegen die Welt und die Zufälle des Alltags geschützt werden möge. Sie rügen den Mißbrauch der Kirchenschiffe, die bisweilen als Lagerräume benutzt werden, so daß sich an den Innenwänden der Fassade die Getreidesäcke türmen; andernorts dient der Glockenturm als Taubenschlag, der Friedhof gar als Mistdepot; viele Kultgebäude sind verwahrlost oder verfallen. Auch Anzeichen mangelnder Ehrerbietung werden gebrandmarkt: Die Bischöfe dulden nicht, daß das *Allerheiligste* Fliegen und Spinnen preisgegeben, in schmutziges Papier gewickelt, mit den Kornvorräten aufbewahrt und manchmal wie diese von Maden zerfressen oder von Schimmel befallen wird. Jedenfalls, so lauten die Ermahnungen, darf die Kirche nur als Kultstätte dienen und niemals als Markt noch als Versammlungs- oder Publikumsort. Wieder scheint die Trennung zwischen dem Sakralen und dem Profanen die Hauptsorge zu sein, wichtiger als alles andere. Lauter Aufrufe, die gewiß schwer zu verstehen und schwer zu befolgen sind.

Am Ende steht, unvermeidlich, eine ganze Litanei von Warnungen und Verboten, um die Sittlichkeit der Kleriker und ihr soziales Erscheinungsbild zu retten: das Verbot, schmuckvolle Kleidung und leuchtende Farben zu tragen, Messer, Schwerter oder Lanzen mitzuführen, Märkte zu besuchen, und vor allem das Verbot zu trinken, sich dem Würfelspiel hinzugeben, sich auf Händel mit Spielleuten oder Wahrsagern einzulassen und Schauspielen beizuwohnen – kurz, sich über Gebühr dem weltlichen Leben anheimzugeben.

Weitere Quellen, noch präziser und ebenso ernstzunehmen, sind die Protokolle jener Besuche, die der Bischof (oder sein Vikar) un-

ternahm, um den materiellen Zustand der Kirchen und Pfarreien
sowie die Lebensweise der Gottesmänner, die seiner Gerichtsbarkeit unterstanden, zu kontrollieren. Diesen bischöflichen Visita-
tionen, die seit dem 13. Jahrhundert offenbar regelmäßig durchgeführt wurden, haben wir eine Fülle konkreter Informationen
mit Namens- und Ortsangaben zu verdanken, oft Detailschilde-
rungen, regelrechte Tableaus des Alltagslebens.

Gewissenhaft notiert der Bischof seine Beobachtungen und Ein-
wände, angefangen bei einer möglichst genauen Beschreibung des
vorgefundenen Zustandes; er spricht von den Gebäuden, von
dem, was fehlt und was baufällig ist, vor allem aber davon, wie der
Gottesdienst abgehalten und wie die Kirche benutzt wird. Häufig
kehren die gleichen Vorwürfe wieder – die Priester geben den
Gläubigen allzu willfährig nach; Kirchenschiffe oder Friedhöfe
dienen als Lager oder Treffpunkt; am Portal stapeln sich Mehl-
säcke, und gleich daneben sind die Pflüggeräte abgestellt. Auch
wird unentwegt daran erinnert, daß die Kirche keine gerüstete Festung ist, daß man sich dort nicht verschanzen darf.

Der Visitator führt Buch über die Lebensbedingungen des Klerus,
über die Quellen seiner Einkünfte und die manchmal gar sträfliche
Art, wie irgendein Pfarrvikar kleine Geschäfte macht; einige verleihen Geld zu Wucherzinsen, ja es kommt vor, daß die Äbte eine
ganze *familia* ernähren, eine Art Klientel, die ihnen untertan
ist.

Es geht weiter mit Aufzeichnungen zum Lebenswandel. In der
Diözese von Rouen versammeln sich die für mehrere Gemeinden
verantwortlichen Pfarrer eines Dekanats zu Untersuchungsaus-
schüssen; nach Abschluß der Ermittlungen geben sechs mit der
Funktion von Geschworenen (*juratores*) betraute Priester die fest-
gestellten Laster bekannt, wobei wiederum solche Praktiken im
Vordergrund stehen, die geeignet sind, unklare Verhältnisse zu
stiften, und die Geistlichen gewissermaßen auf eine Stufe mit den
Laien stellen.

Der Visitator spricht von Priestern, die man »eher für Armbrustschützen oder Wettkämpfer halten könnte denn für Geistliche«.
Er beklagt das in der Normandie verwurzelte Laster der Trunk-
sucht (er selbst stammt aus dieser Gegend und kennt sich dort

aus). Manche Pfarrer weigern sich, neben ihrer Kirche zu wohnen, oder sie treiben sich auf Messen und Jahrmärkten herum, wo sie als offizielle Gesetzeshüter auftreten und dabei dunkle Geschäfte machen, im großen wie im kleinen. Fast alle sind ziemlich ungebildet, beherrschen weder das Latein noch die Grammatik, so daß der Visitator beschließt, die Priesterkandidaten in Zukunft höchstpersönlich einer Prüfung zu unterziehen.

Ein anderes Thema (welch eine Lust für die skandalhungrigen Kommentatoren späterer Zeiten) ist das Konkubinat. Auch dafür liefert Eudes Rigaud zahlreiche Beispiele – mit dem Ergebnis, daß sogar ein wohlwollender Autor angesichts dieser normannischen »Anekdotensammlung« später schrieb, das Priesterzölibat sei damals offensichtlich noch nicht wirklich in den Sitten verankert gewesen. Eine höchst ungewisse These, denn hier hängt alles vom Maßstab ab, von Proportionen und Statistiken, die auf solch unsicherem Boden gar nicht erst erstellt werden können. Der Schritt vom Besonderen oder gar von der Ausnahme zum Allgemeinen ist – wie so oft – viel zu voreilig getan worden. Immerhin, Rigaud spart nicht mit Beispielen; er nennt diesen und jenen Priester, der eine Konkubine unterhält, eine Frau, die seinen Haushalt führt – eine sogenannte *focaria*; die unehelichen Söhne wohnen im Pfarrhaus und helfen dem Vater beim Gottesdienst. Man muß den Klerikern sogar verbieten, ihr Hab und Gut an ihre Kinder zu vererben.

Was die Klosterfrauen betrifft, so führen sie manchmal ein höchst weltliches Leben, indem sie nach Laune Besuch empfangen oder an öffentlichen Lustbarkeiten teilnehmen. Sie organisieren elegante Prozessionen, die an gewissen Orten nur als Vorwand dienen, um sich in herausgeputzter Kleidung zur Schau zu stellen. Überdies geben sie sich allerhand phantasievollen Tätigkeiten hin, vornehmlich der Seidenstickerei; sie fertigen Schmuck für die Vorderseite des Altars oder die Meßgewänder der Kaplane an; und sie züchten Haustiere, seltene Vögel ...

Viele Jahre später, 1404, im Erzbistum Narbonne: Wir folgen den Spuren des Generalvikars, der mit unermüdlichem Eifer am 12. Januar zu einer Inspektionsreise durch 230 Pfarrgemeinden aufbricht, die 225 Tage dauern wird. Der Weg führt ihn, stets un-

ter Vorlage eines Dreißig-Punkte-Fragebogens, zuerst ins Nar-
bonnais, dann über die Sprengel von Haute-Corbière, Basse-Cor-
bière und Minervois nach Termenés, nach Razès und zu guter
Letzt in die Ebene. Die Kirchen dieser Gegenden sind verarmt,
ausgeplündert von Söldnerhorden und Briganten. Die Gemeinden
erscheinen oft völlig entkräftet. Aber die meisten Priester haben
ihre Würde bewahrt und sind angemessen ausgebildet – in den
Schulen von Narbonne, Capestang oder Limoux haben sie Latein
gelernt, einige von ihnen haben die Universitäten von Toulouse
oder Paris besucht. Trotzdem finden sich noch mancherlei ver-
werfliche und profane Bräuche, namentlich im Zusammenhang
mit den schönen Zeremonien, den Mysterienspielen, den Predigten und vor allem den kirchlichen Gesängen. Der Generalvikar
und der Bischof sind vorgewarnt: »Möge der Bischof bei seiner
Visitation diejenigen strafen, die genau im Augenblick der Eleva-
tion des Leibes Unseres Herrn oder während der ganzen Messe mit
lieblichen Stimmen und in modulierendem Tonfall singen, wie es
beim Ringellied üblich ist; denn solches sind verderbte Manieren,
Schändlichkeiten, die Frauen zur Eitelkeit verführen...«
Immer wieder bekundet sich die Furcht, das Profane könnte sich
unterschiedslos mit dem Sakralen vermischen. Dies ist – selbst bei
flüchtiger Betrachtung – die wichtigste Erkenntnis jeder Analyse
der kirchlichen Bestrebungen, den Klerus zusammenzuhalten
oder zu reformieren, einen Klerus übrigens, der gewiß nicht so
ruchlos war, wie manche leichtfertigen, wiewohl erfolgverspre-
chenden Bilder ihn darstellen. Es gilt vor allem, die Kultstätten zu
bewahren, sie zu wirklichen Heiligtümern zu machen und nicht zu
öffentlichen Treffpunkten mit Durchgangsverkehr, zu Räumen,
die offen sind für jeden Gebrauch. Ohne Zweifel besteht seit etwa
1240–1250 eine starke, vielleicht neue Tendenz der Kirchenhier-
archie – des Papstes, der Bischöfe und der Reformatoren –, in allen
Bereichen des religiösen Lebens verhaltene, nüchterne, unmittelbar mit dem Gotteskult verbundene Frömmigkeitsformen durchzusetzen. Urban IV., Papst von 1261 bis 1264, Sohn eines Schuh-
machers aus Troyes, zuerst Kanoniker des großen und mächtigen
Kapitels von Laon, dann Erzdechant von Lüttich, päpstlicher Legat
in Polen und schließlich im Heiligen Land, legt Wert auf die Förde-

rung solcher Bruderschaften, die sich der Jungfrau Maria oder dem Heiligen Geist angelobt haben, im Gegensatz zu jenen anderen, die, schon sehr alt, aus den Anfängen des Christentums oder jedenfalls der Evangelisierung stammen und den Glaubenshelden nachfolgen – Bruderschaften, die zumeist sehr populär sind, aber eine Gottesverehrung pflegen, die an mehr oder weniger obskure Brauchtümer erinnert. Es ist Urban IV., der kurz vor seinem Tode das Fronleichnamsfest instituiert.

3. Die Kathedrale und die Stadt;
religiöse Kunst und profane Kunst

Ein ähnlich vertrauter Umgang mit dem Sakralen herrscht in der
Kirche selbst, dem Ort der Feierlichkeiten und der Feste. Einige
Historiker, namentlich Pierre du Colombier, haben schon vor geraumer Zeit hervorgehoben, daß den Kathedralen in der damaligen Zivilisation eine ganz besondere Rolle zukam, daß sie gewissermaßen als Theater, wenn nicht gar als Spielplatz dienten.
Die Kathedralen nehmen sowohl im städtischen Landschaftsbild
als auch im gesellschaftlichen Leben einen überdimensionalen
Platz ein, der in keinem angemessenen Verhältnis zu dem Gottesdienst steht, der dort versehen wird: sie sind doppelt so groß
wie die Pfarrkirchen der Stadt, manchmal sogar doppelt so groß
wie die Kirchen der Nachbardörfer. Ihre Ausmaße, die den Bedarf der in ihrem Schatten lebenden Gläubigen bei weitem über-
steigen, zeigen deutlich, daß das Publikum, das dort zusammen-
strömt, vielfach aus weiter Ferne kommt.
In der Kathedrale, zweifellos einem Heiligtum, einer Stätte des
Gebets, der Taufen, der Messen und der Gottesdienste, spielen
sich zugleich die wichtigen Veranstaltungen des religiösen Lebens ab, die Versammlungen der Gläubigen ebenso wie die großen Ansprachen. Als zentrale Wallfahrtsstätte zieht sie bei zahlreichen Anlässen die Massen an, besonders zu den Hochfesten
des Jahres und zum Fest des Schutzpatrons – Feierlichkeiten, die
von den Kanonikern organisiert, gestaltet und geleitet werden.
Sie ist aber auch ein privilegierter Ort der Belehrung, der Erzie-
hung durch oft sehr lange und bemerkenswerte Predigten von
berühmten Dominikanern oder Franziskanern, regelrechten Re-
dekünstlern, denen eine Art *fama* vorauseilt: Die geistliche Predigt – damals die einzige Gelegenheit, Beredsamkeit zu zeigen –
unterbricht den Rhythmus der Tage im Sinne einer großen öffentlichen Feierlichkeit; sie unterscheidet sich nicht wesentlich

von den mehr oder weniger glanzvollen Wortgefechten früherer Zeiten.

Die Kathedrale, das kann man ohne ein Gefühl mangelnder Ehrerbietung sagen, liefert den Rahmen für herrliche Schauspiele, für Prunk und Gepränge; sie ist der Ort, wo sich unter den Gewölben der Schiffe und des Chors, zwischen riesigen bestickten Wandbehängen oder Tapisserien, im Duft von Weihrauch und frischen, zu kunstvollen Teppichen angeordneten Blumen die Prozessionen entfalten, wo kunstfertige »Maschinen« und lebende Bilder zur Schau gestellt werden. Man bedenke nur – mit dem Wohlwollen, das der Historiker der Vergangenheit entgegenbringt –, daß die Kirchen und insbesondere die Kathedralen jahrhundertelang die einzigen überdachten, geschützten und geräumigen Gebäude waren, wie geschaffen für opulente Schauspiele, ja daß sie genaugenommen die einzigen Orte für Spiele und Aufführungen waren, nachdem die städtische Landschaft sich von den massiven Konstruktionen der Arenen und Amphitheater, der Odeen, der Basiliken und der Theater im antiken Stil losgesagt hatte. Und so sollte es bleiben, bis im 17. oder gar erst im 18. Jahrhundert die neuen Theater auftauchten.

Gewiß, enge Parallelen zwischen den Zirkusspielen des Altertums und den bischöflichen Zeremonien des ausgehenden Mittelalters zu behaupten, wäre reiner Unsinn, eine törichte Unterstellung. Aber die Umstände zwangen oder führten oft zu recht eigenwilligen Formen der Festlichkeit, schließlich auch zu Mißbrauch oder Ausschweifungen. Es mußte ein Mittel gefunden werden, um die Gläubigen, die Massen der Gläubigen, zu interessieren, um ihre Neugier anzuregen, ihnen zu gefallen, ja ihnen Zerstreuung zu bieten. Selbst wenn es um religiöse Inhalte ging, hüllte sich nicht jede Lehre in das Gewand klösterlicher Strenge.

Vor allem die Künstler haben diesen Spielraum ausgiebig genutzt und folgten darin dem Denken ihrer Zeit. Man beobachtet es an den Meistern, die ihrer Einbildungskraft bei der Arbeit an den Kapitellen der romanischen Kirchenschiffe und Klöster oder an den großen, in Stein gehauenen Tympanons freien Lauf ließen und die religiösen Szenen, insbesondere die der apokryphen Evangelien, durch einen Anflug von Zärtlichkeit, Realismus oder bur-

lesker Komik, einen bisweilen feinsinnigen Humor, auf jeden Fall
aber durch Spontaneität belebten. Das gleiche gilt für die Wand-
malereien und, vor allem in Italien, für die großen, mit zahlreichen Bildern verzierten Bronzetüren. Welch ein Irrtum, die
Kirchen, ob romanisch oder gotisch, nach unseren heutigen Wahr-
nehmungsweisen zu beurteilen, sie auf romanische Erbaulichkeit
und stille Meditation unter den niedrigen, strengen Gewölben
einschwören zu wollen, oder für die bestechende Klarheit der Go-
tik mit ihrem schmucklosen, in seiner Einfachheit edlen Stein zu
schwärmen! Das Gegenteil ist der Fall: Exzesse von Gold und Farben, aufreizende Effekte, nicht immer vom besten »Geschmack«;
oftmals kräftige, um sich greifende Malerei, die die architektonischen Linien der Vorhallen und Portale, der Kapitelle, der Gewölbe und der Säulen betont oder zum Verschwinden bringt. Wie
soll man das Sakrale hier noch vom Profanen unterscheiden, wo
die Phantasie sich, zumindest was die Ausschmückung betrifft,
keine Grenzen setzt – genau dies nämlich zeigt sich an den höchst
erstaunlichen, exotischen, erfinderischen und satirischen Phanta-
siegebilden. Hören wir dazu die entrüsteten Worte des heiligen
Bernhard: »Wozu diese übertriebene Höhe der Kirchen, diese
maßlose Länge, diese überflüssige Breite, wozu die prunkvollen
Verzierungen und die befremdenden Bilder, die das Auge anzie-
hen und die Aufmerksamkeit ebenso stören wie die innere Sammlung? ... Da hängt man in der Kirche, ich will nicht sagen Kronen,
aber doch große Räder auf, geschmückt mit funkelnden Lichtern
und Edelsteinen. Statt Kandelabern erheben sich riesige Bäume
aus massivem, mit unendlicher Kunstfertigkeit ziseliertem Erz. O
Eitelkeit der Eitelkeiten! ... Hätten wir wenigstens vor den heiligen Bildern noch Respekt! Aber sie bilden den Fußboden des Tempels und man tritt darauf! Hier spuckt man ins Gesicht eines Engels, dort verschwinden die Züge eines Heiligen unter den Füßen
der Vorübergehenden... Und in den Klöstern – wozu all die
lächerlichen Monstren, die schönen Scheußlichkeiten, die scheuß-
lichen Schönheiten? Wozu nur die unkeuschen Affen? Die brüllenden Löwen? Die mißgestalteten Zentauren? Die halbmensch-
lichen Wesen? Die gefleckten Tiger? Wozu die kämpfenden Krieger
und die ins Horn blasenden Jäger? Hier sieht man mehrere Leiber

mit einem einzigen Kopf, dort mehrere Köpfe mit einem einzigen Leib, woanders ein Tier, das halb Pferd, halb Ziege ist. Schließlich bietet sich von allen Seiten eine so große Vielfalt der Formen, daß man verführt ist, eher im Marmor zu lesen denn in den Büchern, und seine Tage lieber mit der Bewunderung dieser Dinge zu verbringen, als das göttliche Gesetz zu meditieren... Bei Gott, wenn ihr angesichts dieser Albernheiten schon nicht errötet, so spart wenigstens die Kosten!«
Ein späterer Autor, der durchaus wohlwollend und ohne jede verleumderische Absicht schreibt, vergleicht eine der von Gold und lebhaften Farben prunkenden Kapellen mit dem »Tabernakel in Salomos Tempel«.
Die prachtvollen Fußböden, leider fast alle verschwunden und – außer beispielsweise in Siena oder in Aquileia – von den Neugierigen ohnehin mißachtet, waren nicht nur, wie heute, mit geometrischen Figuren verziert, sondern strotzten geradezu von ikonographischen Motiven, vielfältig variiert, voller orientalischer Phantasien, angereichert um die Anekdoten erzählender Szenen. Vor allem die in den Boden des Hauptschiffs eingemeißelten Labyrinthe – Irrwege, denen die Gläubigen auf Knien, zum Gedenken an die Pilgerreise nach Jerusalem, psalmodierend und betend folgen sollten – wurden immer länger und komplexer, Herausforderungen wie Rätsel oder Spiele; eben dort brachten die Bau- oder Maurermeister gelegentlich ihre Signatur unter. Ziemlich bekannt sind die Labyrinthe von Chartres, Amiens und Sens; das zuletzt genannte hat einen Durchmesser von über 10 Metern, wobei die Gesamtstrecke, die man zurücklegen mußte, dank der Umwege fast 2000 Meter zählte.
An den Wänden entfaltet sich das *Leben der Heiligen* in einer zwei- oder dreireihigen Abfolge einzelner Bilder, die jeweils Ausschnitte zeigen, im Grunde ähnlich wie unsere Comics. Unter jeder Szene steht ein Text mit der dazugehörigen Legende. Regelrechte kommentierte Bilderbücher also, die, nebenbei bemerkt, sehr wohl bezeugen, daß nicht nur der Klerus, sondern auch das »Volk« jener Zeit lesen konnte. Natürlich geben die Legenden sich äußerst naiv: »Wie der Vater merkte, daß sein Sohn heilig geworden war, als er ihm seine Krone flocht«, oder: »Wie sein Vetter

Tuosaiphe ihn an diesen verlassenen Ort führt, nach dem er verlangt hatte, um Buße zu tun«. (Aus der *Vie de saint Seine* in der Kirche Saint-Seine-l'Abbaye.) Kein Wunder, daß diese *Heiligenviten*, die zahlreiche pittoreske, »aus dem Leben gegriffene« Episoden darstellen, ebenso wie manche Szenen aus dem Evangelium höchst anfällig sind für profane Einmengungen, daß sich leicht realistische Details einschleichen, zeitgemäße und augenzwinkernde Anspielungen, Einfälle und Abwandlungen, die immer reichlicher werden und den Rahmen überschwemmen.

4. Der Friedhof – Gottesacker und Brennpunkt des sozialen Lebens

Im Verlauf der Entwicklung, die in manchen Punkten auf eine tiefgreifende Veränderung des religiösen Brauchtums und selbst der Gewohnheiten des Alltagslebens hinauskommt, bildet sich also der Wunsch heraus, einige wirklich heilige Stätten zu bewahren. So auch im Falle des Friedhofs. Seit geraumer Zeit schon wurden die großen, zumeist aus der Römerzeit stammenden christlichen Nekropolen in den Vorstädten nicht mehr benutzt. Manchmal in Siedlungsgebiete verwandelt, in Marktflecken oder Vororte, in bewohnte Parzellen rings um eine neue Kirche – eine Kapelle oder ein ehemaliges Oratorium, wo man einst für die Toten betete –, werden sie (wie beispielsweise die Alyscamps in Arles) nach und nach in die Stadtmauern einbezogen. Aus den großen Friedhöfen bei Reims enwickeln sich die Viertel Saint-Hilaire-hors-les-Murs, Saint-Martin und Saint-Sixte. Um das Jahr Tausend befindet der Friedhof sich bereits neben der örtlichen Pfarrkirche, später in unmittelbarer Nachbarschaft bestimmter Klöster. Die Familien sind darauf bedacht, Grabstätten in der Kirche selbst – im Chor oder im Kirchenschiff – zu erhalten, und wenn schon außerhalb, dann jedenfalls im Schatten der Mauern oder auf den besten Plätzen des Friedhofs, in der Nähe des Heiligtums: gleich neben dem Eingang oder bei den Totenkapellen, den Statuen, den Steinkreuzen, den Stationen der Prozessionszüge. Der Totenkult ist unmittelbar mit dem Gotteskult verbunden, häufig jedoch auch mit Elementen des alltäglichen und profanen Lebens. Der Friedhof, obschon ein von Mauern umschlossener Raum – *atrium* oder *aître* –, von Säulengängen umgeben, liegt mitten im Herzen der Stadt, eingefügt in das dichte Netz der Straßen, und er schließt seine Tore nie.
Überall gegenwärtig – von 35 Pariser Pfarreien haben 29 ihren eigenen Friedhof –, sind die Friedhöfe sowohl für die Menschen als

auch für Packtiere und den Warentransport Durchgangsplätze, die benutzt werden, um den Weg abzukürzen. Gewerbetreibende machen sich die Galerien streitig, vor allem die öffentlichen Schreiber, die dort ihre Bänke, ihre Versammlungsstätten haben und sich an Ort und Stelle zu einer religiösen und berufsständischen Bruderschaft zusammenschließen, so etwa die 1325 feierlich erneuerte Bruderschaft der Schreiber von Orléans, die den heiligen Ort verwaltet und dem Bischof Bericht erstattet. Auf dem Friedhof finden Märkte und Messen statt, allerdings nicht ohne schwerwiegende Konflikte auszulösen, denn die dort abgewickelten Geschäfte, die, oft vom Marktzoll befreit, in gewisser Weise dem Schutz der Kirchen und Abteien unterstehen, schaden dem Handel der Stadt. In Rouen zog sich eine ganze Reihe von Läden, die den Kanonikern gehörten, um den Friedhof der Kathedrale. 1188 in Brand gesteckt, wurden sie danach wieder aufgebaut, später jedoch im Zuge eines regelrechten Aufruhrs von den ob dieser Konkurrenz empörten Handwerkern der Stadt abermals zerstört. Gleichwohl wurde weiterhin jedes Jahr ab dem 25. August eine mehrtägige Messe dort abgehalten. Auf dem Friedhof Saint-Ouen, ebenfalls in Rouen, richteten die Bäcker Verkaufsbuden ein. Der Cimetière des Innocents in Paris, ein riesiger, etwa 120 mal 60 Meter großer, freundlicher und belebter Platz mitten im Zentrum der Handelsstadt, wirkte wie eine Fortsetzung der Hallen: Pferde und Viehfutter wurden dort feilgeboten, und Tag für Tag stellten Krämer, Buchhändler und Eisenschmiede ihre Waren zwischen den Gräbern aus. Seit dem 15. Jahrhundert wurden die Plätze unter den Galerien, Gegenstand erbitterter Streitigkeiten, systematisch aufgeteilt und bestimmten Berufsständen zugewiesen: den Trödlern, den Weißnäherinnen, den Putzmacherinnen, den Gemälde-, Buch- und Bilderhändlern sowie, schließlich und vor allem, den öffentlichen Schreibern.

Die kirchliche Gerichtsbarkeit tagte häufig auf Friedhöfen, und bekanntlich wurde das Urteil gegen Jeanne d'Arc auf dem Friedhof von Rouen gesprochen.

Die Friedhöfe sind in der Tat alles: Treffpunkte für Zünfte und Kommunen, Orte, an denen die Müßiggänger flanieren und an denen sich natürlich auch Bettler und Dirnen herumtreiben. Pro-

Abb. 1: Narr und Tod aus dem Großbaseler Totentanz

menierende kommen und gehen, manche in der Hoffnung, ein
Wunder zu erleben, andere einfach aus Neugierde, die schönen
Malereien an den Mauern, vielleicht gar die Bildnisse Verstorbe-
ner – etwa die von Jean de Martigny oder von Nicolas Flamel und
seiner Gemahlin auf dem Pariser Cimetière des Innocents – zu
betrachten oder die *Totentänze* zu bewundern. Das religiöse Leben
im strengen Sinne, der Totenkult und die Gesten der Frömmigkeit
nahmen Dimensionen an, die wir uns heute nicht mehr vorstellen
können. Zwischen den Gräbern erhob sich ein großes Kreuz,
manchmal sehr schlicht, manchmal stark verziert, wie im Falle der
bretonischen Kalvarienberge; auf dem Cimetière des Innocents in
Paris prangten sogar zwei große Kreuze, außerdem gab es mehrere
Kapellen, in denen die Stiftungsmessen gelesen wurden, oft von
Bruderschaften erbaut, um dem immerwährenden Gebet, der
Erinnerung an die Ihren und der wechselseitigen Fürbitte Bestand

zu verleihen. Manche der großen Familien hatten zwischen den
Grabstätten ihres Geschlechts ein eigenes Oratorium errichten
lassen, eine kleine runde oder vieleckige Kirche, beispielsweise die
Familien Orgemont, Villeroy und Pommereux in Paris. Auf den
meisten Friedhöfen, insbesondere in West- und Mittelfrankreich,
gab es eine Totenleuchte, ein säulenartiges, überdachtes Mal mit
einer brennenden Laterne; so konnten die Gräber an den Abenden
der Festtage und bei manchen Gelegenheiten sogar die ganze
Nacht hindurch beleuchtet werden. An einer Außenwand der Kirche standen dicht an dicht die Hütten der Klausnerinnen, die Klau-
sen, in denen Frauen sich lebend einschließen ließen.

Fast alle Prozessionen, die an den Festtagen der Bruderschaften
durch die Stadt zogen, kamen zwangsläufig über den Friedhof und
machten dort mindestens einmal, am Fuße des Kreuzes, gewöhnlich jedoch mehrmals Station, um Gelegenheit für Ansprachen
und Gebete zu geben. Bei Trauerfeiern hielten die Priester ihre
Predigten von einer Kanzel herab, einer Bühne aus Holz oder
Stein, die auch andere Prediger benutzten, wenn sie zu unterschiedlichen Tageszeiten über alles mögliche, meistens freilich
über die Vergänglichkeit des menschlichen Lebens sprachen. Im
Journal d'un bourgeois de Paris beispielsweise berichtet der »Bürger von Paris« ausführlich und sehr bewundernd von einem gewissen Bruder Richard, der 1429, als schlimme Unruhen ein großes Blutvergießen in der Stadt anrichteten, auf den Friedhof kam,
um eine ganze Woche Tag für Tag stundenlang zu predigen.

So ist das Bild, das sich uns aufdrängt, keineswegs das eines Gartens des Friedens und der Ruhe noch einer heiligen Stätte, eines
campo santo, sondern durchaus das eines Tummelplatzes, Ort der
Begegnungen und Zerstreuungen. Über die damalige Vertrautheit
der Menschen mit dem Tod ist viel geschrieben worden, und hier
haben wir den Beweis – tagtäglich geht man ganz selbstverständlich auf dem Friedhof ein und aus; man sieht die Gräber, flach im
Gras liegende oder mächtige Grabsteine; und man sieht die Gebeine, die in den Ossarien unterhalb der Galerien zur Schau gestellt sind.

Aber auch eine erstaunliche Vertrautheit mit dem Sakralen ist hier
zu erkennen. Der Friedhof dient in der Tat vielfältigen Schauspie-

len, nicht nur dem Mysterienspiel – wie etwa dem von Saint-Etienne in Dijon – oder der Darstellung von Mirakeln und Heiligenleben, sondern ebensowohl eindeutig profanen Aufführungen großen Stils: 1431 wurde auf dem Cimetière des Innocents »ein Wald gepflanzt, in welchem es Jäger und Jagdhunde gab... Und als die Jäger anfingen, ins Horn zu stoßen, und die Hunde anfingen zu bellen, sprang plötzlich ein Hirsch aus dem Wald heraus, im geschwinden Galopp bis über die Gaß, vor den Augen des obengenannten Königs... Alsdann kehrte er in den Wald zurück und wurde gestellt.« In sämtlichen Diözesen prangern die Tugendhaften unentwegt alle erdenklichen Bräuche und Mißbräuche auf den Friedhöfen an: profane Gelübde, Tänze und Gesänge, satirische Feste, Stech- und Waffenspiele.

5. Gottesdienste, geistliches Theater, Prozessionen und Tänze

Die Gläubigen in der Kirche

Weder Kirchen noch Friedhöfe erscheinen den Menschen in zwingender Weise als heilige Stätten, als Räume, die dem Kult oder der Andacht vorbehalten wären. Eingegliedert ins Netz der Straßen und der öffentlichen Plätze, bietet die Kathedrale – ein ebenfalls vielfrequentierter Raum – jederzeit Gelegenheit zu Begegnungen, zur Belehrung, zu erbaulichen Schauspielen. Sie ist im wahrsten Sinne des Wortes eine Hochburg des sozialen Lebens.

Kann man, was die Gottesdienste selbst betrifft, nun wirklich den sittenstrengen Predigern glauben, den zeitgenössischen Beicht- und Bußbüchlein, die so manchen auf Skandale erpichten Autoren bis heute erlauben, ebenso lange wie befremdliche Listen schändlicher Verfehlungen aufzustellen? Ihnen zufolge legten die Gläubigen während der Messe ein haarsträubendes Benehmen an den Tag und zeigten keinerlei Ehrfurcht, weder vor dem Heiligtum noch vor dem Gottesdienst. Sicher muß man Abstriche machen und bedenken, welchen Spaß das Denunzieren und Verleumden den oft griesgrämigen Sittenrichtern machte. Aber auch verläßlichere Quellen und einige gut fundierte Untersuchungen über das damalige Gemeindeleben bezeugen, daß sich das Publikum während der – wahrlich langwierigen – Gottesdienste eher undiszipliniert, wenn nicht geradezu ausgelassen verhielt, daß sein Hauptinteresse jedenfalls den Spielen und Ereignissen des Alltags galt, daß es sich zeigen und bewundern lassen wollte und daß es pausenlos redete.

Die Statuten der Bruderschaften belegen diejenigen, die sonntags während der Messe schwatzen, mit Geldbußen. Trotzdem wird den Frauen der Hof gemacht, trotzdem werden Zeichen des heimlichen Einverständnisses ausgetauscht. Ganz zu schweigen von dem zur Schau gestellten Luxus und den kleinen Vergnügungen, auf die man nicht verzichten mag – eine Vorführung menschlicher

Eitelkeiten, die Sebastian Brant, moralisch wie immer, aber stets präzise, was die aus dem Leben gegriffenen Bilder angeht, in einem dem »Lärm in der Kirche« gewidmeten Gedicht des *Narrenschiffs* beklagt: »Man braucht nicht fragen, wer die seien, bei denen die Hund' in der Kirche schreien, während man Messe hält, predigt und singt, oder bei denen der Habicht schwingt und läßt seine Schellen so laut erklingen, daß man nicht beten kann noch singen.« Sitten der feinen Leute? Nicht nur: »Das ist ein Klappern und ein Schwätzen! Durchhecheln muß man alle Sachen und Schnippschnapp mit den Holzschuhen machen.« Käme Christus heutzutage, fährt der Kanoniker aus Basel fort, um Händler und Wechsler aus dem Tempel zu vertreiben, wäre die Kirche bald leer.

Andernorts, auf dem Lande, in der Normandie zum Beispiel, wo Eudes Rigaud seine bischöfliche Visitation durchführt, ist die Verehrung, die Männer und Frauen den Heiligen oder vielmehr deren Bildnissen aus Holz oder Stein zuteil werden lassen, noch von gänzlich materiellen Ansprüchen und vom Fetischismus geprägt. Wenn schlechtes Wetter herrscht, wenn der Sturm die Ernte vernichtet hat, wenn das Korn nach einem kalten Sommer nicht reif werden will, wirft man die Statuen der Jungfrau und der Schutzpatrone zu Boden, um sie zu treten, zu peitschen und mit Flüchen zu bedecken.

Die Gegenwart der zahlreich versammelten Gläubigen, die oft nicht gerade andächtig, sondern eher um das Alltägliche, das Profane und das Soziale besorgt sind – die Ängste der damaligen Zeit und die Spiele der Eitelkeit, die Lust am Leichtsinn und am äußeren Schein –, schafft in der Kirche eine Atmosphäre, die manchmal wenig bestimmt ist von Frömmigkeit und Demut, von hingebungsvoller Aufmerksamkeit für die Riten und das liturgische Geschehen. So kommt es vielfach zu Störungen, und so erklärt sich auch das Interesse der kirchlichen Autoritäten, wenigstens einen Teil des Gotteshauses abzuschirmen – ein Interesse, das sich zunächst in jenen materiellen Schranken ausdrückt, die quer durch das Schiff gezogen werden und den Chor besser isolieren sollen. Sofern die Klosterkirchen der Dominikaner und der Franziskaner gleichzeitig als Pfarrkirchen dienen, gelangen die Mönche durch

eine besondere Tür direkt in den Chor oder vielmehr auf die Em-
poren. In der Kathedrale sitzen die Kanoniker auf ihren Stallen im
Chor, jenseits der Vierung, manchmal erhöht oder auf einer Art
Empore. Dieser Chor ist nach außen, zum Umgang hin, durch eine
hohe, kaum lichtdurchlässige Scheidewand vollständig geschlossen und, wie in den spanischen Kirchen heute noch gut zu erkennen ist, durch eine mächtige Schranke vom restlichen Gebäude
getrennt. Obwohl in anderen Ländern, in Frankreich oder England
beispielsweise, leichter zugänglich, bleibt der Chor stets vom
Laienschiff geschieden; der Gläubige hat kaum Einblick.
Damit nicht genug. Seit dem 13. Jahrhundert ist deutlich zu erkennen, wie der Wille zu Abgrenzungen innerhalb des Hauptschiffs wächst und sich schließlich durchsetzt: Es werden Lettner
errichtet, bogenförmige steinerne Aufbauten mit einer Bühne, die
der Priester zum Predigen benutzt, von der aus ein Kantor den Ton
für die Psalmen und Gesänge der Gläubigen angeben kann. Gewiß, der Lettner trennt den oberen Teil des Kirchenschiffs nicht so
vollständig ab, wie die griechischen Ikonostasen, aber immerhin
weist er dicke Säulen, massive Wölbungen, mehr oder weniger
dichte Gitter und eine Außentreppe auf. An Festtagen wurden
dort sicherlich Wandbehänge aufgespannt. Die Tatsache, daß die
Lettner geschmückt waren – entweder, wie in Chartres, mit einer
Reihe von Statuen, oder, wie in einigen kleinen Kirchen der Bretagne, mit bewundernswerten vielfarbigen Holzskulpturen voller
Erfindungskraft, oder schließlich, nach Art der Madeleine in
Troyes, mit »flammenden« Girlanden –, läßt erahnen, wie sehr die
Gläubigen ihre Aufmerksamkeit auf diese architektonische Bar-
riere richteten, die ihnen den Blick, die Perspektive des Mittel-
schiffs versperrte. So wird der Lettner, was die Unterrichtung und
die Erbauung durch bildliche Darstellungen betrifft, mehr und
mehr zum Ersatz für die große Altarwand: ein denkbar klares Zeichen, das eine ganze Entwicklung sinnfällig macht.

Liturgische Dramen, geistliche Spiele

Was indes den Ablauf des Gottesdienstes selbst, seine Gestaltung, seine Nachklänge und Fortsetzungen anlangt, so sind die profanen Elemente offenkundig. Es geht vor allem darum, Botschaften verständlich zu machen und die Neugier der Menschen zu befriedigen, sie sinnlich zu beeindrucken, die Monotonie zu durchbrechen und Anziehungskraft zu gewinnen, dem Geschmack der Zeit Genüge zu tun. E. Delaruelle, der diesen Wettbewerb um Erfindungen und die bemerkenswerte Entwicklung der paraliturgischen Dramen analysiert hat, zitiert den Fall der Äbtissin eines in Barking bei London gelegenen Klosters: »Da die Teilnahme des Volkes erkennen ließ, daß die Frömmigkeit erkaltete... und sie [die Äbtissin] dieser Gleichgültigkeit ein Ende setzen wollte, richtete sie im Einvernehmen mit den Ordensschwestern ein *Mysterienspiel* ein, das zur Feier des Ostersonntags und während der österlichen Morgenmesse nach dem dritten Responsorium aufgeführt werden sollte.«

Dieses Bestreben, auf liebenswerte Art zu belehren und die Mysterien der Religion zu illustrieren, gilt allgemein als Ursprung des geistlichen Theaters und, im Anschluß daran, verschiedener Ausprägungen der religiösen Kunst.

Alles wird zum Vorwand für den bildlichen Ausdruck. Dafür zunächst nur ein in Raum und Zeit sehr beschränktes Beispiel: die berühmten *Exsultetrollen*, die im 11. und 12. Jahrhundert in Mittelitalien illuminiert worden sind. Zur Weihe der Osterkerze stimmten die Chöre eine Hymne an, die triumphierend mit den Worten begann: *Exsultet jam angelice turba caelorum* (»Frohlokket nun, all ihr himmlischen Chöre der Engel!«). Während des Gesangs entrollte der Diakon langsam eine dicke Pergamentrolle mit dem Text der Hymne und zahlreichen, im Verhältnis zur Schrift auf dem Kopf stehenden Illustrationen, damit die Gläubigen bei jedem Vers ein entsprechendes Bild sehen konnten. Manche dieser Rollen hatten eine Länge von über vierzig Metern, und sie waren mit bildlichen Szenen verziert, ebenso abwechslungsreich wie naiv.

Am Pfingstsonntag – dieser Brauch bestand während des ganzen

Mittelalters, vor allem aber in seiner letzten Phase – ging von den höchsten Gewölben der Kathedrale ein Blumenregen, Symbol des Heiligen Geistes, auf die dichtgedrängte Menge nieder, manchmal sogar brennendes Werg und gelegentlich Küchlein oder Brot und Schilf. Andernorts wurde im Chor eine weiße Taube oder eine Haustaube freigelassen. Überdies gab es, besonders in Italien, große, kunstfertige »Maschinen«, die unter einzigartigen Verzierungen aus Holz und bemalten Kartons verborgen gehalten wurden und wunderschöne optische Illusionen erzeugten, die Engelscharen durch die Gewölbe fliegen und den Heiligen Geist vom Himmel herabschweben ließen. Wahrscheinlich hat Brunelleschi zwei dieser großen Schaustücke selbst konzipiert, und zwar nicht für Pfingsten, sondern für den Himmelfahrtstag. Das eine, ein *Paradisio*, war der Florentiner Kirche San Felice in Piazza zugedacht: Im Gewölbe über dem Chor hing eine hölzerne Halbkugel, himmelblau bemalt und mit silbernen Sternen versehen, an der, von drei Lichtstrahlen beleuchtet, Kinder-Engel befestigt waren; der Erzengel Gabriel schwebte vom Himmel herab; die Türen dieses *Paradisio* konnten sich öffnen, und eine Maschine versetzte das Ganze in Drehungen. Die andere Vorrichtung von Brunelleschi wurde am 25. März 1419 in der Kirche Annunziata, ebenfalls in Florenz, eingeweiht: Der Meister hatte zwei große Szenen aufgebaut; ganz vorne, in der Nähe des Chors, Marias *Haus* mit einem Bett und einem Stuhl, hinten, vor der Eingangshalle, den *Paradisio*, der sich auf einer drei Meter hohen Tribüne erhob, so daß der Thron Gottes von sieben hellen Strahlen, Sinnbild der sieben Himmel, getragen schien; zu *Mariä Verkündigung* flog der an einem langen Seil befestigte Erzengel Gabriel vom *Paradisio* zu Marias *Haus*.

Die Kathedrale von Besançon verfügte über eine kleine Galerie für die Aufstellung Gottvaters, der von dort eine Taube zu Maria fliegen ließ. E. Delaruelle weist sehr richtig darauf hin, daß manche in der Malerei und namentlich in der Buchmalerei verwendeten Themen oder Elemente der *Himmelfahrtsikonographie* zweifellos von diesen mehr oder weniger aus den Kirchen hervorgegangenen szenischen Darstellungen angeregt worden sind.

In diesem Zusammenhang denkt man natürlich wieder an die *My-*

sterienspiele, die sich im ganzen Abendland als prachtvolle, erfindungsreiche und allem Anschein nach sehr vielfältige Schauspiele durchgesetzt haben. Die *Mysterienspiele* sind, ebenso wie die *Mirakelspiele,* offensichtlich religiösen Ursprungs und haben ihre Wurzeln in den liturgischen oder vielmehr paraliturgischen Riten, das heißt, nebenbei gesagt, in Gottesdiensten oder feierlichen Prozessionen.

Die Priester legten Wert darauf, bestimmte Momente aus dem Leben Christi besser als durch einfache Abbildung zu illustrieren, und boten ihren Gläubigen regelrechte lebende Bilder dar. So etwa beim *Dreikönigsspiel* am Tag der Erscheinung des Herrn. In den Kathedralen entfaltete dieses Ritual zur Feier des Epiphaniasfestes eine ganz eigene Pracht, sobald die Kanoniker sich bemühten, es in der Art eines szenischen Spiels zu zelebrieren. Drei Kanoniker verkleideten sich mit einer Dalmatik, der eine in Weiß, der andere in Rot und der dritte in Schwarz. Jeder trug eine Palme in der Hand und eine goldene Krone auf dem Kopf; hinter ihnen gingen Diener, die Schalen mit Geschenken hielten. Zwei alte, aus den fünfziger Jahren des 13. Jahrhunderts stammende *Rituale* der Kathedralkirche von Besançon präzisieren, daß die Schultern der Kanoniker in kostbare Umhänge gehüllt sein müssen, daß ihre Haare schwarz sein müssen, »wie es in Syrien üblich ist«, daß sie nicht nur Palmen, sondern auch Duftfläschchen und ihre Gaben in den Händen halten sollen; ein anderes, späteres *Rituale* besagt, daß drei Knaben »nach Art der Leute aus Persien mit der zu dieser Gelegenheit vorgesehenen Kleidung« angetan sein sollen und daß man »einem von ihnen, der den Mohrenkönig darstellt, das Gesicht und die Hände schwärze«. Den Drei Weisen wird ein großer Kandelaber vorausgetragen, und so ziehen sie durch das untere Schiff, bis sie, nach mehreren Stationen in den Kapellen, den Marienaltar erreichen. Dann steigen sie gemeinsam mit dem Diakon und ihren Dienern auf den Lettner, um dort das Evangelium zu singen: *Cum natus est...* Bei den Worten *Aurus, Thus et Myrrham* bieten sie ihre Geschenke dar. Nach dem Evangelium singt der erste König *Ecce Stella,* wobei er mit dem Finger auf den Stern weist (»selbiger Stern muß nunmehr rechts über dem Pult im Chor stehen«). Die anderen Könige weisen ebenfalls in diese

Richtung. Noch sind das alles schlichte Bilder, Prozessionen, Opfergaben und Gesänge, die aber dank der fremdartigen Kostüme, der Schminke und der kleinen Maschine, die den Silberstern bis vor den Chor schweben läßt, tiefen Eindruck machen.

Sehr früh, vermutlich schon vor dem 11. Jahrhundert, feierten die Priester in ihren Kirchen das *Officium Sepulchri*, den Gang der Heiligen Frauen, der drei Marien, zum Grab Christi. Man nannte es auch die *Nachsuchung der Marien*. Anfangs geschah nichts anderes, als daß drei junge Kleriker in weißen Gewändern und mit weißer Kopfbedeckung auftauchten, die einen Gang um die Altäre machten und schließlich vor dem Altartisch innehielten, um sich selbst die Antwort zu geben: »Ihr suchet Jesus von Nazareth, den Gekreuzigten, er ist nicht hier.« Man kann sich unschwer vorstellen, wie der Dialog in der Folgezeit mit weiteren Antworten ausgestaltet und die Inszenierung allmählich um neue Elemente bereichert wurde. Andererseits sorgte der Priester dafür, daß die verschiedenen Szenen der *Passion* im Stil lebender Bilder dargestellt wurden, wobei die *Visitatio der Marien* immer mehr in den Vordergrund trat. Ein Priester aus Laval ließ nach jeder Szene einen Vorhang zuziehen, damit die Vorführenden Zeit hatten, sich aufzustellen; das wiederholte sich siebzehnmal. Mehr als die *Kreuzigung* wurde übrigens die *Pieta* hervorgehoben, die Darstellung der Jungfrau mit dem Leichnam Jesu auf dem Schoß.

Die *Sépulchres* – so nannte man die vielfältigen und verschiedenartigen Osterspiele –, ihre Vorbereitung, die Verteilung der Rollen, die genaue Festlegung der Gesten und der Dialoge, die Kostüme, das Zubehör und die Kostenverteilung, das alles verlangte Mühen und Dienste. Oft suchte man nach neuen Erfindungen, nach etwas Originellem, einer Pointe, einem realistischen, exotischen oder zauberhaften Stil. Auch hier wetteiferte man von Stadt zu Stadt. Die Bruderschaften, die Kirchenstiftungen oder -verwaltungen übernahmen die Finanzierung und erhoben sie zum Maßstab ihres Rufs. Bald lastete das geistliche Spiel so sehr auf den Finanzen, daß die Schatzmeister der Stiftungen, die Kirchenvorsteher, die *marguilliers*, wie man sie in Paris und in den Städten Nordfrankreichs nannte, in England den Beinamen *lightmen* erhielten – Männer, die Kerzen und Fackeln kaufen, um das

Fest zu gestalten – und später dann allgemein *sepulchrmen* genannt wurden.

Zuweilen wurde die Erinnerung an eine Aufführung in Stein gehauen festgehalten: Wunderschöne bunt bemalte Gruppenszenen mit orientalischen Ornamenten, geprägt von einem starken Realismus im Ausdruck des Schmerzes, sind beispielsweise in Burgund erhalten, oder in der Bretagne, wo sie den *Kreuzigungsgruppen* der Kalvarienberge entsprechen, desgleichen im Périgord und in der Provence.

Zu den Ursprüngen des geistlichen Theaters gehören zweifellos auch die lebenden Bilder, die, teils stumm, teils sprechend, anläßlich der königlichen oder fürstlichen Einzüge, weit häufiger freilich im Zusammenhang mit religiösen Prozessionen an den Straßenkreuzungen oder, im Stil der Festwagen des antiken griechischen Theaters, auf fahrbaren Tribünen inszeniert wurden. Vor dem König wurden manchmal die *Passion*, die *Kreuzigung* oder die *Auferstehung* gespielt, meist jedoch realistische, malerische Szenen des *Alten Testaments*, den *Apokryphen* entnommene Episoden aus der Kindheit Jesu, dem *Marienleben: Verkündigung, Heimsuchung, Vermählung, Krönung* und *Himmelfahrt*. Man ließ den Triumphzug durch die Goldene Pforte von Jerusalem oder daran entlang ziehen. Besonders beliebt war eine schöne Wurzel Jesse, illustriert mit lebenden Bildern: der *Geburt Christi*, der *Flucht aus Ägypten*, oder mit Allegorien: dem *Glauben*, der *Kirche*, den christlichen Tugenden *Beharrlichkeit, Mäßigung, Liebe* und *Barmherzigkeit*, manchmal auch solchen, die subtiler, vielleicht schwerer zu begreifen waren: der *Welt*, dem *Buch des Lebens*, der *Freude*; im Gegensatz dazu lösten die Schlange und der Apfel im *Irdischen Paradies* eine Flut von spontanen Assoziationen und Effekten aus. Insgesamt eine seltsame Vielfalt von Impulsen, ein erstaunliches Nebeneinander.

Im Dezember 1431 häuften sich die szenischen Darbietungen. Ein aufmerksamer Chronist namens Enguerrand de Monstrelet zählt sämtliche Bilder auf: Bei der Trinité sah man die *Passion*, an der Porte Saint-Denis, rund um die Kirche Sainte-Geneviève, die Heiligen *Thomas*, *Dionysius* und *Mauritius* sowie den Heiligen Ludwig von Frankreich; vor dem Krankenhaus Sainte-Catherine den

Heiligen Geist, »der auf die Apostel niederging«, vor dem Châtelet eine Inszenierung mit der *Verkündigung an die Hirten*, dem *Jüngsten Gericht*, dem *Paradies*, der *Hölle* und dem *Heiligen Michael*, der die Seelen wog; außerdem, unmittelbar am Eingang, drei profane Allegorien, nicht etwa zur religiösen, sondern zur politischen Erbauung: der *Große Gerichtstag* mit dem *Göttlichen Gesetz*, dem *Naturgesetz* und dem *Menschlichen Gesetz*; am Anfang der Brücke, hinter dem Châtelet also, die *Taufe Christi* und die *Heilige Margareta*, »nachgeahmt von einer überaus schönen Jungfer, die dem Bauch eines Drachens entstieg«.

Ebenfalls in Paris, diesmal zu Ehren Ludwigs XII., stellte die Passionsbruderschaft 1498 vor der Kirche La Trinité die *Kreuzigung* dar, »das heißt, Jesus zwischen den beiden Schächern am Kreuz hängend, Judas, ebenfalls hängend, Anna, Kaiphas, Pilatus und mehrere Juden, die der Kreuzigung zuschauten, während das Blut unaufhörlich aus den Wundmalen Christi floß«, und, auf einer Tribüne an der Seite, »Abraham, der Gottvater seinen Sohn Isaak opferte«. Auf einer anderen Bühne an der Porte aux Peintres sah man »eine *Welt*, in der sich zwei Personen befanden – die *Guten Zeiten* und der *Frieden* –, und um die *Welt* gruppiert drei weitere Personen, das *Französische Volk*, die *Fröhlichkeit* und den *Guten Hirten*«. Am Brunnen des Ponceau gab es eine riesige, schön hergerichtete Lilie, aus deren »vier Blüten reichlich Wasser strömte, um diejenigen zu erfrischen, die vor Hitze durstig und matt waren«.

Wie man deutlich sieht, ist der Begriff des Sakralen – der Begriff eines sakralen Spiels, einer von jedem unnötigen profanen Beiwerk freien Aufführung, oder auch der Begriff eines Mysteriums im eigentlichen Sinne – diesen öffentlichen Freudenfesten völlig fremd. Die religiösen Bilder, die ihre Quellen in der Bibel oder den apokryphen Evangelien haben, sind szenische Spiele unter anderen.

Die gleiche Atmosphäre belebte die großen, mit ebenso komplexen Darbietungen verbundenen Umzüge, die keinen politischen, sondern religiösen Charakter besaßen. In der Tat wurden die meisten wichtigen Feste des Jahres im Rahmen von Prozessionen gefeiert; offenbar waren unsere Ahnen, wie ein Gegenwartsautor

sagt, »von der Prozessionsmanie befallen«. Ein gutes Beispiel dafür sind die berühmten Feste der Provence , deren Urheberschaft
großzügig und zweifellos zu Unrecht dem König René von Anjou
zugesprochen wird: der Fahnenlauf und die Ochsenprozession in
Marseille, die Drachen-Aufführung in Tarascon und das namhafte
Apostelspiel in Aix, ein Exempel des erzieherisch-religiösen Theaters, das auf beweglichen Tribünen vor der Fronleichnamsprozession in der ganzen Stadt gezeigt wurde.

Solche Prozessionen ziehen zahlreiche Neugierige an und fordern
jede Art von Wetteifer heraus. Kanoniker ebenso wie Ratsherren
unterstützen die Darbietungen, die nicht nur für ein gewisses
Gleichgewicht, sondern auch für den Fortbestand der Traditionen
sorgen; sie sind Zeugnisse einer Zivilisation. In Lille, zum Fest der
Vierge de la Treille, sollen all diejenigen, »die sich als Angehörige
ein und derselben Gemeinschaft und ohne Hinzuziehung fremder
Personen am Tag selbiger Prozession einfinden, um des Morgens
auf Wagen, Karren oder tragbaren Gestellen und Tribünen während des Durchzugs der Prozession stumme oder pantomimische
Szenen darzustellen«, kleine Münzen und Gaben erhalten. In Le
Mans werden an den hohen Festtagen des liturgischen Kalenders
oder an den Gedenktagen der Heiligen jährlich etwa zwölf,
manchmal über zwanzig Prozessionen veranstaltet, die alle als
Themen und Gelegenheiten für regelrechte Schauspiele dienen.
Anläßlich der Fronleichnamsprozession in Laval werden auf den
am Wegesrand errichteten Bühnen stets mehrere Szenen des *Alten* und des *Neuen Testaments* aufgeführt, und beim Fest des Erlösers in Mayenne steigen die Darsteller von den Tribünen herab, um
dem Zug durch die Straßen zu folgen: Adam und Eva, die einen
kleinen Baum voller Äpfel in ihrer Mitte tragen; die Erzväter und
die Propheten mit wallenden Bärten und langen Mänteln, auf denen in farbenprächtigen Buchstaben ihre Namen prangen; Johannes der Täufer in ein Fell gehüllt und mit einem Lamm im Arm;
die von der Wurzel Jesse abstammenden Könige mit Kronen auf
dem Kopf; Jesse selbst, der, auf einen Stock gestützt, den Reigen
beschließt; ferner die Jünger: der heilige Petrus mit dem Schlüs-
sel, der heilige Andreas mit dem Kreuz, zahllose blumenstreuende
junge Mädchen als Jungfrauen und Kinder als Engel, Schäfer und

Schäferinnen... Die mimisch dargestellte oder gespielte Szene setzt sich im Getümmel eines bunten Umzuges fort.

Zur gleichen Zeit, mit Sicherheit nach 1400, eroberten die innerhalb der Kirche dargebotenen *Mysterien* oder paraliturgischen Spiele ebenfalls die Straße. Oft fanden sie nun auf dem nahen Kirchhof statt, manchmal auf dem öffentlichen Hauptplatz oder gar außerhalb der Stadt, wo es mehr Raum für ein größeres Publikum gab. Organisiert und bezahlt von mehr oder weniger spezialisierten Bruderschaften – den Marienbruderschaften, den Passionsbruderschaften –, von Zünften oder Ratsherren, nahmen die Schauspiele des religiösen Theaters jetzt ganz neue Dimensionen an, sie wurden zur Angelegenheit der ganzen Stadt. In Montferrand, wo die *Mysterienspiele* im 15. Jahrhundert einen beträchtlichen Erfolg erlebten, wurde die *Passion* 1452 in Saint-Jehan de Segen aufgeführt, dem vier- bis fünfhundert Schritt von der Stadt entfernten Gebäudekomplex der Hospitaliter-Komturei, und 1477 im Kloster Saint-Robert, der Benediktinerpriorei und nachmaligen Pfarrkirche der Stadt. In Laval wurden die großen *Mysterien* – das im ganzen Land bekannte *Mysterienspiel der Heiligen Barbara*, das der *Geburt Christi*, das des *Verlorenen Sohns*, das mit 97 Personen besetzte *Mysterienspiel der Unbefleckten Empfängnis* und die seit 1448 bekannte *Kluge Moralität vom Guten und vom Bösen* – entweder auf den Wiesen von Botz außerhalb der Stadtmauer oder vor dem Dominikanerkloster oder schließlich vor der Kirche Saint-Vénérand vorgeführt; das *Opfer Abrahams* indes fand auf dem Hauptplatz statt, der Place du Palais, damals noch Grand-Pavé genannt, das *Mysterium der Heiligen Hostie* auf dem Cimetière-Dieu-Saint-Michel, jenseits der Stadttore, und das *Mysterium des Heiligen Blasius* auf einer anderen Wiese, etwas weiter entfernt. So entfaltet sich in jeder Stadt eine Art Topographie, die den laufenden Fortschritt und die wachsende Anzahl der geistlichen Spiele sinnfällig macht.

Obendrein dauern diese Schauspiele, die freilich nicht alle jedes Jahr gezeigt werden, außerordentlich lange. Es handelt sich nicht mehr um einfache, mimisch dargebotene, nur durch wenige kurze Sätze illustrierte Episoden, nicht mehr um einen bestimmten Moment bei der Predigt, bei einem liturgischen Ritual oder beim

Durchzug einer Prozession, sondern um großangelegte komplexe Inszenierungen, verteilt auf mehrere *Schauplätze*, zumeist bemalte, auf der Bühne errichtete »Häuser«, und untergliedert in kunstvoll komponierte *Tagesabläufe* mit zahllosen Einlagen und Erfindungen; Werke, deren Urheber renommierte Namen haben. Diese Zyklen dauern vier oder fünf Tage, oder sie werden Sonntag um Sonntag fortgesetzt, sieben Wochen lang, von Ostern bis Pfingsten.

Man begnügt sich nicht mehr damit, eine Stelle aus den *Evangelien* oder aus einem *Heiligenleben* zu illustrieren, um sie verständlich zu machen, um das Publikum zu verblüffen und die Gemüter in Schrecken oder Staunen zu versetzen. Nun will man gefallen, sich dem Wettbewerb stellen; oft geht es darum, schallendes Gelächter auszulösen. Die uns überlieferten Texte, selbst die des *Passions-Mysteriums*, gemahnen an »barocke« Schauspiele, bei denen sich die gegensätzlichsten Tonarten und Stilelemente vermischen und die nichts Sakrales mehr haben. Phantastische Fabelwesen werden in die Spiele eingeführt, Monstren und erstaunliche Maschinen: hier ein »großer höllischer Teufel«, dort ein Drache, »der an sieben Stellen aus den Nasenlöchern und den Augen Feuer sprüht«. Um Humor und Spaß in die Sache zu bringen, werden frei erfundene Personen gezeigt, nicht mehr nur die Helden, sondern auch deren Frauen, von denen noch niemand je gehört hat. Das wiederum begünstigt so manchen burlesken Dialog, hier und dort auch eine frauenfeindliche Bemerkung über das von Natur aus böse, unzüchtige Weib, das den Männern schlechten Rat erteilt.

In zahlreichen berühmten Mysterienspielen ist die Beschäftigung mit profanen Dingen offenkundig, so beispielsweise in der *Passion* des sogenannten *Palatinus-Manuskripts* der Vaticana, einem Werk aus dem 15. Jahrhundert, worin eine ganze, ungewöhnlich lange Szene den Schmied in lebhaftem Streitgespräch mit seiner Frau vorstellt. Der Mann weigert sich, die Nägel zu schmieden, mit denen Jesus ans Kreuz geschlagen werden soll: »Doch habe ich nicht genügend Kraft, daß ich sie schmieden könnte; seit gestern schmerzen mir die Hände sehr. Ich habe sie so angestrengt, genutzt und geschunden, daß ich, wie ich fürchte, nicht arbeiten kann, weder den Hammer halten noch das Gebläse.« Die Frau wundert sich über diese plötzliche Krankheit: »Noch gestern haben wir geschmiedet, Ihr und ich, und die ganze Woche Tag für Tag. Und Eure Hände waren so gesund«, wendet sie ein, erbietet sich aber, die Nägel selbst zu fertigen, ohne dafür etwas zu verlangen, und sie sehr stark zu machen, um den »Heuchler« festzunageln, »den üblen Schurken, der sich als Gott ausgibt«. Denn, so fügt sie hinzu: »Wisset wohl, daß Jesus-Christ sehr stark sein wird, sich loszureißen. Außer diesen gibt es keine Nägel auf der Welt, die haltbar wären, denn alle sind zu kurz.«

Anders in Montferrand und in der »Familie« der *Passionsspiele* der Auvergne: Hier tritt Perkula auf, die Frau des Pilatus, und das ganze Drama der Kreuzigung ist gleichsam eingerahmt von zwei Dialogen zwischen den Eheleuten. Perkula versucht, Pilatus zur Umkehr zu bewegen, und verkündet mit lauter Stimme: »Der Rat eines Weibes, wird er gehört, bringt klugen Leuten gar oft Gewinn, aber er braucht ein verständiges Ohr.«

Was uns indes am meisten erstaunt, ist der ungewöhnliche, verwirrende Kontrast zwischen Einfällen und Ausdrucksweisen, die heute einander auszuschließen scheinen, der Kontrast etwa zwischen den sorgfältig formulierten Marienklagen einerseits, die – bestimmt von einem genauen Gespür für das Dramatische, von Zärtlichkeit oder bitterer Ironie – Zurückhaltung und Sinn für die feinsinnige psychologische Analyse beweisen, und den achtlosen Äußerungen von Grobheit und Geschmacklosigkeit andererseits. Beispielsweise in einer Szene, wiederum aus Montferrand, in der die Kriegsknechte (Alexander, Malchius, Sirus, Malbec, Malegorge, Prunelle – lauter widerwärtige Gesellen, die wie trunken wirken) den gekreuzigten Leib Christi betrachten und ihn mit unflätigen Bemerkungen verhöhnen. Auch finden wir in dieser *Passion* – wie in vielen anderen – heftige Spannungen zwischen dem Burlesken, der zügellosen Possenreißerei und dem wirklich Pathetischen, Brüche, die übrigens nicht nur durch wechselnde Rhythmen hervorgehoben werden, sondern auch durch wechselnde Versmaße, durch kurze Dialoge und knappe Antworten im Gegensatz zu den langen, ausgewogenen lyrischen Passagen.

Manchmal werden leichthin Episoden, flüchtige Anspielungen in das Handlungsgefüge eingestreut, Zwischenbilder, die den Ablauf nicht verzögern, den dramatischen Ton aber auf seltsame Weise brechen. So etwa, wenn der gutmütige Joseph sich im *Leben Jesu* von seinen eigenen Dienerinnen schlecht behandeln läßt. Ähnlich im *Passionsspiel*, wo der Apotheker, bei dem die Marien Salben kaufen wollen, mit geschäftsmännischer Härte und abgefeimten Täuschungsmanövern über den Preis verhandelt, oder wo Petrus und Johannes um die Wette zum Grab Christi laufen, der erste betagt, beinahe hinkend, jedenfalls ungeschickt, bei jedem Schritt strauchelnd und laut nach Wasser schreiend, um sich zu erfrischen.

Ein anderes Charakteristikum der *Passionsspiele* dieser Zeit sind fratzenschneidende Dämonen, die sich auf abscheuliche, geradezu obszöne Weise vor dem Höllenschlund winden und hin und wieder einen Sünder aus dem Publikum herausgreifen, um ihn mit ins Verderben zu reißen.

Die in Italien üblichen *Sacre Rappresentazioni*, untermalt von Lauden, polyphonen Gesängen mit schlichten, bisweilen aufgelockerten Harmonien, mischten sich häufig mit rein profanen Szenen oder Liedern. Man sang oder tanzte in der Kirche, im Haus der Magdalena; anläßlich der *Rappresentazione di Santa Margherita* wurde im Dekor des Heidentempels ein Moriskentanz aufgeführt; am selben Tag trat ein Chor junger Leute in Jägerkleidung auf, der zur *Frottola* (einer weltlichen Liedform) eine Jagdszene darstellte: *Jamo alla caccia*. Desgleichen wurden die szenischen Spiele von Abraham und Hagar oder von der Königin Esther stets mit profanen Liedern und Tänzen ausgeschmückt. *Costantino imperatore* wurde im Triumph zur großen Tafel des Festmahles getragen; bei der Ankunft eines Kundschafters ertönte jedesmal ein Horn. Und Lorenzo de' Medici schrieb höchstpersönlich mehrere Lauden für die *Rappresentazione di San Giovanni et Paolo* im Jahr 1489.

Diese extreme Mischung von Stimmungen, Tonfällen und Ausdrucksweisen überrascht selbst den, der auf alles gefaßt ist, der den berühmten Regeln der Genre-Trennung von Grund auf mißtraut. Außer dem allgemeinen Thema, außer der Schlußmoral gibt es nichts, was die Spielformen voneinander unterscheidet. Der Chor oder ein erfundener Komparse übernimmt die Zwischenbemerkungen, die Rolle des Possenreißers in den Possen; er kommen-

tiert, manchmal auf dem Boden. Die Idee des sakralen Theaters
oder jedenfalls die der »sakralen Darstellung« ist also in letzter
Konsequenz eine untaugliche Abstraktion, erdacht von Historikern, um ihrem selbstauferlegten Zwang, alles zu klassifizieren,
Genüge zu tun.

So nimmt es denn auch nicht wunder, daß die feierliche religiöse
Stimmung, die morgens durch die Messe und die Erinnerung an
das von Christus dargebrachte Opfer entstanden ist, während der
Nachmittags- und Abendgottesdienste oder anläßlich irgendeines
liturgischen Spiels in ein fröhliches Fest umschlägt, das die Spuren
der Gottesfürchtigkeit und der Ehrerbietung lärmend verwischt.
Und das zu allen Jahreszeiten. Das verblüffendste Beispiel ist, vom
Karneval ganz zu schweigen, zweifellos der Aschermittwoch, jener Tag, der den Christen die Vergänglichkeit des menschlichen
Daseins ins Gedächtnis rufen soll. Die Geste, Asche auf die Stirn
zu streuen, verkommt – wie man uns sagt – zur reinen Maskerade,
die einhergeht mit Geschrei, mit äußerst freizügigen Gesängen,
mit Vermummungen und burlesken Umzügen. Die Konzilien und
Synoden verurteilen diese Ausschweifungen, »deren Zersetzung
fortwirkt bis in die heilige Fastenzeit, die in Tränen und Buße ver-
bracht werden sollte«; mit scharfen Worten wenden sie sich gegen
die Dreistigkeiten, zu denen die Menschen sich unter Mißachtung
der Kirche erfrechen, vornehmlich gegen die Maskenspiele, die am
Aschermittwoch »mit Trommeln und anderen Instrumenten, mit
Gekreische und Gebrüll« veranstaltet werden. Sebastian Brant
weist den Schuldigen den Platz zu, der ihnen an Bord seines *Narrenschiffs* gebührt: »Ich kann in Wahrheit das wohl sagen, daß
weder Juden, Heiden noch Tataren im Glauben schändlich so verfahren wie wir, die wir uns Christen nennen.« Von seinem Stand-
punkt aus hat Brant sicherlich recht – bei den Zeremonien, die sich
am Rande der christlichen Feste seiner Zeit abspielten, war die
Bedeutung des Sakralen ebenso in Vergessenheit geraten wie ihr
Ursprung und ihre Existenzberechtigung. »Die Kirchen selbst
sind nicht mehr hehr«, sagt Brant. Nur wenige, behauptet er, bieten andächtig die Stirne dar, um die Asche zu empfangen; statt
dessen laufen die meisten kreuz und quer hinter den aufgeschreckt
fliehenden Frauen her, um ihnen das Antlitz zu schwärzen. »Den

Esel wüste Rotten tragen«, klagt er, und schließlich »läd man ein
zu Tanz und Stechen«.

Zu guter Letzt greifen die Obrigkeiten ein, empört über diesen
Mummenschanz, bei dem Priester und Kanoniker behilflich sind,
indem sie zunehmend vulgäre Aufführungen organisieren und
subventionieren. Vor allem wird darauf beharrt, daß es den Kirchenmännern nicht geziemt, an Spielen teilzunehmen, als Komödianten aufzutreten, Umgang mit Mimen und Schauspielern zu
pflegen. Immer wieder wird betont, daß die Kirche und ihre Umgebung, insbesondere der Friedhof, heilige Stätten sind, daß es
verboten ist, dort weltliche Schauspiele aufzuführen, die häufig
Anlaß zu Raufereien und gotteslästerlichen Ausschweifungen
geben.

Gewiß, all diese Mahnungen sind jahrhundertelang wiederholt
worden, doch offenbar ohne ersichtlichen Erfolg. Im 25. Kapitel
des *Traité des Jeux et des Divertissements* widmet der Pfarrer
Jean-Baptiste Thiers diesem Thema viele Seiten, auf denen er in
einem Katalog zusammenstellt, wie die Kirchenväter und Kirchenlehrer sich über die sogenannten geistlichen Feste und Zerstreuungen geäußert haben; er zitiert Theophilos, Patriarch von
Alexandria, der die Ansicht vertrat, solche Veranstaltungen wi-
dersprächen »der Disziplin der Christen«; dann den heiligen Cy-
prian, der die Tragödien verurteilte, »da sie durch die Verbrechen,
die sie zeigen, ein schlechtes Beispiel geben«; den heiligen Cle-
mens, der die Komödien verdammte, »weil das Theater, in dem sie
gespielt werden, Irrlehren verbreitet, und weil man das Angenehme nie dem vorziehen darf, was ehrbar und zuträglich ist«.
Und er fährt fort mit Cyrillus von Jerusalem, Salvianus von Marseille, Isidor von Sevilla und Johannes Chrysostomus, zitiert – fast
könnte man sagen kreuz und quer – die Erlässe des Konzils von
Elvira, die den christlichen jungen Mädchen schon 305 verboten,
Komödianten zu heiraten, sodann die von Arles aus den Jahren
314 und 451, denen zufolge die Schauspieler exkommuniziert
werden sollten; schließlich die von Konstantinopel, die den Laien
692, ebenfalls unter Strafe der Exkommunikation, verboten, sich
als »Komödianten, Satyrn oder Tragöden« zu verkleiden. All diese
so überaus zweideutigen Zerstreuungen sind ein ernstes, besorg-

niserregendes Thema, das sich durch die gesamte Kirchenge-
schichte zieht, bis hin zum mailändischen Provinzialkonzil von
1565: »Die Geistlichen sind gehalten, den Fabeln, den Komödien,
den Stechspielen, den Turnieren oder anderen eitlen und profanen
Schauspielen keinesfalls beizuwohnen, auf daß ihre Ohren und
ihre Augen, die dem Gottesdienst geweiht sind, nicht beschmutzt
werden durch scherzhafte oder unzüchtige Handlungen und
Worte.« Desgleichen 1577 in Lyon: Die Kirchenmänner sollen
sich »fernhalten von Tänzen, Masken, Taschenspielerei, von den
Schauspielen und Komödien der Gaukler und Spaßmacher, von
den Orten, wo Zersetzung, Unzucht und eitle Lustbarkeiten herr-
schen«.

In Köln entrüstet sich der Bischof 1549, weil es den Komödianten
nicht genug ist, auf ihren Bühnen zu spielen und sie Vorstellungen
auch in den Kirchen und den Nonnenklöstern geben, »wo sie den
Mädchen durch profane, verliebte und weltliche Gesten Lust bereiten«. Gewiß, diese Spiele handeln von geistlichen, religiösen
Stoffen, sind also in ihrer Thematik durchaus erbaulich, doch bei
den Zuschauern, »die eher stehenbleiben, um die Gesten der
Schauspieler zu betrachten und zu bewundern, als um die Worte
zu hören«, hinterlassen sie notwendig verwirrende Eindrücke.

Zugleich – im Laufe mehrerer Jahrhunderte und bis ins 16. Jahrhundert hinein – erheben Obrigkeiten und Kirchenlehrer ähnliche
Vorwürfe gegen den zumeist recht befremdlichen Umgang mit
den sakralen *Mysterienspielen* im eigentlichen Sinne. Es wird
daran erinnert, daß »historische Darstellungen, die uns die Mysterien unserer Heiligen Religion vor Augen führen und vergegenwärtigen, ohne ihren Wahrheitsgehalt in irgendeiner Weise zu
verändern oder zu verschleiern, in den Kirchen nicht verboten
sind«. Papst Innozenz III. (gestorben 1216) hat nichts dagegen
einzuwenden, daß »die Krippe Unseres Herrn, die Drei Könige,
Herodes, Rachel, die ihre Kinder beweint, und andere derartige
Schauspiele mehr« gezeigt werden, »da sie die Menschen eher zur
Frömmigkeit anleiten denn zu Ausschweifungen und Wollust«;
desgleichen Innozenz IV. (gestorben 1254), der das Krippen- sowie das Grabspiel ebenfalls erlaubte. Andere indes heben hervor,
daß die *Passion*, »die glorreichen Kämpfe der Märtyrer und die

großen Taten der Heiligen« durch die Spottlust der Menschen in vielen Kirchen »dazu gediehen sind, daß die einen Anstoß daran nehmen und die anderen sich belustigen«. Im folgenden Jahr verhängt das Konzil von Toledo ein Verbot über diese ins Lächerliche gezogenen *Mysterienspiele*. In Zukunft wird man sich darauf beschränken, zu predigen oder allenfalls ein heiliges Bild vorzustellen. Mögen die Prediger mit Gelehrsamkeit und Ernst allein durch das Wort an die Seelen rühren, »mögen sie die Frömmigkeit ins Herz der Gläubigen hineintragen und ihren Augen Tränen entlocken«. Sie sollen überzeugen, gelegentlich auch die Gefühle ansprechen, aber nicht für Zerstreuung oder Verwunderung sorgen.

Tanzprozessionen und Tanzfeste

Man darf wohl annehmen, daß der Gottesdienst, vor allem dann, wenn er in der Kathedrale stattfand, ganz unabhängig von den wenigen Höhepunkten des liturgischen Festkreises oftmals in Spielen, Belustigungen und Gelächter endete, häufiger noch in Hymnen und Gesängen, begleitet von prozessionsartigen, rituellen, dem Ursprung nach sicherlich sehr alten Tänzen, über denen die Teilnehmer leicht jede Zurückhaltung vergaßen. Bei jeder Gelegenheit, auch jenseits der schlichten Zerstreuung, markiert der Tanz die bedeutsamen Zeiten des Jahres und des Lebens. Kein Wunder, daß Moralisten und Autoritäten ihn einmütig geißeln, daß sie den Tanz, der in so krassem Widerspruch zu den guten Sitten und der christlichen Züchtigkeit steht, für eine der schlimmsten Plagen ihres Zeitalters halten. Die Heiden, schreibt Jean-Baptiste Thiers zu einem späteren Zeitpunkt, »waren in ihren Sitten weit strenger als wir. Sie hatten mitnichten diese weichliche und weibische Art, die bei uns üblich ist, die das Feuer der unreinen Liebe entfacht und einhergeht mit unzüchtigen Berührungen und Küssen.« Was natürlich ein großer Irrtum ist. Aber Thiers fährt fort, indem er – diesmal durchaus zutreffend – zahlreiche Warnungen der Kirchenlehrer, Verdammungsurteile, Konzilsbeschlüsse und Synodalerlässe zitiert, die allesamt gegen den

Tanz gerichtet sind. Im Gegensatz zu den Behauptungen gewisser
Leute, die sich ein gutes Gewissen machen wollen, hat weder der
heilige Petrus noch der heilige Johannes noch sonst ein Apostel die
Christen das Tanzen gelehrt; es war vielmehr »die alte Schlange,
die große Meisterin der Mißachtung jeder Enthaltsamkeit«.
Schon der heilige Johannes Chrysostomus hatte geradeheraus gesagt, Gott habe uns »die Füße nicht zum Tanzen gegeben, sondern
um gemessenen Schritts zu gehen«. Seitenlang lesen wir Zitate
des berühmten Francesco Petrarca, Archidiakon von Parma und
Kanoniker von Padua, der das, was er ringsum und in den Kirchen
beobachtet, keineswegs billigt, sondern darauf beharrt, der Tanz,
eines ehrbaren Mannes unwürdig, sei »ein niederträchtiges und
nutzloses Schauspiel, eine geballte Zügellosigkeit«, und was man
eine Schule der Geselligkeit nenne, sei, genau besehen, eine Lehr-
stätte der Unzucht. Habe man je gelesen, daß irgendeine Heilige
getanzt hätte?
Ein anderer Moralist, der Dichter des *Narrenschiffs*, behauptet,
daß der Tanz teuflischen Ursprungs sei, »daß ihn der Teufel wohl
aufbrachte, als er das Goldne Kalb erdachte«, um sich an Gott zu
rächen, und daß »aus Tanzen Unheil oft entspringt«. Weiter heißt
es: »Soll das nun Kurzweil sein genannt, so hab ich Narrheit viel
erkannt.« Denn – und das ist der Stein des Anstoßes, ein Ergebnis
der gleichen spirituellen Gewohnheiten, der gleichen Atmosphäre, der mangelhaften Trennung zwischen dem sakralen Fest
und den profanen Vergnügungen – man scheut sich nicht und
fährt gar fort, in den Gotteshäusern selbst zu tanzen: »Drum weiß
ich auf dem Erdenreich keinen Scherz, der so dem Ernst sei gleich,
als daß man Tanzen hat erdacht, auf Kirchweih und Primiz *(prima
missa)* gebracht.« Alle – auch dies führt Brant uns vor Augen –
eilen herbei, ob Pfaffen, Mönche oder Laien, um gemeinsam die
Sarabande zu tanzen; sie hüpfen »und springen herum, grad wie
die Tollen«.
Margit Sahlin befaßt sich in ihrer vorzüglichen Studie über das
mittelalterliche Carol ausführlich mit den Laientänzen, die einen
Bezug zu Gottesdiensten oder zu anderen religiösen Zeremonien
hatten. Zunächst nennt die Autorin zahlreiche rituelle Tänze aus
dem Baskenland, aus Katalonien und aus Portugal, die sie – ohne

sie im Detail untersuchen zu können – als »bald ernst und feierlich
wie symbolische Riten, bald fröhlich und belebt oder gar possenhaft« beschreibt. Aber auch was Frankreich betrifft, finden wir in
diesem Buch eine Reihe wertvoller Hinweise auf seltsame Gebräuche, die entweder als Abirrung erscheinen oder zumindest deutlich machen, daß der ursprüngliche Kontext und das Sakrale in
Vergessenheit geraten sind. Wie man sich denken kann, ist dies
der Fall bei den Bittgängen im Frühjahr, auch *Litaniae minores*
(kleine Bittgänge) genannt, und selbst bei den Lichtmeßprozes-
sionen, die, möglicherweise unter Rückgriff auf bestimmte
Fruchtbarkeitsriten, zahlreichen, manchmal recht erstaunlichen
Bräuchen freien Lauf lassen. Die Bischöfe verurteilen die Frauen,
die, der vorgeschriebenen, monotonen Wechselgesänge müde, am
Ende der Litanei – meist beim *Kyrie eleison* – anfingen, etwas
anderes zu singen und zu erfinden; sie tadeln auch die Gläubigen,
die sich nach den Responsorien »versammelten . . ., um ein Fest zu
beginnen, im Laufe dessen manchmal ungehörige Lieder in fran-
zösischer Sprache zu hören waren«, oder diejenigen, »die an den
heiligen Stätten unzüchtige Kantilenen sangen«. Die Konzilien
rufen jeden streng zur Ordnung, der singend und tanzend, bekleidet mit prächtigen Gewändern, womöglich sogar trunken an Prozessionen teilnimmt. Die den Umzügen zu Pferde folgen, lassen
sie wissen, daß es ihnen wohl anstünde, barfuß und ärmlich gekleidet zu gehen. Und die Frauen sollen tunlichst unterlassen,
beim *Kyrie eleison* die Stimme zu heben.
Mancherorts gab es große Tanzprozessionen, regelrechte Massen-
umzüge, die einmal im Jahr zum Fest eines Schutzpatrons veranstaltet wurden: eine wahrlich spektakuläre Form der Wallfahrt.
Die Geschichte vermerkt vor allem die berühmte Echternacher
Springprozession, zweifellos deshalb, weil sie sich länger, bis in
unser Jahrhundert hinein, erhalten hat. Tausende von Bauern zogen in Viererreihen durch die Stadt, angefeuert von lustiger
Marschmusik, die von Gemeinde- und Dorforchestern an den Stationen gespielt wurde. In der Basilika bewegten die Wallfahrer
sich in springenden Tanzschritten rund um den Schrein des heiligen Willibrod. Margit Sahlin nennt für das Mittelalter ein gutes
Dutzend Prozessions-Feste dieser Art. In Lüttich strömten die

Landbewohner am Pfingstmontag, zum Fest des Kreuzes von Viviers, massenhaft in die Stadt, zogen hüpfend und tanzend um den Hochaltar des heiligen Lambert, um sich dann, immer noch tanzend, zum Markt zu begeben und Umgänge vor dem in einem Kornfaß aufgestellten Holzkreuz zu veranstalten.

Natürlich sollten wir in diesem Zusammenhang auch an die Maientänze denken, bei denen »die gleiche Verquickung von christlicher Frömmigkeit und Riten heidnischen Ursprungs« klar zu erkennen ist, desgleichen an die weniger genau erforschten und sicherlich selteneren Rundtänze um heilige Quellen und schließlich an die frenetischen Tänze wie etwa die Chorea, die in bestimmten Sommernächten vor lodernden Feuern stattfand, meist zum Gedenken des heiligen Johannes, des heiligen Vitus oder des heiligen Modestus, deren Kult besonders ausgelassene Schritte verlangte.

Tänze begleiteten auch die als große Freudenfeste gefeierten Reliquientranslationen, was in manchen Gegenden dazu geführt hat, daß ein und dasselbe Wort die Kirchweihe, das Fest des Kirchenpatrons – *la ducasse* –, und eine bestimmte Tanzform bezeichnet.

Doch einmal abgesehen von diesen Tänzen und Prozessionen, sind auch die Verdammungsurteile und die Besorgnisse der Autoritäten Indikatoren dafür, daß die großen Freudenfeste oft in sehr freie Lustbarkeiten mündeten, die weder Grenzen noch Zurückhaltung kannten. Seit den letzten Jahrzehnten des 15. Jahrhunderts häufen sich daher Anordnungen, welche die volkstümlichen Straßenprozessionen, die »barbarischen« Schauspiele unter Kontrolle zu bringen trachten. Die frommen Autoren sprechen mit Entsetzen davon. In Angers sollte die Fronleichnamsprozession, auch Weiheprozession genannt, gewissermaßen als Akt der kollektiven Buße und der kollektiven Reue Vergebung für die gotteslästerlichen Äußerungen Berengars erwirken, der – erst Lehrer an der Bischofsschule von Tours, dann Erzdiakon von Angers – in den vierziger Jahren des 11. Jahrhunderts die Gegenwart Christi in der Eucharistie geleugnet hatte. Ein ernster, feierlicher Umzug; aber einige junge Leute nahmen die Gewohnheit an, die Musikinstrumente, »von denen diese erhabene Zeremonie gewöhnlich begleitet wurde, dazu zu benutzen, Ständchen und belustigende Weisen

für ihre Damen zu spielen, die sich für solch frevelhafte Ehre sehr
zu bedanken wußten und sie wie eine besondere Aufmerksamkeit
und eine öffentliche Freundschaftsbekundung entgegennahmen«.
Der Bischof griff erst 1642 ein, indem er gegen die Gotteslästerung
eiferte, die profanen Venus-Huldigungen geißelte und an das Beispiel des großen Propheten Moses erinnerte, der zahlreiche Söhne
Israels hängen ließ, »weil sie, getrieben von glühender Begierde,
um den Töchtern der Moabiter und der Midianiter, in die sie verliebt waren, zu schmeicheln, deren Gott Baal-Peor, dem Fürsten
der Unzucht, Götzendienste erwiesen hatten«.
Schon seit langem ertönen allenthalben Verdammungsurteile gegen die Ausschweifungen bei den Frühjahrsprozessionen: gegen
die Possenspiele, die Verspottung der Damen, die lächerlichen Gebärden und die unvermeidlichen Raufereien. Man gibt denen die
Schuld, die Trommel spielen wie im Krieg, die profane und burleske Szenen aufführen, »die das Volk durch den damit einhergehenden Schabernack fesseln und es von dem ablenken, was während der Heiligen Zeremonien geschieht«. Männer und Frauen
sollen getrennt gehen, damit alles mit Ehrfurcht, in Wohlanstän-
digkeit und Bescheidenheit vollzogen werde, »ohne eitle und unnütze Reden«.
Um die Toten, insbesondere die Märtyrer zu ehren und ihrer zu
gedenken, feierte man ihren Todestag mit Versammlungen bei ihren Gräbern, und auch hier wurden Tänze aufgeführt, sakrale
Tänze, die offenbar sehr alten Ursprungs waren. Diese dem
Rhythmus von Trauerliedern folgenden Prozessionen und Tänze
fanden im Schutz der Säulengänge statt, die sich um die Friedhöfe
zogen – daher zweifellos der Brauch, die berühmten *Totentänze* an
die Wand zu malen, eine schlichte, aber erbauliche, die Sittlichkeit
fördernde bildliche Darstellung, eine Transposition der volkstümlichen Riten.
Gleichwohl kann man schwerlich vorbehaltlos die Partei derer er-
greifen, die in diesen Prozessionen, in all den mit Umzügen und
Tänzen einhergehenden Zeremonien lediglich Überreste oder
Nachklänge heidnischer, fundamental volkstümlicher Bräuche sehen. Zweifellos leben die alten Sitten oft sehr lange fort, weit über
ihre Daseinsgründe hinaus. Doch es kommt etwas anderes hinzu,

die Tatsache nämlich, daß die religiösen Handlungen ebenso wie die sakralen Gebäude und die Männer der Kirche sich unverkennbar immer stärker ins Alltagsleben einfügen. Hier die zahlreiche Schar der Geistlichen, deren soziale Stellungen sehr unterschiedlich, oft mehrdeutig sind und von denen manche alle möglichen Versammlungen, Schauspiele und Lustbarkeiten besuchen. Dort die Menge der Gläubigen, die sich häufig in der Kirche aufhalten, die sich häufig zu Festen oder Feierlichkeiten versammeln, in deren Augen die Kathedrale nichts anderes ist als der einzige ungewöhnliche Ort der Stadt, ein kulturelles, zuweilen politisches Forum, auf jeden Fall ein Tummelplatz, und die ihren Frömmigkeitsübungen zumeist, freilich ohne jeden heidnischen Hintergedanken, ohne irgendeine Anknüpfung an volkstümliche Bräuche, profane Vergnügungen beimischen, die nicht zwangsläufig harmlos, ja nicht einmal direkt auf das sakrale Fest selbst bezogen sein müssen; Vergnügungen, die sich leicht von dem eigentlichen Anlaß entfernen und ihn vergessen.

II. Die Kanoniker:
Privilegien und Hierarchien

1. Reichtum, Ansehen und Macht

Die Narrenfeste, überaus vielfältig in ihrer Art und mit den verschiedensten Namen bezeichnet, entstehen aus harmlosen kleinen Zeremonien, man könnte fast sagen aus Kindereien, aus Pennälerstreichen in der fest abgegrenzten Welt der Kollegiatkirchen und ihrer Kanoniker. Seit den Anfängen des Christentums war es jahrhundertelang üblich, daß die Priester in kleinen Gruppen zusammenlebten, daß sie ihre Gottesdienste gemeinsam versahen und einen weitläufigen Bezirk mit einer großen Anzahl von Gläubigen zu betreuen hatten; so verhielt es sich mit den Kathedralkirchen der Städte, mit den von den Herren gestifteten und unterhaltenen Kollegiatkirchen, die mit der Burg und ihrer Kapelle verbunden blieben, mit den ländlichen Monasterien in England, mit den *pievi* in den Bergen, den ländlichen Bezirken und sogar den großen Städten Italiens. Pfarrkirchen, denen ein einziger Pfarrer oder, wenn es hoch kommt, zwei bis drei Priester mit ihren Gehilfen, den Diakonen, zugeordnet sind, tauchen erst später auf und verbreiten sich übrigens sehr unregelmäßig. Infolgedessen weist die Kirchenkarte des Abendlandes im »klassischen« Mittelalter, um 1200, und noch lange danach starke Eigentümlichkeiten, erstaunliche Divergenzen auf. Manche Städte setzen sich aus vielen, manchmal winzigen Pfarrgemeinden zusammen, während andere in den Händen weniger, sehr großer Gemeinschaften von Weltgeistlichen verbleiben, die geschlossene Gruppen bilden und ein mehr oder weniger gemeinschaftliches Leben führen; so das Kollegium der Kathedrale, aber auch andere Kapitel, Priesterkollegien, die eifersüchtig ihre Privilegien hüten und an der Idee einer ruhmreichen Vergangenheit hängen – beispielsweise dem Ansehen eines Märtyrers, eines christlichen Helden der allerersten Zeit oder einer königlichen oder fürstlichen Stiftung. In Paris blieb nicht nur Notre-Dame eine Kollegiatkirche, sondern auch die

Sainte-Chapelle, die Kirche Saint-Germain-l'Auxerrois und andere Gotteshäuser, nicht zuletzt die kleine Kirche Sainte-Opportune, deren Gerichtsbarkeit sich gerade über drei Gassen und zehn Häuser am Eingang der Rue Saint-Denis erstreckte, die aber eines der ältesten Oratorien auf dem Weg zum Mont des Martyrs (Montmartre) war. In Beauvais gab es außer der Kathedrale vier weitere Kirchen, die Kollegien unterhielten.

Seltsamerweise hat die Historiographie der Gesellschaften und der Zivilisationen diesen festgefügten, wohlstrukturierten und manchmal außerordentlich mächtigen Körperschaften im allgemeinen nicht die Aufmerksamkeit geschenkt, die sie verdient hätten. Dabei lastete ihre Gegenwart schwer auf dem Leben der Stadt. Besonders die Kanoniker des Kathedralkapitels verfügten über beträchtliche Einkünfte; als Mitglieder einflußreicher Familien spielten sie ihre Macht und ihre Beziehungen aus, um auf die Verwaltung der Stadt und der Bischofskirche einzuwirken. Jedenfalls bewiesen sie einen lebhaften Korpsgeist, indem sie sich den anderen städtischen Körperschaften und vor allem dem Bischof in endlosen Konflikten um den Grundbesitz, die Reichweite der Gerichtshoheit sowie die verschiedenen politischen Rechte, die Bannrechte, widersetzten – Kämpfe wie aus einem Heldenepos, wobei der Gegenstand der Streitigkeiten gelegentlich ans Lächerliche grenzte: verwickelte Einflußnahmen, persönliche Rivalitäten, wechselnde Interessengruppen, Lappalien, die das Ehrgefühl verletzen und den kleinen, aber guten Ruf zerstören können, unentwirrbare Knoten abgedroschener, immer wieder aufgewärmter Vorwürfe... Das alles kommt einem unvermeidlich in den Sinn, wenn man bedenkt, welcher Wert den Symbolen beigemessen wurde und wie sehr die einzelnen an ihren erworbenen Rechten hingen. Naturgemäß haben diese Querelen sich jahrhundertelang fortgesetzt. Sehr viel später bezog Boileau aus den Verhältnissen an der Sainte-Chapelle in Paris den Stoff für eine herrliche Satire; in einem burlesken Epos beschrieb er einen unwahrscheinlich aufsehenerregenden Konflikt um die Aufstellung eines Chorpults, das, wenn es an einer bestimmten Stelle stand, den Kantor vollständig vor den Augen der versammelten Gemeinde verbarg:

»Ein Lied auf die Gefechte, ein Lied auf den Prälat,
der furchtbar und beflissen, gar wehrhaft in der Tat
das hochgerühmte Gotteshaus, da er mit Inbrunst Dienst versah,
am End mit einem Pult bestückt', das wohl im Chor längst fällig
war.
Vergebens ließ der Kantor, mit vorgetäuschtem Recht,
durch Chorherrn es entfernen, gleich zweimal im Gefecht.
Der Prälat, gar unverdrossen, stellt' es zweimal wie zuvor
auf die Bank, daß es sich reckte und den Eitlen ganz verdeckte.«

Doch im Mittelalter, als sich noch keine wirklich souveräne Macht
herausgebildet hatte, waren die Auseinandersetzungen zwischen
den streitenden Parteien der Kirchenmänner, den Kanonikern auf
der einen und den Bischöfen auf der anderen Seite, sehr viel ern-
sterer Natur; oft ging es um die Herrschaft über eine ganze Stadt.
Da die Beteiligten bei jeder Gelegenheit die Massen, ihre Schützlinge, zu Hilfe riefen, provozierten sie nicht selten Straßen-
kämpfe, Aufruhr oder Volkstumulte, die hierzulande gern als
Ausbruch einer von unseren Schulbuchautoren so hochgeschätz-
ten »kommunalen« Bewegung gedeutet werden. Meistens waren
diese Unruhen nichts anderes als öffentliche Fortsetzungen ir-
gendwelcher Interessenkonflikte oder Zänke zwischen aristokratischen Gruppen, häufig waren sie das Resultat endloser, oft
schmutziger, manchmal lange gärender und nun explodierender
Händel innerhalb des Klerus selbst.
So verhielt es sich in Laon, als es dort zu dem berühmten Aufstand
gegen den Bischof kam, und so war es in Saint-Malo bis ins
15. Jahrhundert hinein. In Le Mans können wir genau verfolgen,
wie es kurz nach 1400 zu dramatischen Auseinandersetzungen
kam, ausgehend von Streitigkeiten zwischen dem stattlichen, aus
56 Kanonikern bestehenden Kathedralkapitel, das nicht nur Herr
über mehrere Türme des um die Stadt errichteten Festungswalls
war, sondern auch das Getreidemaß bis in die gräflichen Mühlen
hinein kontrollierte, und – auf der anderen Seite – den Bischöfen,
die ihrer Autorität gegenüber all diesen Leuten Nachdruck zu verleihen suchten –, ein zunächst verdeckter Konflikt, der zum

Drama wird, als Beamte des Bischofs, unterstützt von den Männern des gräflichen Verwalters, das Stift der Kanoniker stürmen, eines ihrer Häuser plündern, Geld, goldene Vasen und Pferde in ihre Gewalt bringen und obendrein zwei Diener töten. Etwas später wird der Kanoniker Alain Paimpont auf offener Straße von einem anderen Kanoniker namens Pierre Poudreux, dem einzigen Parteigänger des furchtbaren Bischofs Savoisy, angegriffen und muß verletzt in der Kathedrale Zuflucht suchen. Als die Nacht hereingebrochen ist, dringen drei Neffen von Poudreux, die Brüder Turpin, in Paimponts Wohnung ein, mißhandeln alle, die sie dort antreffen, brechen Truhen auf, zerfetzen die Bücher und die heiligen Bilder und entwenden »500 Goldmünzen [eine beträchtliche Summe, aber stimmt sie wirklich?] sowie 25 Stück Käse«. Diesmal kam die Sache sogar vor das Parlament in Paris, und am folgenden Fronleichnamstag verweigerten sämtliche Kanoniker die Teilnahme an der bischöflichen Prozession; die Glocken ihrer Kathedrale blieben stumm.

Die Kanoniker übten zahlreiche Funktionen aus, die mit dem sozialen und geistlichen Auftrag der Kathedralkirche, mit deren Eingliederung in das Herz der Stadt verbunden waren. Gewiß, manche Kapitel hatten einen recht traurigen Ruf erworben. Man hörte allerorten Klagen über Pfründenhäufung, fortwährende Abwesenheit, Libertinage, über einen Lebenswandel, der dem der Laien näher stand als den priesterlichen Pflichten. Aber hier wie überall wurden die Kirchenmänner im Zuge einer umfangreichen, auf die Wiederherstellung der Ordnung bedachten Bewegung zu mehr Hingabe bei der Erfüllung ihrer Aufgaben gezwungen, zu einer Lebensweise also, die wenn schon nicht mönchisch, so doch zumindest würdig war. Dies gilt vor allem für das 13. Jahrhundert. Die Bischöfe und die Dekane der einzelnen Kapitel bemühen sich, eine örtliche Anwesenheitspflicht (in Chartres zum Beispiel mindestens sechs Monate im Jahr) sowie die Teilnahme an Gottesdiensten und Versammlungen durchzusetzen. Mehr noch, zahlreiche Kapitel – mehrere Dutzend, allein in Frankreich sind es mindestens vierzig – lassen sich »reformieren« und unterwerfen sich der sogenannten Augustinusregel oder vielmehr ihren spirituellen Weisungen, die ein Gemeinschaftsleben auch für die Gottesdienste und bestimmte

Stunden des Tages vorschreiben. Die Chorherren von Sainte-Geneviève in Paris sind insofern eine Ausnahme, als sie sich für die sehr viel ältere Regel des heiligen Viktor entschieden haben.

Im übrigen bilden diese »Regularkanoniker« eine fest verankerte, oftmals vermögende, mächtige und einflußreiche Körperschaft, meist mit zahlreichen Mitgliedern, besonders in Frankreich – in Chartres zählte man 72 Kanoniker, in Reims 64, in Orléans und in Bayeux 49, in Autun 47, in Langres 46, in Lyon immerhin 32, und 20 sogar in Mâcon. Die Peterskirche in Rom hatte nur 30 Kanoniker; und in Paris, wo es mehr Pfarr- als Kollegiatkirchen gab, beschränkte sich die Anzahl der zu Notre-Dame gehörigen Kanoniker auf 27 bis 33, allerdings dienten weitere 13 (eine symbolische Zahl: Jesus und seine Jünger) in der Sainte-Chapelle, 12 in Saint-Germain-l'Auxerrois und 8 in Sainte-Opportune. Sie verfügten über gemeinschaftliche Güter, über Böden und Grundherrlichkeiten, Bannrechte, Renten und Einkünfte, die einst den Besitzungen des Bischofs entrissen worden waren und nun das *Tafelgut* der Kanoniker oder des Kapitels darstellten, das Gesamtvermögen also, das aufgeteilt wurde in – teils gleiche, teils ungleiche, manchmal regelmäßig neuverteilte – individuelle Präbenden: insgesamt ein beträchtlicher Besitz. Den Kanonikern von Langres gehörte ungefähr ein Drittel der ganzen Grafschaft: 35 Dörfer waren vollständig in ihren Händen, 11 andere teilweise, aber selbst dort verfügten sie über Gerichtsvollmachten, Ländereien, Mühlen, Zehnten und Steuern, und obendrein waren sie die Herren eines Teils der Stadt, der zwischen den als Grand und Petit Cloître bezeichneten Einfriedungen lag.

Mächtige Herren mithin, Inhaber von Lehen und Ländereien. In schwierigen Zeiten weckt dieser Reichtum selbstverständlich Neid und Haß. Er ist es, der 1337 den Aufstand der Hörigen des Kapitels von Laon provoziert. Die gleiche Ursache hat der große Aufruhr der Einwohner von Villeneuve-lès-Maguelonne, die 1422 die Domänen der Kanoniker verwüsten, gnadenlos über deren Dienerschaft herfallen, die mit Lebensmitteln beladenen Schiffe des Kollegiums in ihre Gewalt bringen und sie versenken, »damit sie [die Chorherren] Hungers sterben«.

In der Kirche selbst sorgten die Kanoniker für Ordnung und Gepränge bei den großen feierlichen Gottesdiensten. Während der Messen und der Festlichkeiten saßen sie in dem für sie reservierten, für die Gläubigen manchmal unzugänglichen, manchmal sogar vollständig isolierten und unsichtbaren Chor; dort hatte jeder seine eigene Stalle, zugewiesen nach einer eifersüchtig gehüteten Rangordnung, und von dort, vom Chor der Kanoniker, stiegen die Gesänge auf.

Sie gingen an der Spitze der Prozessionen und hatten im Laufe der Jahrhunderte vielfältige Privilegien errungen, Rechte oder Freiheiten, die sie hartnäckig verteidigten. Der gesalbte König konnte nicht nach Paris einziehen, um seine Thronbesteigung zu feiern, ohne in Notre-Dame geschworen zu haben, daß er gewillt sei, alle Rechte des Kathedralkapitels zu respektieren. Von Saint-Denis kommend, erreichte das Ehrengeleit des Herrschers die Ile de la Cité, wo die Kanoniker ihm ihre Aufwartung machten. Zum Einzug Karls VII. im Jahre 1437 heißt es: »... die Kanoniker und Kapitel von Saint-Germain-l'Auxerrois, Sainte-Opportune und Saint-Honoré, Kollegiatkirchen von Paris, sowie zahllose Kirchenmänner, Pfarrer und Kaplane der Stadt hatten sich, ausgestattet mit Chorröcken, Reliquien und Kreuzen, zu einem langen Zug versammelt, der die ganze Rue Saint-Denis säumte.« Danach bereitete Notre-Dame dem König einen großen Empfang, um die politische und gesellschaftliche Rolle des Kanonikerkollegiums öffentlich unter Beweis zu stellen. Der folgende Text bezieht sich auf den Einzug Ludwigs XII. am 2. Januar 1498: »Auf dem Vorplatz angelangt, vor den noch verschlossenen Kirchentüren, stieg er vom Pferd herab und wurde daselbst von dem Hochehrwürdigen Vater in Christus Monseigneur Jean, Bischof von Paris, im vollen Ornate begrüßt, desgleichen von Hochwürden Maître Jean Leuillier, Dekan, sowie mehreren anderen Kanonikern und Benefizianten der Kirche von Paris, die in Röcken aus Gold und Seide gekommen waren, mit Weihwasser, einem Kreuz und dem Text der Evangelien in den Händen... Der König las die nämlichen Formeln [die üblichen Formeln, nach denen die Könige von Frankreich zu schwören pflegten]; er gelobte und schwor sie einzuhalten, nachdem er die Evangelien berührt und geküßt hatte. Alsdann öffneten sich die Türen.«

Das alles wurde protokollarisch festgehalten, in gebührlicher Form von ebenso zahlreichen wie ehrenwerten Zeugen gezeichnet und gegengezeichnet. Bezogen auf Johann den Guten heißt es in einer Urkunde von 1350: »Ausgestellt am hellen Tag, feierlich und öffentlich vor dem Portal der Kirche von Paris, in Anwesenheit der obengenannten Hochehrwürdigen Väter Messeigneurs Hugues, Bischof von Laon, und Jean, Bischof von Trebinje, sowie der hochwürdigen Herren Maître Raimond, Dekan, Vital, Kantor, Etienne de Paris, Kanoniker der genannten Kirche von Paris, Jean Raymond, Kanoniker von Saint-Pierre-le-Puellier in Bourges, Guillaumme de la Porte, *alias* de Bourges, Pfarrer der Kirche Saint-Pierre-aux-Boeufs in der Stadt Paris, und mehrerer anderer namentlich genannter Zeugen, sowie in Anwesenheit des ganzen Volkes, das dabei war und ebenfalls als Zeuge dienen kann.«

In Evreux, wo die Häuser und Besitztümer der Kanoniker, ihre Grundstücke und anderen unbeweglichen Güter sich über weite Teile der Stadt erstreckten, hatte das Kathedralkapitel anläßlich der – vorläufigen – Einrichtung einer beschworenen Kommune schon zu Anfang des 12. Jahrhunderts erreicht, daß es von der Steuer, die der König für die Instandhaltung der städtischen Festungsanlagen verlangte, befreit wurde. Jahrhunderte hindurch verteidigten die Kanoniker die »schönen Privilegien, Exemtionen, Freiungen, Freiheiten, Immunitäten, Rechte, Vorzüge und Vorrangigkeiten«, indem sie sich unentwegt darauf beriefen, daß die Herrscher ihnen zu Ehren ihrer Kathedralkirche, »gegründet im Namen und Auftrag der glorreichen Jungfrau Maria, Mutter unseres Retters und Erlösers«, einen gewissen Schutz schuldig waren. Mitten im Hundertjährigen Krieg, als ihre Privilegien von Engländern und Navarresen bedroht werden, beharren sie immer noch darauf. Die Verwaltungsbeamten der Stadt beklagen sich bitterlich; sie bezichtigen die Kanoniker, Schmarotzer zu sein, »die behaupten, ihnen wäre Exemtion gewährt für die Tranksteuer und die Abfüllgebühr von Wein und anderen Getränken, die zu Evreux im kleinen gehandelt werden«. Ähnlich in Rouen, und auch dort mitten im Krieg gegen die Engländer.

Ohne hier näher auf das berühmt-berüchtigte Asylrecht einzugehen, das alle Arten von Missetätern vor dem Zugriff der üblichen

Gerichtsbarkeit des Feudalherrn oder des Königs schützte, Straßenräuber ebenso wie Gewaltverbrecher, Flüchtige oder Gesetzlose, die auf diese Weise über zahlreiche Zufluchtstätten, über mehr oder weniger aktive und offene Komplizenschaften verfügten, soll wenigstens gesagt sein, daß die Kanoniker ihre Privilegien behalten, daß sie in der Rechtsprechung und Gerichtsbarkeit eine unabhängige Initiative bewahren wollten. Eines der schönen Säulenkapitelle in der Kirche Saint-Nectaire zeigt einen ärmlich gekleideten Bauern, der seinen Verfolgern, bewaffneten Soldaten – nicht unähnlich denen, die andernorts das Grab Christi hüten – entkommt, indem er mit beiden Armen die Säule einer Kirche umschlingt; ein Engel, das blanke Schwert in der Hand, beschützt ihn. Vornehmlich in England fanden die Gesetzlosen, berüchtigte und stolze Helden, ebenso wie ausgemachte Banditen ständig Hilfe und Unterschlupf in kirchlichen Kreisen, wo sie entweder versteckt und vor Verfolgungen bewahrt oder auch zu Fehden angestiftet und bewaffnet wurden. Die allenthalben berühmte und gefürchtete Cotherel-Bande – die Brüder Cotherel im Verbund mit Robert dem Wilden und mehreren anderen *Yeomen*, englischen Freibauern, sowie einigen Rittern –, die ab 1320 über fünfzig Jahre lang ihr Unwesen trieb, indem sie Feldfrüchte und Pferde raubte, Lösegeld erpreßte und gelegentlich gar mordete, eine Bande, die im Norden, in Derbyshire und Staffordshire, besonders in den großen Wäldern (dem Peak Forest) in einem Umkreis von mehr als hundert Kilometern Angst, Schrecken und respektvolles Schweigen verbreitete, genoß stets den tatkräftigen Beistand irgendeiner hohen Persönlichkeit, eines Adligen, Sheriffs oder Mayors, vor allem aber konnte sie sich jederzeit auf den Dekan und die sieben Kanoniker von Bakewell bei Lichfield in Staffordshire verlassen. Angefangen hatte die ganze Sache, als die Kanoniker der kleinen Kollegiatkirche infolge eines schäbigen Interessenkonflikts mit der Pfarrkirche der Kleinstadt Bakewell und mit deren Vikar in Streit geraten waren.

Während der englischen Okkupation der Normandie sind es flüchtige Franzosen – Patrioten? Widerstandskämpfer? Gemeine Verbrecher? Wegelagerer jedenfalls, die Soldaten überfallen, denen sie an Straßenecken aufgelauert haben –, die mühelos unter

dem Dach eines Kanonikerstifts Zuflucht finden. Noch einmal
mag Evreux als Beispiel dienen: Im Oktober 1427 wagt der englische Bailli nicht, gegen die Kanoniker vorzugehen, und schickt
wiederholt Briefe nach Rouen, an König Heinrich und seine Ratgeber, »um ihre Meinung und ihren Beschluß in der Frage einzuholen, wie mit bestimmten Gefangenen zu verfahren sei, die den
Kerkern des Königs... entsprungen und nun in der Kirche von
Notre-Dame gefangengesetzt worden sind«. Ein Problem, in der
Tat, denn seit die Häscher sich der unter Asyl stehenden Schützlinge bemächtigt haben, verweigern die Kanoniker den Gottesdienst und bringen das Volk auf ihre Seite... Sie streben einen
Prozeß an und rühmen sich dessen; sie schicken mehrere versie-
gelte Briefe nach Rom, »zur Aufhebung der Streitsache oder des
jüngst eingeleiteten Prozesses zwischen dem König, unserem an-
befohlenen Herrn, und den Herren des Kathedralkapitels von
Notre-Dame zu Evreux, wegen zweier Kriegsgefangener, Feinde
und Gegner des Königs..., die in selbiger Kirche gefangengesetzt
worden sind, wodurch der Gottesdienst eingestellt wurde und immer noch eingestellt ist«. Ein Konflikt, bei dem es gleichzeitig um
eine Frage der Rechtsprechung geht, um die Achtung des allgemein bekannten und höchst merkwürdigen Privilegs des Klerus,
welches besagt, daß ein Kleriker – im weitesten Sinne des Wortes
natürlich – nur vor ein kirchliches Gericht, gewöhnlich den Offi-
zial des Bischofs, gestellt werden darf – was manchmal schlicht
darauf hinausläuft, daß eingefleischte Spitzbuben, Wiederho-
lungstäter, Friedensbrecher und Störenfriede, die auf diese Weise
unangreifbar sind, geschützt und vor ernsthafter Strafe bewahrt
werden. Daher rühren endlose »Affären«, die sich in die Länge
ziehen und die zeitgenössischen Chroniken mühelos füllen. Die
Spuren sind bis heute leicht zu verfolgen, jedenfalls in den großen
Universitätsstädten, wo sämtliche Scholaren Kleriker zu sein behaupten und sich den Häschern des Königs unter Berufung auf
eine Art Immunität entziehen: Unfug im großen und im kleinen
Stil, Trinkgelage und gewaltsame Ausbrüche aus Gefängnissen,
aber auch blutige Raufereien, Mißhandlungen und Entführungen
durch organisierte Banden – alles das geschieht unter der Deckung
des freundlichen Schutzes, den die Geistlichkeit genießt. Gewiß,

in den Kleinstädten nehmen die Zwischenfälle nur selten solche Ausmaße an, wenngleich es auch dort nicht an Gelegenheiten fehlt, sich auf die Allmacht der Exemtion zu berufen und die Beamten des Königs oder die Ratsherren an der Nase herumzuführen.

1395 bricht in Evreux ein heftiger Streit aus, weil der Statthalter des Bailli, Colin de la Muse, sich anmaßt, mehrere Priester oder Geistliche »wegen gewisser Handgreiflichkeiten« gegen die Person des stellvertretenden Sachwalters in seinen Kerkern gefangenzuhalten. Colin wird unverzüglich exkommuniziert; das gesamte Kathedralkapitel verfolgt ihn mit glühendem Haß, allen voran ein gewisser Raoul Ysaac, Prior des Hôtel-Dieu, der ihm droht, er werde die Messe nicht mehr lesen lassen, wenn er die Kirche nicht verlasse; jedesmal, wenn er Colin auf der Straße begegnet, provoziert er ihn, bespuckt ihn und beleidigt ihn durch Faxen, beispielsweise indem er »in einer Weise, die zugleich Bewunderung und Hohn« ausdrückt, mehrfach das Zeichen des Kreuzes schlägt. Man könnte leicht eine ganze Reihe solcher Anekdoten erzählen, immer an der Grenze zum Burlesken, und viele der späteren Romanciers haben dieser Verlockung nachgegeben – es gibt eine regelrechte Flut kleiner Dramen, Grund genug, die Kanoniker hier und dort in Atem zu halten; von verschlafenen Nestern kann damals keine Rede sein, die Städte waren stets wach, empört oder begeistert ob der erbitterten Kämpfe um die Privilegien des Kapitels.

So erklärt sich, daß die Stifte und die eingefriedeten Räume, die Straßen und die Plätze der Kanoniker mitten im Herzen der Stadt weitgehend von den Zugriffen anderer Mächte verschont blieben. Sie waren Stätten des Asyls, geschützte, souveräne Orte abseits der Gerichtsbarkeiten, privilegierte Sphären, in denen sich ein lebhaftes Gefühl für Gegenseitigkeit, ein echter Korpsgeist entwickeln konnte, Sphären, in denen freilich – wie in allen zeitgenössischen Gesellschaften – verschiedene Gruppierungen nebeneinander bestanden, spitzfindige Hierarchien oder Abhängigkeitsverhältnisse, die mehr oder weniger akzeptiert und, nebenbei gesagt, unzulänglich definiert waren. Gegenseitige Hilfeleistung zwar, aber nach hierarchischen Kriterien; das Bewußtsein, einer besonderen Körperschaft anzugehören, aber auch heftige Auseinandersetzungen – so werden nicht nur Initiationsriten erfunden, ausgefeilt und überliefert, sondern auch exklusive Spiele und Farcen in einer esoterischen Sprache, eine Art Vokabular für die Brüder der Lustbarkeit. Natürlich sollen die Feste, selbst wenn sie fröhlich sind, nicht nur gefallen und amüsieren; sie dienen auch dazu, Prestige zur Schau zu stellen und zu stärken. Dies um so mehr, als die Spiele der Kanoniker und ihrer Untergebenen durchaus dem Geist der Zeit entsprechen und sich mühelos in den Zyklus der verschiedenartigen, dem Ursprung, der Inspiration und dem Geschmack nach vielfältigen Festlichkeiten einfügen, die den Rhythmus des Jahres auf dem öffentlichen Platz gestalten. Zu keinem Zeitpunkt besteht ein wirklicher Unterschied oder gar ein Gegensatz zwischen diesen von Geistlichen inszenierten Spielen und denen der Laien. Obschon privilegiert, scheint die Welt der Kirchenleute in den Verhaltensweisen, den Neigungen und der Suche nach Zerstreuung nicht von wesentlich anderen Merkmalen geprägt.

2. Die Feste des Kapitels:
Belustigung und Spott

Bei den feierlichen Hochfesten, den schönen liturgischen Zeremonien, den Prozessionen und den geistlichen Aufführungen, ja sogar bei Spielen und Belustigungen stehen die Kathedralen und die Kanoniker im Vordergrund, weit mehr als die Pfarrkirchen. Es sind die Spiele des Kapitels oder seiner Vertrauten, seiner untergebenen Mitglieder und Diener, aus denen über einen leicht nachvollziehbaren Umweg das Narrenfest hervorgeht. Diese Spiele, die sich im Schatten des Chors oder des Kreuzganges herausbilden, zeigen nicht nur ernste Gesichter, ganz im Gegenteil. Lassen wir den »Lebenswandel der Geistlichen«, der immer wieder zu unsinnigen Reden verführt hat, ruhig einmal beiseite, wenn wir den Kanonikern und ihren Vertrauten nun in den Chor der Kathedralkirche, in ihre Häuser und in den privilegierten, eingefriedeten Raum des Kreuzganges folgen, um unser Augenmerk zunächst auf die Kleidung zu richten, die den Kanoniker, wie es scheint, nicht unbedingt vom Laien unterscheidet und lange nicht unterscheiden wird. Die Priester und mehr noch die Mitglieder des Kapitels erlaubten sich, was die äußere Erscheinung betrifft, reichlich Phantasie und Luxus. Was nicht durch irgendeinen Artikel der Synodalerlässe förmlich verboten war – und selbst diese Einschränkung ist zweifelhaft –, wurde getragen und folgte dem Stil subtiler Moden. Gewiß, die Männer des Kapitels teilten nicht unbedingt die jeweils neuesten Extravaganzen oder Gepflogenheiten, die der körperlichen Eleganz allzu großen Wert beimaßen. Und am Anfang des 15. Jahrhunderts waren sie nicht bereit, die kurze Mode der Laien, den Justaucorps, das enge Wams und die zu Hosen gerafften Beinkleider zu übernehmen. Daran zeigte sich immerhin ein Wille zur Unterscheidung, wie sie ihn so deutlich zuvor kaum einmal bekundet hatten. Sämtliche Kanoniker tragen lange Gewänder, die man am Hof nur noch selten sieht, aber es

sind Gewänder in verschiedenen, gelegentlich sehr auffälligen
Farben, vor allem die berühmten scharlachroten und violetten
Umhänge. Und wenngleich sie das Wams ablehnen, greifen sie
doch gern zur weiten Houppelande, die ebenfalls lang geschnitten
ist. Sie bevorzugen Schnabelschuhe, Schweifkappen mit Seiden-
bändern oder auch schöne Pelzbesätze und Falten an ihren Gewändern. Manche tragen eine Waffe, ja man sieht sie gar mit einem
Jagdhund an der Leine oder mit Falken auf der Hand durch die
Straßen gehen, selbst bei Prozessionen. Erst ab 1520–1530 bemühen sich die Verantwortlichen der Kapitel, dieses kunterbunte
Durcheinander ein wenig zu reglementieren. Wallende Bärte werden verboten (»kein Bart, der älter als fünf Tage ist!«), ebenso die
überaus auffälligen oder exzentrischen Haartrachten, die »in
Mode« sind; man versucht, ein einheitliches Schwarz für die
Oberkleider vorzuschreiben, ferner Kapuzen mit einem wulstarti-
gen Besatz. Es wird untersagt, weit geöffnete Krägen, bestickte
Hemden mit Armkrausen und weite Halbstiefel mit Samtauf-
schlägen zu tragen.
Die beträchtliche Anzahl der Messen, besonders der sogenannten
Stiftungsmessen, von den Erblassern erst nur zum Jahrestag ihres
Todes, dann mehr und mehr über das ganze Jahr verteilt zu Hunderten und Tausenden angeordnet, verlangte erhebliche Anstren-
gung, um allen Ansprüchen gerecht zu werden. In einer Studie,
der großer Erfolg beschieden war, hat Robert Boutruche diese
Messen, dieses unbändige Verlangen nach Fürbitte durch die Gemeinschaft der Lebenden, als einen der Hauptgründe für die finanziellen Schwierigkeiten des Adels und seine gesellschaftliche
Schwächung gedeutet. Die Seelenmessen-Register, in denen Klöster und Kirchen die Namen ihrer Wohltäter nebst Messever-
pflichtungen aufzeichneten, schwollen kräftig an. Und sämtliche
Stiftungsmessen mußten gelesen, zelebriert werden. So kam es zu
eklatanten Vereinfachungen oder Mißbräuchen, die angeprangert
wurden, oft aber unvermeidlich waren. Junge Kleriker erhielten
den Auftrag, »schnelle« Messen zu lesen, ohne Weihe, später auch
»trockene Messen« genannt und in die Gebräuche eingegangen, so
daß sie gelegentlich in Testamenten einvernehmlich erwähnt wurden. Es gab auch Messen, die »nach vier Seiten« gelesen wurden,

das heißt, die mehr als einer Absicht dienten, und vor allem solche, bei denen hastig gesprochen, die Stundengebete ausgespart und Worte übersprungen wurden. Die Verfasser von Satiren bringen in diesem Zusammenhang mit Vorliebe einen Schlingel namens Titivillus ins Spiel, einen fröhlichen, schalkhaften Burschen, der einen dicken Sack hinter sich herzieht, prall gefüllt mit Worten und Wortendungen, die bei den Messen ausgelassen worden sind.

Hinzu kommen die Gottesdienste, beladen mit langwierigen Zeremonien, mit einem Ritual, das in der Kathedrale sehr viel aufwendiger ist als anderswo; sodann die Prozessionen innerhalb und außerhalb der Kirche, die Hymnen und Gesänge, die Litaneien und die Responsorien, eine gewaltige Liturgie, die den Kanonikern im Prinzip keine andere Wahl läßt, als Stunden um Stunden im Chor auszuharren. Böse Zungen – nicht so sehr die Autoren profaner Verserzählungen als vielmehr die aus den eigenen Reihen, die mit der Satire flinker bei der Hand sind, die selber zum Klerus gehörigen Reformatoren der Geistlichkeit – geißeln ständige Abwesenheit, die sie als eines der Übel ihrer Zeit darstellen. Die Kanoniker, sagen sie, sind immer woanders, vielleicht in einer der ihnen anvertrauten Pfarrkirchen, wahrscheinlich aber auf einer ihrer Domänen, um ihre Leute und ihre Felder zu besuchen. Oft kommen sie nur, weil die Präsenzgelder locken, »weil man Geld gibt in dem Chor«, heißt es bei Brant; diejenigen, die an allen Gottesdiensten teilnehmen, die glauben, ihre Pflicht zu tun, ihre Pfründe zu verdienen, »indem sie von morgens bis abends im Chor sitzen«, langweilen sich; sie haben andere Dinge im Kopf, benehmen sich schlecht und beschäftigen sich gern mit kleinen Gesellschaftsspielen. Sicher, man stelle sie sich nur vor, diese Scharen von Männern, mehrere Dutzend in den großen Kapiteln, und alle auf den Chor beschränkt, auf den geschlossenen Raum der Gestühle, Tag für Tag in die Fortsetzung ihrer Gespräche oder in abschweifende Gedanken vertieft... Ein solches Bild führt Sebastian Brant uns in Straßburg vor Augen; er geht hart mit den Kanonikern ins Gericht, indem er sie fast ausnahmslos und ohne Zögern in sein *Narrenschiff* verfrachtet. Der eine, so heißt es, »ging gern aus dem Chor spazieren, daß er den Wagen recht möcht schmieren«; die

anderen gähnen dem Roraffen zu, einer beweglichen, durch das
Gebläse der Orgel betätigten Figur im Straßburger Münster, die
offenbar einem brüllenden Affen glich. Frau Horst, die Brant ins
Französische übertrug, merkt an, daß diese Marionette gelegentlich auch während der Predigt zum Gestikulieren gebracht wurde;
der Vorgang war begleitet von scherzhaften und spöttischen Zurufen an die Adresse des Predigers. Niemand sagt, wer die Maschi-
nerie in Gang setzte: der Kantor oder der Organist? Man kommt
leicht auf den Gedanken, daß die Kanoniker die ersten waren, die
solche Unterhaltung zu schätzen wußten.
Vor allem beklagt Brant das unaufhörliche Geschwätz im Chor
(ein ganzes Kapitel seines langen Gedichts trägt die Überschrift
»Vom Schwätzen im Chor«): »Für manchen wärs wohl besser gar,
er blieb daheim das ganze Jahr und nutzt sein Plapperbänklein so
und seinen Gänsmarkt anderswo, als daß er in der Kirche will *sich*
stören und noch andre viel.« Eine strenge Untersuchung, die in
den ersten Jahren des 16. Jahrhunderts in Le Mans durchgeführt
wurde, spricht ebenfalls von gewissen Mitgliedern des Kapitels,
die, »kaum daß sie den Chor der Kathedrale betreten hatten, schon
wieder herauskamen, um vor dem Chor und im Schiff herumzu-
laufen... Und während sie spazierengingen, sprachen und plau-
derten sie miteinander, tauschten weltliche und zeitliche Worte
und Dinge aus, indem sie mehrfach Augen und unkeusche Blicke
auf etliche Frauen und Mädchen oder andere in selbiger Kirche
anwesende Leute warfen, indem sie wiederholt Unruhe schufen
und Hochmut zeigten.«
Für den Historiker sprechen derlei Hinweise für sich: sie geben
beredt Zeugnis von dem höchst eigentümlichen Klima, in dem das
Profane, wenn nicht gar das Frivole sich mit der religiösen Dimen-
sion des Gottesdienstes mischte. Man denke nur an den reichlichen Zierat, die Fabelwesen und erstaunlichen Phantasiegebilde,
die Ungeheuer und die fremdartigen Tiere, an all die keineswegs
erbaulichen Figuren, die Chorpulte, Lettner, ja sogar Kanzeln und
Orgelgehäuse schmückten. Besonders die Chorgestühle lösen
heute noch indignierte Fröhlichkeit bei den Besuchern aus. Diese
Gestühle, die während der endlosen Gottesdienste gewissermaßen
den Lebensraum der Kanoniker darstellten, die ihnen ein Schau-

spiel boten, das sie unmittelbarer vor Augen hatten als je ein anderes, authentische Kunstwerke, waren über und über mit Ziselierarbeiten und Skulpturen bedeckt – an der Rückwand, an den Seitenwänden, den sogenannten *Wangen*, die den Abschluß der Sitzreihen bildeten, an den Armlehnen und vor allem an den *Miserikordien*, den Gesäßstützen, die unter den Klappsitzen angebracht waren. Mit der Ablösung des Steins durch hölzerne Materialien beginnt Anfang des 13. Jahrhunderts eine mächtige Rivalität um phantasievolle Erfindungen, ein Wettstreit von Kapitel zu Kapitel um die Entwicklung schmuckvoller Programme, die immer reicher und vielfältiger ausfallen. Die Stallen werden zum Vorwand, zur Folie von Werken, die eine phantastische, in aller Regel burleske Erfindungskraft bezeugen, die sich den tausend Details des Alltagslebens mit ironischer, belustigter Aufmerksamkeit zuwenden, quer durch die Schichten der Gesellschaft.

Prachtvolle, fast unversehrte Beispiele sind uns erhalten, vielbestaunt und oft von Liebhabern des »Volkstümlichen« oder von Kunsthistorikern untersucht, weit seltener leider von denen, die sich mit der Geschichte der Gesellschaften und der Zivilisationen befassen. Dabei spricht gerade aus den Gestühlen eine sehr klare Sprache, in Amiens ebenso wie in Rouen oder der Kollegiatkirche Saint-Martin de Champeaux bei Melun; nicht anders in den Chören zahlreicher spanischer Kathedralen und Kollegiatkirchen; vor allem jedoch in den Ländern des Nordens, in Flandern, Brabant und im Maasgebiet: in Lüttich (Saint-Jacques und Sainte-Croix), in Diest, Aarschot und schließlich in Brügge (Saint-Sauveur) und Gent. Das Chorgestühl von Amiens, 1508 bei zwei Holzschnitzmeistern der Stadt in Auftrag gegeben und 1522 vollendet, sehr gut erhalten, gefertigt aus einheimischem Eichenholz oder »Irland-Holz«, das über Saint-Valéry und Abbeville herbeigeschafft worden war, zeigt nicht weniger als 4700 Figuren, allesamt integriert in ein relativ zusammenhängendes ikonographisches Programm und umrahmt von üppigen, »flammenden« Verzierungen.

Innerhalb des ausgefeilten Gesamtwerkes zeichnen die Baldachine oder Rückwände sich meist durch eher brave, beinahe stereotype, auf jeden Fall ausgesprochen monotone Ornamente aus, an denen

der Künstler seine Geschicklichkeit und seinen Sinn für das Maß-
werk zu beweisen gesucht hat: »gotische« Ornamente, Laubwerk
aus gewundenen Fischblasen, geometrische Muster, Nachahmungen architektonischer Formen, in denen die Sprache des *Flam-
boyant* ihre ganze Pracht und Genauigkeit entfaltet. Die *Miserikordien* dagegen, die den Kanonikern erlaubten, sich trotz hoch-
geklappter Sitze hinzusetzen und gleichwohl den Anschein zu
erwecken, sie stünden, haben jeweils ein spezifisches, oft einzig-
artiges Thema. Auf manchen sieht man einfache Rundmotive,
ziemlich klassische Sonnen- oder Löwenköpfe, Allegorien oder
Ungeheuer. In anderen Fällen erzählen lange Serien das *Leben des
Volkes Gottes* unter Verwendung zahlreicher Episoden und dra-
matischer Begebenheiten aus dem *Alten Testament,* sie sind oft
inspiriert von den Illuminationen liturgischer Bücher oder, häufiger noch, von den *Stundenbüchern* der Laien; an zweiter Stelle
kommt das *Marienleben;* seltener sind Szenen aus den *Evangelien.* Wieder andere präsentieren – sehr viel interessanter für die
Erforschung der Intentionen – lebende Bilder oder Genreszenen:
Handwerker bei ihrer Tätigkeit, Winzer, Bauern auf dem Felde,
Gärtner beim Pfropfen, den Meister und Bildschnitzer selbst, den
Schlachter und den Bäcker, die Wäscherin und den Gemüsehänd-
ler (in Amiens ist es eine *Gemüsefrau*), einen Geldwechsler und
einen Obstverkäufer, einen Schneider, eine Amme. Eine weitere
Gestaltungsform sind die »Drolerien«, entweder rundheraus burlesk, rein imaginativ, fabelhaft, beinahe zauberhaft oder geprägt
von einem mehr oder weniger grobianischen, »unanständigen«
Realismus, oder unverblümt satirisch, hemmungslos und ohne
jede Ehrerbietung; so etwa der Fuchs (Renard), der im Predigergewand zu den versammelten Hühnern spricht, während er eines
bereits unter den Falten seines weiten Mantels verbirgt; so die
Nonne, die auf einem Schubkarren direkt in die Hölle gefahren
wird; oder Personen, die miteinander kämpfen, aber in einem
gänzlich possenhaften Stil: das kokette Weib, die Frau, die ihren
Mann verprügelt, die Frau im Schwitzbad, die Freudenmädchen
(die Mägdelein). Auf den Armlehnen schließlich sind vorwiegend
Grotesken dargestellt, tierhafte Scheusale, Menschen mit fratzenhaften Gesichtern, wie man sie von Wasserspeiern kennt. Hier

bringen die Holzbildhauer oder vielmehr die Schnitzer, die im übrigen geschnitztes Tafelwerk, verzierte Truhen und Stühle fertigen, gern die Köpfe von Bischöfen, Äbten und Kanonikern unter, schonungslose Karikaturen, die eine kritische, wenn nicht geradezu feindselige Einstellung verraten: der Prälat und der Würdenträger des Kapitels mit der Kappe eines Possenreißers oder Narren; der genußsüchtige Abt auf allen vieren und der Kantor mit den Pranken einer Raubkatze, in denen er das Buch hält; gelegentlich sogar ein Pfarrer, von oben bis unten mit Schuppen bedeckt, ein sitzender Abt oder Mönch, der die Arme nach einem lachenden, auf den Hinterbeinen stehenden Schwein ausstreckt. Schließlich, ein deutliches Zeichen für das besondere Interesse der Chorleute: Narrenköpfe aller Art, erkennbar an ihren mit Schellen besetzten Kapuzen oder Kappen.

Dem entspricht der äußere Rahmen: Der Chor ist eine phantasiereiche Kulisse voller moralischer Belehrungen und Ironie. Selbst die Gestaltung der liturgischen Bücher unterscheidet sich in diesem Punkt kaum und bringt die gleiche Stimmung zum Ausdruck; das gilt sowohl für die Gesangbücher, die Antiphonarien und die Hymnarien, als auch für die Breviere und vor allem die *Pontifikalien*, die Anweisungen für die Amtshandlungen der Bischöfe und des Papstes enthalten. Überall finden wir die gleichen Inventionen, die gleichen Gaukeleien, die der – meist fernliegenden und erstaunlich freien – Illustration des Textes dienen. So ist denn auch hier, bei diesen Buchmalereien, kein grundsätzlicher Unterschied zwischen profanen und religiösen Impulsen zu erkennen. Das berühmte *Pontifikale* des Guillaume Durand, von zahlreichen Bischöfen und bischöflichen Ratgebern als Textvorlage herangezogen, macht – zunächst nur gelegentlich, im Laufe des 15. Jahrhunderts aber immer häufiger – unter dem Pinsel der Maler erstaunliche Verwandlungen durch, allerdings nicht so sehr in Hinsicht auf die im Mittelpunkt stehenden Figuren, die »Geschichten« oder die illustrierten Initialen, die den verschiedenen Momenten der liturgischen Feiern durch klassische Darstellungsweisen durchaus gerecht werden, sondern vor allem – welch merkwürdige Konstellation – bei den Zierrahmen oder Zierleisten, wo sich neben den gewohnten Wein- und Blumenranken, den Feld-

früchten und den Bäumen eine ganze Gesellschaft grotesker, burlesker, närrischer, oft auch eleganter, anmutiger Personen tummelt, voller Schwung und unwiderstehlicher Komik: Meister
Fuchs beim Geigenspiel, Kantoren im Chor, auch sie als predigende Fabeltiere.

Ein weiteres, ähnliches Beispiel findet sich in einer der großen
»Historien« des wunderschönen *Stundenbuchs,* das für Estienne
Chevalier, Ratgeber Karls VII. und später königlicher Sprecher
beim Papst, illuminiert wurde: Mitten in der entsetzten Menge,
die dem Martyrium der Heiligen Jungfrau Apollina von Alexandria beiwohnt, zeigt Fouquet – oder ein Schüler seiner Werkstatt –
einen Mann, der vor aller Augen die Hosen herunterläßt.

3. Liturgische Tänze

Während des ganzen Mittelalters, jedenfalls seit dem 13. Jahrhundert, verbieten Obrigkeiten und Synoden den Kirchenmännern, an den Tänzen der Laien teilzunehmen oder ihnen auch nur beizuwohnen: einen entsprechenden Beschluß faßt die Synode von Paris unter dem Einfluß des Bischofs Eudes von Sully, die Synode von Worcester im Jahr 1240, die von Rouen 1245 (»da die Geistlichen, die Pfarrer und die Priester den Laien als Vorbild dienen sollen, sei es ihnen bei schweren Strafen untersagt, zu kämpfen oder zu tanzen«), die von Orléans 1314 und die von Langres 1404 (»weder hüpfen noch tanzen«). Was aber die im strengen Sinne liturgischen, mit bestimmten Zeremonien verbundenen Tänze innerhalb der Kirche betrifft, so weist Margit Sahlin darauf hin, daß die Kanoniker und vor allem die Kantoren sich auf einige alte, die religiösen Tänze bejahende Texte beriefen. Die *Briefe* des Johannes, schreibt sie, schildern einen mystischen Tanz, zu dem Jesus seine Jünger einlud, bevor er gefangengenommen wurde. Zahlreiche Anspielungen auf sakrale Tänze finden sich übrigens bei den ersten Kirchenvätern: Gregor von Nazianz forderte Kaiser Julian auf, es dem vor der Bundeslade hertanzenden König David bei einem Umzug mit heiligen Reliquien gleichzutun.

Tatsache ist, daß der liturgische Tanz in der Kirche oder vielmehr im Kreuzgang für die Kanoniker die wichtigsten Momente des Jahres markiert, und vielleicht trifft das gleiche, obschon abgeschwächt, auf die einzelnen Zeremonien zu. Die Chronisten sprechen freimütig von solchen Tänzen, und die Tradition bleibt lange erhalten, zumal die Bischöfe allem Anschein nach nicht dagegen eifern. Die Kanoniker führen eine Art Eigenleben. Oft werden ihre Prozessionen, genau wie die der Laien, von Instrumentalmusik begleitet, oder sie folgen dem Takt eines Refrains in wiegenden, rhythmischen Schritten, bald vor und bald zurück, ganz wie ein langsamer, feierlicher, ernster Tanz. Kleriker und Diakone grüßen einander mit Verbeugungen und anmutigen Gesten. Die Sarabande, ein sehr langsamer Tanz, scheint in der direkten Nachfolge solcher Gebräuche zu stehen. Zur gleichen Zeit nehmen andere Tänze höchst glanzvolle Formen an und zeichnen sich durch allegorische und symbolische oder auch gänzlich zweckfreie Erfindungen aus. Bei ihnen handelt es sich eher um Belustigungen und Spiele, die ganz und gar nicht mehr den gleichen Anlässen entsprechen, die nach den Gottesdiensten außerhalb der Kirche oder allenfalls im großen Kirchenschiff stattfinden und sich übrigens nicht an das gleiche Publikum wenden. Es sind Vergnügungen junger Leute, die fast noch Kinder sind, eine Art Mummenschanz für »kleine« Kleriker.

Innerhalb der Gemeinschaften, die das Viertel der Kanoniker bevölkerten, gab es eine gewisse Anzahl von Kindern oder jedenfalls sehr jungen Leuten: die Chorknaben, die beim Gottesdienst halfen, die kleinen Diakone, diejenigen, die man in den Chören singen ließ, und sogar einige, die schon Kanoniker waren. Wir verfügen über keinerlei Untersuchung, die sich mit dem Alter der Mitglieder irgendeines Kapitels oder mit der Verteilung der Altersgruppen beschäftigt; wir wissen jedoch, daß die Aufnahme in das Stift den stillschweigenden Regeln oder der anerkannten Praxis gemäß ab dem 14. Lebensjahr erfolgen konnte. Daher rührt der Erfolg all der Abwechslungen und Spiele, die sich nicht nur durch die unbestreitbare Vermischung des Sakralen mit dem Profanen erklären, sondern auch durch den Wunsch, jungen Leuten, die oft ein Amt zu versehen hatten, das weder ihrem Alter noch ihrem Geist entsprach, Kurzweil zu verschaffen. Dabei handelte es sich nicht etwa um mutwillige Exzesse, um berechnete, Anstoß erregende Respektlosigkeiten, sondern, ursprünglich zumindest, um liebenswerte Zerstreuungen, unbescholtene Freiheiten, die der jüngeren Generation von den älteren zugestanden wurden.

Den Nachforschungen von Margit Sahlin zufolge hat kein Autor, der das Leben in den Pfarrgemeinden der Stadt beschreibt, diese Vergnügungen zu erwähnen oder aufzulisten versäumt. Aus Besançon, wo das Narrenfest zu besonderem Ansehen gelangt ist, hören wir von dem berühmten Ostertanz, der in mindestens zwei

Kollegiatkirchen der Stadt, in Saint-Etienne und in Sainte-Marie-Madeleine, veranstaltet wurde. Nach den Morgengottesdiensten, nach der None, wenn die Predigt zu Ende war, faßten Kanoniker und Kaplane sich bei der Hand, um entweder im Kreuzgang oder, bei Regenwetter, im Kirchenschiff eine Chorea zu tanzen, bei der es allem Anschein nach sehr viel lebhafter zuging als bei den Tänzen der Prozessionen; zur Begleitung ertönten Lieder, die, auf das Osterfest abgestimmt, während des 13. Jahrhunderts in Gestalt von Balladen und Rondeaus verfaßt worden waren. In Saint-Etienne ist es üblich, daß Chorherren und Chorsänger bei einer dieser Hymnen, dem *Salve festa dies*, mehrmals rund um den Innenhof ziehen: »Sie halten einander, allen voran ein Chorknabe, der den Mantelsaum des ältesten Kanonikers erfaßt, und derart aufgestellt machen sie dreimal die Runde um den ganzen Kreuzgang herum.« Solche Ostertänze, im Zusammenhang mit Besançon gelegentlich *Bergeronnettes* genannt – Bergeronnettes bezeichnet freilich auch den Wein, der nach dem Vesperbrot, das sich dem Tanz und dem Spiel unmittelbar anschließt, an alle ausgeschenkt wird –, finden sich in zahlreichen Städten des Abendlandes, in Frankreich und namentlich in Deutschland. Das Osterfest in der Kathedrale von Sens, von den Schriftstellern regelmäßig erwähnt und beschrieben, ging mit Ballspielen oder -tänzen auf dem Fußbodenlabyrinth im Kirchenschiff selbst einher. Jeder Kanoniker brachte einen großen Ball mit, den er mit nur einer Hand nicht hätte halten können. In einer Art Tanzprozession, die äußerst kompliziert vonstatten ging und angesichts der kunstvoll verschachtelten Irrwege zweifellos schwierig anzuführen war, warfen die Kanoniker, den weiten, pelzbesetzten Umhang um die Schultern geschlungen, einander ihre Bälle zu, während sie gleichzeitig die Ostersequenz *Victimae Paschali laudes* anstimmten – ein heilloses Durcheinander, wie man sich denken kann. Das Ballwerfen, auch im Zusammenhang mit verschiedenen anderen Kathedralen erwähnt, etwa der von Vienne im Dauphiné, wurde, was Sens betrifft, 1538 verboten; beibehalten wurde einzig der liturgische Tanz, der allerdings hier, in der Kirche des Erzbischofs, sehr viel mehr Glanz gewann als andernorts; der Erzbischof und die Geistlichen der Kirche nahmen daran teil, »paarweise aufgestellt und Lieder von der Auferstehung singend zogen sie rund um den Platz«. Im Protokoll einer Beratung des Kapitels heißt es im 16. Jahrhundert noch, es sei ein überaus alter und absolut lobenswerter Brauch, daß die Geistlichen, Benefiziaten der Kirche von Sens, und der Erzbischof selbst, sofern er anwesend sei, am Osterabend nach dem Essen gemeinsam in den Kreuzgang gingen, »um eine Chorea zu tanzen, ohne jedoch dabei in die Luft zu springen«; es wird indes hinzugefügt, daß seit einiger Zeit Frauen am Tanz teilnehmen und daß sich auf diese Weise schlechte Sitten in das Spiel eingeschlichen haben, man beabsichtige daher, den Tanz zu verbieten.

In Chartres besagt das Ritual für den Ostermontag, daß eine Chorea getanzt werden soll, »in der gleichen Art wie an den vorhergehenden Tagen«. Und um 1680 schreibt Pater Ménestrier zur Untermauerung seiner ebenso gelehrten wie pittoresken Studie *Les Ballets anciens et modernes*: »Ich selbst habe am Ostertag in einigen Kirchen gesehen, wie die Kanoniker die Chorknaben bei der Hand faßten und unter fröhlichen Gesängen in der Kirche tanzten.«

Die Pfingsttänze, nicht weniger häufig, hielten sich ungefähr an die gleichen Rituale, so etwa in Chalon-sur-Sâone, wo die Kanoniker und ihre Vertrauten oder Schutzbefohlenen – die »Gewohnheitsbesucher« des Chors oder der Kathedrale, wie es in den Texten heißt – sich in einer Prozession ins Freie begaben, *dans le pré*, in den kleinen Klosterhof, sich dort »alle der Reihe nach an den Zipfel ihres Chorhemdes faßten und, indem sie einige Wechselgesänge vom Fest der Ausgießung des Heiligen Geistes auf die Apostel ertönen ließen, mehrere Runden zurücklegten«. Während sie das *Veni Sancte Spiritus* psalmodierten, bildeten sie einen Kreis um eine Art Dom, der im Zentrum des Kreuzganges errichtet worden war. Obwohl allem Anschein nach gänzlich harmlos, wurde diese Zeremonie, vom Volk selbstverständlich Tanz der Kanoniker genannt, um 1600 verboten.

4. Das Fest der Ausschweifungen: der Tag des heiligen Vitalis in Evreux

Alle diese Vernügungen, diese vielleicht erstaunlichen Lustbarkeiten, gingen weder über den engen Rahmen der Kirche oder des Kreuzgangs noch über die Grenzen eines gewissen Anstandes hinaus; es waren vornehmlich Zerstreuungen, um die Festtage, an denen die Erfüllung der Gottesdienste mit Sicherheit eine recht schwere Bürde für die jungen Kanoniker und die Chorknaben war, durch ein paar Stunden fröhlicher Entspannung, durch ein gutes Vesperbrot und, manchmal, reichliche Gelage aufzulockern – eine Belohnung im Grunde.

Aber das sittsame, überwachte Fest im kleinen Kreis der geschlossenen Körperschaft wird leicht zum ausgelassenen Spaß, sobald die Spiele länger als einen Tag dauern und fröhliche Scharen von »kleinen« Klerikern, Kaplanen und Kindern in die Stadt ausschwärmen: Die lustige, kaum ungewöhnliche Prozession wird zum zuchtlosen, lärmenden Aufmarsch, der die herrschende Ordnung für eine Weile außer Kraft setzt, der alle möglichen Konflikte heraufbeschwört und manchmal in Raufereien ausartet.

Die Narrenfeste mit ihren vielfältigen Varianten sind aus eben diesen Ereignissen hervorgegangen, aus den großen Freudenfesten der Jungen oder der unteren Chargen (was oft auf das gleiche hinausläuft). Zur damaligen Zeit waren sie übrigens nicht die einzigen Kundgebungen dieser Art. Als Ergänzung oder Vorboten gab es andere wenig ehrerbietige Vergnügungen, denen keineswegs der gleiche »historische« Erfolg beschieden ward, die keine literarische Fortsetzung erfahren haben – allerdings nur in bestimmten Städten und ohne festgelegtes Datum, meist jedoch zum Fest des Kirchenpatrons. Man könnte also – aus Lust an der Gelehrsamkeit oder am Geschichtenerzählen und natürlich auch, um gewisse Grundzüge der Volkstümlichkeit besser definieren zu können – eine Geographie und einen Kalender der zügellosen, eher gegen die Ordnung gerichteten Feste erstellen.

Unter den wenigen historischen Überlieferungen dieser Art nimmt das berühmte »Flaschenfest« von Evreux einen wichtigen Platz ein: *La Fête Bouteille* oder *Fête de la Bouteille*. Veranstaltet wurde es zum ehrenvollen Gedenken an einen Kanoniker der Kathedralkirche, Guillaume de Bouteille, allgemein als Lebemann bekannt oder jedenfalls so vorgestellt, dem manche nachsagten, er habe Gedichte und Lieder verfaßt. In Wirklichkeit handelt es sich hierbei höchstwahrscheinlich um eine dreiste und tendenziöse Verdrehung, die den ehrwürdigen oder zumindest alten Ursprung der ausufernden Belustigungen und Gelage glaubhaft machen sollte. Der gute Kanoniker hatte 1253 eine Stiftung begründet, er hatte sich – zweifellos durch eine großzügige Schenkung an das Kapitel – einen *obit* erkauft, damit in seinem Namen, für sein Seelenheil, Messen gelesen und Gebete gesprochen wurden. Aber die Tradition besagt, diese Stiftung, nunmehr dem Jahre 1270 zugeordnet, sei mit höchst eigenwilligen Bedingungen verknüpft gewesen: »Man solle während des *obit* ein Leichentuch auf dem Fußboden des Chors ausbreiten und auf die vier Ecken dieses Tuchs vier Flaschen voller Wein stellen, desgleichen eine in die Mitte, und alles zugunsten der Kantoren, die am Gottesdienst teilgenommen hätten.« Die *Fête de la Bouteille* wird also mit einem Fest der Chorsänger gleichgesetzt. Diese Geschichte ist zweifellos erfunden, und die chronologische Verschiebung um mehr als fünfzehn Jahre charakterisiert die für eine derart vereinnahmende Rezeption notwendige Zeit, die Voraussetzung dafür, daß ein Brauch wie das Austeilen von Geldmünzen zum gewohnheitsmäßigen Anlaß für fröhliche Gelage und einen beinahe rituellen Festablauf werden kann.

Fest steht, daß »am Todestag von Maistre Guillaume de Bouteilles, zu seinen Lebzeiten Kanoniker von Evreux«, jedes Jahr Geld, Brot und Wein an die »kleinen« Kleriker der Kathedrale ausgeteilt wurden. André Plaisse verweist auf einen eindeutigen Beleg in der Buchführung von Berthault Blondel, der 1440–1441 als Schatzmeister des Kathedralkapitels tätig war: »Erstens wurden an die Vikare, Kaplane und Kleriker, die bei der Vigilfeier und der Messe des Obengenannten [Kanonikers Bouteille] zugegen waren, eigenhändig 22 Sous und 4 Denare ausgeteilt... Ferner für das Brot und den auf dem Grabe zu trinkenden Wein: 5 Sous und 5 Denare.«

Gingen die jungen Kleriker und Kanoniker wirklich auf den Friedhof, um dort auf dem Grab ihres berühmten »Wohltäters« einen Festschmaus zu veranstalten? Wir wissen nur, daß die uralte, möglicherweise, aber nicht zwangsläufig heidnische Sitte, am Todestag eines Freundes oder Verwandten auf oder neben dem Grab eine Mahlzeit einzunehmen, sich lange, mit Sicherheit bis ins 15. Jahrhundert hinein erhalten hat. Und wir wissen auch, daß der Bischof den Frauen in Evreux untersagt hat, auf den Friedhöfen zu tanzen.

Jedenfalls ging die Gedenkfeier, wie es bei solchen Gelegenheiten üblich war, mit ausgiebigen Gelagen einher. Auch die großen Gemeinschaftsessen, die einmal im Jahr von den Bruderschaften, den Handwerksgilden oder ähnlichen Verbänden veranstaltet wurden, endeten in ausgiebigen Trinkereien; manchmal wird das ganze Bankett als *potatio* bezeichnet. Die Rechenbücher der Schatzmeister weisen in diesem Zusammenhang stets auf beträchtliche Kosten hin und auf einen freizügigen Ausschank von Wein oder Bier an die Armen, die Bettler; die Satzungen präzisieren, daß ein jeder seine Waffen und sogar die Holzschuhe vor der Tür zu lassen hat; diejenigen, die anfangen zu fluchen, werden mit schweren Geldbußen bedroht.

Die Kanoniker ließen diese Weinfeste natürlich nicht ungenutzt verstreichen. Als Besitzer großer Weingüter oder als Großeinkäufer hatten sie ihren eigenen Weinkeller, ihre Vorratskammer, ja oft sogar ihre eigene Kelter, zumindest in Frankreich, und zwar bis hinauf in den Norden: Die Kanoniker von Cambrai verwalteten ein *Weinamt*, eine reiche, gutgehende Institution, die fuhrenweise Weinfässer aus der Champagne, der Ile-de-France und sogar aus Burgund bezog. In der Diözese von Evreux wurde an den Hängen in der Nähe der Flußufer, vor allem am Seinelauf in der Gegend von Vernon, reichlich Wein angebaut; das Kathedralkapitel, das heißt, die ihm angehörigen Kanoniker und selbst manche Kaplane besaßen große Weinberge, die weit mehr produzierten, als sie für ihren Eigenbedarf gebraucht hätten. Bisweilen verkauften sie Wein in großen Mengen. 1396 verbot ihnen der Dekan des Kapitels nicht nur, in den Schänken der Stadt und der Vororte zu trinken, sondern auch, »als Pächter dieser Schänken aufzutreten, sei es persönlich, sei es vermittels anderer Personen«. Die Kanoniker durften ihren Wein nur noch während zweier Monate verkaufen, nie jedoch abends, nach dem letzten Glockenläuten, und stets unter der ausdrücklichen Bedingung, »daß das niedere Volk sich nicht zu Tische setzte und spielte«. So dienten die Feste der Kaplane, der Chorsänger und der Diakone der Pflege eines regelrechten Weinkultes, und dies – was nicht ganz uninteressant ist – zu einer Zeit, da es noch keinerlei Trinkbranntwein gab. Nach den Gelagen zogen haufenweise Männer, Jugendliche und Kinder trunken durch die Straßen der Stadt. Unter Anspielung auf die Subdiakone sprach man gern vom Fest der *Suffdiakone*, und die Ausdrücke *boire en chantre* oder *boire en sonneur* (wie ein Kantor oder wie ein Glöckner trinken) sagen genug über den Ruf, den diese Männer bei zahlreichen Gelegenheiten erworben hatten.

Das »Flaschenfest« von Evreux begann – ein günstiger und sicherlich kein zufälliger Umstand – am 28. April, dem Gedenktag des heiligen Vitalis von Ravenna, einer großen Feierlichkeit der Stadt. So fielen drei Feste zusammen: das Fest des heiligen Schutzpatrons, das Maienfest und das Fest der Kanoniker – drei unterschiedliche Intentionen und Bräuche verschmolzen zu einem einzigen Kreis von Lustbarkeiten. Der Entwicklungsprozeß ist deutlich: eine dem Patron gewidmete religiöse Feierlichkeit, die selbstverständlich mit Gottesdiensten und liturgischen Riten verbunden war, ausgeschmückt durch die Prozessionen und Tänze des Maifestes – ein sehr alter traditioneller Kontext, an den die Gelage und die Vergnügungen der Chorknaben anknüpfen konnten.

Wie auch immer, in Evreux bestand der Haupteffekt des Festes darin, Äste und Zweige aus dem Wald zu holen, um die Kathedralkirche zu schmücken. Im allgemeinen konnten der Bischof und die Kanoniker das ganze Jahr hindurch abgestorbenes Holz aus den königlichen Wäldern nehmen, ein Gewohnheitsrecht, das durch den Brauch klar definiert und abgegrenzt war, und das in den normannischen Wäldern auch für die Bauern der angrenzenden Gemeinden galt. Aber hier, zum Fest des heiligen Vitalis, werden Zweige abgerissen, die voll im Safte stehen, und nicht im königlichen Wald, sondern in dem des Bischofs. Und dieses »Grünholen«, dieses in Nordfrankreich offenbar sehr verbreitete *Maienbrechen* nimmt in Evreux erstaunliche Ausmaße an.

Zunächst wird in der Kathedrale auf den Fußboden des Chors eine große Flasche gemalt, genau vor dem Gestühl, vor den Augen der Kanoniker (»... damit diejenigen, die selbiges Gemälde sehen, besser imstande sind, Gott um Gnade für die Seele des Kanonikers Bouteille zu bitten«). Dann bricht die ganze Schar fröhlich und fest entschlossen auf, grüne Zweige aus dem Wald des Bischofs zu holen, und zwar aus einem bestimmten Wald, dem sogenannten *Bois de la Bouteille*. Die Tradition verlangte, daß das Maienbrechen immer dort geschah, in demselben Stück Hochwald oder demselben Buschholz, und daß die Forstbeamten, mehr oder minder willig, zwei große Löcher von der Gestalt riesiger Flaschen in den lockeren Boden graben ließen. In der ersten Zeit waren die Kanoniker, die Mitglieder des Kapitels, wohl noch selbst »Grünholen« gegangen, später schickten sie ihre Chorknaben, und schließlich tauchten im Wald sämtliche Pfarrvikare und Kaplane in Begleitung aller möglichen Leute auf. Zwar hatte es ein Abkommen zwischen dem Bischof und dem Kapitel gegeben, daß niemand das Unterholz betreten dürfe, um die vollständige Vernichtung der Bäume oder jedenfalls größere Schäden zu vermeiden — ein Forstwächter ging der Prozession voraus und verteilte soviel schöne Zweige, wie die Teilnehmerzahl erforderte; insoweit fand das Geschehen bei einem Kreuz am Waldesrand statt. Das unkontrollierte Durchstreifen des Waldes bedeutete freilich etwas ganz anderes. Es war eine Rückversicherung, die Bestätigung einer bestimmten Freiheit, eines bestimmten Rechts, das man für einen außergewöhnlichen Umstand errungen hatte. Schließlich wurde am Fuß des Kreuzes gefeiert und stundenlang getrunken. Zu essen gab es vorzugsweise kleine Fladen, »Maulschellen« oder »Maulwatschen« genannt, da der austeilende Kantor sie den einzelnen mit kraftvollen Späßen, burlesken Gesten und scherzhaften Zurufen ins Gesicht warf.

Nach der Rückkehr in die Kathedrale wurden sämtliche Altäre und

Heiligenstatuen sowie die Chorschranke und der große Kandelaber reichlich mit den schönsten Zweigen geschmückt. Der Brauch, frisches Grün zu verwenden, weitete sich aus, zunächst auf mehrere, sodann auf alle Pfarrkirchen der Stadt, deren Diener – Kaplane und Chorknaben – sich zum Maienbrechen mit denen der Kathedralkirche zusammentaten. Und zu guter Letzt verlangten die religiösen Bruderschaften das gleiche Recht auch für die Feiern ihrer Schutzpatrone.

Alles, was mit dem Tag des heiligen Vitalis zusammenhängt, hält die Stadt oder zumindest die Gemeinschaften der Priester und der Kleriker mehrere Tage lang im Festzustand, in einer Stimmung ausgelassener Fröhlichkeit, die immer schwieriger in Zaum zu halten ist: »Von der None des 28. April bis zur Vesper des ersten Tages im Mai.« Lauter Vernügungen, zweckfreie Spiele und vor allem Trinkgelage. Wir hören von jungen Kanonikern und Kaplanen, die auf den Dächern der Seitenschiffe der Kathedrale Kegel schieben (wobei die »Stöcke«, die für dieses Spiel benötigt werden, aus einem königlichen Wald stammen), oder von solchen, die zwischen den Offizien »auf die Gewölbe« steigen, um dort Tänze, Konzerte und Possen aufzuführen, die, wenngleich hier in einem zwangsläufig doch sehr exklusiven Rahmen, direkte Vorläufer oder Entsprechungen der Tollheiten des Narrenfestes sind. Mehrere Steinfiguren unten an den Türmchen der Kathedrale, groteske Bilder des Narren und der Narrheit, erinnern noch heute an diese Späße. Ein Fest des Weins, aber auch ein Fest der Trunkenheit – es ist Ende April, der Wein geht zur Neige und die Qualität läßt nach; in Erwartung des »Rauschers« und der eigentlichen Weinlese werden Flaschen und Fässer geleert, die letzten Vergnügungen des auslaufenden Jahres in lustiger, trinkfreudiger Gesellschaft. Es sind weinselige Burschen, die hier den Prahlhans spielen und Schabernack treiben, die sich in die Brust werfen und Schwänke zum besten geben... Nachdem das Maiengrün gesammelt war, vermummte sich der ganze Trupp mit seltsamen Mützen und allerlei Flitterkram, um sich alsdann unter sorgloser Zurücklassung der leeren Flaschen auf den Heimweg zu machen. Unterwegs wurden Passanten belästigt, man streute ihnen Kleie in die Augen, zwang sie, bei burlesken Tänzen mitzumachen und, ob Männer oder Frauen, über die Maistöcke zu springen.

Die Rede ist von Festen – hier kann unsere Analyse bereits ins Grundsätzliche gehen –, die wirklich Feste der »kleinen« Kleriker sind, Vergnügungen, bei denen die Hierarchie vorübergehend auf den Kopf gestellt wird, ja die sogar rebellische Züge haben und die, zunächst von allen gebilligt, stillschweigend gutgeheißen, durchaus verdächtig sind, eine Wende zum beißenden Spott zu nehmen.

Die Akteure, diejenigen, die regelmäßig in Texten, Chroniken und später in Gerichtsverfahren genannt werden, sind stets subalterne, vielleicht auch arme Kleriker, überwiegend junge Leute, manchmal noch Scholaren. Das lustige Gefolge, das in den Wald des Bischofs zieht, den *Bois de la Bouteille*, um dort das Maiengrün zu brechen, nennt sich *schwarze Prozession*; es besteht aus Geistlichen, die nicht in Scharlachrot oder in Violett gekleidet sind, sondern schlichte dunkle Gewänder tragen. Anläßlich eines Scharmützels, das sich 1434 im Wald ereignete, führt das unverzüglich angefertigte Protokoll mehrere Namen an: den des Anführers der Bande, Durand Ameline, der es erst zum *maître ès arts* (Magister der freien Künste) gebracht hat, dann die von neun Klerikern, die alle »Priester und Kaplane in der Kirche Notre-Dame zu Evreux« sind. Die Kaplane, Gehilfen der Kanoniker, scheinen hier übrigens hervorragend organisiert, in eine Körperschaft eingebunden, die in der Lage ist, ihre Interessen zu verteidigen und Ansprüche geltend zu machen; sie haben ihre eigenen Rechte, ihre eigenen Domänen und mindestens einen Schatzmeister, der ihre Angelegenheiten verwaltet. A. und S. Plaisse berichten von einem »Verzeichnis der Renten und Einkünfte der Gemeinschaft der Kaplane an der Kathedralkirche zu Evreux«, das bis ins 15. Jahrhundert zurückreicht und dreihundert Jahre später sorgfältig kopiert worden ist: zweifellos eine sehr lebendige Gemeinschaft, die sich nicht scheut, den Mund aufzumachen und die Gerichte anzurufen.

Man kann genau verfolgen, wie es wegen der Zweige aus dem legendären *Bois de la Bouteille* zum Konflikt zwischen diesen Leuten und dem Bischof kommt, zumal die Waldhüter gelegentlich hart durchgreifen – namentlich in einer Zeit, da der Schutz und die Erhaltung des Forstbestandes die Aufmerksamkeit der Grundherren und aller Waldbesitzer erregt, da das Holzfällen streng überwacht und die Bräuche schwarz auf weiß festgehalten werden, da man sich um Forstgerichte und Inspektionsrundgänge bemüht, um jeden Mißbrauch in Listen eintragen und dagegen vorgehen zu können. Und das alles, um der Wilderei, dem Raubbau am lebenden Holz ein Ende zu setzen: ein Kampf zwischen Gewohnheitsrecht und Eigentumsrecht. Genau am 28. April 1434 versucht ein Waldhüter, ein Förster des Bischofs, das »Maienbrechen« mit Gewalt zu verhindern, indem er eine der Hippen, derer die Priester, Kaplane und ihre Komplizen sich als Werkzeug bedienen, an sich reißt und mit Haro-Rufen die Festnahme der Übeltäter veranlaßt. Ein Protokoll wird angefertigt, die Zeugenaussagen werden festgehalten; es kommt zu langwierigen Gerichtsverhandlungen. Die Kaplane bringen vor, daß sie sich »in ehrlichem Besitz und Eigentum befanden, da es einem jeden, ganz im Gegenteil, schon immer und seit Menschengedenken zustand, einen selbiger Zweige zur Ausschmückung der obengenannten Kirche... zu nehmen und zu haben«; sie erinnern daran, daß sie dem Brauch in den vergangenen Jahren ohne jeden Zwischenfall gefolgt seien, und daß sie eigens zum Haus des Försters gegangen seien, um zu fragen, ob dieser sie begleiten wolle, daß er jedoch nicht dagewesen sei. Der Schaden wird übrigens, nachdem die Zweige in gebührender Weise gemessen worden sind, alles in allem auf etwa 5 Denare geschätzt, die keiner der Kaplane je bezahlen wird – auch dies ein Machtkonflikt oder, besser gesagt, ein Kampf um die Vorrangigkeit im Schatten einer kindlichen Querele.

Regelverletzungen, die gegen die Kanoniker gerichtet waren, erzeugten ein weit giftigeres Klima. Schon war es so weit, daß die unteren Chargen der Geistlichen am Tag des heiligen Vitalis die Stallen der Kanoniker im Chorgestühl besetzten, daß die Chorknaben Gottesdienste zelebrierten und Liturgien sangen. Harmlose Gesten, diese symbolischen Verkehrungen, die wir in Kirchenkreisen bei allen derartigen Festen wiederfinden. Doch immer lauern Mißgunst und Querelen, die manchmal anschwellen, bis sie sich im Augenblick der Zechgelage, der hitzigen Wortge-

fechte, der trotzigen Verstocktheiten hemmungslos in Handgreiflichkeiten und Auseinandersetzungen entladen. Eines der heiße-
sten, heftig umstrittenen Themen war offenbar das Recht, die
Glocken beliebig lange Sturm zu läuten – ein Recht, das die Kaplane mit lautem Geschrei und notfalls mit Fausthieben einforder-
ten, um sich ihren Lustbarkeiten unter soviel Getöse hinzugeben,
wie es ihnen wünschenswert erschien. In den achtziger Jahren des
13. Jahrhunderts, wann genau, ist nicht recht auszumachen, berichtet eine Anekdote von zwei Kanonikern, die zur Strafe dafür,
daß sie das Sturmgeläute untersagen wollten, eine ganze Weile an
den Armen aufgehängt in den Fenstern des Glockenturms bau-
melten. Das Ereignis stammt aus der Zeit Heinrichs II. von England, und einer der unglücklichen Gehängten war kein anderer als
der Schatzmeister des Kapitels, Jean Manfel, Ratgeber des Königs.
Der Glocken-Skandal währte fast zwei Wochen, bis zum zehnten
Tag im Mai. 1462 nimmt die Auseinandersetzung bedenklichere
Formen an, da die bestallten, geschurigelten Glöckner sich dem
Läuten widersetzen und »die Kaplane oder ein Teil derselben mit
einer Horde von über hundert Mann aus dem gemeinen Volk« den
Turm der Kathedrale stürmen, wobei sie alles mit Hämmern und
Eisenstangen zerschlagen, Türen und Schlösser aufbrechen und
dem Glöckner drohen, ihn auf der Stelle umzubringen. Dann läuten sie die Glocken »ohne Maß und Ordnung über einen Zeitraum
von ungefähr drei Stunden«. Danach trommelt die Bande ihre
Freunde zusammen und zieht in heller Erregung durch die Stadt;
überall verkünden sie, diese »niederträchtigen Leute von gemei-
nem Stande«, daß sie die Häuser der Kanoniker zertrümmern
werden, und stoßen alle nur denkbaren Beleidigungen und Drohungen gegen den Dekan und sein Kapitel aus. »Lauter Dinge«,
wie der fromme Chronist versichert, »die ein sehr schlechtes Beispiel sind, die schwere und ernste Bestrafung verdienen.« Der König allerdings teilt diese Meinung nicht; er spricht die Kaplane frei
und ordnet an, daß der Brauch respektiert werden muß.
Fest und politische Macht? Die Lektion liest sich gut: Gegen volkstümliche Geselligkeit kommt man nicht an, und damit wären wir
wieder bei der alten »politischen« Weisheit des *panem et circenses*... Dem König ergeht es nicht anders als oftmals den Rats-

herren; er fürchtet große Unzufriedenheit, wenn er die Freiheiten einer der schönsten Vergnügungen des Jahres beschneidet oder dem Spaß seinen Glanz nimmt. In diesem Sinne und durch solche äußeren, »volkstümlichen« Begleiterscheinungen, deren Tummelplatz die Straße ist, durch die der Ausbrüche von Gewalt und durch all die Trivialitäten fügen sich die ehrwürdigen Kirchenfeste – unter anderem das von Evreux – in denselben Rahmen wie die Narrenfeste, die Feste der Winterzeit.

III. Das Narrenfest

Narrenfeste, Winterfeste

Chronisten ebenso wie Historiker finden sich mit den unterschiedlichen Narrenfesten, die nicht alle zum gleichen Zeitpunkt stattfinden, nur schwer zurecht. Jean-Baptiste Thiers, einer der ersten Beobachter derartiger Vergnügungen, schreibt sehr richtig, daß »die Geistlichen früherer Zeiten es sich mancherorts zum Verdienst vor Gott und den Menschen anrechneten, wenn am Tag der Geburt Unseres Herrn, am Tag des heiligen Stephanus (26. Dezember), am Tag des heiligen Johannes (27. Dezember) und am Tag der Beschneidung des Herrn (1. Januar), an Epiphanie (6. Januar) oder am 2. Sonntag nach Epiphanie (14. Januar) in den Kirchen getanzt wurde«. Er hätte dieser ohnehin verwirrenden Liste noch den Tag des heiligen Nikolaus (6. Dezember) und auf jeden Fall das Fest der heiligen Unschuldigen Kinder am 28. Dezember hinzufügen können. So fand im Innern der Kathedralen und der Kollegiatkirchen eine ganze Reihe fröhlicher Feste statt, die im Zeichen ungewöhnlicher Rituale und liturgischer Tänze standen – eine fast ununterbrochene Folge vom 25. Dezember bis zum 6. Januar. Als Ankündigung bot sich schon am 6. Dezember eine weitere Möglichkeit, und oft gab es über Epiphanie hinaus eine achttägige Verlängerung, bis zur Feier des 2. Sonntags nach Erscheinung des Herrn am 14. Januar. Insgesamt also mehr als ein Monat mit sieben oder acht Höhepunkten, die je einen anderen Ursprung hatten, jeweils eine besondere Art der Andacht verlangten und zunächst auf einen Tag, eine einzige Zeremonie beschränkt waren, sich aber im Laufe der Zeit und in zunehmendem Maße auf mehrere Tage erstreckten. Am Ende gingen all die verschiedenen Anregungen, all die liturgischen Themen ineinander über, und natürlich feierte jede Klerikergruppe – sei es in der Kathedrale, der Kollegiatkirche oder gar der Klosterkirche – nur ein einziges großes Winterfest, wobei das Datum entweder durch eine stets sehr alte Tradition vorgegeben war, oder durch die ganz konkreten Umstände einer Erfindung, möglicherweise, um die Nachbarn nachzuahmen, vielleicht auch, um ihnen Konkurrenz zu machen und die eigene Position zu stärken.

Trotz dieser Nuancen ist die zeitliche Nähe zur Wintersonnenwende Ende Dezember – Anfang Januar unübersehbar, so daß man bedenkenlos von den »Kalenden des Dezembers« spricht. Daher natürlich die Versuchung, daß man in den Narrenfesten ein gewöhnliches Erbe der von sämtlichen Zensoren und von vielen der frühen Gelehrten oft erwähnten römischen Saturnalien zu erblikken. Dieser Gedanke kommt einem tatsächlich ganz von selbst, und allem Anschein nach hat es zwischen dem heidnischen, dem Gott Saturnus geweihten Fest des späten Römischen Reichs und dem christlichen Fest der folgenden Jahrhunderte tatsächlich nur eine kurze Unterbrechung gegeben. In dem berühmten Werk *Mémoire pour servir à l'histoire de la Fête des fous*, das 1751 die Aufmerksamkeit der Neugierigen und der Moralisten auf die Lustbarkeiten und Vereine der Possenreißer lenkte, geht Du Tilliot eindeutig von einer direkten Verbindung aus, von einer Art Entschädigung für verlorengegangene Zerstreuungen, die um jeden Preis durch andere ersetzt werden mußten. Du Tilliot verweist bereitwillig auf folgenden Aspekt: »Als die Heiden sich zum Christentum bekehrten, fiel es ihnen schwer, die einmal angenommene Gewohnheit, bestimmte vergnügliche Feste zu feiern, wieder abzulegen«; er weigert sich indes, darin eine »politische« Aktion der Kirche zu sehen, denn die Kirche, so sagt er, hat nie geschlossen hinter diesem üblen Brauch gestanden. Zum Beweis zitiert er uralte Verdammungsurteile: das des heiligen Augustinus, der geraten hatte, »man möge alle, die von dieser Ruchlosigkeit überzeugt wären, streng bestrafen«; dann das Urteil des Konzils von Toledo, das 633 in Gegenwart des heiligen Isidor von Sevilla stattfand. Außerdem erinnert er daran, daß das gleiche Erbe sich im Orient erhalten habe, namentlich in Konstantinopel, wo der Patriarch Theophylakt das Narrenfest im 10. Jahrhundert in seine eigene Kirche eingeführt habe: »Mehrere Jahrhunderte lang wurde es in der Kirche von Konstantinopel gelitten, daß Volk und Klerus an Weihnachten und an Epiphanie mitten im Tempel,

gleich vor dem Hochaltar, lautes Gelächter, Geschrei, Tänze und
Possen veranstalteten.« Eine außerordentlich weit verbreitete
Sitte also, deren Datum stets mehr oder weniger genau mit dem
der alten römischen Saturnalien zusammentrifft.

Doch die offenkundige Übereinstimmung der Zeitpunkte mitten
im Winter, ja sogar das Wiederaufleben einiger Erinnerungen bedeutet nicht zwangsläufig, daß es sich um bloße Reminiszenzen
oder um den getreuen Rückgriff auf eine Tradition handelt. Die
Narrenfeste sind durch die Jahrhunderte hindurch keineswegs
schlichte Übersetzungen im gleichen Register des Possenhaften.
Tatsächlich – trotz des Namens, der ihnen bis heute anhaftet –
besteht ihr Ursprung niemals, nicht einmal ausnahmsweise, in der
Erhöhung des Narren, der Narrheit. Ihr Ausgangspunkt ist ein
ganz anderes, ein ganz gewöhnliches, kohärentes Ritual: das Ritual einer liturgischen Feier, orientiert an den für die Festtage
kirchlich vorgeschriebenen Regeln. Auch wenn die jüngere Ge-
schichtsschreibung sich im allgemeinen auf eine einzige Bezeichnung beschränkt, wenn sie das Fest allein den Narren und der
Narrheit widmet, sind die Benennungen in jener Zeit – in welchem sozialen Milieu auch immer – doch sehr viel abwechslungs-
reicher. *Fest der Unschuldigen, der Kinder, des Esels, der Diakone*
– das sind die bei weitem geläufigsten Ausdrücke. Daß alle diese
Feierlichkeiten, dann Feste und schließlich burlesken Vergnügungen sich am Ende nicht mehr unterschieden, daß sie sich vermischt
haben, daß sie gelegentlich zu merkwürdigen Maskeraden ver-
kommen sind, das alles täuscht nicht über die ursprüngliche Situation hinweg, in der die Absichten oder, genauer gesagt, die Riten
und die Gesten klar gegeneinander abgegrenzt waren. Kein einziges der ursprünglichen Feste hatte mit der Erhöhung der Narrheit
zu tun, und das *Narrenfest* ist zweifelsfrei als ein Exzeß, eine Abirrung in die Geschichte unserer Zivilisation und unserer Gesellschaft eingegangen.

Zwei Hauptthemen, die sich übrigens sehr schnell verbinden,
kennzeichnen die ersten Rituale, sagen wir die Zeremonien im
Reinzustand, die der ersten Stunde, im Innenraum des Gotteshauses. Beide stehen in engem Zusammenhang mit bestimmten liturgischen Sequenzen. Es handelt sich einerseits um die Feier des

Jesuskindes und insbesondere der Kindheit Jesu, die zugleich eine
Feier aller Kinder und somit der Schwachen, der Unfähigen, ja
auch eine Feier derer ist, die ohne Schutz leben müssen; andererseits geht es um die Erhöhung der Demütigen, der kleinen Leute,
der gesellschaftlich Schwachen, die ganz unten auf der sozialen
und wirtschaftlichen Stufenleiter stehen – und die von vielen das
ganze Jahr hindurch verspottet werden. Der Schritt von einem
dieser beiden wesentlichen Themen zum anderen war schnell
getan; ebenso konnten beide liturgischen Feiern, die Unrecht
und Ungerechtigkeiten wiedergutzumachen suchten, leicht –
allerdings in einem anderen Moment und auch in einer anderen,
vielleicht weltlicheren Atmosphäre – in ein lebhaftes Interesse am
Narren umschlagen, in eine naturgemäß possenhafte Darstellung
seiner Narrheit.

Beide Themen mit ihrem jeweiligen Kontext, den geistigen Strömungen und den mitreißenden kollektiven, oft »volkstümlichen«
Haltungen, verdienen höchste Aufmerksamkeit, selbst wenn die
so überaus reizvolle, wiewohl ungewisse und tückische Geschichte
der Mentalitäten noch in den Anfängen steckt und bisher nur wenig überzeugende Erkenntnisse hervorgebracht hat. Für den Historiker siedelt sich eine solche Analyse nicht notwendig auf der
Ebene intellektueller Spekulationen an, sondern auf der Ebene
dessen, was konkreter greifbar ist. Es geht darum, das Los und das
Schicksal einer bestimmten Gedankenströmung, eines bestimmten
Gefühls anhand der beobachtbaren Äußerungen, der Gesten, des
literarischen und künstlerischen Ausdrucks zu untersuchen.

1. Die Kinder, Helden eines Tages

Liebe und Mitgefühl

Von einer Erhöhung der Kindheit im Mittelalter zu sprechen – das mutet seltsam an. Ich weiß nicht recht warum, aber wir haben uns offenbar in den Kopf gesetzt, das Kind sei tausend Jahre lang das verkannte oder gar vernachlässigte, wenn nicht, schlimmer noch, das unterdrückte Wesen der sogenannten »mittelalterlichen« Zivilisationen gewesen. An solchen parolenhaften Behauptungen zeigt sich, wie sehr es an Verständnis für die überlieferten Zeugnisse fehlt, die doch eine klare Sprache sprechen und mitteilsam genug sind, um die Vorurteile zum Schweigen zu bringen. Man redet nach Lust und Laune über die Verständnislosigkeit der Erwachsenen, über ihre geringschätzige Haltung gegenüber der Kindheit, über ihre Gleichgültigkeit oder zumindest ihre Ignoranz. Allenthalben sind vorgefertigte Klischees, Slogans und Phrasen in Umlauf, die unermüdlich wiederholt anstatt einmal überprüft werden. Man erinnert an die entsetzlich hohe Kindersterblichkeit, die – aber warum eigentlich? – ein Zeichen der Gleichgültigkeit oder jedenfalls der Resignation gewesen sei. Man verweist auf die außerordentlich hohe Geburtsrate, auf das hemmungslose Kinderzeugen, auf das Fehlen jeder Geburtenkontrolle, Indikatoren, die schlicht und einfach als Ausdruck einer totalen Hörigkeit gegenüber den religiösen Vorschriften und als weiterer Beweis der Indifferenz gelesen werden – demnach wären Kinder damals weder gewollt noch erwünscht gewesen. Diese Behauptung ist schlechterdings falsch: Im großen und ganzen hatten die Familien so viele Kinder, wie sie haben wollten, und sie wußten den Rhythmus der Geburten sehr wohl zu steuern, so daß er nicht nur ihren Wünschen, sondern auch ihren ökonomischen Möglichkeiten und folglich den Umständen entsprach. Den Beweis liefern die Geburtenziffern selbst, ihre erstaunlichen Schwankungen, die je nach dem Milieu – ob Stadt oder Land beispielsweise –, den Vermögensverhältnissen und der allgemeinen Konjunktur zu beobachten sind. Moralisten und Sittenprediger beklagen diesen »Mißstand« zur Genüge, vor allem in Italien. Doch ein Kind ist keineswegs ein unvermeidliches, durch die Macht der Naturgesetze oder der gesellschaftlichen Tabus erzwungenes Geschöpf.

Als weiteres Argument wird die Verschwiegenheit bestimmter Aufzeichnungen genannt, die Zurückhaltung der Hauptbücher und Tagebücher, die von den Familienoberhäuptern oft sehr knapp, trocken, ohne jede Sentimentalität geführt wurden, in denen die Geburten und die frühzeitigen Todesfälle Neugeborener nur als kurzer Vermerk auftauchen; doch das gesamte Privatleben wird in derartigen Schriften im gleichen Stil abgehandelt und in äußerst karge, monotone Formeln übersetzt. Für ein nicht minder verräterisches Zeichen hält man schließlich die ungeschickte, manchmal stereotype und beschränkte bildliche Darstellung des Kindes, so wie sie in etlichen auf religiöse Themen bezogenen Gemälden erscheint – ein unförmiger Körper, ein ausdrucksloses Gesicht, ohne jede Anmut; eine bloße Miniatur des Erwachsenen, sagt man. Das ist zwar nicht falsch, aber ist es ein ausreichendes Indiz? Viele Künstler stehen noch fassungslos vor der Aufgabe, die Kindheit Jesu darzustellen, denn Jesus ist nicht nur Mensch, sondern auch Gott. Was den Orient betrifft – und einmal ganz abgesehen von den Ikonoklasten –, wissen wir sehr wohl, daß schon die Darstellung der familiären oder auch dramatischen Episoden aus dem *Leben Jesu* von den Malern widerstrebend, jedenfalls mit unendlicher Vorsicht, mit absichtlicher Zurückhaltung, ja mit gewollter Ungeschicklichkeit versucht wurde. Im Abendland hält diese Art Bestürztheit lange an – man ist noch nicht bei den eher mutwilligen oder tolpatschigen Genreszenen, bei den Kindern von Saint-Sulpice, ja nicht einmal bei den sprühenden pausbäckigen Putten oder Engelchen angelangt.

Kurz, all diese Behauptungen über eine kaum oder gar nicht bekannte Epoche, die dennoch gern in Verruf gebracht wird, um den Kontrast zu der wunderbaren, bezeichnenderweise »Renaissance« genannten Periode besser hervorzuheben, entspringen ein und derselben einfältigen Wahrnehmungsweise, derselben Schwarz-Weiß-Malerei, die das Mittelalter als ein in lähmenden Glaubens-

vorstellungen befangenes Zeitalter der Finsternis deutet. Damit
wären wir wieder bei Michelet und den federführenden Schreibern vom Ende des letzten Jahrhunderts.

Es fehlt wahrlich nicht an Hinweisen, die – lange vor dem Ende des
15. Jahrhunderts – Aufschluß darüber geben, welches Interesse
dem Kind innerhalb der Familie zuteil wird und welche Beachtung
die Kindheit im allgemeinen genießt, die schwache, unglückliche,
schutzlose Kindheit ebenso wie die Reinheit und der symbolische
Wert derer, die der Kindheit zugerechnet werden. Nehmen wir als
Beispiel die Auswahl des Taufnamens, durch den das Neugeborene
vor allem im 14. und 15. Jahrhundert zärtlich und mit Vorbedacht
dem Wohlwollen des Lieblingspatrons anvertraut wird. Die Eltern
wenden sich mehr und mehr von Namen ab, die einen volkstümlichen Ursprung haben oder den legendären germanischen Zyklen
entstammen, Namen, in denen heidnische Anklänge oder Erinnerungen mitschwingen. Sie wollen keine »Vornamen« mehr, die
bloß auf das Familiengeschlecht, das Erbgut, den Standort der
grundherrlichen Güter oder den grundherrlichen Machtbereich
verweisen. Die Taufe entwickelt sich allmählich zu einem komplexen Ritus, der Aufmerksamkeit und Neugier weckt, der Ehrfurcht
einflößt, der die Gegenwart und die Teilnahme der ganzen Sipp-
schaft verlangt; die Zeremonie wird immer gefühlvoller. Manche
Namen, die für diesen Tag gewählt werden, sind eine regelrechte
Dedikation an Christus, an Gott. Andere bezeichnen die Freude
über die Geburt. Wiederum andere, natürlich den Mädchen zugedacht, unterstreichen und feiern Gefühle der Bewunderung und
Rührung. Erst in den letzten Jahrzehnten des 15. Jahrhunderts,
manchmal, vor allem in Italien, schon ab 1450, kehren die Familien diesem christlichen und rührseligen Brauch den Rücken, um
ihre Kleinen mit Vornamen aus antiken Geschichten und Mythen
herauszuputzen – Namen, die teilweise allerdings auch nicht mehr
echt, sondern im Laufe der Zeit gewissermaßen »christianisiert«
worden sind. Jedenfalls beweist die neue Mode, was die Erwachsenen betrifft, meiner Ansicht nach kein Aufblühen, sondern eher
ein Schwinden des innigen Gefühls gegenüber der Kindheit.

Das Interesse, das den »kleinen Kindern«, den Schwachen und den
Unglücklichen entgegengebracht wird, ist keineswegs auf die in-

tellektuelle und affektive Ebene beschränkt. Seit langer Zeit bildet
es die Grundlage zahlreicher mildtätiger Einrichtungen der Kirche
und später auch der Laienwelt, die sich des Schicksals der verlassenen Frauen und Kinder erbarmen, denen stets die gleiche Fürsorge
zuteil wird. Bereits 1170 gründete Guy de Montpellier den Orden
vom Heiligen Geist, einen reinen Spitalorden mit Männerklöstern
und Frauenklöstern, deren Mitglieder gelobten, sich der Kranken-
pflege und insbesondere den alleingelassenen, ausgesetzten Kindern zu widmen. Daraus entstand eines der allerersten Beispiele
spezialisierter Hospize, die es vermieden, Pilger, Arme, Gebrech-
liche und Kranke jeden Alters in denselben Sälen, im Umkreis
derselben Kapelle unterzubringen, und die den Kleinkindern somit die verheerenden Gefahren einer unheilvollen Nachbarschaft
mit kranken oder siechen Erwachsenen ersparten. 1198 verfügte
der Orden über sieben Häuser in Frankreich und faßte dann auch
in Italien Fuß, ermutigt durch Papst Innozenz III., der ihm die
Leitung eines großen römischen Hospitals anvertraute. Dank der
Freigebigkeit von Jean de Montferrand entstand 1207 das Heilig-
Geist-Hospital zu Besançon, dessen Funktion in der Kranken-
pflege bestand, das sich jedoch hauptsächlich um schwangere
Frauen und Findelkinder kümmerte.

Angeregt von dieser Initiative bilden sich alsbald weitere, teilweise
sogar rivalisierende mildtätige Institutionen der gleichen Art heraus, später gewissermaßen abgelöst durch Laienstiftungen, die
von fürstlichen oder städtischen Organismen verwaltet werden.
1410 hinterläßt Francesco Datini, Kaufmann der Kleinstadt Prato
zwischen Florenz und Pistoia, ein kurz vor seinem Tod abgefaßtes
Testament, in dem er sein gesamtes Vermögen einem Werk ver-
macht, das der administrativen und finanziellen Kontrolle seiner
Gemeinde untersteht: dem in seinem eigenen Palazzo aufgestellten Armenstock (*Ceppo dei Poveri di Francesco di Marco*) zur Unterstützung der Bedürftigen und insbesondere der armen Kinder.
Wer dächte in diesem Zusammenhang nicht unwillkürlich an das
prachtvolle *Spedale degli Innocenti* in Florenz, eine mächtige Institution, der zahlreiche Stiftungen zugute kamen und die nicht
nur Findelkinder aufnahm, sondern auch die Kinder der Mägde,
deren Herren die Neugeborenen weder anerkennen noch im eige-

nen Haus behalten wollten. Zum Stillen der Säuglinge stellte das
Hospital Ammen aus der Stadt oder Landfrauen an, die in Pension
genommen wurden. Alles in allem ein Hospital, das eher einem
Palast glich, ausgestattet mit dem wunderschönen, 1422 errichteten Portal von Brunelleschi und, in den Bogenwölbungen rund um
den Innenhof, den berühmten zehn *Medaillons mit den Wickel-
kindern* aus gebranntem und glasiertem Ton von Andrea della
Robbia. Die Säle selbst waren mit dekorativen, inhaltlich genau
abgestimmten Gemälden geschmückt, die zu malen man die besten Künstler auf dem Gipfel ihres Ruhms verpflichtet hatte – wiederum Andrea della Robbia für die Darstellung der *Verkündigung*,
Ghirlandaio für die *Erscheinung des Herrn* und Luca della Robbia
für *Die Jungfrau und das Kind*.
Die großen Florentiner Kaufleute indes verwalteten andere
Werke, die sogenannten Werke der Barmherzigkeit, die sich alle
mehr oder weniger eindeutig und exklusiv für die Rettung hilf-
loser Kinder einsetzten, so etwa das 1441 auf Anregung des Erzbischofs von einer Laienbruderschaft gegründete Werk der *Procura-
tori dei Poveri Vergognesi*, auch das Werk der *Buonomini di San
Martino* genannt. Zunächst galt die Arbeit dieser Einrichtung vor
allem den Verarmten (ruinierten Kaufleuten, Adligen, die ihren
Besitz verloren hatten, mittellosen Witwen), dann rückte die Unterstützung junger Mädchen, denen durch die Ausstattung mit
Brautgaben zur Ehe verholfen wurde, in den Vordergrund und
schließlich die Versorgung der Wöchnerinnen und der Neugeborenen. Insgesamt zwölf realistische und würdevoll gestaltete Fresken an den Gewölbebögen zeigen die verschiedenen Formen der
Barmherzigkeit, beispielsweise eine liegende junge Mutter, der
Beistand geleistet wird. Diese Szene erinnert stark an Darstellungen der Geburt Christi.
In Frankreich waren es die Fürsten, die Könige, die in ihrem Herr-
schaftsbereich Hospitäler gründeten oder subventionierten, oft
unterstützt von ihren treu ergebenen Städten – eine Rolle, die
Beaune und Brügge für das Herzogtum Burgund erfüllten.
Das Hôtel-Dieu in Paris versorgte durchschnittlich 50 bis 70 Kinder, die auf der Straße ausgesetzt oder von den im Spital entbunde-
nen Müttern nach der Geburt zurückgelassen worden waren. Da

es an Ammen mangelte, ernährte man die Säuglinge gelegentlich mit Ziegen- oder Kuhmilch, dann mit im Backofen geschmorten Äpfeln oder Birnen, und erst ab dem 8. Lebensjahr bekamen sie die Kost der Erwachsenen. Doch als Franz I. 1531 auf Bitten seiner Schwester, der Königin von Navarra, eine Untersuchung durchführen ließ, wurden höchst bedenkliche hygienische Verhältnisse, Infektions- und Ansteckungsgefahren aufgedeckt. Infolgedessen gründete der König 1535 für die in den Dörfern der Umgebung von Paris ausgesetzten Kinder ein eigenes Spital, das Hôpital des Enfants Rouges, während die Findelkinder der Stadt dem Hôpital du Saint-Esprit anvertraut wurden.

Die Kinder des Kapitels

Kollegiatkirchen, Klöster und Kathedralen haben sich unter zahllosen anderen Aufgaben der christlichen Nächstenliebe stets nachdrücklich für die notleidenden Kinder eingesetzt, indem sie sich den Beistand zur Pflicht machten, indem sie Sonderfonds und »Ämter« einrichteten, die eigens dazu bestimmt waren, mildtätige Gaben zu verwalten und Almosen zu verteilen. Das von Mönchen aufgelesene und von ihnen großgezogene Findelkind ist zu einem bezeichnenden, für die damalige Gesellschaft durchaus charakteristischen Bild geworden. Manchmal befanden sich die Hilfseinrichtungen im Umfeld des königlichen Palastes, so in Paris unmittelbar vor dem Louvre: In dem freigebliebenen, damals noch zur Pfarrgemeinde Saint-Germain-l'Auxerrois gehörigen Raum jenseits der einst von Philipp August errichteten Mauer, später »le coin des Escoliers« genannt, hatten mindestens drei Hilfswerke ihren Standort, nämlich das 1187 gegründete, den armen Klerikern zugedachte Stift Saint-Thomas-du-Louvre, sodann, ungefähr seit 1200, das Stift Saint-Honoré mit dem Collège des Bons Enfants, und zu guter Letzt kam 1254 das Hospice des Quinze-Vingts hinzu, ein Hospital für dreihundert notleidende Blinde.
Im übrigen richteten zahlreiche weltliche Kapitel – zweifellos die überwiegende Mehrzahl – ein Almosenamt ein, das den nach diesem Amt benannten Geistlichen anvertraut wurde, das über Na-

tural- und Geldeinkünfte verfügte und regelmäßig Spenden in
Form von Getreide, Brot, Wein, Kleidern, Suppen, Fisch, Kerzen,
Brennholz oder auch kleinen Geldmünzen an die Bedürftigen der
Stadt, die armen Pilger auf der Durchreise, die zu Hause liegenden
Kranken und, auch hier wieder, die Kinder verteilte. Die Geistlichen des Almosenamtes der Kathedrale von Cambrai – ein Amt,
dessen säuberlich geführte Rechnungsbücher uns für den Zeitraum
mehrerer Jahre erhalten sind – verteilten die Almosen entweder vor
der Tür der Amtsstelle oder dem Portal der Kathedrale, oder aber
auf der Straße, in den Häusern der Armen. Der Almosenpfleger
ging höchstpersönlich in die Stadt, um die armen Wöchnerinnen in
ihren Häusern zu besuchen und ihnen Geld zu geben (»Drei Sous
und vier Denare an eine niederkommende Frau bei Saint-Vast, für
ihre Niederkunft; an alle drei kleinen Kinder...«). Jedes Jahr empfingen rund zwanzig Frauen regelmäßig solche Spenden; mitunter
wurden Almosen direkt an umherirrende Kinder ausgeteilt, vielleicht Waisenkinder, die sich zu kleinen Gruppen zusammenschlos-
sen: »... an mehrere Arme in der Kirche von Chéens und an mehrere kleine Kinder... zwei Sous und sechs Denare...«, oder: »an
mehrere kleine Kinder sechs Denare...« Vor allem jedoch unterhielt die Stadt Cambrai, und darin war sie sicher keine Ausnahme,
von ihren Renten ein *Collège des Bons Enfants*, gegründet 1278, wo
mittellose junge Leute, Arme oder Waisenkinder, eine Schulausbil-
dung bekamen und im Chordienst unterwiesen wurden. Auch das
Almosenamt der Kanoniker hatte eine den *Bons Enfants* gewidmete Einrichtung gestiftet, eine mildtätige Institution mit bescheideneren Ansprüchen, die arme, für die Kleriker-Laufbahn bestimmte Kinder aufnahm. Bei freier Kost und freier Unterkunft
besuchten manche der Sechs- bis Achtjährigen die Bischofsschule,
während andere als Laufburschen dienten.

Auch in diesem Falle verdanken wir dem Baseler Kanoniker Sebastian Brant ein anschauliches Bild, das die gleichen Akzente der
Innigkeit setzt. Gerührt beklagt er das Los der Kinder, die zum
Betteln gezwungen werden, weil sie leichter Mitleid erregen und
dafür sorgen, daß die Bettelschale ihres Herrn sich mit Münzen
füllt: »Seine Kinder müssens jung verstehn, ohn Unterlaß zum
Betteln gehn, und lernen wohl den Bettelschrei, sonst bräch er

ihnen den Arm entzwei oder ätzte ihnen Wunden und Beulen, damit sie könnten schrein und heulen.« Der Dichter geißelt die unwürdigen Männer – Diebe oder Bettler –, die das Kind zum Märtyrer machen, die es den Wechselfällen des Lebens aussetzen und es schließlich seinen Leiden überlassen: »*Der* borget andern die Kinder ab, daß er einen großen Haufen hab, belädt einen Esel mit Körben schwer, als wenn er Sankt Jakobs Pilger wär.« Aber Brant sagt auch, daß die Geistlichen den Geschundenen nach bestem Vermögen helfen; bei ihnen suchen die Kinder Zuflucht: vierundzwanzig – heißt es in dem Text – befinden sich im »Dummenloch«, das heißt im Garten »der Herren«, im Garten der Kanoniker von Saint-Pierre-le-Grand in Straßburg.[3]

Tatsächlich leben die aus Barmherzigkeit aufgenommenen und versorgten Kinder in unmittelbarer Nähe der Stiftshäuser und des Chores. Eine umfassende Untersuchung dieses Mitgefühls mit dem unglücklichen und verlassenen Kind, eine gründliche Analyse der Hilfswerke, die sich letztlich um seine Eingliederung in die Gesellschaft bemühten, das heißt vor allem in die Gesellschaft der Ordensleute oder zumindest der Geistlichen, würde mit Sicherheit eine Reihe weiterer Aspekte oder weiterer Belege ans Licht befördern. Doch schon die hier erwähnten liefern eine ausreichende Handhabe, um die voreilige und leichtfertig akzeptierte Vorstellung eines Mittelalters, das den Reizen und Nöten der Kindheit absolut gleichgültig gegenüberstünde, jenseits aller religiösen Implikationen zurückzuweisen; eine Vorstellung übrigens, die von vornherein verdächtig ist, da sie sich genau in den Rahmen eines ganzen Arsenals ähnlich künstlicher Deutungen fügt, die in mehreren Generationen zusammengetragen wurden, und zwar stets von Autoren, deren Geisteshaltung eine unerschütterliche Verachtung für zahlreiche Aspekte der »mittelalterlichen« Zivilisation beweist – eine Vorstellung, von der wir uns endlich freimachen sollten.

---

[3] *A. d. Ü.:* Das »Dummenloch« ist nach den Anmerkungen der von mir zitierten Ausgabe des *Narrenschiffs* eine »enge Straße, in der die Pockenkranken lagen«; bei der abweichenden Interpretation in dem vorliegenden Text handelt es sich vermutlich um ein Mißverständnis, das auf der französischen Edition beruhen könnte.

Bilder und Feste der Geburt Christi

Für die volkstümlichen Darstellungen – und somit auch für die Liturgie oder das Fest – bedeutet »Kindheit« in erster Linie die Kindheit Jesu. Ist es nötig, den großen Erfolg ins Gedächtnis zu rufen, der allen mit den ersten Momenten seines Lebens verbundenen Themen zuteil geworden ist? Themen, die unmittelbar, geradewegs und ohne phantasievolle Interpretation aus den vier *Evangelien* stammen, deren anscheinend nüchterne Erzählweise der im Grunde überreichlichen Fülle an Stoff keinen Abbruch tut. Aber auch, und häufiger noch, Themen aus den *apokryphen Evangelien*, denen orientalische Traditionen zugrunde liegen, von Karawanenführern oder Nilschiffern überlieferte Berichte aus dem tiefsten Orient, die geprägt sind von den Spuren uralter Zivilisationen, von den Geheimnissen Asiens. Diese *Apokryphen* schmücken nicht nur aus, sondern sie ergänzen, ja sie dichten gehörig hinzu, und zwar stets in einer Weise, die das Herz anrührt, stets im Sinne von Details und Anekdoten, die Mitgefühl bezeugen. Ihnen verdanken wir die schönsten Szenen der Geburt Christi, den ganzen Motivkreis um Bethlehem, um die Krippe zwischen Ochs und Esel, lauter Elemente, die siegreichen Einzug ins Abendland halten; sie werden aufgegriffen zuerst von den Predigern, die sie in ihren Reden anschaulich darstellen – Franz von Assisi ist einer der allerersten, der sich so innig der Kindheit und dem Leben der einfachen Leute zuwendet –, dann weitergetragen von den Bilder- und Buchmalern. Wenig später entsteht ein fast gleichermaßen erfolgreiches leidenschaftliches Interesse am *Leben der Jungfrau Maria*, an den Ursprüngen ihrer Familie, wie man sie den berühmten *Marienevangelien* oder dem *Protoevangelium des Jakobus* entnehmen kann, die Marias Kindheitsgeschichte in allen Episoden wiedergeben und sich ausführlich mit dem Leben ihrer Eltern, Anna und Joachim, befassen. So gesellt sich dem überaus reichen Thema der *Kindheit Jesu* das Thema der *Kindheit Marias* mit seinen zahllosen alltäglichen, anekdotischen, das Gefühl ansprechenden Episoden hinzu. Es gibt nichts, was in dieser Hinsicht ähnlich aufschlußreich und so bezeichnend wäre wie die schwärmerische Neugier, die Geist und Seele erfüllende

Wonne, die die Pilger empfinden, wenn sie im Heiligen Land, an
den wahren Stätten des Geschehens, die ihnen als die authenti-
schen Stätten gezeigt werden, an Marias Jugend denken, an ihr
ganzes Leben bis zu dem Augenblick, da ihr Sohn sie, die noch
blutjunge Mutter, verließ.

In Jerusalem erinnert der Salomonische Tempel – oder vielmehr
sein Standort – nicht nur an die erste Darbringung von Brot und
Wein durch den Priesterkönig Melchisedek, an Jakobs Traum von
der Himmelsleiter, an David, der den Engel erblickt, oder an Salo-
mons Weihe; mit diesem Ort verbindet sich noch etwas anderes,
denn – so heißt es im Bericht eines Pilgers von 1471 – hier »wurde
die selige Jungfrau Maria vor ihrer Verlobung von ihren Eltern zu
Gott geführt und Ihm gegeben, damit sie sich den Arbeiten der
Frauen und der Mädchen widmete: dem Waschen, Flicken und
Besticken der Tempelwäsche«.

Selbstverständlich besuchen die Pilger auch das nahe bei Jerusalem gelegene Bethlehem, um dort die Geburtshöhle zu bewundern
und, gleich daneben, jene andere Grotte, die der heilige Hieronymus lange Zeit bewohnte. Auch dies ein Besuch, der umschwelgt
ist von Erinnerungen: der Stern der Hirten, die Engel, die den
Hirten erschienen, das Mahl in der Höhle, außerdem Legenden
um Marias Mutterschaft – in der Geburtshöhle ist die Erde weiß
wie Milch, denn hier stillte die Jungfrau ihr Kind, und »wenn
heutzutage eine Frau, die ihre Milch aus irgendeinem Grund verloren hat, ein wenig von dieser Erde nimmt, etwas davon ins Wasser tut und es zu Ehren der Seligen Jungfrau Maria trinkt, kehrt
ihre Milch alsbald zurück«.

Die Eifrigsten, diejenigen, die sich nicht mit einer kurzen Reise an
Bord der von Venedig organisierten Pilgerschiffe begnügen, ziehen weiter nach Norden, bis hin nach Nazareth, wo Maria lebte,
bis der Erzengel Gabriel von Gott gesandt wurde, ihr »die wunderbare Kunde zu überbringen«. Diese frommen, an die alten Ge-
schehnisse geknüpften Wallfahrten lassen die Details des Alltags
lebendig werden: »In Nazareth fließt eine Quelle, bei der das Jesuskind oft Wasser holte. Oft kam Maria an diesen Ort, die Windeln des Kindes zu waschen, wie es die Frauen heute noch tun...
Das Haus, in dem Joseph und Maria mit Jesus lebten, befindet sich

ebenfalls in Nazareth.« Das Haus der Heiligen Familie, auch Haus der Geburt oder Marienquell genannt, und ganz in der Nähe die Sankt-Gabriels-Kirche – alles hier erinnert an die Kindheit. Nur vier Meilen von Nazareth entfernt liegt die kleine Stadt Sophir (Saffeurich oder Sepphoris, heute Zippori), die Heimat der heiligen Anna, der Mutter Marias; auch dort fließen die reichlichen Wasser einer wundertätigen Quelle.

Erstaunlicher noch, gewissermaßen am anderen Ende der großen Reise ins Heilige Land, sind die Quellen und die herrlichen Gärten von Matalea bei Kairo, wo es Balsambäume zu sehen gibt, Gegenstand unerhörter Neugier und schwärmerischer Verehrung. Von Soldaten bewacht, wachsen diese kostbaren kleinen Bäume, die zarten Frühlingsreben gleichen, in einem weiten bewässerten Garten; grünende Anlagen spenden jene Traumsalbe, jenes Wundermittel, auf das der Sultan exklusive Ansprüche erhebt, das er anderen heidnischen Fürsten als Gabe überreichen läßt – ein Geschenk des Himmels, das aber in Wirklichkeit von der Jungfrau Maria kommt, denn ihr verdankt man sowohl das Wasser als auch die wunderwirkenden Bäume. Hier hatte Maria mit Joseph und dem Jesuskind Zuflucht gesucht, um den von Herodes angekündigten Verfolgungen zu entrinnen, und »bei ihrer Ankunft an diesem gänzlich dürren Ort, wo niemand Wasser finden konnte, geschah es auf wundersame Weise, daß dem Boden eine Quelle entsprang«, in der Maria die Windeln des Kindes wusch. Andere sagen, Maria habe sich mit dem Jesuskind im hohlen Stamm eines dicken Baums versteckt, und eine Spinne habe ein Netz gewebt, um sie vor den Blicken der Soldaten zu verbergen. Manche Pilger besuchen eine Grotte, »ausgekleidet mit prachtvollem Marmor, erfüllt von einem köstlichen Duft«, eine Stätte höchster Verehrung, von der es ebenfalls heißt: »an diesem Ort hielt Maria sich versteckt.«

Schon hier tritt das Motiv der Schutzbedürftigkeit, der Behütung des schwachen Kindes hervor, und wir denken unwillkürlich an Herodes, an die Unschuldigen Kinder, die zahlreiche Bilder unserer Kirchenfeste angeregt haben. Doch im Augenblick dominiert die Szene mit der Windeln waschenden Mutter. Wie soll man nicht nachdenklich werden, wenn man diese erquickenden Be-

richte liest, diese Botschaften von Reisenden jedweder Kultur und
jedweder Herkunft, armen und reichen Leuten der unterschied-
lichsten Lebensart, die zumeist Männer der Kirche waren, von denen nicht wenige aber auch aus den Kreisen des Hofes, der Krieger
oder der hohen Räte kamen? Berichte, die sicherlich in Erinnerung
an vertraute Anblicke geschrieben wurden, in Gedanken an die
über das Wasser der Flüsse und Brunnen gebeugten Frauen der
Heimat...

Besonders in Matalea – und zweifellos deshalb, weil man sich hier
schon mitten im Land der Muselmanen befindet – wird die Ma-
riengeschichte um zahllose Einzelheiten bereichert, bezaubernde
und vielfältige Details, die in jedem Bericht in einem anderen Licht
erscheinen, aber stets mit begeisterter Genugtuung erzählt sind.
Eines Tages, als Maria wusch, begannen überall, wo Wassertrop-
fen auf den Boden fielen, die Balsambäume zu sprießen: »Und aus
dem Wasser, das von den Windeln troff, ging an der Stelle, wo es
abtropfte, jeweils ein winziges Bäumchen hervor.« In Matalea
wird das Quellwasser durch Schöpfräder mit Behältern aus gebranntem Ton in die Bewässerungsgräben befördert, wobei Och-
sengespanne für den Antrieb sorgen – ein durchaus übliches Verfahren, nur daß die hiesigen Ochsen sich weigern, in der Zeit von
der Abendvesper des Samstags bis zur Vesper des Sonntags zu
arbeiten: »Es sind Christen vom Bund (dem griechischen Ritus),
die es uns heimlich erzählt haben...« Sogar die Mauren und die
Sarazenen sagen, es handele sich um eine gesegnete Quelle mit
übernatürlichen Kräften; sie sprechen von Wundern, und jeder
erzählt ein anderes. Eines Tages war eine Frau mit ihrem Säugling
zum Brunnen gegangen, »um daselbst seine Windeln zu waschen«; versehentlich ließ sie das Kind ins tiefe Wasser fallen;
man hielt es für verloren, ertrunken, doch als eines der Schöpfräder sich nach oben drehte, sah man das Kind aufrecht stehen, in ein
Spiel vertieft, »bei guter Gesundheit, genau wie zuvor, und der
Mutter lächelnd zugewandt«. Oder die Legende von dem großen
Baum am Eingang des Gartens, einem uralten, gespaltenen, wind-
schiefen Pharao- oder Maulbeerfeigenbaum, der sich vor der
Jungfrau verneigt hatte, »um den Heiland vorbeizulassen..., zum
Zeichen der Achtung und der Ehrfurcht, damit Er von seinen

Früchten koste«. – Unter all den heiligen Stätten und christlichen Kirchen, die es in Kairo zu besuchen gibt, bezeigen die Franken besondere Ehrerbietung für die Marienkirche; sie erhebt sich genau an dem Ort, wo die Heilige Familie, auf der Flucht vor Herodes, »sieben Jahre lang« in einer – zur Krypta umgewandelten – Grotte Zuflucht gefunden haben soll; daher der Name Sainte-Marie-de-la-Cave. Überall finden sich Zeichen eines regen Interesses an den Pilgerfahrten in den Orient, zurück zu den Ursprüngen des Glaubens, an den Anekdoten, den zauberhaften Episoden der Kindheit, der Frau mit dem Säugling an der Brust, den kleinen Hausarbeiten, der Flucht vor den Bösen und den Mächtigen. Das alles fügt sich zu einem geschlossenen Bild.

Dem Abendland auf hundertfache Weise übermittelt, bilden diese Erinnerungen die Grundlage für mannigfache Rituale, für eine überaus reiche Ikonographie, für geistliche oder profane Darstellungen, die ihren Höhepunkt natürlich vor allem zur Zeit der Geburtsfeste erleben. Man kann sich unschwer vorstellen, wie vielfältig das Repertoire der Anregungen und wie empfänglich jeder einzelne Gläubige dafür war. Ungezählte Schauspiele konzentrieren sich auf die acht Weihnachtstage zwischen dem Erscheinen des Engels und der Beschneidung Jesu; Schauspiele, die Träume und Zärtlichkeit und auch die Lust am Exotischen befördern. Da ist die Krippe selbst, bescheiden in ihrem ländlichen Rahmen – ein Bild, das einer neuen Vorliebe für das Landleben, für die in den *Stundenbüchern* so anschaulich dargestellten Monatsarbeiten entgegenkommt. Und da ist das noch beliebtere, zu großem Erfolg bestimmte Thema der Hirten, die ebenfalls ein schlichtes, oft erträumtes Leben symbolisieren, eine Sehnsucht nach ernsthaften, ungekünstelten Sitten, ganz im Sinne der Hirtenlieder der damaligen Zeit, der Lieben des Jehanneton, der Begegnungen zwischen der Schäferin und dem verliebten Herrn, in denen sich bereits die subtilen Spiele und Wendungen der *Carte du Tendre*[4] anbahnen. Was schließlich die Heiligen Drei Könige betrifft, die farbenpräch-

---

[4] *A. d. Ü.*: Die *Carte du Tendre*, eine Landkarte des fiktiven Reiches höfisch-galanter Liebe, ist Bestandteil des Werkes *Clelia: eine Römische Geschichte* von Madeleine de Scudéry aus den Jahren 1649–1653.

tig und goldgeschmückt, mit fremden Namen und fremden Parfüms aus dem fernsten Orient kommen, so bestärken sie eine Liturgie, die, wie gesagt, seit langem in den Kirchen verankert ist und als Vorwand für Umzüge oder galante Darbietungen dient. Aber in ihnen symbolisiert sich auch die Gebärde der Anbetung des nackten, schwachen und armen Kindes im Stroh durch den Mächtigen und den Reichen.

Welch erstaunliches Ansehen solche Themen genossen, ist bekannt und mühelos zu überprüfen. Im gleichen Zusammenhang mag man noch an andere Darbietungen denken, die zu anderen Zeiten des Jahres ebenfalls beträchtliche Begeisterung weckten und die nämliche Verehrung der Kindheit bezeugten: die *Verkündigung*, die *Heimsuchung*, die *Vermählung* Marias, lauter Szenen aus den *Evangelien*, die zunehmend mit dem Alltagsleben verbunden, oft in die Gegenwart versetzt wurden und die Stoff für Rituale, für Feierlichkeiten gaben. Ein Beispiel dafür sind die zahlreichen *Mysterienspiele*, die anläßlich der feierlichen Einzüge der Könige und Fürsten am Wegesrand aufgeführt wurden und eines nach dem anderen alle Momente der *Kindheit Jesu* in Erinnerung riefen. Privilegierte Themen, die mit vielfältigen entzückenden Details an Herz und Gemüt rührten: »Die ganze Rue Saint-Denis entlang waren, nur einen Steinwurf voneinander entfernt, schöne, reich geschmückte Schaubühnen errichtet worden, auf denen die Verkündigung an Unsere Liebe Frau und die Geburt Unseres Herrn von Personen dargestellt wurden.« Außerdem, so berichtet ein anderer Chronist, gab es vor der Trinité-Kirche reglose Bilder zu sehen, die, üppig ausgeschmückt und mit Anekdoten gespickt, 160 Figuren zeigten. Für den feierlichen Einzug Ludwigs XI. im März 1476 in Dijon hatten die Ratsherren der Stadt beschlossen, ein Dutzend Tribünen am Wegesrand aufzustellen, darunter acht, die der Kindheit von Maria oder Jesus gewidmet waren. Die Rechnungsbücher der Einnehmer und Schatzmeister geben genaue Auskunft über die Summen, die »sowohl für Zelte, Bildteppiche, Gerüste, Moralitäten und andere Belustigungen, als auch im Zusammenhang mit dem Mysterium der Geburt Unserer Lieben Frau und ähnlichen Dingen mehr« ausgegeben wurden.

Das Kind als Märtyrer: die Unschuldigen Kinder

Außer der Geburtsgeschichte und der Kindheitsgeschichte von
Maria und Jesus hat noch eine andere Episode der *Heiligen Schrift*
gefühlsstarke Rührung bei der Masse der Gläubigen ausgelöst:
der von Herodes befohlene Mord an den Unschuldigen Kindern,
um die Vernichtung des neugeborenen Königs der Juden sicherzu-
stellen. Das Ereignis findet sich nur bei Matthäus, hier allerdings
ausführlich beschrieben: von der Ankunft der drei Weisen aus
dem Morgenland, die Herodes die Geburt des Königs der Juden
verkünden, bis zu ihrer Weigerung, ihm auf dem Rückweg Bericht
zu erstatten, und weiter bis zur Flucht nach Ägypten und dem
durch Soldaten verübten Mord an allen Kindern unter zwei Jahren
in Bethlehem und Umgebung.

Gewiß, das Fest der Unschuldigen Kinder am 28. Dezember, gleich
nach dem Fest der Geburt, wurde gewöhnlich nur mit der kom-
mentierten Lektüre dieser Passage des Matthäus-Evangeliums begangen, und nicht mit einem dramatischen Ritual, mit einer
imitierenden Darstellung des Kindermordes. Wir wissen indes,
daß zu den christlichen *Mysterienspielen*, die mimisch oder mit
Text aufgeführt werden durften, schon sehr früh die *Rachelklage*
gehörte, und zwar unter Berufung auf folgende Stelle des Matthäus-Evangeliums: »Zu Rama hat man ein Geschrei gehört, viel
Weinen und Heulen; Rachel beweinte ihre Kinder und wollte sich
nicht trösten lassen, denn es war aus mit ihnen.« Diese Worte
stürzten die Kleriker des Mittelalters auf zweifache Weise in Verwirrung, denn Rama war nicht Bethlehem, sondern eine Stadt des
Stammes Benjamin nördlich und nicht südlich von Jerusalem; und
Jeremias hatte in seinen Weissagungen die Männer der Stämme
Ephraim, Manasse und Benjamin gemeint, die, durch die Assyrer
verschleppt und ermordet, von ihrer Ahnin Rachel beweint wurden – willkommene Verwirrungen, die es ermöglichten, beide
Unglücke des Volkes Gottes zu einer einzigen Verfolgung zusam-
menzufassen und sie mit der Kindheit Jesu zu verbinden. Jedenfalls hat das Thema die Menschen tief ergriffen, und man kann
sich leicht ausmalen, welchen Gewinn die religiösen Gesänge, die
skandierten Hymnen, ja sogar die liturgischen Gesten und Tänze

aus diesen *Rachelklagen* zogen, aus den Klagen der Jüdin, der schmerzerfüllten, in Tränen zerfließenden Mutter, einer Vorwegnahme der Schmerzen Marias am Fuße des Kreuzes.

Wir wissen überdies, daß das Herodesspiel oder -drama einen ansehnlichen Platz unter den zugelassenen *Mysterien* einnahm: der Judenkönig auf seinem Thron, beunruhigt über die Ankündigung der Geburt Christi, im Begriffe, sein Komplott zu schmieden, um schließlich die grauenvolle Mordtat zu befehlen. In Wirklichkeit allerdings vereinigen sich diese dramatischen Darbietungen im Rahmen des Kirchenrituals oft zu einem einzigen Schauspiel, das an einem Tag, entweder zum Epiphaniasfest oder zum Fest der Unschuldigen Kinder, gezeigt wird. Manchmal folgt die Rachelklage – *ordo Rachelis* – unmittelbar, während desselben Gottesdienstes, auf das Dreikönigsspiel – *officium stelle*. Mehrere von Karl Young genau identifizierte und eingehend untersuchte Manuskripte beschreiben den Ablauf in dieser oder jener Kirche, sei es in einer Kathedralkirche wie etwa der von Limoges oder der von Lyon, sei es in einer Abtei wie bei den Benediktinern in Fleurysur-Loire. In allen Fällen handelt es sich um ein ausgedehntes Schauspiel mit verschiedenen Episoden, stets auf mehrere Orte innerhalb des Gebäudes verteilt, mit feierlichen Einzügen der »Akteure«, mit Prozessionen, Kostümen, festgelegten Gebärden, Wechselgesängen und gesungenen Strophen oder Hymnen. Zuerst treten die Hirten auf, um die Geburt des Kindes zu verkünden: das sogenannte *Officium pastorum*, das Eröffnungsspiel, ein Dialog zwischen dem Chor und den Hirten. Nachdem der Engel Joseph gewarnt hat, folgt die *Flucht nach Ägypten*, dann der Besuch der Heiligen Drei Könige bei Herodes, der Zorn des Königs, der Tötungsbefehl, der von Soldaten in großen Gesten angedeutete Kindermord und schließlich die lange *Rachelklage* in Form eines gesungenen Dialogs zwischen der Weinenden und einer Trösterin, die sie zu beruhigen versucht.

Was den *Kindermord* betrifft, so hatte er schon den Künstlern des frühen Mittelalters, den byzantinischen Elfenbeinschnitzern, als beliebtes ikonographisches Thema gedient, das sich, sehr viel detaillierter als im Evangelium, später sowohl in Stein gehauen auf Kapitellen (den romanischen Kapitellen von Autun und Poitiers) und Portalen (etwa dem Portal von Notre-Dame in Paris) als auch in der Malerei bei der Gestaltung von Kirchen und Klöstern oder von liturgischen Büchern durchsetzt. Man findet die grauenvolle Szene des *Kindermordes* gut sichtbar auf manchen Taufsteinen. In den letzten Jahrhunderten des Mittelalters scheint das Thema sich sogar wachsender Beliebtheit zu erfreuen, neu angeregt durch eine lebhaftere Empfindsamkeit, bereichert um einen Ausdruck der Innigkeit, um Züge des Mitleids. So vor allem in Italien, wie die Kanzeln der Pisani in Pistoia und Siena, die Fresken von Giotto in der Unterkirche zu Assisi und der Arenakapelle zu Padua, die monumentalen, noch erschreckenderen Darstellungen von Ghirlandaio in Santa Maria Novella zu Florenz und schließlich die Fresken von Matteo di Giovanni in Siena beweisen.

Nur wenige religiösen Themen, die sich nicht unmittelbar auf die Person Christi beziehen, haben sich so konstant durch die Jahrhunderte gezogen und es zu solchem Ansehen gebracht, nur wenige dieser Themen haben so unterschiedlich veranlagte Künstler ähnlich kraftvoll zu Bildnissen inspiriert, einmal ganz abgesehen von den naiven Gemälden in zahllosen Dorfkirchen, wo die Schreckensszenen des *Kindermordes* oft denen des *Jüngsten Gerichts* entsprechen. So ist ein äußerst populärer Stoff, gegründet in wenigen Zeilen eines einzigen Evangelisten, zu einem Kernmotiv der gesamten christlichen Ikonographie geworden.

Im übrigen entstand um die heiligen Märtyrer-Kinder ein richtiger Kult. Davon zeugt die den Unschuldigen Kindern geweihte Kirche in Paris, eine der allerersten Kirchen am rechten Seineufer, die dem größten und berühmtesten Friedhof der Stadt, auf dem die Familien zahlreicher Pfarreien um einer besonderen Ehrerbietung willen und aufgrund besonderer Verdienste ihre Toten bestatten ließen, seinen Namen gab: dem Cimetière des Innocents. Davon zeugt ebenfalls – und dieses Zeichen ist keineswegs belanglos – der Name Innozenz, für den sich im Laufe von über zwölf Jahrhunderten dreizehn Päpste entschieden, lauter italienische Päpste: von Innonzenz I. am Anfang des 5. Jahrhunderts bis zu Innonzenz XIII., der 1724 starb.

Wenngleich das Motiv des *Kindermordes* mit seinen allzu gewalttätigen Szenen unter Ausnahme der *Rachelklage* keinen Platz im Zyklus der liturgischen und paraliturgischen Dramen findet, taucht es anderswo immer wieder auf: bei den Spielen, Pantomimen und Darbietungen, die den königlichen oder fürstlichen Einzügen ihren Glanz verleihen: *Herodes*, die *Unschuldigen Kinder*, die *Flucht nach Ägypten*, lauter Themen, die sich leicht in Bilder fassen lassen, die geeignet sind, die Phantasie durch den Prunk orientalischer Kostüme zu beflügeln, die Gemüter durch die Erinnerung an die unheilvollen Ereignisse des häßlichen Krieges – eines Bürgerkrieges, geführt von Schlächtern aus dem Fußvolk – in Schrecken zu versetzen, und vor allem dazu angetan, die Herzen anzurühren, sei es durch das Geschrei und das Weinen der unschuldigen Opfer, sei es durch die liebreizende Schlichtheit der Heiligen Familie mit dem Esel.

Eine vergnügliche, in Reimen abgefaßte anonyme Chronik liefert uns in kunterbuntem Wechsel eine aufmerksame Beschreibung der wunderbaren Schauspiele, die den Parisern im Juni 1313 anläßlich eines großen Festes auf der Île Notre-Dame dargeboten wurden. Der Autor schildert peinlich genau, was Aufsehen erregt, was gefällt, und mitten in dem vielfältigen Gemisch notiert er einige sicher eher zweifelhaft anmutende burleske Szenen: »Hier gab es das Turnier der Kinder, kaum zehn Jahre alt und minder. Dort die Apostel um Gott geschart, beim Vaterunser in der Tat. Woanders die Unschuld'gen Kinderlein und Johann' den Täufer Märtyrer sein. Solches man sieht, und Feuer stieben, ja Silber und Gold durch die Lüfte fliegen. Herodes und Kaiphas tragen die Mitren, und Meister Fuchs singt die Epitren« – ein paar knappe Zeilen, die das Stilgemisch und die gewollte oder spontane Vermengung von Ereignissen und Personen genau wiedergeben, Zeilen, die den Wunsch betonen, das Publikum zu belustigen und, unabhängig von dem ursprünglichen Thema, durch komische oder groteske Einlagen für Zerstreuung zu sorgen, wobei es an scharfen satirischen Pointen nicht mangelt: der Fuchs im Predigergewand, wie er gelegentlich die Gestühle der Kanoniker ziert; die bösen, blutrünstigen Tyrannen, die für den Tod des Vorläufers Jesu und für den Tod Christi verantwortlich sind, beide mit der Bischofsmütze auf dem Kopf; und, sehr bezeichnend, die gleichzeitige Erinnerung an die beiden Massaker: den Kindermord und die Enthauptung Johannes des Täufers.

Eine andere, ebenfalls gereimte, schier endlose Chronik von nahezu fünfhundert Versen schildert den feierlichen Einzug Karls VIII. nach Paris im Juli 1484. Der Reihe nach werden über zwanzig Darbietungen beschrieben, Mysterien, Motive aus den beiden Testamenten, Allegorien, Szenen aus dem Alltagsleben oder Anspielungen auf aktuelle Ereignisse, die es an Straßenkreuzungen, auf Brücken oder in der Nähe eines Brunnens überall am Wegesrand des königlichen Festzuges zu beobachten gibt. Freilich sprechen nicht alle diese Bilder eine eindeutige Sprache, und manchmal gibt der Autor seine Schwierigkeiten bei der Entzifferung unumwunden zu. Er fragt sich: »Da war ein anderes Gerüst von ziemlich großer Höhe, wo ich ein höheres Geheimnis sah...«, oder er sagt, man habe »einen kunstvollen Baum nach Art einer Lilie« dargestellt, mit »einem hübschen Knaben« oben im Geäst; auf dem Boden am Fuße des Baumes seien mehrere sichtlich erschöpfte, kranke Personen gelegen; »ich habe«, heißt es, »das kann ich Euch versichern, heftig überlegt, was dies Mysterium wollt besagen...« Immerhin begreift er, daß die Leute am Fuße des Baumes das unglückliche Volk darstellen, das sich durch die Gnade des jungen Königs, »des schönen Knaben, grad vierzehn Jahr«, aus seinem Unglück erhebt. Vor einer anderen Tribüne nahe dem Cimetière des Innocents indes hegt der Poet nicht die geringste Unsicherheit: Hier wird, wie gewöhnlich, der Kindermord gezeigt, hier sieht man »Herodes den Grausamen, der aus abscheulicher Bosheit viel unschuldge Kinder sterben ließ...« Auf der Bühne erscheint sogar der Erzengel Gabriel, von Gott gesandt, »um die Erstgeborenen in ihrem Blut zu taufen, wofür Gott gepriesen wird«. Eine höchst merkwürdige Szenenverlängerung ist dieser Auftritt des Engels, der kein anderer ist als der Engel der *Verkündigung* und der an die Stätte des Grauens kommt, um in Blut gebadete Kleinkinder zu erretten. In der hohen Kunst der Bühnengestaltung, dem Gebrauch von Maschinerien aller Art, die von den »Spielleitern« mittlerweile geschickt eingesetzt werden, beweist sich die eminente Ausdruckskraft und Gefühlsstärke der Präsentation.

Von den Herodes-Mysterien sind uns in den *Stundenbüchern* eindrückliche graphische Darstellungen erhalten, da der *Kindermord* unvermeidlich in der langen Folge der *Marienstunden* auftaucht, und zwar unmittelbar vor der *Flucht nach Ägypten,* einem zweifellos noch beliebteren Thema. Wie wir von zahlreichen Beispielen wissen, sind diese Illustrationen nicht immer freie Entwürfe oder Erfindungen der Buchmaler, die den Ablauf der ganzen Szene auf eigene Art geschildert hätten, sondern Nachbildungen von Szenen aus der Wirklichkeit des Bühnenlebens, Bilder jedenfalls, die dieses oder jenes besondere Element direkt von der schauspielerischen Darbietung des *Mysterienspiels* übernommen haben. Bestimmte Motive, namentlich solche, die den Martyrien der Glaubenshelden gewidmet sind, werden von den Künstlern im Kontext der ganzen Szenerie gemalt, von den im Gedränge stehenden oder ordentlich auf stufenweise erhöhten Bänken sitzenden Zuschauern bis hin zum Chor der Sänger und dem Dirigenten, der den Taktstock hält. Die *Unschuldigen Kinder* selbst sind in den illuminierten Manuskripten der *Marienstunden* manchmal nur als kleine Figuren am Rande oder in den großen Initialen abgebildet: die brutale Geste des Soldaten, der sein schon blutbeflecktes Schwert zückt. Andere Bücher hingegen gliedern den Gang der Handlung in mehrere Episoden, die jeweils einem der Bühnenbilder, einem »Haus« entsprechen. Im *Stundenbuch* der Maria von Burgund wird das Drama in vier Bildern präsentiert. Hinten rechts, vor einer schönen Stadtkulisse mit Festungswällen, hohen Türmen und einem bewehrten Palast, sieht man die Drei Könige, bekleidet mit Kniehosen und Wams, in Jerusalem ankommen; links empfängt Herodes sie auf seinem Thron: reiche, glänzende Gewänder, dazu prachtvolle Pelzumhänge, spitze Hüte (vermutlich nach Art der Orientalen) und eine große Rückwand mit prunkvollen Tapisserien, in der Mitte ein Soldat, der im Begriffe ist, ein kleines Kind den schützenden Armen zweier Frauen zu entreißen. Rechts unten eine Frau, die ihren verlorenen Sohn beweint, einen Knaben, dessen sich bereits ein königlicher Beamter bemächtigt hat, und links das Massaker: der königliche Gesandte in Hofkleidung und ein geharnischter Soldat, der sich auf zwei unbekleidete Kinder stürzt. Alle diese elenden, nackten, völlig wehrlosen Gestalten wirken wie Bühnenobjekte, wie Puppen oder Hampelmänner mit abgerissenen Gelenken.

Nikolaus

Zu einem früheren Zeitpunkt im Dezember eröffnen die Feste des heiligen Nikolaus gewissermaßen den Reigen der winterlichen Vergnügungen. Als überaus vielschichtig und voller merkwürdiger Überschneidungen und Verzweigungen erweisen sich das Leben und die Legende dieses heiligen Nikolaus, des Bischofs von Myra in Lykien, einem Land im südlichen Kleinasien, der 325 starb, im Jahr des Konzils von Nicäa, und dessen Gebeine 1087 von siebenundvierzig Mönchen in Begleitung zweier Priester nach Bari geholt wurden. Seit dieser Zeit verbreitete sich die Nikolausverehrung im Abendland, und zahlreiche Kirchen wurden ihm geweiht. Eine Legende verband sich bereits mit der Gründung seiner Kirche in Bari: Man überließ es den aus der ländlichen Umgebung stammenden, vor den Karren mit dem Sarkophag gespannten Ochsen, den Ort zu bezeichnen, an dem das Heiligtum errichtet werden sollte – was sie auch taten, mitten im Meer, ein ganzes Stück vom Strand entfernt. Eine Säule der Krypta, die rote Porphyrsäule, wurde auf unerklärliche Weise von dem Heiligen selbst nach Bari gebracht. Andere Legenden erzählen von der Überführung der Gebeine bei stürmischer See, und am Nikolaustag wurden manche der Wunder, die er getan haben soll, heraufbeschworen. Nikolaus ist freilich nicht nur der Patron der Schiffer, sondern er schützt auch die Kinder, und jedermann kennt die schöne Geschichte der drei armen kleinen Kinder, die, von dem bösen Metzger umgebracht und eingepökelt, durch ein einziges Wort des Heiligen wieder zum Leben erweckt wurden. Schiffer und Kinder: die hilflosen Seelen in höchster Not. Zwei Schutzherrschaften, die sich mit ungewöhnlicher Kraft durchgesetzt haben, begleitet von einem Kult, dem bald ein ähnlicher Erfolg beschieden war wie der Verehrung der *Unschuldigen Kinder.* Auf dem Rückweg von Jerusalem unternahm daher mancher Pilger eine Wallfahrt nach Bari, um dort zu beten und ein bleiernes Fläschchen mit dem duftenden

Öl zu füllen, das aus dem Grab des Heiligen floß, ein Öl, »mit dem man bei großen Festen« – insbesondere am 6. Dezember – »die Augen und die Stirn der Menschen salbt«. Ein Zeugnis dieser im Abendland weitverbreiteten Nikolausverehrung findet sich am Südportal der Kathedrale von Chartres, wo eine Reliefszene das berühmte Wunder von Bari mitsamt den Wallfahrtsbräuchen zeigt: Aus einem Sarkophag, auf dem der Leichnam des Bischofs liegt, fließt Öl, das Kranke in kleinen Gefäßen auffangen.

Während des ganzen Mittelalters sind in den Christenheiten des Ostens und des Westens unzählige ikonographische Darstellungen des heiligen Nikolaus entstanden, Nikolaus als Bischof, Nikolaus mit drei Goldklumpen, im Begriff, Geschenke auszuteilen, oder begleitet von den drei auferweckten Kindern: Szenen in Elfenbein und Marmor, an Steinkapitellen und Portalen, als Wandmalerei und als Tafelbild. Ein lateinisches Manuskript aus dem 11. Jahrhundert, ungefähr der gleichen Zeit, da in Paris die Kirche Saint-Nicolas-des-Champs gegründet wurde, zeigt den heiligen Nikolaus auf einem Bischofsstuhl im Gespräch mit den drei Kindern. Die Knaben tragen kurze Tuniken und spitze Mützen, die oben nach hinten abknicken, in der Form so charakteristisch, daß man bei ihrem Anblick unwillkürlich an die römische Mütze der befreiten Sklaven denkt, oder an die sogenannte phrygische Mütze (Jakobiner-Mütze), die – insbesondere die erstere – Freiheitssymbole sind, was der Szene und den Absichten des Künstlers freilich eine andere Bedeutung verliehe. Die abgebildeten Kinder sind übrigens eher Jünglinge und gut angezogen, in Festkleidung. Das alles verweist auf eine Szene, die von der Aufführung eines liturgischen Dramas oder eines Mysteriums beeinflußt worden sein könnte.

Sehr viel später findet das Thema der drei Kinder, die durch den wunderwirkenden Heiligen vom Tode errettet wurden, immer noch begeisterten Zuspruch. Den Künstlern dient es als Inspirationsquelle. Als Nicolas Froment um 1470 sein Triptychon mit dem Brennenden Dornbusch malt, stellt er die beiden Stifterfiguren in gewohnter Weise auf den Seitenflügeln dar: links den König von Sizilien, René, Graf von Provence, rechts die Königin, Jeanne de Laval, umgeben von ihren Schutzheiligen Johannes, Katharina und Nikolaus. Doch während die anderen Patrone, einschließlich derer des Königs René, ohne Gefolge abgebildet sind, sieht man Nikolaus in Begleitung der drei kleinen Kinder.

Das Fest des heiligen Nikolaus wurde im christlichen Orient und in den südlichen Ländern Europas mit den schönsten kindlichen Vergnügungen begangen, die sich zu guter Letzt dann mit denen vermischt haben, die im vorgerückten Winter anläßlich der Geburt Christi und im Gedenken an die Unschuldigen Kinder veranstaltet wurden.

Auch die durch den heiligen Nikolaus geretteten Kinder – manchmal werden sie »Schüler« genannt – wecken Mitgefühl und Zuneigung. Sie gehören zu den Schwachen, den Opfern und Märtyrern, den Unschuldigen. Aus den frommen Huldigungen, die ihnen zuteil werden, geht klar hervor, wie stark das in einem regelrechten Kult verehrte Martyrium der Unschuldigen Kinder einem Bedürfnis der damaligen Zeit, einer tiefverwurzelten Empfindsamkeit entspricht. Und da die Kulte oder Riten, die den Unschuldigen Kindern gelten, sich hauptsächlich im Einflußbereich der Kirchen, der Kathedralen und ihrer Kapitel entwickelten, ist unschwer zu ermessen, welch hohe Bedeutung die großen Feste, die während der Winter-Kalenden zum Ruhme der Kindheit Jesu gefeiert wurden, für die Kleriker gewinnen mochten.

Das Fest des Kindes – das Kind als König

Das Fest der Kinder erinnert noch an andere Momente im Leben Jesu, an andere Verse der Evangelien, und es ruft komplexere Gefühle hervor als die der bloßen Rührung oder des Mitleids angesichts von Schwäche und Not. Man denkt unvermeidlich an die Worte, die uns von Jesus überliefert sind: »Lasset die Kindlein zu mir kommen...«, und insbesondere an jenen Ausspruch, den er im Zusammenhang mit den Weherufen über die Städte am See Genezareth tat: »Ich preise dich, Vater und Herr des Himmels und der Erde, daß du solches den Weisen und Klugen verborgen hast und hast es den Unmündigen offenbart.« (*Matthäus* 11,25) Mit den »Unmündigen« sind hier selbstverständlich die getreuen Anhänger gemeint, die in Gegensatz zu den »Weisen« gestellt werden.

Das Kind, das teilhat an den großen Geheimnissen, verkörpert zugleich Reinheit und natürliche Weisheit, außerhalb der Reichweite des Bösen. Einer bestimmten Tradition zufolge sollen es denn auch kleine Kinder gewesen sein, die Christus jubelnd empfingen, als er auf dem Rücken der Eselin nach Jerusalem kam. Was die Einzüge der Könige von Frankreich in ihre Städte betrifft, so führen uns jedenfalls sämtliche Texte – wiederum Chroniken, Beschlüsse und Rechnungsverzeichnisse – Scharen von Kindern vor Augen, die stets bereitstanden, um den Festzug des Herrschers zu begrüßen; sie waren es, die das Willkommen sangen. In Lyon, schreibt der Religiöse von Saint-Denis, ertönte 1439 das Freudengeschrei von mehr als tausend Kindern, die »in königlicher Kleidung« an den verschiedenen Straßenkreuzungen standen. Auch Jouvenal des Ursins berichtet von »bis zu tausend Kindern, angetan mit königlichen Kleidern, jauchzend und allerhand Lieder über die Ankunft des Königs singend«. Ähnlich – und dabei halte ich mich wie bisher an jene Texte, die Bernard Guenée und Françoise Lehoux gelungen zusammengestellt und übersetzt haben – 1463 in Brive-la-Gaillarde (»zahlreiche Kinder mit weißen Hemden über ihren Kleidern und Blumenhüten auf dem Kopf, die je ein Schild mit dem Wappen von Frankreich trugen, standen auf beiden Seiten des Weges Spalier«) und 1464 in Tournai, wo die mit den Empfangsvorbereitungen beauftragten Ordner beschlossen, daß »außerhalb der Stadt, an einem geeigneten Ort, der noch bekanntgegeben wird, eine große Anzahl kleiner Kinder« versammelt sein sollte, »angetan mit weißen Stoffen, grünen Hüten und mit kurzen weißen Stäben in der Hand..., die, wenn der König vorbeikommt, wie aus einem Munde mit lauter Stimme rufen: Weihnacht und es lebe der König«. Im einzelnen heißt es sogar, daß »etliche Abgesandte da sein werden, um selbige Kinder zu hüten und sie anzuführen«. Das alles kostete natürlich Geld und schlug sich in den Rechnungsbüchern nieder.

Noch detaillierter berichtet die gereimte Chronik über die Prozession Karls VIII. durch die Straßen von Troyes am 11. Mai 1486: »Vor dem Gasthaus mit dem Namen Trois Visages riefen zwei andere Knaben von etwa sechs Jahren: Weihnacht, Weihnacht. Sie saßen auf ein oder zwei erhöhten Gerüsten, ganz rot gekleidet und mit weißen Mützen«, und es kamen »von überall Zurufe zu Ehren des trefflichen Königs«; auf einer anderen Tribüne, bei der sogenannten Wein-Station, befand sich »ein ganzer Schwarm Kinder, violett gekleidet und mit Hüten«, die ebenfalls und »ohne Ende« riefen: Es lebe der König!

Doch die Kinder traten nicht nur, wie am Weihnachtstag, singend in Erscheinung, um der Freude und den Hoffnungen der Massen Ausdruck zu verleihen; Ratsherren und Ordner zerbrachen sich auch darüber den Kopf, sie in lebenden Bildern, in Genreszenen unterzubringen, etwa auf riesigen, sehr kräftigen künstlichen Bäumen, die in der Nähe von Brunnen oder Kreuzen errichtet wurden. In Lyon plazierte man sie »gut angezogen« im Geäst der Wurzel Jesse. Und in Troyes – immer noch im Jahr 1486 – erlebte man ein großes allegorisches Schauspiel mit einem wunderschönen Baum voller Lilienblüten: »Denn er war dreimal so hoch wie eine Lanze und sehr gut gemacht, so gerade man es nur wünschen kann, und aus jeder Blüte kam ein reich gekleideter kleiner König hervor«; jeder von ihnen trug ein königliches Zepter und ein Wappenschild mit dem Namen; es waren die Nachkommen des heiligen Ludwig, »der ein mildtätiger König war, wie seine Legende zeigt: er sorgte für Recht und Billigkeit, genau wie Gott es sagt und verlangt...« Dieselbe Art Baum finden wir vier Jahre später, 1490, in Vienne, wo der »Entwurf von Geschichten zum Einzug und Empfang des Königs Karls VIII.« einen Baum von gut acht Klafter Höhe beschreibt, »bemalt mit grünlich-blauer Farbe und übersät mit goldenen Lilienblüten, deren Länge etwa einen halben Fuß beträgt«. An diesem Baum befinden sich zehn stattliche Äste mit je einer geöffneten Lilienblüte, »in einer jeden ein hübscher Knabe, der königliche Gewänder, Zepter und Krone trägt, und ein jeder sehr prachtvoll gekleidet, in goldene und silberne Tücher gehüllt, in karmesinroten Samt und in Damast, geschmückt mit Ketten und anderem Geschmeide«; außerdem hält jedes Kind eine Tafel mit seinem Namen in der Hand, wobei der Knabe, der am höchsten sitzt, sich als der junge Karl ausweist. Am Fuße des Baumes thront der heilige Ludwig, umringt von den zwölf *Pairs de*

France »mit ihren reich bemalten Wappenschildern und Tartschen, wobei ein jeder in den Händen hält, was ihm zur Salbung des Königs gebührt«. Der heilige Ludwig rezitiert ein Gedicht zu seinem eigenen Ruhm und zum Ruhm seines Geschlechts.

Im Kontext der königlichen Festzüge stellen diese Kinder etwas Bestimmtes dar; ihre Kleider haben stets symbolische Bedeutung. Diejenigen, die lediglich Spalier stehen oder auf erhöhten Plätzen sitzen und dem König zujubeln, tragen entweder »königliche« Kleider in lebhaften Farben, namentlich in Scharlach-, Purpur- und Karmesinrot, oder Gewänder der Geistlichkeit, meistens violett, mit langen weißen »Hemden«, mit Chorhemden über ihren Kleidern – also Anspielungen entweder auf den neugeborenen König oder auf die Trachten der Diakone, der Subdiakone, der Chorknaben. Der Baum des heiligen Ludwig ist selbstverständlich eine schlichte Imitation der Wurzel Jesse, die seit langem ein außerordentlich beliebtes ikonographisches Thema ist und die an den Straßenkreuzungen ebenfalls in Gestalt wunderschöner Bäume symbolisiert wird, auf deren Ästen zwischen den Hauptpersonen – denen der biblischen Tradition – Kinder sitzen. Eine »Wurzel« des heiligen Ludwigs also, »erfunden« zur Verherrlichung der Dynastie, doch die Darsteller, die für einen Tag Zeichen des Königtums verkörpern, sind Kinder, prächtig gekleidete Knaben im Besitz sämtlicher Attribute der Macht. Schon das ist für sie ein Fest, eine Vortäuschung, ein Spiel.

Ein weiteres Spiel, manchmal *Mysterium* genannt, entzückt und begeistert die Massen bei königlichen Einzügen und anderen großen Festen: das Spiel vom jungen David, der den riesigen, abscheulichen Goliath mit der Schleuder tötet. Gewiß, auch das Thema des reifen, siegreichen Königs David auf dem Gipfel seines Ruhms oder als Vater Salomos ist damals vertraut; überall, wo die *Neun guten Helden* gezeigt werden, ist er vertreten, in Gesellschaft von Josua und Judas Makkabäus, den beiden anderen biblischen Helden. 1486, zum Einzug Karls VII. in Rouen, sieht man David in einem vermeintlich antiken Pavillon und ihm gegenüber die Königin Bathseba, »reich ausgestattet, mit ihren Junkern und Hofdamen im Gefolge«, die ihn bittet, ihren kleinen Sohn Salomo (hier gleichbedeutend mit dem jungen Karl VIII.) zum König zu machen. Hinter derlei triumphierenden Darstellungen des Königs David indes stehen politische Absichten, sie sind kein Ausdruck volkstümlicher Begeisterung, kollektiver Mentalitäten. Ganz anders verhält es sich mit dem blutjungen, schwächlichen, nur mit einer Steinschleuder bewaffneten Hirtenknaben David – er rührt die Herzen an und versetzt die Gemüter in Staunen. Dieser von Gottvater auserwählte David, der »den Riesen Goliath tötete, er, das Kind einer unerhörten Tat und seither triumphierender König«, dieser kleine David, »der nicht schwach war mit der Schleuder, wenn es ihm mit einem Schlag gelang, den andern zu bezwingen«, nimmt die Züge eines Helden an, eines Rächers der Niederen und der Schwachen. Wie der Dichter sagt, ward selbst dem König (es handelt sich wieder um Karl VIII. 1486 in Troyes) »bei diesem Mysterium ganz leicht ums Herz, in Anbetracht des guten Beispiels, das man da hineingelegt hatte«.

Stets im Mittelpunkt der Besorgnisse und der kollektiven Mentalitäten, überall gegenwärtig, auf den Straßenfesten mit Allegorien bedacht oder mit Machtsymbolen ausgestattet, ist das Kind natürlich auch einer der Hauptakteure der liturgischen Feste am Jahresende, die der Illustration des Heilsgeschehens dienen und entweder der *Geburt Christi* oder den *Unschuldigen Kindern* gewidmet sind. Was die Kathedralen angeht, so bietet sich hier das gesellschaftliche Milieu geradezu für Kinderdarstellungen an, so zahlreich sind die unentwegt aktiven jungen Leute dort. Wir müssen uns vorstellen, daß die gesamte Umgebung des Kathedralkapitels, das Stift, das Viertel der Kanoniker mit seiner Schule, seinem Almosenamt, mit dem *Collège des Bons Enfants* und dem Chordienst häufig von Jugendlichen bevölkert war, von Chorknaben, Meßdienern und Zöglingen, allesamt verpflichtet, während der Messen zu dienen oder den Dienst zu erlernen und Sorge für gewisse materielle Belange in der Kirche und vor allem im Chor zu tragen, stets unter der Fuchtel des Dekans, des Scholarchen, des Kantors und der anderen Kanoniker. Die Klerikerviertel wurden deshalb oft Schülerviertel genannt.

Die Feste der Januar-Kalenden sind die Feste der Unschuldigen, der Kinder, Tage, an denen man sie spielen läßt, an denen man ihnen zubilligt, daß sie die Herrschaft über den Chor, die Kirche und den Kreuzgang übernehmen, daß sie Gottesdienste nachahmen und sich allen möglichen Parodien, ja sogar unehrerbietigen Vergnügungen hingeben. Selbst wenn dem Fest eine andere Bedeutung beigemessen wird, ist der Held doch stets ein junger, für einen Tag zur Königswürde berufener Kleriker. Und wieder setzt sich das Feiern in der Stadt fort, wo Umzüge, groteske Tänze, Maskeraden und Schellenkonzerte veranstaltet werden, um die Lust am Spielen zu befriedigen, um sich zu zeigen, um das Pflaster ebenso einzunehmen wie zuvor den Chor – und um ein wenig Geld zu sammeln. Eine Synode, die 1595 in Angers zusammentrat, rief einen uralten, nunmehr für verdammungswürdig erklärten Brauch in Erinnerung, der hauptsächlich in den Dekanaten von Craon und Condé gepflegt wurde und darin bestand, daß die Kinder, Knaben wie Mädchen, am Tag der Beschneidung des Herrn und an den folgenden Tagen von Haus zu Haus »heischen« gingen, wobei sie versprachen, das Geld für Kerzen zu verwenden, die sie zu Ehren von Notre-Dame oder zu Ehren des Kirchenpatrons ihrer Pfarrei anzünden würden. Der Brauch nannte sich *Aguilaneuf* – der Vorwand, ursprünglich keineswegs ungewöhnlich, bestand in der Beschaffung von Lichtern für die ziemlich teure Festbeleuchtung der großen religiösen Zeremonien... »Aber«, sagt der Bischof und bestätigen die Prälaten, »sie verwenden nur den zehnten Teil zu Ehren der Kirche und verschwenden alles bei Gelagen, Trinkereien und anderen Ausschweifungen.« Außerdem stiften die jungen Leute überall Unruhe; sie bedrohen diejenigen, die nicht spenden wollen, pressen ihnen Geldmünzen ab; sie dringen mit Gewalt in die Häuser ein, stehlen »alles, was ihnen beliebt«, und sie sind mit Knüppeln bewaffnet. Die unbekümmerten Horden, die sich an Festtagen zusammenrotten, nehmen sich in der Kirche Scherze heraus, beispielsweise indem sie dem Priester, der die Messe hält, ungebührliche, grobe Worte zurufen, ja »sich sogar erdreisten, die heiligen Zeremonien der Messe und andere Gebräuche des Gottesdienstes durch allerhand Faxen in der Kirche nachzuäffen«. Gewalt auf der Straße, ruchloses Treiben in der Kirche – so darf es nicht weitergehen. Um die Ordnung wiederherzustellen, beschließt die Synode, daß beim *Aguilaneuf* in Zukunft nicht mehr als zwei junge Leute auf einmal an die Türen gehen dürfen, übrigens nur in Begleitung eines Bevollmächtigten der Kirchenverwaltung »oder einer anderen älteren Person«, und in jedem Fall muß alles Geld dazu verwendet werden, Wachs für die Kerzen zu kaufen. Dennoch hört man auch später im Zusammenhang mit diesem Heischebrauch, dem *Guil'an-Neuf*, dem *Guilanleu* – gelegentlich auch *Bachelettes* genannt, unter Anspielung auf *bacheliers*, die Unverheirateten –, immer wieder von Exzessen und geilen Tänzen, von Spottliedern und Zügellosigkeiten, die »um so frevelhafter sind, als die einfachen Gemüter glauben, die Kirche hätte sie im Namen ihrer Sache als ein lobenswertes Brauchtum anerkannt«.

2. Das Fest der Demütigen
und der Schwachen

Die Eselsfeste

Solche tiefverwurzelten »Brauchtümer« gelten jedermann als unerschütterliche Errungenschaften. Sie dienen der Erhöhung des Kindes, umgeben es für einen oder mehrere Tage mit einem Glorienschein, der ihm kaum streitig gemacht werden kann, jedenfalls nicht vor der Zeit der Reformatoren des 16. Jahrhunderts. Unter Berufung auf andere Worte Christi ehren sie überdies die Schwachen, die Demütigen und führen unvermeidlich eine Umkehrung der Rangordnung herbei: Die Ersten stehen als die Letzten da.

Vor dem Hintergrund dieser Strömung, welche die Armen und Bescheidenen rühmt, alle diejenigen, die mühselig sind, ist auch das berühmte Eselsfest zu sehen, über das zahlreiche Autoren immer wieder, freilich häufig überzogen und sinnentstellend, geschrieben haben. Obwohl dieses Fest, sobald es nicht mehr im Kirchenschiff, sondern auf der Straße stattfindet, zum Vorwand eher zweifelhafter, nicht unbedingt »geschmackvoller« Vergnügungen wird und für allerlei Exzesse oder Lästerungen herhalten muß, bleibt es innerhalb des Gotteshauses doch eine christliche, rituelle und liturgische Feier, die, von den religiösen Autoritäten zugelassen und anerkannt, in der Regel mit großem Ernst nach einer vorgeschriebenen Ordnung begangen wird. Das Eselsfest ist weder Farce noch satirische Posse. Sein Ablauf wird in den für die Kanoniker und den Bischof bestimmten Missalien, Ordinarien und Breviaren genau beschrieben, jede Sequenz ist festgelegt, jedes Lied, jeder Wechselgesang, jedes Wort wird schriftlich festgehalten. Denn der Esel, um den es geht, ist nicht der Esel der antiken Literatur, noch ist er der Esel, den die Märchen vorstellen, oder der Esel der Satire von Lukian, noch ist er gleichbedeutend mit der Eselin, die Bileam, den Propheten aus Mesopotamien, zum Volke Israel trug – obwohl gerade sie von den Bildhauern der Romanik gern

auf den Kapitellen der Klöster und der Kirchen abgebildet wurde.
Der Esel der Januar-Kalenden ist kein anderer als der treue Ge-
fährte der Heiligen Familie. Es ist derselbe, der neben dem Ochsen
an der Krippe wacht und das Jesuskind mit seinem Atem wärmt;
derselbe, auf dem Maria und Jesus nach Ägypten reiten; ja, es ist
auch der Esel, auf dessen Rücken Christus, von der Menge bejubelt, seinen Einzug in Jerusalem hielt.

Andererseits – und dies mutet beinahe unlogisch, wenn nicht geradezu widersinnig an – beliebte es den Künstlern der romanischen Epoche, die Personifikation der *Synagoge* in der allegorischen Gestalt einer jungen Frau mit verbundenen Augen und mit
einer zerbrochenen Lanze in der Hand auf einem Esel reitend darzustellen, der auf diese Weise gelegentlich zum Emblem des jüdischen Volkes wurde.

Wie dem auch sei, am Tag der Beschneidung des Herrn hatte das
Eselsfest stets und allerorten einen festen Platz im Rahmen der
vielfältigen Zeremonien und Zerstreuungen, die das Narrenfest
kennzeichneten oder fortsetzten. Es bestand in einer langwierigen
komplexen Darbietung, die verschiedene originelle Elemente ent-
hielt und die wir hier einmal anders als durch ein paar vage Formu-
lierungen in Erinnerung bringen können.

Tatsächlich verfügen wir über ein Missale aus Besançon mit dem
Transkript eines *Officiums*, das von Pierre de Corbeil, dem 1222
gestorbenen Erzbischof von Sens, eigens zum Narrenfest geschrieben wurde und uns Geste für Geste eine außerordentlich
plastische Beschreibung liefert: eine wirklich bis ins letzte durch-
organisierte Inszenierung. Die säuberliche Kopie eines Werkes,
das im Herzen Frankreichs verfaßt worden war, damit es ins Reich
hineingetragen wurde, läßt uns den Erfolg und die Austrahlungs-
kraft dieses Rituals ermessen.

Genaugenommen beschränkt sich der ganze, sorgfältig definierte
Vorgang auf einige Bewegungen innerhalb der Kirche. Zunächst
wird ein profanes Freudenlied angestimmt (»Fern von hier, was
traurig ist!«), dann folgt der *Conductus ad tabulam*; nachdem der
Esel von zwei Kanonikern zum Chorpult geführt worden ist, sagt
der Vorsänger die Messe an und verkündet die Namen all derer,
die am Fest teilnehmen. Man bedeckt den Esel mit einem schönen

Abb. 2: Aus Daniel Bretschneider ›Contrafactur des Ringrennes so uff d. . . . Fürsten Christiani, Hertzogen zu Sachsen, . . . Fürstl. Beylager 1582 gehalten worden. Dreßden 1584.‹

Umhang, manche sagen mit einem Chorrock, wie ihn die Kanoniker oder die Prälaten trugen, aber das ist nicht gewiß. Gelegentlich kommt Maria hinzu, dargestellt von einem Mädchen, das auf dem Eselsrücken reitet und das Kind in den Armen hält. Vor dem Chorpult des Kantors wird nunmehr die berühmte, in ganz Frankreich bekannte Esels-*Prosa*[5] angestimmt, ein Gesang, der im Zuge einer allgemeinen, recht derben Entwicklung um Einfälle und Erfindungen erweitert worden ist: eine Serie von Jubelrufen auf die Tugenden des Esels, untermalt von dem immergleichen jauchzenden Refrain und vorgetragen in einem sich steigernden, hitziger werdenden Rhythmus. Mit Vorliebe wurde Eselsgeschrei nachgeahmt, und mehrere Autoren, darunter der Bischof von Sens, hatten dazu einen ausgefeilten Spruch, eine Art Kehrreim, transkribiert: »He, Herr Esel, singt doch mit / das schöne Maul kommt in Verschnitt / Heu wird sein für jeden Ritt / und Hafersaat auf Schritt und Tritt.«

Die *Prosa* hebt zunächst die Leistungen des Esels hervor, die von ihm erbrachten Dienste: »Bei Ruben ward der Esel groß, zu Sichem in der Hügel Schoß, er setzte durch den Jordan fein, sprengte nach Bethlehem hinein« – gemeint ist der kanaanitische Esel aus Samaria, großgezogen von dem ältesten Sohn Jakobs. Anschließend wird, in einem durchaus possenhaften Stil, seine erstaunliche Tapferkeit belobigt: »Über Stein und über Stock, läuft er wett mit Reh und Bock, selbst das Dromedaren-Vieh aus Midian erreicht ihn nie« – ein Geruch orientalischer Exotik, die von diesem arabischen Land der Goldminen ausgeht. Der Esel ist es auch, der die Geschenke der Heiligen Drei Könige trägt: Gold, Weihrauch und Myrrhe aus dem Lande Saba. Das alles wird ehrerbietig in Erinnerung gerufen. Doch die derben Späße folgen auf dem Fuße, Scherze über das Leben des Distelfressers, der die Gerste mit der Spreu verschlingt oder beim Dreschen hilft, dem man die Sporen in die Hinterbacken geben und mit der Rute drohen muß: »Esel,

---

[5] *A. d. Ü.:* Die Esels-Prosa, unter dem Titel *Conductus ad tabulam* geführt, beginnt mit dem Vers: »Orientis partibus / adventavit Asinus / pulcher et fortissimus / sarcinis aptissimus. / Hez, sire Asnes, hez!« Der gesamte Text findet sich in A. Fahne, *Der Carneval*, Köln und Bonn 1854, S. 47.

schon berauscht vom Korn, Amen! nochmals Amen! sprich, hüte
vor dem Alter dich.«

Der Aufruf zur allgemeinen Fröhlichkeit wird unüberhörbar,
wenn der Gesang oder die psalmodierte Rezitation einer Art Antiphon ertönt, ein Vorspiel zu den Psalmen, bei dem das Wort *évohé*
erschallt, der Beschwörungsruf der Bacchantinnen zu Ehren des
Dionysos (»der Herr sagt *évohé* – eine Jungfrau sagt *évohé* – hat
heute die Verkündigung erfahren, *évohé* – Mutter, ohne es zu wissen, *évohé* – glückliche Ehefrau, *évohé*...«). Diese Bezugnahme
auf Bacchus und die heidnischen Kulte ist eher ein Ausdruck der
intellektuellen Neugier, des Interesses an allem, was mit den antiken Kulturen zu tun hat, als ein Anzeichen für »volkstümliche«
Traditionsreste oder grundlegende Bräuche, die Jahrhunderte hindurch unverändert geblieben wären. Ist es nicht merkwürdig, daß
das berühmte, in Besançon aufbewahrte Missale des Narrenfestes
im 15. Jahrhundert mit zwei goldgerahmten Holzdeckeln einge-
faßt wurde, auf denen, allerdings in freier Interpretation, Szenen
aus der griechischen und römischen Mythologie dargestellt sind?
Die eine Seite zeigt den triumphierenden Bacchus, einen greisen
bärtigen Gott, gemeinsam mit Pan auf einem Rennwagen – dem
Wagen der byzantinischen Zirkusspiele –, der gezogen wird von
einem Zentaur und einer Zentaurin; vorneweg geht ein trompete-
blasender Satyr mit Bockshörnern. Darüber eine Weinernte-
Szene: Zwei junge Männer in Sklavenkleidung pflücken Trauben;
nicht Böcke, sondern Schafe sind vor den mit Körben beladenen
Wagen gespannt, und abseits davon stampfen drei Männer die
Weintrauben. Unten: Die Gottheiten des Meeres – man möchte
meinen ein alter Tristan zwischen zwei Seenymphen – begleiten
den Wagen des Bacchus, der – ein »rekonstruiertes« ikonographisches Motiv –, aus dem Meer hervorkommt. Auf der anderen
Seite des Umschlags findet sich eine sorgfältig ausgearbeitete
Szene, die weniger spitzfindig, aber ebenso allegorisch und eben-
falls von antiken Vorgaben inspiriert ist: Diana auf einem von
Stieren gezogenen Wagen, gleichfalls aus dem Meer hervorkom-
mend, und daneben eine Venus, die sich auf einer Muschel erhebt.
Diese thematischen Anspielungen haben gewiß nichts mit dem
Zufall zu tun: Die Tafeln wurden unverkennbar eigens für dieses

Buch ausgewählt, und ihre bacchantischen Szenen passen hervorragend zu dem Missale des Narrenfestes, der Eselszeremonie. In den Darstellungen spiegelt sich der wache Geist eines Gelehrten: keine unbewußten, blinden Anleihen bei sinnentleerten und ihrer Herkunft beraubten Bräuchen, sondern gewissermaßen eine Suche nach antiken Themen und Attributen, die neu interpretiert werden – eine sachkundige Neugier. Genau diese Haltung rechtfertigt oder erklärt die Zustimmung des Bischofs und seiner Kanoniker zu einer bildlich dargestellten Liturgie, zu den ersten unterhaltsamen Elementen des Festes.

Nach den Antiphonen, die übrigens nicht nur von *évohé*-Rufen unterbrochen werden, sondern auch von ganz gewöhnlichen Zwischenrufen und Einfällen, kündigen die Kantoren feierlich den Beginn des Gottesdienstes an, indem sie zweistimmig und *in falso*[6] ein Gebet vortragen, ein klassisches, ja sogar sehr inbrünstiges Gebet ohne besondere Bestimmung: eine Anrufung der Allmacht Gottes (»Dreifaltigkeit, göttliche Herrlichkeit, ewige Einheit, himmlische Majestät und Allgewalt der Liebe«), vorgetragen im Tonfall eines *Credo*, einer Bitte um den Schutz des Erlösers, in der Zuversicht, der Freude teilhaftig zu werden, die denen, die ihm nachfolgen, verheißen ist (»Du, Gott und Held, Blüte der Unschuld, Tau des Lebens, beherrsche uns, erlöse uns, laß uns eingehen in die himmlische Herrlichkeit und die wahrhaftige Freude«). Der überaus langwährende Gottesdienst dieser endlosen Winternacht, in dessen Verlauf eine dreifache Mette mit drei Nokturnen zelebriert wird, wirkt wie eine »regelrechte Rhapsodie frommer Gebete, die allen Gottesdiensten des Jahres entnommen sind, den Mysterien der Fastenzeit, des Osterfestes und des Pfingstfestes«, ein Gottesdienst, dem freie Stücke in Prosa oder in Versen beigemischt sind. Zwischen den Nokturnen löschen Sänger und Meßdiener sich den Durst. Auch der Esel bekommt zu trinken und zu fressen; am Ende führt man ihn ins Kirchenschiff, und die von der langen Mette erschöpften Gläubigen, oft sogar die Geistlichen

---

[6] *A. d. Ü.*: »in falso« oder »in Fauxbourdon« bedeutet: unter Hinzufügung einer in der Liturgie unüblichen, jedoch regelhaften Zweitstimme, die dem an gregorianische Musik gewöhnten Ohr dissonant klingt.

selbst, die kleinen Kleriker jedenfalls, fangen an, ihn unter Nachahmung des Eselsgeschreis zu umtanzen. Schließlich, in einem
befreienden Ausbruch allgemeinen Jubels, der *Conductus ad lu-
dos*: der Esel wird mit festlichem Geleit in den Chor zurückge-
führt. Abermals ertönen christlich inspirierte, orthodoxe Lieder,
die das Wunder der Geburt Christi verkünden (»Er ist geboren, er
ist geboren, heute ist er uns geboren, die Blüte der Wurzel Jesse
erfüllt Jahrhunderte mit ihrer Frucht«) und die Unbefleckte Empfängnis rühmen (»Die Scham litt keinen Makel, die Jungfrau litt
keinen Schmerz«). Zu guter Letzt wird der Esel im Festzug mit
einer riesigen Laterne an der Spitze nach draußen geführt, singend
und tanzend geleitet man ihn über den Kirchhof, wobei es zu ersten schelmenhaften Handlungen kommt, die darin gipfeln, daß
dem Vorsänger ein paar Eimer Wasser über den Kopf geschüttet
werden. Damit beginnt, außerhalb der Kirche, ein burlesker Umzug durch die ganze Stadt, der von volkstümlichem Frohsinn belebte Teil des Eselsfestes, bei dem das Ritual und die Religion
nichts mehr auszurichten haben, bei dem es nur noch um Gelage
und Inventionen geht.
Die Bereitschaft des Bischofs, das ganze Missale mit den genauen
Vorschriften für die verschiedenen Riten, mit sämtlichen Sprech-
texten, Beschwörungen und Gesängen abzuschreiben oder kopie-
ren zu lassen, zeugt ebenso wie der mit erheblicher Sorgfalt angefertigte Einband von einer uneingeschränkten Bejahung des
Eselsfestes durch den Klerus und seine Oberhäupter. Ein viel-
schichtiges Fest, wie man sieht, eine Verquickung sehr eigenwilli-
ger Riten, die bruchlos aufeinander folgen – stets in Gegenwart
des Esels und der Schreie seiner Hüter oder Gefolgsleute –, ein
Gemisch aus unbewußten Erinnerungen an heidnische und antike
Feierlichkeiten, einer intellektuellen, »geschichtlichen« Neugier
gegenüber der römischen Vergangenheit sowie ganz und gar
christlich inspirierten Gebeten und Gesängen, dem Gedenken an
die Mysterien der Dreifaltigkeit und der Unbefleckten Empfängnis. Trotzdem bewahrt der religiöse Tonfall der Zeremonie seine
Strenge: keine Parodien, keine Tollheiten, keine Unehrerbietigkeiten, nicht eine einzige liederliche Hymne, nicht ein Wort gegen
die Hierarchie. Das Fest zeichnet sich vielmehr durch das eher

harmlose, volkstümliche Vergnügen an der Gegenwart des Esels aus, durch den Wunsch, selbst dem Bescheidensten und Schwächsten Gerechtigkeit widerfahren zu lassen.

Die Narren. Vom göttlichen Mal zum Schandmal

Diese von der Gemeinschaft der Gläubigen einmütig geteilten Wünsche und Absichten äußern sich noch in ganz anderer Weise und führen im Zeichen der gleichen Anteilnahme und der gleichen Haltungen zu einer Verehrung des Geistesarmen, des Wahnsinnigen. So kommt es durch eine stillschweigend gebilligte Verquikkung dazu, daß das Fest der Unschuldigen und der Kinder sowie das Fest des Esels, die ihre Substanz beide aus der Religion, aus den Erinnerungen der *Evangelien* und den Traditionen des Kirchenrituals oder der kirchlichen Dramaturgie beziehen, auf direktem Wege zum Narrenfest führen, einer vorwiegend profanen, lediglich von einigen wenigen mystischen Reminiszenzen gefärbten Lustbarkeit.

Die Haltung der Menschen gegenüber dem Wahnsinnigen, dem Besessenen, dem Epileptiker, aber auch gegenüber dem Verunstalteten, der unter schweren Behinderungen leidet, erscheint dem Historiker der Zivilisationen und der Mentalitäten fast immer zwiespältig, oft widersprüchlich. Abscheu, Entsetzen, Neugier und Belustigung, Mitleid oder Achtung angesichts des mit einem übernatürlichen, göttlichen Zeichen behafteten Wesens?

Für viele trägt der Wahnsinnige in der Tat eine Art heiliges Mal: Er ist von Gott gezeichnet und verkörpert den Sündenfall des Menschen. Ein magischer Begriff des Wahnsinns ist hier im Spiel, den wir, wie Philippe Ménard betont, auch bei anderen, nichtchristlichen religiösen Gruppen und in anderen sozial-religiösen Milieus als in Europa wiederfinden, so etwa in der muselmanischen Welt, wo die Irren häufig als erleuchtete Wesen gelten, als eine Art Propheten: »Der göttliche Geist wohnt diesen Köpfen inne, die leer geblieben sind von menschlichen Gedanken.« Auch im christlichen Abendland hält man den Irrsinn, die Narrheit, für einen Hinweis auf die Hand, die Wahl Gottes. Der Wahnsinnige

sieht, was anderen verschlossen ist, er kennt die Zukunft und das
Schicksal der Menschen. Er ist ein »hellsehender Poet«: Merlin, der
den Tod eines jungen Ritters prophezeit, sagt die Zukunft voraus.
Daher das Unbehagen, das die Gesunden angesichts der von Narrheit geschlagenen Kranken überkommt, angesichts derer, die sich
gewissermaßen außerhalb, manchmal jenseits ihrer Lebens- und
Wahrnehmungswelt befinden; daher das unbehagliche Gefühl,
keinen Zugang zu haben, ja bisweilen regelrechte Furcht, manifeste
Angst. Das alles wird von jedem einzelnen empfunden und äußert
sich verstärkt in kollektiven Reaktionen der Gesellschaft und der
Massen, stets gemischt mit einem Anflug von Ehrerbietung, da der
vom Wahnsinn Befallene das Stigma Gottes trägt, der ihn auserwählt hat und der seine Schritte im Namen eines anderen Gesetzes
lenkt, das nicht mit dem übereinstimmt, dem die Vernünftigen
unterworfen sind. Vielleicht ist der Narr, von Gott beseelt, weiser
als der Rest der Menschheit: »Manchmal ist die Weisheit der Ge-
scheiten kurzsichtig, während der Narr in die Ferne sieht.« Er bleibt
frei von den Trieben, von den Gelüsten, von dem Ehrgeiz der anderen und trägt auf diese Weise den Sieg über sie davon, denn die
alltägliche »Narrheit« – die Ausschweifungen, die Laster, die Possenreißerei – ist schlimmer und Gott ungefälliger als die seine. So
bereitet sich im kollektiven Bewußtsein gleichsam der Triumph des
Narren über den Weisen vor, eine regelrechte Umkehrung der
Werte, wie wir sie bereits im Zusammenhang mit dem Kind und
dem Schwachen beobachtet haben und wie sie auch für den Esel gilt
– eine Umkehrung, die den Wahnsinnigen erhöht und glorifiziert,
die ihm einen Platz im ersten Rang einräumt und die sich in den
Lustbarkeiten des Narrenfestes glanzvoll bestätigt.
Doch aus den nämlichen Gründen, eben weil er gezeichnet ist, weil
er außerhalb der Welt zu stehen scheint, fähig, die Finsternis des
Jenseits zu durchdringen und »die seltsamen, geheimnisvollen
Formen dieser unbekannten Nacht« zu schauen, flößt der Wahnsinnige auch Widerwillen ein, man zieht sich individuell oder kol-
lektiv von ihm zurück, manchmal in Panik. Überdies greift der
Gedanke um sich, Narrheit sei eine Gottesstrafe, und zwar nicht
für eine individuelle Sünde, sondern für sämtliche Sünden der
Menschheit. Dieser Gedanke prägt sich tief in die Gemüter ein.

Der Wahnsinnige verkörpert den Sündenfall und er büßt dafür, er trägt die über alle verhängte Strafe in sich; vom Bösen, vom Satan beseelt, ist er der große Sündenbock. Manche höfischen Romane führen uns das Schicksal des gottgestraften Helden vor Augen, dem – wie etwa Robert dem Teufel – zur Buße auferlegt wird, alles, was ihm wert ist, hinter sich zu lassen, seine Lebenswelt, seine Vertrauten, seine Kleider, sein gewohntes vernünftiges Auftreten, um in die Haut des Narren zu schlüpfen und, gnadenlos verstoßen, durch die Lande zu irren.

Schließlich erschreckt der Wahnsinnige durch sein Äußeres, durch sein krankheitsbedingtes Aussehen, das unter dem Druck der Gewohnheiten vollends befremdlich wird und die anderen in lebhafte Verlegenheit bringt. Der Narr, das sagen Dichter und Schriftsteller in deutlichen Worten und das belegen die Bildhauer und Illuminatoren mit ihren Darstellungen, ist auf den ersten Blick zu erkennen. So verbreitet und formiert sich der stereotype, nur selten um Varianten bereicherte Typus des Narren in den Werken der Literatur und der Kunst, ein Bild, das uns beim Lesen der zeitgenössischen Texte, ja sogar bei der Lektüre von Gemeindeverordnungen oder -beschlüssen heute noch klar vor Augen tritt. Der Narr besitzt keine ordentlichen Kleider mehr; vom Wahnsinn übermannt, hat er sie in Stücke gerissen. An den Lumpen, die er trägt, kann man ihn leicht erkennen. Es kommt vor, daß er nach einem Anfall splitternackt dasteht. Man hat ihm – ist das lediglich eine zur Konvention gewordene literarische Erfindung? – eine sehr charakteristische Tonsur verordnet, die sogenannte Kreuz-Tonsur, bei der nur zwei kreuzförmig sich überschneidende Streifen des Haupthaares ungeschoren bleiben. Eine vorbeugende Maßnahme? Reine Bequemlichkeit, um Salben besser anwenden zu können? Ein Versuch, die Körperkraft dieser Leute zu schwächen und ihre Raserei zu entschärfen? Ein schlichtes, aber klares Schandmal, wie so viele andere?

Der tiefere Grund des Abscheus ist wohl, daß der Wahnsinnige bedrohlich erscheint. Philippe Ménard weist darauf hin, daß die Schriftsteller eindrucksvolle Szenen der Raserei beschreiben, unmäßige Roheit und Gewalt als die typischen Zeichen der Narrheit, die eher einer Tobsucht gleicht: »Schlagen, Zerreißen und Beißen –

die klassischen Merkmale eines Wahnanfalls.« Das gilt auch für die Frauen: In *Meliacin* bedeckt die Heldin Celinde sich mit Schlamm, sie »brüllt, beißt, kratzt, packt die Leute bei den Haaren, spuckt ihnen ins Gesicht, stößt Drohungen aus, wirft Steine und zerreißt ihre eigenen Kleider ebenso wie die der anderen«; eine andere, Clarmondine in *Cleomadis*, zerfetzt ihr Kopfkissen mit den Zähnen und zerreißt in einem regelrechten Anfall von Zerstörungswut die Kleider des Königs. Die rasenden Männer bewaffnen sich mit Knüppeln: in der zeitgenössischen Ikonographie wird der Wahnsinnige mehrere Jahrhunderte lang stets mit einer schweren Keule dargestellt; er ist nicht nur närrisch, sondern ein Wilder Mann, außerhalb der Ordnung der Zeit, außerhalb der Gesellschaft.

Ebenso geraten Sitten und Sinne außer Kontrolle. Der Narr, nunmehr mit allen erdenklichen Lastern behaftet, erregt Anstoß durch Liebestollheit oder sexuelle Gier. Ein Narr steht im Vordergrund der *Luxuria*, der Wollustdarstellung von Hieronymus Bosch. Und Volksmund, Verwaltungsurkunden, Rechnungsbücher sprechen zur Bezeichnung der Prostituierten von den *Närrischen*, von Frauen, die *närrisch* sind auf ihre Leiber.

Dieser Abscheu und vor allem die vom Wahnsinn ausgehende Gefahr, die drohend über der städtischen oder ländlichen Gemeinschaft schwebt, bringen eine ganze Reihe für die damaligen Vorstellungen vom Wesen der Narrheit und die damaligen Geisteshaltungen äußerst bezeichnende Praktiken hervor. Wie können die Besessenen geheilt werden? Die verschiedenen Formen und die Grenzen des Wahnsinns sind noch kaum definiert. Man versteht gut, daß Ärzte und Ratsherren zögern, ein allgemeingültiges Verdikt zu fällen. Infolgedessen treffen oder betreffen alle Sondermaßnahmen im Grunde allein die Ausbrüche von Raserei, die heftigen Anfälle. Um ihnen abzuhelfen, gibt es kein wirksameres Mittel als die Hilfe Gottes, als Gebete, die Bitte um das Wunder einer übernatürlichen Heilung, die Beschwörung durch halbmagische Bräuche, durch spezifische Formen der Andacht.

An erster Stelle steht der Exorzismus: Der Wahnsinnige, vom Dämon besessen, manchmal auch Opfer eines Zauberfluchs, kann durch nachdrückliche Gebete, Kreuzeszeichen und Beschwörungen von seinem Übel befreit werden. Eine höchst interessante Illumination von Jean Fouquet im *Stundenbuch des Estienne Chevalier* zeigt eine frappierende Szene der kollektiven Teufelsaustreibung; es handelt sich um die Wunder des heiligen Vrain, Bischof von Cavaillon, der in einer Kathedrale Besessene heilt. Der Bischof, dargestellt in Pontifikalkleidung, umringt von Kanonikern, die ebenfalls Amtstracht tragen, empfängt der Reihe nach die wartenden Kranken. Einer von ihnen fühlt sich bereits von dem Übel erlöst; man sieht ihn kniend, mit losgebundenen Händen, und sein Wächter hat die Peitsche unter den Gürtel gesteckt. Ein anderer Wahnsinniger indes, lediglich mit einem Hemd bekleidet, wird vorwärtsgestoßen, fest im Griff zweier Männer, die jederzeit bereit sind, ihre Peitschen zu gebrauchen; im Hintergrund, wo die Angehörigen stehen, schlägt eine Frau händeringend und verstört die Augen zum Himmel auf.

Manche Ärzte oder Scharlatane behaupten, sie könnten das Übel »herausschneiden« – ein Motiv, das die Schriftsteller und später die Künstler in einer anderen, symbolischen Lesart aufnehmen, indem sie von »Narrensteinen« sprechen. Dieses Thema liegt besonders Hieronymus Bosch am Herzen. Sein berühmtes Bild *Das Steinschneiden* zeigt einen Wundarzt, der einem Patienten aus dem Schädel einen kleinen harten Stein entfernt, welcher von Neugierigen, wahrscheinlich ebenfalls Ärzten oder Schülern, aufmerksam untersucht wird; im Hintergrund sieht man einen anderen Kranken mit verbundenem Kopf, der sich offenbar von seinen Gemütserregungen erholt. Die Absicht des Künstlers ist offenkundiger Spott; auf einer Version des Werkes gibt eine Inschrift in gotischen Buchstaben den Namen des Patienten an, es handelt sich um Lubbert Das, auf deutsch »Betrogener Dachs« und als *basset châtié* ins Französische übersetzt – eine geprellte, einfältige Person. Es geht um die Bloßstellung und Anprangerung der Scharlatane, die vorspiegeln, den Stein durch Herausschneiden entfernen und den Wahnsinnigen heilen zu können.

Mehr Glauben finden die Wallfahrten, die sich damals erstaunlicher Beliebtheit erfreuen und zu zahlreichen Heiligtümern führen, von denen manche sehr berühmt sind, andere dagegen kaum bekannt und räumlich beengt, nur für kleine Gruppen von Kranken geeignet. In einigen Kirchen des Abendlandes sind noch heute

die vergitterten, an den Türen mit starken Eisenbeschlägen ausge-
statteten Zellen zu sehen, in denen die Besessenen verwahrt wurden, solange die Wallfahrt dauerte, gewöhnlich neun Tage (*la neu-
vaine des fous* – die Neuntageswallfahrt der Narren) – Tage, die
bestimmt waren von Gebeten, Prozessionen um das Grab des Heiligen, vielleicht – nicht immer – rituellen Praktiken der Hydro-
therapie in Form von Bädern und wiederholten Waschungen.
Zahlreich und – wie vielfach bezeugt – im Volk von hohem Ansehen waren die heiligen Schutzpatrone, die Geistesschwachen
oder Rasenden ihre Fürsorge angedeihen ließen: der heilige Antonius und der heilige Hermes, die besonders in Nordfrankreich verehrt wurden, der heilige Blasius mit seiner Wallfahrtsstätte bei
Chartres (Saint-Maurice-lès-Chartres), vor allem der heilige Thomas von Canterbury und der heilige Martin, durch den Larchant
im Gâtinais zu einem der wichtigsten Wallfahrtsorte für die Heilung Wahnsinniger wurde – bis heute kann man dort die schöne
frühgotische Kirche bewundern, deren Ausmaße in diesem Dorf
ein beredtes Zeugnis vom Andrang der Pilger, der Besessenen und
ihrer Anverwandten, ablegen.
Der Legende nach soll der heilige Martin von Larchant, dessen
Leben freilich streckenweise im dunkeln liegt, höchstpersönlich
die Heilung der Theodora, Tochter des Kaisers Maximianus (gest.
310), bewirkt haben, und der heilige Martin von Tours soll in Poitiers unter Beistand des Bischofs Hilarius Teufelsaustreibungen
vorgenommen haben. Jedenfalls wurde der Erfolg dieser großen,
wunderwirkenden Wallfahrt nie geleugnet, das beweisen Pilger-
münzen und -abzeichen, die teilweise weit entfernt von dem Heiligtum gefunden wurden. Die mit Heilkraft begabten Schutzpatrone waren so bekannt und so verehrt, daß ihr Name in der Volkssprache häufig zur Bezeichnung der Krankheit selbst benutzt
wurde. So wie man die berüchtigte und gefürchtete Mutterkorn-
vergiftung im Volksmund gemeinhin das »Heilige Feuer« oder
»Antoniusfeuer« nannte, so sprach man in bezug auf den Wahnsinn entweder vom »Mal de saint Victor« (in Südfrankreich) oder,
vor allem im Westen des Landes, vom »Mal de saint Nazaire«. In
Besançon schrieb man dem heiligen Schweißtuch die Kraft zu,
Wunderheilungen zu vollbringen.

Was hier wohl am meisten erstaunt, ist die enge Verbindung von Narrheit und Frömmigkeitsbezeugungen. Eben daraus erklärt sich die Gegenwart der Narren in zahlreichen Kirchen, in den weithin berühmten spezifischen Heiligtümern oder, wie man sich vorstellen kann, überall dort, wo verehrte Reliquien die Aufmerksamkeit und den glühenden Eifer der Gläubigen wecken: eine Gegenwart, die nichts Ungewöhnliches, nichts Unpassendes an sich hat. Der Narr, gleichgültig, ob nur von Sinnen oder gewalttätig, ist im Gotteshaus willkommen.

Was indes die Lebensgemeinschaft betrifft, so werden die Rasenden, die Gefährlichen entweder aus dem Stadtkern verbannt, aus den Mauern vertrieben – eine nachsichtige Lösung, die immer seltener wird –, oder sie werden eingesperrt. Im Gegensatz zu manchen völlig aus der Luft gegriffenen Theorien, die offenbar auf fruchtbaren Boden gefallen sind, führten die Besessenen absolut kein normales gesellschaftliches Leben, sie liefen keinesfalls frei auf den Straßen umher. Überall schritten die Gemeindeverwaltungen zur Internierung, sobald die Prüfung durch einen Ratsherrn oder Konsul und einen Arzt zu dem Ergebnis führte, daß die Gefahr gewalttätiger Raserei bestand oder befürchtet werden mußte. Keine Stadt, in deren Rechnungsverzeichnissen nicht Ausgaben für die Unterbringung der Wahnsinnigen genannt würden, für Häuser und Behausungen außerhalb der Mauern oder in einem der Stadttore, häufiger noch in einem Festungsturm, einem »Narrenturm«, wie beispielsweise dem Châtelet in Melun und vor allem den *Närrtürmern*[7] in Deutschland; Ausgaben auch für Nahrung und Kleidung derjenigen, die von Verwandten nichts zu erwarten hatten; schließlich Ausgaben für Ketten, Fesseln, Eisenbeschläge und Schlösser. Die gefährlichen Kranken wurden in enge, mit zwei Fensterchen versehene Holzkäfige gesperrt, die sogenannten *gayolles*.

Erst spät, in der zweiten Hälfte des 14. Jahrhunderts, werden auf Betreiben mildtätiger Bruderschaften und dank der Spenden von reichen Privatleuten oder Fürsten hier und dort, wiewohl immer noch sehr zögerlich, Hospitäler errichtet, spezielle Asyle, in denen

---

[7] *A. d. Ü.:* deutsch im Original.

die Besessenen bis zu ihrer Heilung untergebracht werden. Spuren derartiger Einrichtungen finden sich in Europa allerorten, hauptsächlich in Deutschland, aber auch in Spanien, wo es zahlreiche fromme Vereinigungen gab – fast alle mit dem Zusatz *de los Innocentes* in ihrem Namen –, die sich der Betreuung von Wahnsinnigen widmeten. Abermals trägt die Schutzbedürfigkeit ein deutliches Merkmal: Der Narr ist ein Schwacher, aller Mittel und Fähigkeiten entblößt, einer, dem man beistehen, ja den man schützen muß wie ein wehrloses Kind, ein echter Unschuldiger. Die daraus entstehende Begriffsverwirrung hat sich, wie wir wissen, in allen Ländern nach und nach durchgesetzt. Das Narrenfest und das Fest der Unschuldigen berühren einander.

Das Narrenschiff

Noch eine weitere Maßnahme hat, zumindest auf der Ebene der literarischen und künstlerischen Schöpfungen, Schule gemacht: die massenhafte Vertreibung der Wahnsinnigen, die Deportation. Es handelt sich nicht mehr darum, einen einzelnen verwirrten armen Mann oder eine einzelne besessene Frau vor die Mauern der Stadt zu bringen, sondern vielmehr darum, sämtliche Narren des Königreichs oder des Landes zu versammeln und sie dann so weit fortzuschicken, daß sie nicht zurückkehren können. Schwer zu sagen, ob hinter diesen Themen, insbesondere dem des berühmten *Narrenschiffs*, tatsächliche Erfahrungen stehen, ob sie sich auf reale und historisch nachgewiesene Fakten stützen. Wir verfügen über keine oder kaum eine Spur von solchen durch fürstliche oder kommunale Autoritäten angeordneten Deportationen. Trotzdem, das *Narrenschiff* – sicher eine Fiktion, eine schlichte Erfindung oder die übertriebene Interpretation irgendeines Ereignisses, möglicherweise auch inspiriert von antiken Glaubensvorstellungen oder fremden, exotischen Mythologien – erlebt im ausgehenden Mittelalter einen unerhörten Erfolg. Gemeint sind keineswegs, wie man es gelegentlich zu lesen bekommt, kollektive Pilgerfahrten auf einem jener Schiffe, die mit lauter Kranken an Bord den Rhein hinunterfahren, etwa zur Wallfahrtskirche von Geel;

gemeint ist fraglos eine Zwangsverschiffung, eine Exilierung. Das wiederum läßt jedem Autor, jedem Künstler die freie Entscheidung, welche Männer und Frauen er auf sein Schiff verfrachtet, von wem er die Gesellschaft der vernünftigen Menschen am liebsten befreien möchte. Und selbstverständlich sind die wahren Besessenen auf diesem Schiff stets in der Minderheit gegenüber den geistig gesunden Individuen, die von Lastern, Tollheiten und Spottlust befallen sind. Daher gerät jede Beschreibung des Narrenschiffs, die Aufzählung seiner Passagiere und die Begründung ihrer Anwesenheit an Bord, zu einer burlesken oder geradezu unehrerbietigen, wenn nicht gar beißenden Satire auf die zeitgenössische Gesellschaft und ihre verschiedenen Körperschaften.

Das Genre erstarkt, genauer gesagt, es entsteht mit dem berühmten Gedicht von Sebastian Brant, der 1457 in Straßburg als Sohn eines Gastwirts und siebenmal in seinem Amt bestätigten Ratsherrn der Stadt geboren wurde. Er studierte an der Universität Basel und promovierte dort im Jahre 1489 zum »Doktor beider Rechte«. Er war ein gebildeter Mann, ein Humanist könnte man sagen, im Lateinischen ebenso heimisch wie im Griechischen, und erhielt 1492 seine Ernennung zum Dekan des Domkapitels. So finden wir denn im Zusammenhang mit diesem grundlegenden Werk die Verbindung zwischen allen möglichen Formen der Zerstreuung und Erfindung, zwischen dem Narrenfest auf der einen und dem Kollegium der Kanoniker auf der anderen Seite wieder.

Brant veröffentlicht sein in der deutschen Volkssprache verfaßtes Werk *Das Narrenschyff* 1494 in Basel, während der allseits berühmten, fröhlich-wilden Baseler Fastnacht: der passende Text zur richtigen Gelegenheit, durchaus geeignet, Schauspiele oder zumindest »Darstellungen« anzuregen. Ein Gedicht in 7000 Versen, das schlagartig Erfolg hat, denn noch im selben Jahr erscheinen in Nürnberg, Augsburg und Reutlingen weitere Ausgaben, während ein Straßburger Drucker ohne Einverständnis des Autors eine auf 11 000 Verse erweiterte Fassung herausbringt. Drei Jahre später wird das *Narrenschiff* von Jacob Locher, Professor an der Universität Freiburg im Breisgau, ins Lateinische und in Paris von dem Humanisten Josse Bade ins Französische übersetzt. Es folgen etwa zehn weitere Editionen, darunter eine französische Prosaübertragung, die 1498 unter dem Titel *La Grant Nef des folz* in Lyon erscheint, sowie eine englische Fassung, die 1509 in London herauskommt. In Anlehnung an Sebastian Brant bildet sich rasch eine literarische Schule heraus, und sein Thema, das *Narrenschiff*, wird – mehr oder weniger getreu, meist um Zusätze, Glossen und neue Einfälle bereichert – von zahlreichen Autoren, ja selbst von Imitatoren, Fälschern und Parodisten aufgegriffen, die sich seiner Gefolgschaft zurechnen. Josse Bade schreibt schon 1497 ein *Schiff der Närrinnen (Nef des folles)*, worin er sich über die Liederlichkeit der Frauen ausläßt, wenig später hält der bekannte Prediger Geiler im Straßburger Münster etwa hundert Predigten über dasselbe Thema, und 1511 verfaßt Murner – am Rande, aber immer noch im gleichen Fahrwasser – seine *Narrenbeschwörung*. Philippe Dollinger bemerkt völlig zu Recht, daß Brant binnen kürzester Zeit als der wahre Vater der deutschen Dichtung galt. Und sein Werk, dessen Triumphzug ein klares Zeichen für die Interessen der Zeitgenossen war, bezog seinen Stoff direkt aus den Vergnügungen und Absichten des Narrenfests.

Die Tatsache, daß der erste volkssprachliche deutsche Text, dem ein derartiger Druckerfolg beschieden war, so innig mit den Narren, den durch sie ausgelösten Reaktionen und der Satire auf die Torheit der vernunftbegabten Menschen zusammenhängt, unterstreicht, welch hohe Bedeutung den allgemeinen Belustigungen und der Kritik an der Gesellschaft der »Weisen« damals namentlich in den humanistischen Gelehrtenkreisen beigemessen wurde. Ein Jahrhundert zuvor hatte mit Chaucers *Canterbury Tales*, einem Werk, das ebenfalls auf bestimmte Praktiken der Kirche und auf das Milieu der Geistlichen gemünzt war, der Aufschwung der englischsprachigen Literatur begonnen.

Das mit zeitgenössischen Holzschnitten illustrierte *Narrenschiff*, dessen Text dank der hervorragenden Übersetzung von Frau Horst jetzt auch in Frankreich gut zugänglich ist, enthält – außer einer Vorrede und langen moralischen Betrachtungen am Schluß – über hundert Kapitel, die unter einem jeweils anderen Aspekt einen stets kritischen, oft burlesken Aufriß der Sitten und der eitlen Bestrebungen, der Tollheiten und Torheiten der Menschen geben.

Dabei wird der Mythos des Narrenschiffs selbst, und das mag verwunderlich erscheinen, kaum einmal angedeutet. Er dient nur als
Vorwand, als Angelpunkt, an dem die Gesamtkonstruktion und
die Satire befestigt sind. Die Schwänke und Verhöhnungen, die
das Narrenfest belebten, die Parodien, in denen die Mächtigen – an
erster Stelle die Kirchenleute – zuweilen recht rüpelhaft angegriffen wurden, bilden lediglich das thematische Fundament. Wie
dem auch sei, der Erfolg des Narrenschiffs im Sinne eines Leitmo-
tivs steht fest; vielfach finden wir es auf den Fastnachtswagen oder
bei den Umzügen närrischer Gesellschaften wieder.
Was die ikonographischen Motive anlangt, so entfernen sich die
Interpretationen schon zu Brants Zeiten oder bald danach immer
weiter von den Ursprüngen; das Spektrum reicht bis hin zu dem
berühmten Gemälde von Hieronymus Bosch. Sein *Narrenschiff*,
das mit vielen grotesken Figuren befrachtet, mit verschiedenen
mehr oder weniger klaren Allegorien beladen ist, macht es einigermaßen schwer, die Absichten des Künstlers in jedem Punkt zu
entziffern. Doch mitten auf dem Schiff, am Fuß des Mastes, sieht
man einen Mönch und eine Nonne, die ihren Nachbarn einen an
einer Schnur baumelnden Fladen streitig machen; alle versuchen
hineinzubeißen, keinem will es gelingen; unterdessen sitzt ein
Mann, der die Kleidung der Besessenen trägt und mit ihren Attributen ausgestattet ist, im vordersten Teil des Schiffs oben auf
einem Baum und ißt seelenruhig aus seinem Napf – offenbar ist er
der einzig vernünftige Mensch unter all den Narren an Bord.
Eine andere Interpretation oder vielmehr Abwandlung des The-
mas, auf die Nilda Guglielmi nachdrücklich hinweist, führt uns
weiter in die Ferne: Brant hatte sich nicht ein, sondern zwei
Schiffe vorgestellt, eines, das wirklich ins Land der Narren fuhr,
nach *Narragonia*, ins Exil, und ein anderes, das Kurs aufs *Schlaraffenland*[8] nahm, ein künstliches Paradies, das keineswegs eine
spirituelle Metapher ist, sondern realen unerschöpflichen Über-
fluß verspricht, unter anderem ewige Jugend, da es über einen

---

[8] *A. d. Ü.*: Schlaraffenland, franz. »Pays de Cocagne«. In Brants Urtext ist an dieser Stelle vom »schluraffen landt« die Rede, dem Wunschland aller Faulpelze und
Schlemmer.

Jungbrunnen verfügt. Dieses Schlaraffenland, dieser üppige Garten voller Köstlichkeiten, bietet seine Reichtümer vornehmlich den Armen und Benachteiligten dar; die Narren haben mühelos Zutritt, worin für sie, die Schwachen, die Elenden, eine Entschädigung, eine Art Revanche liegt. Auch von diesem Thema wissen wir, daß Hieronymus Bosch und Breughel es erfolgreich aufgegriffen haben. Wir wissen ferner von den Zusammenhängen zwischen dem in Frankreich gefeierten *Cocagne* (dem »Schlaraffenfest«), der Austeilung von Fleisch oder Nahrungsmitteln und schließlich den Kämpfen oder Heldentaten, um der Köstlichkeiten durch einen Kraftakt habhaft zu werden – Ereignisse, wie man sie an den Festtagen, insbesondere während der Fastnachtszeit, beobachten konnte.

Es ist ein höchst komplexer roter Faden, der sich durch diese Entwicklung zieht, ausgehend vom Abscheu gegen die Wahnsinnigen, von dem Wunsch, sie zu isolieren, genau gesagt, sie zu vertreiben: Man lädt die Narren auf ein Schiff, schickt sie aufs offene Meer hinaus – und dies gibt Gelegenheit zu einer deftigen Satire auf die für weise erachteten Menschen, es liefert den Vorwand, ihre Narrheiten mit denen der Besessenen zu vergleichen und die Fracht zu vermehren (»Nicht alle Narren sind an Schellen zu erkennen... Sie zeigen nicht immer, wer die Schlimmsten sind... Damit will ich sagen: nicht alle Narren Schellen tragen«). Kurz, das Schiff ist der Anknüpfungspunkt für Parodien, für moralische oder soziale Kritik. Es fährt auch ins Schlaraffenland, ein derbes Paradies, das Ein und Alles der Unvernünftigen.

Die gleiche Absicht tritt noch deutlicher in einem anderen Zyklus hervor, dem volkstümlicheren Zyklus der *Barque bleue*, der Bosch inspiriert zu haben scheint und von dem uns ein flämisches Gedicht aus dem Jahr 1413 erhalten ist, das den Prunk der Fastnachtsumzüge in Brabant beschreibt. Irgendeine frohsinnige Bruderschaft, die munter ihre Späße trieb, um die Mächtigen lächerlich zu machen, nannte sich denn auch danach und trug tatsächlich den Namen *Barque bleue*.

Verhöhnungen

Über den wirklichen Narren freilich wird ausgiebig gespottet. Als verhöhnte, wenn nicht gar verachtete Figur hat man ihn schließlich mit ganz eigentümlichen Attributen und Kostümen ausstaffiert. Vielleicht nicht im Alltagsleben – die bei Stadtverwaltungen und bei Hofämtern verzeichneten Ausgaben für den Kleiderbedarf bezeugen den Kauf eher gewöhnlicher, farblich wenig differenzierter Kleidung. Doch entscheidend ist das ideale, das fiktive Bild des Narren, und dieses Bild ist das eines Besessenen in einer charakteristischen Aufmachung, einer Amtstracht gewissermaßen oder einem komödienhaften Theaterkostüm, das auf allen künstlerischen Darstellungen der damaligen Zeit ohne die geringste Abwechslung stets das gleiche ist und es jahrhundertelang bleiben wird.

Der Narr trägt ein langes Gewand mit zipfelförmigen Schößen und eine Kappe oder *Gugelkappe* mit zwei langen herunterhängenden Ohren. In der Hand hält er die Keule oder eine Marotte, die entweder in einem Narrenzepter oder in einer lächerlichen Imitation des Bischofsstabs besteht, einem langen Stock, dessen grell bemalte, mit Glöckchen oder Schellen versehene Spitze die Gestalt eines Frauenkopfs hat.

In der literarischen Tradition, in höfischen Romanen und vor allem in Farcen oder Lustspielen, ernährt der Narr sich nicht wie andere Menschen; er ißt am liebsten Käse und Erbsenbrei. Philippe Ménard hat darauf aufmerksam gemacht, daß im *Jeu de la Feuillée* (Laubdachspiel), einem Werk von Adam de la Halle, eine der Personen, Walet, einen »schönen fetten Käse« in der Hand hält, was hinreicht, ihn als Besessenen zu kennzeichnen – eine beinahe aggressive Brandmarkung, da Käse unter den Zeitgenossen als ungesunde Nahrung galt.

Alle diese Zeichen passen genau zu dem, was wir sonst vom Verhalten der Massen wissen, von den Verfolgungsjagden, bei denen die Wahnsinnigen durch die Straßen getrieben wurden, den unflätigen Zurufen, mit denen man sie demütigte, ganz abgesehen von anzüglichem Hohngelächter, Schlägen und dem Nachwerfen von Steinen oder Dreck. Auch hierzu gibt es in den zeitgenössischen

Romanen anschauliche Schilderungen, die sicher nicht bloße Erfindungen sind: Szenen mit Leuten, die einen Narren aus den Fenstern heraus verspotten, während unten, auf der Straße, Kinder, das gemeine Volk (»Gassenjungen und die kleinen Leute«) ihn mit lautem Geschrei hetzen, ihn packen, ihn prügeln, ihn mit Haken kratzen, ihm Wasser über den Kopf schütten oder ihn mit nassen Lappen traktieren, ihm Unrat ins Gesicht werfen oder ihn mit Asche einschwärzen und ihm schließlich den Kopf scheren. Harte, schamlose und aggressive Äußerungen, die sich wiederholen, da das Auftauchen eines Wahnsinnigen stets mit Hohngelächter und Mißhandlungen einhergeht und Tumulte auslöst. Wenn möglich – meist im Zusammenhang mit Festen und Vergnügungen – setzt man ihn auf einen Esel, verkehrt herum. All das sind Schmähungen, Volksbelustigungen auf dem niedrigsten Straßenniveau, die den kranken, aber harmlosen Narren schließlich nicht nur zum Sündenbock, sondern auch zum Prügelknaben stempeln. Sobald der Narr sich in die Stadt begibt, ruft er diese »billigen« Streiche hervor, vulgäre, geschmacklose Späße, und sein Weg wird zu einer grotesken Flucht, einem possenhaften Aufzug. Er wird zur Zielscheibe mannigfaltiger Sarkasmen und gewalttätiger Spiele. Das alles geschieht jedoch in einem Klima lärmender Fröhlichkeit.

Hofnarren

Entspringt die Gewohnheit der Fürsten, an ihrem Hof einen oder mehrere Narren zu unterhalten, allein dem Bedürfnis, zu spotten und zu höhnen, eine als bedeutungslos und grotesk verrufene Person, die jede Erniedrigung ertragen muß, um sich zu haben? Man weiß es bis heute nicht genau, so undefinierbar und schillernd sind diese für unerläßlich erachteten, wie Sehenswürdigkeiten bestaunten Personen trotz ihrer großen Anzahl geblieben. Die begriffliche Unschärfe verhindert in den meisten Fällen den Einblick sowohl in ihre Lebensbedingungen als auch in ihr Wesen. Ob mündlich oder schriftlich, das Wort »Narr« wird ebenso für den Wahnsinnigen gebraucht, der sich nicht allein zurechtfindet, der

immer überwacht, stets in Begleitung eines Dieners ist, wie für
den Spaßmacher, den witzigen und wendigen Wortverdreher, den
unverschämten Provokateur oder – seltener vielleicht – für den
Verkrüppelten, insbesondere den Buckligen. Spaßmacher und
Narren trifft man überall, nicht nur bei den großen Fürsten und
den Königen, an deren Höfen man sie seit Anfang des 14. Jahrhunderts, wahrscheinlich schon viel früher findet, sondern auch in
den städtischen Residenzen oder den Burgen der Herren und der
Bischöfe, ja sogar im Dienst der Gemeinden. Manche Spaßmacher, Schauspieler im Grunde, Anführer von allerlei Mummenschanz, Unterhalter bei Feiern im Familienkreis oder in der Öffentlichkeit, ziehen als fahrende Leute von Stadt zu Stadt, um sich
hier an einen Bürgersmann und dort, zum Fest des Schutzpatrons,
an eine Bruderschaft zu verdingen, und dies stets in der Narrentracht, mit Kappe und Schellen. Diejenigen, von denen wir am
meisten wissen, von denen wir aus den Rechnungsbüchern, durch
Lohnzahlungen, Geldgeschenke, durch Ausgaben für Kleidung,
Hosen und sogar Pferde erfahren, sind natürlich die Narren der
großen Höfe, die dort ihren festen Platz haben.
Die Frage nach den Interessen, die sich hinter der Existenz dieser
allgegenwärtigen, als Aushängeschild und Prestigeobjekte benutzten Hofnarren verbergen, berührt mehrere Ebenen, die in Be-
tracht gezogen werden müssen. Da ist zunächst einmal die
schlichte Neugier, die Vorliebe für das Fremdartige, das Exotische,
denn der Narr zeichnet sich, gleichgültig, ob er aus der Nähe oder
aus der Ferne kommt, durch ein höchst ungewöhnliches Auftreten
aus: ein extravagantes Kostüm, eine erstaunliche Fertigkeit, un-
verständlich oder wirr zu reden. Sodann zählt der Wunsch, sich in
Gestalt des Narren einen quasi übernatürlichen, wenn nicht gar
göttlichen Schutz zu sichern, einen Glücksbringer, ein Maskott-
chen (den Buckel des Buckligen berühren...), Folge eines Aberglaubens, der bis in die früheste Antike, in die Zeit der Pharaonen
zurückreicht. Zudem ist der Narr ein Warner, der Gefahren und
Skandale ausruft, der rätselhafte Zeichen deutet und von Weisheit
spricht. Er ist Poet, ein hellsehender Poet, der seine Urteilssprüche
und seine Wahrsagungen genau wie die Seherinnen in wunder-
liche Formeln kleidet, mit denen er sein Publikum entzückt oder

entsetzt, es in jedem Fall aus der Fassung bringt: ein stets gegen-
wärtiges Rätsel, eine Sphinx, eine geistige Anregung, kurz, einer
der Künstler des Hofes, ein Gelehrter eigener Art.

Vor allem bietet der Narr dem Fürsten und seinen Vertrauten eine
ungewöhnlich derbe Unterhaltung. Die Autoren der Spiele und
Schwänke, manchmal sogar die der *Mysterien*, scheuen sich nicht,
in den für den Hof gedachten Szenen einen Histrionen unterzubringen. Es gibt eine ganze Reihe von Beispielen, die zwar bisweilen ein verzerrtes oder übertriebenes Bild von der Wirklichkeit
vermitteln, aber dennoch sehr bezeichnend sind. In *Robert der
Teufel* schaut der Kaiser wohlgefällig zu, wie der Narr dem Hund
einen Knochen aus dem Maul entreißt, und am Hofe des Königs
Mark, in *La Folie Tristan*, bricht Beifall aus, wenn der arme, von
Narrheit geschlagene Held lauthals verkündet, er habe einen Wal-
fisch zur Mutter, eine Tigerin zur Amme gehabt, und er wolle
Isolde entführen und sie in einen gläsernen, in der Luft schweben-
den Palast bringen (»Ein guter Narr! Wie gut er redet!«). Andere
verstehen sich auf Kunststücke, springen wagemutig aus dem
Fenster. Wieder andere rühmen sich erfundener Heldentaten, die
in einem ausgefallenen und burlesken Stil erzählt werden. Die
gelehrte Isabella d'Este, eine vernünftige und kluge Frau, die an
ihrem Hofe mehrere Spaßmacher und sogar eine Närrin unterhält, klagt bitterlich über den Tod ihres Lieblingsnarren Matello;
sie bekundet ihren Kummer schriftlich und mündlich, worauf sie
Trostbriefe, ja von Battista Fiera sogar ein Epitaph in lateinischen
Versen erhält.

Diese Schalksnarren, sympathische und harmlose Personen, erregen unerhörte Neugier. Sie unterbrechen das Einerlei der Tage.
Immerfort ziehen sie Spott auf sich und müssen ihn unentwegt
ertragen: lächerliche Gestalten, die von oben herab geliebt und
beklagt werden, die aber auch beruhigen und bestärken, die ein
eher rührseliges Mitleid erregen, die man ohne Risiko bedauern
oder mißhandeln kann. Schon die Existenz des Hofnarren selbst
gibt Aufschluß über die kollektiven Reaktionen angesichts der
Narrheit, denn die Narren und Spaßvögel sind niemals Rasende,
sondern sie repräsentieren mildere, vertrautere, zugängliche Bilder des Wahnsinns. Man kann sich ihnen nähern, man hat sie

gezähmt; sie dienen dem Spiel. Der Tobsüchtige ist gefährlich, man sperrt ihn ein, vertreibt ihn in die Ferne. Der andere hingegen, der von einer milderen Form des Wahnsinns befallen ist, wird zum Gegenstand von Scherzen und Schwänken; er ist es, den man bei Hofe liebt, den man zur Feier des Narrenfests sowohl in der Kirche als auch draußen, bei burlesken Straßenumzügen, erhöht. Das Narrenfest gemahnt sehr wohl an die Maskeraden und Possen des Hofes, von denen es sich allerdings durch die massenhafte Beteiligung des Volkes unterscheidet.

Einfach nur lachen über die Seltsamkeit der Narren, ihnen bloß nicht widersprechen, sie nicht mit irgendwelchen Gegenargumenten oder gar mit Feindseligkeiten bekämpfen – das ist der Spaß schlechthin, das ist die wirkliche Zerstreuung, die einem erlaubt, außerhalb von Raum und Zeit und jenseits der Alltagssorgen in schallendes Gelächter auszubrechen. »Wer mit Kindern und Narren sich befaßt, dem sei ihr Scherz auch nicht verhaßt, weil er sonst zu den Narren paßt«, schreibt Sebastian Brant, und er kommt zu dem Schluß: »Ein Narr allein bemerkt wohl nicht, wenn er mit einem Narren spricht.« Das erzeugt Nachsicht, nicht nur gegenüber Farcen und Fallen, witzigen Wendungen und allerhand Ulk, sondern auch, mit dem gleichen herablassenden Blick, gegenüber schalkhaften Satiren und Possenreißerei. Die Narren der Straßenfeste müssen von ihrem Publikum in der gleichen Weise erduldet werden wie die Hofnarren von der Hofgesellschaft und den Fürsten, die oft an ihren Narren hängen, sie in der Nähe haben wollen und sie schließlich protegieren.

Als literarisches Motiv kommt der Narr – entweder zur Illustration einer moralischen Schlußfolgerung, zur Erbauung oder, häufiger noch, zum reinen Vergnügen, aus Lust am Ungewöhnlichen, am Außerordentlichen – häufig in Werken der Malerei oder der Bildhauerei vor, welche die Kirchenmänner täglich vor Augen haben. So sieht man ihn auf den Zierleisten des *Pontifikale* und des *Missale* ebenso wie in den Szenen aus dem Alltagsleben, die manchen ernsten Büchern zur Illustration beigegeben worden sind. Die geschnitzten Armlehnen des Chorgestühls bieten den Kanonikern den Anblick humorvoller, übermütiger Narren mit Eselsohrenkappen, aufgerissenen Augen, einem einfältigen Lächeln und dennoch ernster Miene, bisweilen mit einem Sack Bohnen oder Erbsen anstelle der Marotte in der Hand.

Als Ludwig XI. 1461 seinen Einzug in Paris hielt, befand sich im königlichen Ehrengeleit ein Narr, der »ein Pferd auf allen Vieren ritt, wie ein Affe«; später, beim Einzug Karls VIII. in Rouen, sah man einen »albernen Toren«, der, keineswegs rasend, an einem Riesen vorbeiging und sich über ihn lustig machte, »indem er ihm ein schiefes Maul zog und mehrere andere Affenstreiche machte... das alles aus Spaß und um den König, unseren Herrn, fröhlich zu stimmen« – Bilder, die ausschließlich dem Vergnügen, der Zerstreuung dienen; man führt den spaßhaften, quirligen Narren vor, so wie man einen Affen vorführen würde.

Doch im Februar 1464, beim Einzug des Königs in Tournai, hat die Rolle des Narren ganz andere Züge, denn in der für die Stadt angefertigten Auflistung der Ausgaben heißt es: »Einem Mann namens Colin, der ein Narr ist und gegenwärtig in der obengenannten Stadt verweilt, für ein Gewand aus hochrotem Tuch, das ihm von selbiger Stadt zur Ankunft und zum Einzug unseres angesagten Herrn und Königs gewährt und gegeben ward, um die Wappen der Stadt darauf anzubringen, vierzig Sous, sowohl für das Tuch als auch für die Fertigung.« Die Wappen der Stadt, denen stets größte Bedeutung beigemessen wird, die meist am Stadttor prangen oder von einer schönen allegorischen Figur – vorzugsweise einer schönen jungen Frau – getragen werden, sollen diesmal den heimatlichen Narren zieren, ein Beispiel, das vielleicht nicht die Regel ist, hier aber schon den parodistischen, ja höhnischen Zugriff auf die Insignien und Embleme der politischen Macht kennzeichnet. Obendrein agiert der Narr in einem hochroten Gewand – eine Farbe, die oft für Königskleider erwähnt wird.

Diesen zu höchsten Würden erkorenen Narren finden wir als beliebte Figur zur Zeit der Narrenfeste wieder.

Wildleute – unglücklich Verliebte

Den Narrenspielen gesellen sich andere Ergötzungen hinzu, die den gleichen burlesken Witz, die gleiche Mischung aus Hohn und Mitgefühl bezeugen. Wer seltsam oder nicht bei Sinnen ist, wer

Abb. 3: Hausbuchmeister, ›Turnier wilder Männer‹

ungewöhnlich aussieht, der verdient es, als Sehenswürdigkeit in
die erste Reihe der Schauumzüge und Maskeraden aufgenommen
zu werden.

Dies gilt besonders für die Wilden Männer und Frauen, die nicht
nur zu den erstaunlichsten, exotisch gefärbten Erfindungen
der damaligen Zeit gehören, sondern auch zu denen, die – vornehmlich im ausgehenden Mittelalter – eine einzigartige und
dauerhafte Beachtung genießen. Natürlich sind es reine Phanta-
siegeschöpfe, die an uralte Phantasmen anknüpfen: kräftige, riesenhafte Menschen, von denen man lediglich die Hände, die Füße
und das Gesicht erkennt, während der Leib unter dichtem, langem
Haar verschwindet. Der Wilde Mann lebt versteckt im tiefen
Wald; er betreibt weder Ackerbau noch Viehzucht, er arbeitet weder als Schmied noch als Holzfäller, sondern ernährt sich von Bee-
ren und rohem Fleisch. Es fällt ihm schwer, sich verständlich zu
machen, und natürlich hat er nie von Gott gehört. Er ist gewissermaßen ein minderbemitteltes Wesen, dem nur die Triebe und die
Körperkraft geblieben sind; er läuft schnell und bewaffnet sich mit
dicken Ästen oder schweren Keulen.

Diese Waldmenschen scheinen von einer friedfertigen Narrheit
befallen, und die Schriftsteller oder Künstler machen oft kaum
einen Unterschied zwischen der reinen Narrheit und dieser Art
Wildheit. Gelegentlich kommt es vor, daß die Wilden Männer,
ausgesprochen rohe Kreaturen, närrisch sind vor Liebe, daß sie ihr
eigenes Weib oder auch andere Frauen in Gedanken verfolgen;
aufgrund ihrer Brutalität, ihrer Raubgier geraten sie in Gegensatz
zu den Rittern, den Meistern der höfischen Liebe. Man hetzt sie
durch den Wald, um sie einzufangen und zu zähmen, denn als
Gefangene unterwerfen sie sich und kommen schnell wieder zur
Vernunft. Besonders im 15. Jahrhundert bildet die Jagd auf den
Wilden Mann häufig das Gegenstück zur Einhornjagd, mit mehreren fast deckungsgleichen Episoden.

Die Wilde Frau dagegen versucht den Mann mit unredlichen Mitteln, durch List und Tücke zu verlocken, ähnlich wie die Hexe; sie
verwandelt sich in ein schönes Mädchen, um dann, als glückliche
Verführerin, triumphierend ihre wahre Natur zu offenbaren, es
sei denn, die Metamorphose verläuft umgekehrt. Hier tut sich ein
erstaunlich reicher und verworrener Fundus an Legenden auf. Jedenfalls werden uns diese vereinsamten Männer und Frauen nicht
selten als anormale, geistesschwache, jedoch wollüstige Geschöpfe
vorgestellt.

Seit 1400 indes zeichnet sich immer deutlicher eine andere Betrachtungsweise ab. Es entsteht eine Art Sympathie für diese Wesen, die durch das Beispiel ihres Lebens die Rückkehr zu einem
primitiven Dasein predigen, das zwar roh, aber aufrichtig und dem
gekünstelten ritterlichen oder höfischen Lebensstil vorzuziehen
ist. Die Wildleute bevölkern Wandbespannungen und Bildteppiche oder spielen auf den Zierleisten der illuminierten Bücher;
Wappenschilder in der Hand, auf dicke Keulen gestützt, erheben
sie sich stolz an den Portalen der fürstlichen und herrschaftlichen
Wohnsitze. Wilde Frauen tragen die Wappen des ehrwürdigen
Estienne Chevalier in dessen von Fouquet illuminiertem *Stundenbuch.* Bei den königlichen Festzügen begleiten und schützen sie
die Magistraten, oder sie bereiten dem Herrscher den Weg. Im
städtischen Rechenschaftsbericht von Troyes über den Einzug
Karls VIII. im Jahre 1486 findet sich ein Kapitel mit der Sonder-

überschrift »Für die Wildleute«; genannt wird dort unter anderem
der Kauf von »hundert Pfund männlichen Hanfs zur Fertigung
und Abdeckung der Kleider jener 23 Wildleute, die bestellt waren,
quer durch die ganze Stadt Gras auf den Weg des Königs zu
streuen«; verzeichnet sind ferner das Leinen, der Zuschnitt, die
Graslieferung und -beförderung sowie schließlich ein eher merkwürdiger Posten von zwanzig Sous, gezahlt »an Nicolas de Plancy
und Gilet Orry als Lohn für ihre Aufsicht über die obengenannten
Wildleute«. Auch in den Chroniken ist häufig von Waldmenschen
die Rede, die den Umzug begleiten oder an den Wegkreuzungen
stehen; in Paris wurde 1431 am Ponceau Saint-Denis rund um den
Brunnen ein »gepflanzter Wald« mit spielenden Wilden Männern
und Frauen gezeigt.

Bei festlichen Anlässen gesellen sich den Waldmenschen mit ihren
Knütteln oft andere Personen hinzu: die Riesen, harmlose, komische, befremdliche Gestalten. Hier eine Szene am Brunnen von
Rouen während des Festes von 1485: »Aus Spaß kamen andere
Personen an den besagten Brunnen, um Wasser zu schöpfen, und
unter den anderen einer, der größer und riesiger war als ein Riese,
der sich kaum hinunterbücken konnte, um aus dem Brunnen zu
schöpfen.« Bekannt ist auch die Rolle der guten Riesen auf den
Festen in Nordfrankreich und in Flandern, bei religiösen und weltlichen Prozessionen oder bei Feierlichkeiten, die anläßlich einer
Kirchweihe zu Ehren des Schutzpatrons stattfanden. Man kann
sich leicht vorstellen, daß die in den Umzügen mitgeführten Drachen, die von den Glaubenshelden oder -heldinnen bezwungenen
Monster, etwa das dem Rhône-Schlamm entstiegene Ungetüm von
Tarascon, eher Gelächter auslösten als Schrecken. Abgesehen von
den merkwürdigen Formen und Farben geht es bei diesen Belustigungen vor allem um die Genugtuung, das mächtige Tier unter-
jocht zu sehen, es, manchmal von einem Kind geritten, an einem
Seil durch die Straßen zu ziehen – nicht ein Funke von seiner bru-
talen Kraft scheint ihm geblieben, und man verschwendet keinen
einzigen Gedanken mehr an den Schrecken, den es bislang einge-
flößt haben mag.

Diese Feste, die den rohen Menschen, das Ungeheuer, das endlich
gebändigte, feuerspeiende Tier in Szene setzen, beruhigen die Ge-

müter; das Lachen geht mit Erleichterung einher, mit einer Rache
an den wilden Gewalten – der Rache der einfachen Leute aus der
Stadt und von der Straße.

Die Feste des heiligen Stephanus

Jenseits des schlichten anekdotischen Schauspiels, jenseits der
Freuden, die sich dem Blick eröffnen und die Menschen in Entzük-
ken versetzen, wird stets das gleiche Vorhaben deutlich: der
Wunsch, den Schwachen – das Kind, den Esel, den Narren – zu
erhöhen und die Mächtigen zu erniedrigen oder sie wenigstens zu
kritisieren. Ein letztes Thema, das die Feste der Januar-Kalenden
prägt, bringt dies sehr gut zum Ausdruck. Der 26. Dezember, der
Tag nach der Geburt des Herrn, ist der Gedenktag des heiligen
Stephanus, des ersten der von den Aposteln geweihten Diakone.
Durch das Pfingstwunder bekehrt, wurde er zum ersten Märtyrer
des Glaubens; vor dem Hohen Rat von Jerusalem sprachen seine
Richter ihn schuldig und gaben ihn der Menge zur Steinigung
preis.

In der *Apostelgeschichte*, die sich an die *Evangelien* anschließt und
das Wirken der Jünger Jesu nach der Kreuzigung schildert, erzählt
Lukas im Zusammenhang mit den ersten Missionszügen ein ganzes Kapitel lang vom heiligen Stephanus, dem Erzmärtyrer und
bescheidenen Diener des Glaubens. Das Andenken an diesen Heiligen und seine Steinigung verbreitet sich rasch in der Christen-
heit, davon zeugen die zahlreichen ihm geweihten Kirchen, darunter die beiden großen Stadtkathedralen von Sens und Bourges.
Die letztere, die Kathedrale Saint-Etienne in Bourges, liefert sowohl in Steinreliefs als auch in der Glasmalerei die schönsten Beispiele und das vollständigste Spektrum der reichen Ikonographie,
die mit dem Kult des heiligen Stephanus einhergeht. An einem
Portal, dem sogenannten Stephanus-Portal, sieht man auf dem
Tympanon die Reihe der ersten sieben von den Aposteln geweihten Diakone mit Stephanus an der Spitze, darüber die Szene seiner
Festnahme. In einer Kapelle des Seitenschiffs, der Kapelle der heiligen Philomena, zeigt ein Glasfenster neben einer weiteren Dar-

stellung der Wahl des heiligen Stephanus durch die Apostel auch die von dem jungen Diakon vollbrachten Wunder, die »Disputation mit dem Hohen Rat« und das Martyrium – eine ganze Serie von Bildern, die jede noch so unscheinbare Episode aus der *Apostelgeschichte* des heiligen Lukas treu wiedergeben. An diesen Episoden bekunden übrigens die Künstler des gesamten Abendlandes ein reges Interesse, das sich lückenlos durch die Epoche der gotischen Kunst zieht: In jeder Kathedrale finden sich große Glasgemälde und in Sens das prachtvolle Tympanon über dem Portal. Jahrhundertelang erfreuen sich diese Themen unveränderter Beliebtheit, und das Leben des heiligen Stephanus bleibt bis ins 17. und 18. Jahrhundert hinein eines der wichtigsten Leitmotive der Malerei. Fra Angelico hat uns eine bemerkenswerte *Steinigung* hinterlassen und Carpaccio eine außerordentlich reiche, orientalisch anmutende *Disputation mit den Juden*, die den Heiligen vor einem Hintergrund aus merkwürdigen architektonischen Formen, antik aufgemachten Statuen und einer Berglandschaft aufrecht zwischen den Säulen des Tempels zeigt, im Begriff, dem Hohenpriester und den anderen Mitgliedern des Hohen Rats seinen Glauben zu verkünden, vor ihnen seine Überzeugungen zu bekräftigen. Was Frankreich betrifft, so stellt das von Jean Fouquet illuminierte *Stundenbuch* den heiligen Stephanus als denjenigen vor, der Estienne Chevalier zur Jungfrau Maria führt, während ein ganz anders gearbeitetes Werk desselben Künstlers, ein Emailmedaillon, die Wahl der sieben Diakone durch die Menge der Jünger zum Gegenstand hat: Sieben junge, ja sehr junge Männer, alle mit langen Obergewändern im Stile der Dalmatik bekleidet, empfangen von oben das Licht des Heiligen Geistes.

Wie man sich leicht vorstellen kann, gewinnen der Kult des heiligen Stephanus und die damit verbundenen Darstellungen, Zeremonien und liturgischen Gesten in den Kreisen des Kathedralklerus eine besondere Bedeutung. Stephanus ist zweifellos der Patron *aller* Diakone. Die sechs anderen (Philippus, Prochorus, Nikanor...), obwohl ebenfalls von den Aposteln auserwählt, werden fast immer vergessen. Auf Stephanus, den ersten Märtyrer, konzentriert sich alles, was mit dem Amt der Diakone, der zu den niedrigsten Aufgaben berufenen Kirchendiener, zu tun hat. Lukas macht deren Stellung eindeutig klar, indem er die Apostel sagen läßt: »Es taugt nicht, daß *wir* das Wort Gottes unterlassen und zu Tische dienen«, um dann fortzufahren: »Wir aber wollen anhalten am Gebet und am Amt des Wortes.« Das ist eine deutliche, ja geradezu schroffe Trennung zwischen den Werken der Apostel und denen jener Männer, die »einen guten Ruf haben und voll heiligen Geistes und Weisheit sind« – die letzteren müssen im Tempel dienen, ihn instand halten, die heiligen Messen vorbereiten; Lukas spricht von ihrem »Dienst«. Sie tragen griechische Namen, was den Eindruck verstärkt, daß Lukas die Gruppe der griechischen Christen in Gegensatz zur Gruppe der hebräischen Apostel stellt.

Doch in vielen Köpfen kehrt sich diese Hierarchie sozusagen um, oder sie wird rundheraus für unhaltbar erklärt. Stephanus ist und bleibt einer der ersten Wundertäter und der erste aller Märtyrer. In gewissem Grade werden sein Prozeß vor dem Hohen Rat und sein Martyrium mit der Leidensgeschichte Jesu gleichgesetzt. So wie die Jünger die Verklärung Christi auf dem Berg gesehen haben, so sehen die Mitglieder des Hohen Rats das verklärte Antlitz des Stephanus, das in dem Augenblick, da er die Herrlichkeit Gottes schaut, von innen her zu leuchten beginnt, wie es auf dem von Carpaccio gemalten Antlitz zum Ausdruck kommt.

Der Prozeß vor dem Hohen Rat und die lange, schier endlose Verteidigungsrede des Stephanus enden mit einer Reihe ausnehmend heftiger Schmähungen gegen die Juden, die Schuldigen: »Ihr Halsstarrigen und Unbeschnittenen an Herzen und Ohren, ihr widerstrebet allezeit dem Heiligen Geist, wie eure Väter so auch ihr. Welchen Propheten haben eure Väter nicht verfolgt? Und sie haben getötet die da zuvor verkündigten das Kommen des Gerechten.« Dennoch, ausgerechnet zu Füßen des ungläubigen Saulus legen die Peiniger ihre Kleider nieder, ehe sie Stephanus steinigen.

Diese Erinnerungen führten unvermeidlich zu den verschiedensten Interpretationen. Daher haftet dem Fest des heiligen Stephanus, dem Fest der Diakone, der Jungen und der Schwachen, das stets getreu und feierlich in den Kathedralen begangen wird, ein starkes Moment der Auflehnung gegen die Herren, die Mächtigen und somit die Kanoniker an, die unter dem Verdacht stehen, es mangele ihnen am wahren Glauben. Die Verurteilung des heiligen Stephanus, seine Anwesenheit vor dem Gericht des Hohen Rats gemahnen – nicht ohne eine bewußte und tendenziöse Transposition – an die Diakone, die in den unteren Teil des Chors verbannt sind, eine Stufe tiefer als die Kanoniker. Jedenfalls soll dieser Tag dem Ruhme derer gelten, die dem »Tischdienst«, den materiellen Aufgaben der Meßfeiern verpflichtet sind. Ihr Fest und ihr Triumph finden ihren Ausdruck in verschiedenen symbolischen Gesten, die sich naturgemäß leicht in Spott und Schabernack verwandeln. Tatsächlich haben die vom Ursprung her überaus komplexen und vielfältigen Winterfeste, die dennoch allesamt den Schutzbedürftigen gewidmet sind – dem Kind, dem Esel, dem Schwachen, dem Unschuldigen und sogar dem Narren – und die, um sich zu rechtfertigen oder um sich durch Aufheiterung Geltung zu verschaffen, zahllose Beispiele und Traditionen ins Gedächtnis rufen, miteinander gemein, daß die ergötzlichen Darbietungen und Schwänke stets zwei Absichten folgen: einerseits die der Negation oder der Umkehrung der Hierarchien, andererseits die der satirischen Kritik an Sitten, Gebräuchen und sozialen Rangordnungen.

3. Das verkehrte Fest: der Knabenbischof

Die Umkehrung der Hierarchien – sei es allgemein, auf die Gesellschaft bezogen, sei es partiell, in diesem oder jenem genau abgegrenzten Bereich – kann niemanden überraschen. Sie ist ein Traum, ein Spiel – und eine Lektion. Das gilt freilich vorab für das Milieu der Kirchenmänner, die die Worte Christi meditieren und proklamieren, Worte, die auf die Nichtigkeit des menschlichen Lebens und die Gleichheit aller Menschen vor Gott hinweisen. Man beruft sich auf die Lehren Jesu, die Gleichnisse, die Bergpredigt, den Bericht über die Hochzeit zu Kana (»denn wer sich selbst erhöht, der wird erniedrigt werden, und wer sich selbst erniedrigt, der wird erhöht werden...«), auf die Geschichte vom reichen Mann und dem armen Lazarus, der gleich nach seinem Tod von den Engeln in Abrahams Schoß getragen ward; man verweist auf die Predigt über die Gefahren des Reichtums und auf die harten Verurteilungen der Pharisäer. Belehrende Erinnerungen, die Jahrhunderte hindurch immer wieder als Exempel dienen, die von den Autoren oder Künstlern hundertfach interpretiert und nach der eigenen Phantasie oder dem Zeitgeschmack ausgeschmückt werden.

Was den christlichen Kult mit seinen Messen und seinen Riten selbst anlangt, so sei an die Predigten der Geistlichen erinnert, die bei der Aschermittwochszeremonie den Tod und die Vergänglichkeit der irdischen Gewalten und Reichtümer beschworen. Außerdem, ja insbesondere sind in diesem Zusammenhang die Gleichheitstheorien zu nennen, die innerhalb der Kirche ihre Blüten trieben, ausgelöst durch die Reden inspirierter Führer, die, Weltverbesserer und Vorkämpfer der Gleichheit, *Autodafés* veranstalteten, um die sichtbaren Zeichen des Reichtums oder des leichtfertigen Lebenswandels zu tilgen, und die als erbitterte Prediger der Entblößung und der sittlichen Reinheit durch die Lande zogen.

Hiervon nahmen die im Bewußtsein der Menschen und in den Städten Unruhe stiftenden, oft starken »volkstümlichen« Ketzerbewegungen ihren Ausgang, die zur Rückkehr in die Urzeit des Christentums, in eine natürliche, idyllische, tugendsame Gesellschaft aufriefen, in der leichten Herzens, im Zeichen der Liebenswürdigkeit, der Genügsamkeit und der Gleichheit zu leben sei. Viele proklamierten rückhaltlos die Abschaffung der sozialen Hierarchien, der Gewalten und der Vermögensunterschiede. Sie gaben selbst ein lebendes Beispiel, indem sie der Welt entsagten und eine sehr einfache Form des Gemeinschaftslebens praktizierten, indem sie in Scharen über die Landstraßen zogen, manchmal ihr Brot erbettelten oder sich als Gleiche unter Gleichen bei bäuerlichen oder handwerklichen Gruppen niederließen. Es gab Kaufleute, die sich aus Scham über ein blühendes Vermögen ihrer Güter entblößten und sich auf den Weg machten. Andere zogen sich von der Welt zurück. Wenngleich einige der von geistlichen Führern geleiteten Bewegungen relativ früh und zuweilen um den Preis eines Verzichts auf ihre ursprüngliche Lehre vom Papst bestätigt wurden, in den Schoß der Kirche zurückkehrten und auf diese Weise neue religiöse Orden oder Werke der Barmherzigkeit anregten, blieben andere doch Außenseiter, der Ketzerei verhaftet, und predigten den Widerstand, wenn nicht gar die Revolte; so etwa die Begarden, die Waldenser und – jedenfalls teilweise – die Hussiten.

»Als Adam den Boden umgrub und Eva die Wolle spann, wer war da schon ein Edelmann?« fragten die Oberhäupter oder Anführer, vorwiegend Geistliche, die versammelten Massen der englischen Bauern zur Zeit des großen Aufstandes von 1381. Kein Aufruhr, der aus dem Hunger und dem Elend kam, keine Rebellion »ökonomischen« Charakters – denn jene Grafschaften, in denen es gärte, Kent und Sussex, waren die Grafschaften der reichen und wohlhabenden Bauern –, sondern eine Bewegung, hinter der eine Ideologie stand, der Wunsch, die totale Freiheit und Gleichheit herzustellen.

All diese Strömungen, Standpunkte oder Träume drücken die Geisteshaltungen der damaligen Zeit aus, und die Kirche begünstigt sie in gewissem Maße, zumindest insoweit, als sie dazu beitragen, die Vergänglichkeit des irdischen Lebens in Erinnerung zu halten. Im gleichen Kontext entwickelt sich ein ganzes liturgisches, literarisches und ikonographisches Programm, in dessen Mittelpunkt der triumphierende Tod steht, unerwartet, für alle gleich, blind und verächtlich gegenüber Reichtümern und sozialen Positionen. Man merkt es zunächst an der *Totenmesse* selbst, die immer stärker mit Riten und Hymnen verknüpft wird – ein Beispiel, das wir dank der illuminierten fürstlichen *Stundenbücher* gewissermaßen aus erster Hand kennen.

Einen aufschlußreichen Blick auf die großen Begräbniszeremonien, die sich wie Schauspiele und Lehrstücke zur Aufrüttelung der Vorstellungskraft ausnehmen, erlauben uns auch die Rechnungsbücher, die Chroniken. Wir können uns die einzelnen Szenen mühelos ausmalen: die Einbalsamierung der Leichen, die Totenwachen, die langen Begräbniszüge mit schwarzverkleideten Pferden, manchmal von Stadt zu Stadt, die Trauerbespannungen in den Palasträumen, die großen Mahlzeiten zum letzten Fest. Im 14. und 15. Jahrhundert setzt sich allgemein der Brauch durch, Testamente zu hinterlassen, deren Formeln diese innere Einstellung deutlich zum Ausdruck bringen: »Da nichts gewisser ist als der Tod, nichts aber ungewisser als die Stunde des Todes...«

Noch erstaunlichere, zahlreich überkommene Zeugnisse sind die bildlichen Darstellungen von »makabren« Themen oder Szenen, oft angeregt durch moralisierende Gedichte. Die *Legende der drei Lebenden und der drei Toten* erzählt das Abenteuer dreier reicher und wohlansehnlicher junger Herren, die, ihre Falken auf der Faust, nach der Jagd einen Friedhof überqueren und sich plötzlich drei aufrecht vor ihnen stehenden Skeletten gegenübersehen. Zunächst war diese Geschichte ein *dit* gewesen, eine Verserzählung, die den Dialog zwischen den drei Lebenden und den Toten wiedergab; uns sind verschiedene Versionen überliefert, da sowohl Spielleute und Minnesänger als auch Prediger das Thema mit Vorliebe auszuschmücken pflegten; die ältesten Texte dieser Art, hin und wieder mit bildlich dargestellten Szenen versehen, gehen auf das 13. Jahrhundert zurück. Doch die gleichen Bilder mit Jagdutensilien und Gräbern finden sich auch sehr viel später an den Kirchenwänden, selbst in bescheidenen Kapellen oder Bethäusern.

Der berühmte und weitaus bekanntere *Totentanz* wurde von dem gleichen *dit* zwar angeregt, hatte seinen Ursprung aber mit Sicherheit in dem alten Brauch, zur Wiederkehr des Todestages auf den Gräbern der Helden, später auch auf denen der christlichen Märtyrer zu tanzen. Im allgemeinen waren die Totentänze großangelegte Kompositionen über verschiedene Personen, die, gekennzeichnet durch ihre Kleidung oder ein besonderes Attribut, je einen politischen oder sozialen Stand darstellten und ihrem eigenen Skelett die Hand zum Tanze reichten. So bezog der Tod alle in die gleiche Sarabande ein, den Papst und den Kaiser, den König und den Bischof, den Mönch, den Kaufmann, den Pilger und den Bauersmann – eine Lektion zum Thema Gleichheit und Bescheidenheit, die von zahlreichen Kirch- und Friedhofsmauern abzulesen war, namentlich in Frankreich und den deutschen Ländern, so etwa – um nur die berühmtesten der uns erhaltenen Beispiele zu nennen – in La Chaise-Dieu, in La Ferté-Loupière (Département Yonne) und in der Lübecker Marienkirche. Eine der ältesten Totentanz-Darstellungen, zweifellos das Vorbild für andere, war die berühmte *Danse macabre* auf dem Pariser Cimetière des Innocents, an der Außenwand des Beinhauses, wo die Weißnäherinnen ihren Platz hatten. Der Chronik zufolge wurde er 1424 begonnen und in weniger als einem Jahr fertiggestellt; dabei bestand er immerhin aus siebzehn Bildern mit ebenso vielen unterschiedlichen Personen. Ein anderes eindrucksvolles Beispiel in Form eines Reliefs entstand hundert Jahre später auf dem Friedhof Saint-Maclou in Rouen. Hier waren es zweifellos die Bilder, die Gedichte und Predigten angeregt haben, denn unter jeder dargestellten Szene befindet sich ein schriftlicher Kommentar mit Sprüchen über Schicksal und Demut. Aus diesen moralischen Lehren wurden zusammenhängende Gedichte gemacht, die, von den Predigern vorgetragen und erklärt, weite Verbreitung fanden und schließlich gedruckt wurden. Die *Danse macabre des Hommes* am Beinhaus des Cimetière des Innocents soll von Gerson verfaßt worden sein und wurde 1484 gedruckt. Eine andere Version, die *Danse macabre des Femmes* von Martial d'Auvergne, kam zwei Jahre später als Druckwerk heraus.

Die Beliebtheit dieser Themen – Gleichheit im Angesicht des To-

des, Vergänglichkeit der sozialen Positionen, Abbau der Hierarchien – hat in unzähligen Darstellungen, Moralitäten und Festen
ihren Ausdruck gefunden. Sebastian Brant widmet ihnen mehr als
ein Kapitel seines *Narrenschiffs*. Als Kanoniker aus Basel, wo ein
berühmter *Totentanz* an die Mauern der Dominikanerkirche gemalt ist, verweilt Brant lange und ernst bei den »Zufällen des
Glücks«, und die Lektionen, die er erteilt, handeln nicht nur von
der Erniedrigung der Großen, sondern kündigen unverhohlen die
Umkehrung der Situationen, der Hierarchien an: »Der ist ein
Narr, der hochauf steigt, daß seine Scham der Welt er zeigt... und
denkt nicht an des Glückes Rad.« Weiter heißt es: »Kein Mensch
so hoch hier kommen mag, der sich verheißt den künftgen Tag,
und daß er Glück dann haben will, denn Klotho hält ihr Rad nicht
still« – Klotho, die Schicksalsgöttin, hier mit einem ewig sich drehenden Schicksalsrad, die den menschlichen Lebensfaden spinnt.
Ähnlich heißt es in dem Kapitel »Vom Ende der Gewalt«, in dem
der Dichter des *Narrenschiffs* bilderreich und direkt versucht,
Lehren aus Schicksalsschlägen zu ziehen: »Gar wenig [Mächtige]
sind in Ruhe tot und sterben auf dem eignen Bette!« So, sagt der
Autor, erging es Xerxes, der Athen wie ein Löwe angriff und dann
wie ein Hase floh; so erging es Nebukadnezar, der Arphaxad, den
König der Meder, besiegte: »nach Gottes Macht hatt'er Begier und
– ward verwandelt in ein Tier«; desgleichen Alexander, der die
ganze Welt bezwang und »starb durch eines Dieners Trank«. Hütet euch, ihr Mächtigen, denn »was hochauf steigt in dieser Welt,
gar plötzlich oft zu Boden fällt«. Immer wieder das Bild des
Glücks, des sich drehenden Rades, das die Mächtigen jederzeit erniedrigen und die Schwachen an ihrer Stelle erheben kann: eine
moralisierende Idee, die unverkennbar in die gleiche Richtung
weist wie die Bewegungen, die hinter den Vergnügungen des
Winters stehen und ihre Führung übernehmen, die ihnen zunächst in den Kathedralen und schließlich auch in der Stadt den
Weg bereiten.
Die großen Feste am Jahresende werden hauptsächlich für die Diakone und die »kleinen« Kleriker der Kathedralkirche veranstaltet.
Darauf verweisen schon die Namen, die übrigens nur leicht variie-
ren: »... nach dem Weihnachtsfest gab es vier Tänze in den Kir-

chen, den Tanz der Leviten oder Diakone, den der Priester, den der
Kinder oder Kleriker und den der Subdiakone.« Die besagten Kinder sind in ihrer Mehrheit Schüler, die nebenbei im Chor dienen.
Guillaume Durand, Bischof von Mende und Autor eines äußerst
präzisen *Pontifikale*, das sämtliche vom Bischof angeführten Zeremonien beschreibt, sagt ebenfalls, daß die Diakone am Weihnachtstag, nach der Vesper, in der Kirche eine Antiphon sangen
und zu Ehren des heiligen Stephanus tanzten, desgleichen die
Priester am nächsten Tag, dem 26. Dezember, zu Ehren des Evangelisten Johannes, sodann, wieder einen Tag später, die Chorknaben, und am Tag der Beschneidung des Herrn oder an Epiphanie
schließlich die Subdiakone.

Die Narrenfeste beginnen also in den Kreisen der Kanoniker, in
den Chören der Kathedralen oder Kollegiatkirchen, fast überall am
Weihnachtsabend mit den Spielen der Diakone. Es sind Illusionsspiele, bei denen Tag für Tag zuerst die Diakone, dann die Kinder
und die »kleinen« Kleriker die Plätze der Mitglieder und Würdenträger des Kapitels einnehmen. Synodalprotokolle und bischöfliche Verdammungsurteile, ja sogar manche Rituale oder Missalien vermitteln eine plastische Vorstellung von den Ereignissen:
Häufig vertreiben die Chorknaben die Kanoniker aus ihren Ställen
und besetzen selbst die besten Plätze; dann ziehen sie Chorröcke
an und lesen die Messe. Dieser zweifellos wirre Rollentausch wird
gewöhnlich während der Vesper vorgenommen, genauer gesagt
während des *Magnifikats*, in dem Augenblick, in dem der Kantor
den berühmten Satz anstimmt: »Deposuit potentes de sede...«
(»Er stößet die Gewaltigen vom Thron und erhebt die Niedrigen.
Die Hungrigen füllet er mit Gütern und läßt die Reichen
leer...«). Genau wie bei vielen anderen Gelegenheiten, die sich
im Laufe der Gottesdienste ergeben, auch hier wieder ein illustrierender Ritus zum gesungenen Wort, verbunden mit einer Reihe
zunächst symbolischer, lediglich angedeuteter Gesten, die jedoch
bald die Ausmaße einer spielerischen Inszenierung annehmen,
mit Zeichen versehen und um phantasievolle Einfälle bereichert
werden.

In Noyon wurde die Messe am Tag der Unschuldigen Kinder
einem uralten Brauch gemäß von den Chorknaben gesungen. In

Reims gewann das Fest seinen feierlichen Charakter durch eine Sitte, die sich später »in alle Kathedralen eingeschlichen« hat: Man führte ein Kind in den Chor, einen sehr jungen Knaben, der nicht nur eine Mitra auf dem Kopf, sondern auch den Chorrock, die Handschuhe, den Krummstab und anderes Zubehör der Bischofstracht trug. Dieser Knabe erteilte den versammelten Gläubigen seinen Segen, danach »geleitete man ihn mit unanständigen Spielen und Possen durch die Stadt«. Der Bischof von Chalon-sur-Saône beschreibt und verurteilt diese Bräuche, die anfangs sicherlich ganz harmlos waren, ihrer symbolischen Bedeutung jedoch mit der Zeit entleert worden sind und nur noch als Vorwand für alle möglichen Ungehörigkeiten und Satiren dienen: Die Chorknaben wählten untereinander einen Bischof »und erwiesen ihm so gut sie konnten die Anerkennungen und Ehrerbietungen, die ein wirklicher Bischof verdient«; dann – eine ganz lächerliche Geschichte – ließ dieser treffliche Bischof sich auf dem Platz des Bischofs nieder, während er »alle seine Diener« um sich scharte; unterdessen gingen die Kanoniker in den unteren Chorraum, bedienten die Messe und »erfüllten alle Funktionen, die eigentlich den Kindern zugedacht waren«; zu guter Letzt, nach heftigem, ohrenbetäubendem Glockengeläute, wurde der neue Bischof im Festzug nach draußen geführt: »Sicher, das war eine Art Gaukelei, über die man nur lachen konnte. «

Es sieht alles danach aus, als hätte der Knabenbischof – der kindliche kleine Kleriker oder Chorknabe – seine Rolle in manchen Städten wenn schon nicht das ganze Jahr hindurch, so doch zumindest zu verschiedenen besonderen Gelegenheiten gespielt, jedenfalls auch im Zusammenhang mit anderen Festen. In Le Mans ging er am ersten oder zweiten Mai an der Spitze einer Straßenprozession. Wie man sagte, war dies das Fest der Dienerschaft, des Gesindes der Kanoniker; die Teilnehmer versammelten sich, sobald die Glocken zur Frühmette geläutet hatten, im Kreuzgang bei der Kathedrale, sie bewaffneten sich mit Knüppeln, machten eine Runde um die Häuser der Kanoniker, weckten diejenigen, die noch schliefen, schleiften sie im Hemd nach draußen und tauchten sie in den Brunnen Saint-Julien: Dieses »Faulenzerbad« war das Vorspiel zu mancherlei Neckereien, mit denen die neuen Diener bedacht wurden, zu Gesängen und Prozessionen, die dem Festessen und den Trinkgelagen des Nachmittags vorausgingen.

Gewiß, der Bischof von Paris, ja sogar der König versuchte, derartige Spiele zu verbieten oder sie in vernünftigen Grenzen zu halten. In Reims faßte das Kathedralkapitel 1479 den Beschluß, die Kosten eines großen Festes für die Chorknaben und die kleinen Kleriker nur unter der Bedingung zu übernehmen, »daß die Zeremonien ohne Farcen, ohne Instrumentenlärm und ohne Umzug durch die Stadt« verliefen; den Kindern wurde untersagt, die Mitra und den Krummstab oder irgendein anderes Würdezeichen zu tragen. Doch längst hatten andere Einfälle und Possen die Nachfolge angetreten: die Vergnügungen des Narrenfestes im eigentlichen Sinne, das seinen Impuls und seine Vorwände aus dem Fest der Subdiakone bezog und es schließlich auf alle Spiele der Januar-Kalenden ausdehnte.

4. Das Narrenfest: Rituale und Umzüge

Satire und Ausgelassenheit

Unvermeidlich schlägt die spielerische Umkehrung von Situationen und Werten in eine belustigte oder beißende Satire um, und so entsteht – immer noch im engen Rahmen des Chors und des Kanonikerstifts – eine Sittenkritik, die den Anschein der Spaßhaftigkeit erweckt, sich jedoch erstaunliche Freiheiten und Unverschämtheiten herausnimmt. Nun dürfen wir uns aber keine Aufstände vorstellen, keine entsetzlichen, haßerfüllten Pamphlete, keinen Ruf nach der Strafe des Himmels und dem göttlichen Zorn, nein, vielmehr eine wirre Flut von komischen Einfällen und manchmal kindischen Gesten. Nichts erinnert an eine ernsthafte Lektion, und das Fest spricht eine ganz andere Sprache als etwa ein Savonarola, der alles auf den Scheiterhaufen bringen wollte; aber es spricht, und zwar durch Bilder, Scherze und Verdrehungen. Im übrigen verbreitet es sich, immer von der gleichen Machart, in allen gesellschaftlichen Milieus, am Hof wie in der Kirche, auf Straßen wie auf Plätzen, und dieselben respektlosen Intentionen prägen zahlreichen Formen des künstlerischen oder literarischen Ausdrucks ihren Stempel auf. Man sieht es an den grotesken, entfesselten Figuren, die die Hofmanuskripte, ja sogar die *Stundenbücher* zieren und aufheitern, Figuren, die später an den Wänden oder Decken der großen Säle reproduziert werden. Man sieht es auch an dem kostbarsten Tischgerät, an dem fürstlichen Gold- oder Silbergeschirr, den Schüsseln, Humpen, Wasserkannen oder Konfektdosen, die sich mit einer Welt unwiderstehlich phantasievoller ziselierter oder emaillierter Bilder bevölkern, oft Ausdruck mehr oder weniger liebenswürdiger Satiren. Es gibt Deckelknäufe in Gestalt seltsamer Tiere, Karikaturen von Kirchenmännern; manchmal ist es ein Fuchs mit einer Schweifkappe auf dem Kopf und einem Stock in der Hand, eingerahmt von der Inschrift: »Die Kleider machen nicht den Mönch«, ein andermal ist es ein Affe mit

Mitra und Kasel, der in der Linken ein Kreuz hält, während er mit
der Rechten den Segen erteilt; dann wieder ein Fuchs, diesmal
predigend auf einer Kanzel, vor einem Publikum aus Gänsen oder
»mehreren verschiedenen Tieren, von denen die einen schicklich
am Tisch sitzen, während die anderen tanzen und noch andere
Messen singen oder sich sonstwie die Zeit vertreiben«; schließlich
ein Affe im Chorhemd, der das Bischofskreuz hält und im Begriff
ist, einen Fuchs zu segnen, »und selbiger Fuchs trägt die Schweifkappe mit umgelegtem Kragen und hat darunter zwei Vögel«. Solche Moralitäten und Farcen, die gegen die Gesamtheit der Kirchenleute gerichtet sind, finden sich allerorten.

Viele zeitgenössische Autoren nehmen im Schwung der satirischen Kritik auch bestimmte volkstümliche Praktiken der Frömmigkeit oder des Aberglaubens aufs Korn; ebenso die Leichtgläu-
bigkeit der nur allzu oft von skrupellosen Geistlichen oder von
regelrechten Schwindlern getäuschten Massen, besonders im Zusammenhang mit der Reliquienverehrung. Die Versdichter, vor
allem aber Erzähler wie Boccaccio und Chaucer, beschreiben
schamlose Prediger, rücksichtslose Almosensammler, Ablaßkrämer und Wunderverkäufer, die höchst seltsame fromme oder heilige Objekte zur Schau stellen. Der Ablaßkrämer in Chaucers
Canterbury Tales besitzt ein Segel vom Schiff des heiligen Paulus,
das den Schiffbruch überdauert hat. Boccaccio liefert im *Dekame-*
ron die glänzende Beschreibung eines gewissen Bruders Cipolla,
der häufig in das toskanische Dorf Certaldo kam: »Dieser Bruder
Cipolla, ein kleiner Kerl mit einem fuchsroten Schopf und Bieder-
mannsgesicht, war indes ein durchtriebener Schelm. Von keinerlei Wissen beschwert, besaß er die Gabe einer gelenkigen, schlag-
fertigen Zunge, so daß jeder, der ihn nicht genau kannte, ihn nicht
nur für einen großartigen Redner, sondern mindestens für einen
zweiten Quintilian gehalten hätte.« Überall heimste er Getreide
oder kleine Geschenke ein und behauptete, er habe aus dem Heiligen Land eine Feder des Erzengels Gabriel mitgebracht, die nach
der Verkündigung in Marias Haus in Nazareth zurückgeblieben
sei; in Wirklichkeit war es eine Papageienfeder. Als nun irgendein
Witzbold, ein Neider sicherlich, die Feder in dem Kästchen durch
ein paar gewöhnliche Kohlen ersetzte, präsentierte Cipolla diese

sogleich als Relique, die er von dem Bratrost aufgelesen habe, auf dem der heilige Laurentius sein Martyrium erlitt. Außerdem verfügte Bruder Cipolla über den Fingernagel eines Cherubs, über Strahlen des Sterns, der den Drei Weisen aus dem Morgenland erschienen war, und schließlich über einen ganz besonderen Schatz, den er in einem Fläschchen hütete: das Glockengeläut vom Tempel Salomos.

Dies alles sind gelehrte Scherze, geschliffene, in den Vordergrund der Bühne gerückte Bilder von Autoren, die ihre Kunst meisterhaft beherrschen, die fähig sind, sämtliche Register des Komischen, des Spaßhaften zu ziehen. Doch gleichzeitig belebt die frohsinnige und burleske Kritik, freilich oft in plumper Form, eine Vielzahl spontaner »theatralischer« Schöpfungen, Spiele oder Schauspiele, die auf der Straße dargeboten werden.

Eine bestimmte Sorte von Farcen und Verserzählungen zieht die kritikwürdigen Fehltritte, Abirrungen oder Gaunereien eher ins Lächerliche, und zwar lange vor Rabelais und seinem *Pantagruel*. Kurz nach 1300 zeigt die *Farce du pardonneur* – die Farce von einem Quacksalber, der wundertätige Allheilmittel verkauft, und einer Wirtin –, wie die Hauptperson »die Hälfte eines Bretts von der Arche Noah sowie eine Feder von den Seraphim des Herrn« zur Schau stellt. (»Himmel«, sagt die Frau, »es ist ja nur die von der Gans, die er zum Abend verspeist hat!«) Man könnte leicht einen Katalog solcher Anzüglichkeiten zusammenstellen, die – oftmals naiv – gegen die sogenannten Kleriker, die um ihre Würde kaum besorgten Geistlichen und alle anderen Betrüger gerichtet sind. Doch insgesamt bleibt diese Kritik verbal, situationsgebunden; sie nimmt nicht die Züge einer Revolte an, nicht einmal die einer ernsthaften Infragestellung; sie mündet in die Scherze der Fastnachtszeit.

Es fällt übrigens auf, daß die singenden und dichtenden Spielleute ihre Spottlust vorwiegend an Ordensmännern, Mönchen, Prioren, Äbten und – in selteneren Fällen – an Nonnen auslassen, kaum jedoch an den Priestern selbst und erst recht nicht an den Kanonikern. Das gesamte Kapitel scheint vor ihren Augen Gnade zu finden. Die Gründe dafür sind *a priori* schwer zu erkennen, doch die Frage macht zwangsläufig neugierig, und man kann nicht umhin, einige Vermutungen anzustellen. Liegt es daran, daß die Kanoniker ein beispielhaftes, für Kritiken weniger anfälliges Leben führen? Daß ihr gesellschaftlicher oder kultureller Status mehr Respekt einflößt? Daß sie (die über Schulen verfügen und bei den Messen im Chor singen) stärker ins Leben der Stadt eingebunden sind? Daß sie eine besonders festgefügte soziale Körperschaft bilden, eine Solidargemeinschaft, die sich spöttischer Angriffe besser erwehren kann? Die Kanoniker müssen jedenfalls nur selten ihren Kopf herhalten. Aber vielleicht erklärt sich ihre relativ unangefochtene Position schlicht daraus, daß sie den Parodien zuvorkommen, daß sie der bissigen Kritik durch eigene Spiele und Ergötzungen die Spitze nehmen: durch ihre Selbstverspottungen, durch das großzügige Gewährenlassen der kleinen Kleriker und der Chorknaben, durch all die Ungehörigkeiten, die ein paar Tage im Jahr erlaubt sind und Gelegenheit bieten, die Ehrerbietung und Hierarchie mit Füßen zu treten. So gesehen wären ihre manchmal zügellosen Festlichkeiten, allen voran die Narrenfeste, vorweggenommene Antworten, besonders gerissene und hinterlistige Vorsichtsmaßnahmen: ein Versuch, das Erfinden und Ausbrüten satirischer Späße nicht anderen gesellschaftlichen Gruppen zu überlassen, ihnen die Möglichkeit einer weitergehenden Kritik zu nehmen.

Trotzdem bleiben die Kanoniker als Herren des Kapitels und Vorgesetzte der kleinen Kleriker nicht vollständig von satirischen Attacken verschont, die teils reinen Gewohnheitscharakter haben, teils persönlich gemeint, eher auf konkrete Umstände bezogen sind. Manche verschießen ihre Pfeile in den eigenen Reihen. Die Unfehlbaren kennen die Fehltritte der Nachlässigen oder Korrumpierten. Sebastian Brant beispielsweise widmet der Pfründenhäufung ein lebhaft und witzig geschriebenes Kapitel seines *Narrenschiffs*. Er mokiert sich über diejenigen, die mit einer einzigen Pfründe kaum zu Rande kommen, aber gleichwohl weitere verlangen, um dem Packtier so viel Säcke aufzuladen, »bis daß der Esel muß ersticken«. Er beschreibt diejenigen, die »auf ihrer Stelle sitzen« und Ausschau nach neuen Renten halten: »Viel Pfründen mancher besitzen tut, der wär nicht zu *einem* Pfründlein gut, dem er könnt recht Genüge tun, der tauscht und kauft nun ohne Ruhn.«

Diese Themen der Kritik und des Aufbegehrens, die entweder von

tiefem moralischen Abscheu zeugen oder – eindeutiger – eine gute
Portion Humor und Ehrfurchtslosigkeit verraten, gedeihen in
allen Kreisen der Geistlichen und Gelehrten, und zwar in der Kirche selbst, im Schatten des Chores und des Kreuzgangs, wo sie von
den Niederen, den kleinen Klerikern und sogar den Kindern aufgegriffen werden.

So stellt sich denn das Narrenfest ganz naturwüchsig als ein Spiel
voller Satiren und Parodien im Rahmen einer geschlossenen gesellschaftlichen Gruppe, in einem Zirkel von Eingeweihten dar.
Die Satire besteht in deutlichen Anspielungen, in Reden, die
Macht und Luxus offen anprangern. Schon die Gegenwart des
Esels im Augenblick der Vesper und die Ehren, die man ihm er-
weist, nehmen symbolische Bedeutung an, geben Gelegenheit zu
hautnaher Kritik. In den ersten Jahren des 14. Jahrhunderts illustrierte ein spanischer Franziskaner namens Francisco Bozar seine
Predigten gegen die Reichen mit der uralten Geschichte eines un-
schuldigen, schwachen und schutzlosen Esels, der von einem Ge-
richtshof unter Vorsitz des Löwen verurteilt wird. Ein anderer
Mönch, der in Paris wirkte, eröffnete seine Predigt mit einer Erinnerung an Petrus und Paulus, wobei er dreimal den furchtbaren
Schrei »Babimbaboo!« ausstieß, der sonst den Wahnsinnigen oder
Geistesschwachen auf den Straßen nachgerufen wurde. Zur Erklärung erzählte er von der Armut der Apostel, die bereit waren,
Hunger und Kälte zu erleiden. Wenn man derzeit jedoch, so fuhr
er fort, die reichen Kleider der Bischöfe und der Kanoniker sehe,
den Prunk all derer, die sich des Himmels für würdig erachteten,
müsse man wohl annehmen, Petrus und Paulus seien vollständig
närrisch gewesen, sich derartigen Entbehrungen zu unterziehen.
Dies ist eine Parodie, die übrigens genau in die komisch-satirische
Tradition der Farce paßt, und erst recht in das übliche Fest der
Kleriker: Die Chorknaben und die kleinen Kleriker veranstalten
Scheinmessen, für die sie erstaunliche, mit derben Possen durch-
setzte Rituale erfinden.

Eine närrische Macht in der Kirche

Als kurzlebige Revanche aller Subalternen geben die Narrenfeste – Feste der Jugend, der Erhöhung der Niedrigen und Kinder, der verkehrten Hierarchien und der achtlosen Verballhornung heiliger Rituale – für ein paar Stunden und ein paar winterliche Gottesdienste Gelegenheit, in der Kirche selbst eine neue, spielerische Macht auszurufen: die Macht des *Narrenabts* oder *Narrenpapstes*, meist in Gestalt eines jungen Klerikers und oft übereinstimmend mit dem *Knabenpapst*, der von allen gewählt und bejubelt wird. Zahlreiche zeitgenössische Beschreibungen sind sich in diesem Punkt entweder einig, oder sie überschneiden sich.

Es sieht alles danach aus, als hätte sich der Brauch eines ausschweifenden Klerikerfestes während der Dezember-Januar-Kalenden allenthalben durchgesetzt und jahrhundertelang erhalten. Dennoch – liegt es an der zufälligen Verteilung der Quellen und Untersuchungen, oder ist es Ausdruck einer anderen Art, mit diesen Vergnügungen umzugehen, vielleicht gar einer anderen Einschätzung der religiösen Feierlichkeiten? – könnte man versucht sein zu glauben, der niedere Klerus und die Massen hätten in den südlichen Ländern, vor allem in Italien, mehr Zurückhaltung bewahrt, sie hätten weniger Erfindungskraft in die Parodie und weniger Glut in die Satire gesteckt. Zwar feierten sie ebenfalls »volkstümliche« Feste, die jedoch »gesitteter« verliefen, eher in Form organisierter, fest in einen Rahmen eingefügter Schauspiele, Feste, die andere Ansprüche zu erfüllen suchten. So scheint das Narrenfest, um die Geographie der von den Massen gepflegten Traditionen und Spiele wenigstens grob zu umreißen, vor allem den deutschen Ländern, Nordfrankreich und England eigentümlich zu sein.

Offenbar war das Narrenfest in sämtlichen Kathedralen üblich: eine feierliche Gelegenheit, um die Bedeutung, die Vorrangigkeit ihres Klerus, ihrer Diener und ihrer Chorknaben gegenüber den konkurrierenden Körperschaften herauszustreichen und den Glanz ihrer Zeremonien zu bekräftigen. Doch auch an anderen Orten der Stadt, in den meisten Kollegiatkirchen, die von mehreren Priestern und kleinen Klerikern bedient wurden, fanden Nar-

renfeste statt, weniger bekannt vielleicht und nicht unbedingt im
Zentrum der öffentlichen Aufmerksamkeit; so etwa, was die Diözese von Le Mans betrifft, in Saint-Pierre-de-la-Cour, in Sainte-
Croix und in La Maison-Dieu, dem Hospital von Coeffort. Die
genauen Daten dieser Feste unterscheiden sich von Stadt zu Stadt,
manchmal indes fallen sie mit dem Tag der Unschuldigen Kinder
zusammen, und in diesen Fällen gebrauchen sowohl die Kleriker
als auch die Chronisten oder die Schreiber der Rechenschaftsbe-
richte wahlweise bald die eine, bald die andere Bezeichnung. In der
Kathedrale von Le Mans begannen die burlesken Zeremonien am
Weihnachtsabend, dauerten ohne Unterbrechung bis zum 28. Dezember (dem Fest der Unschuldigen Kinder) und wurden an Epiphanie fortgesetzt.

Das meiste, was wir über diese Feste wissen, haben wir von den
Zensoren und den Sittenreformern erfahren, die unbestreitbar ein
recht eigenwilliges und häufig übertriebenes Bild vermitteln. Alle
sind empört, alle verurteilen das Treiben, indem sie an die ersten
Kirchenlehrer erinnern, die sämtliche Spiele, Vergnügungen und
Vermummungen an heiligen Stätten verboten hatten: »Es sind
keineswegs Spiele, sondern Freveltaten... Wie sollte man Ruchlosigkeit ein Spiel, wie Gotteslästerung ein Vergnügen nennen?
Niemand kann gefahrlos sein Spiel mit der Schlange treiben, niemand vergnügt sich ungestraft mit dem Teufel.«

In Wirklichkeit bestanden die von den Subdiakonen und ihren
Kumpanen angeführten Zeremonien, die *Narrenfeste* im eigentlichen Sinne, ebenso wie die Feste der *Unschuldigen* oder der *Kinder* immerhin aus zwei großen, säuberlich getrennten, keineswegs
gleichartigen Abschnitten – zuerst kam die liturgische Zeremonie
oder Parodie in der Kirche, dann der volkstümliche lärmende Umzug durch die Straßen.

Innerhalb der Kirchen verliefen die Belustigungen, besser gesagt
die Gottesdienste, jedenfalls ursprünglich nach einem festgelegten, oft genauestens definierten Ritual, von den Autoritäten selbst
aufbewahrt oder transkribiert, damit es von Jahr zu Jahr als Anlei-
tung dienen konnte. Pierre de Corbeil, der 1222 verstorbene Erzbischof von Sens, bekannt als ernsthafter Verfasser von Predigten
und Autor eines *Officiums* zu Mariä Himmelfahrt, hatte auch ein

Officium zum Narrenfest geschrieben, eingeleitet durch ein kurzes, aus vier Versen bestehendes Gedicht zum Ruhme dieser burlesken Zeremonie, die in jedem Fall geduldet, vielleicht gelegentlich in ihre Schranken verwiesen und überwacht wurde. »Jedes Jahr«, so heißt es dort, »feiert die Stadt Sens das Narrenfest *(Festum stultorum)*, wie es den hiesigen Bräuchen entspricht und wie es den Kantor sehr erfreut. Doch die ganze Ehre soll ungeteilt der Beschneidung Christi gelten!« Das *Officium* fand rasch Verbreitung und wurde vielfach kopiert – zumindest in der Kirchenprovinz. Jean Gerson, Kanzler der Pariser Universität, beklagt um 1420, vor einiger Zeit habe ein Prediger in Auxerre öffentlich verkündet, das Narrenfest sei Gott nicht weniger wohlgefällig als das Fest der Unbefleckten Empfängnis. Ein anderer Gelehrter aus Paris ruft nicht ohne Bitterkeit in Erinnerung, man habe gesehen, daß »alle Kirchen der gallikanischen und der germanischen Nationen an diesem Tag und während der ganzen Königs-Oktave ein Narrenfest zu feiern pflegten..., das eigens unter diesem Namen in die Meßbücher eingetragen wurde«, und daß es so »dreihundert oder vierhundert Jahre lang gewesen« sei. Hier und dort vergißt man über den Belustigungen sogar das sonst nie vernachlässigte Fasten vor dem Dreikönigstag.

Das Ritual des Narrenfestes oder des Festes der Subdiakone hat – den schriftlichen Zeugnissen zufolge – einen ganz und gar zurückhaltenden Charakter mit festgelegten Zeiten für Gebete und Prozessionen, es ist eingebettet in gewöhnliche paraliturgische Zeremonien, ohne Abweichungen oder Zügellosigkeiten. Im *Officium* des Narrenfestes finden sich, ebenso wie in dem des Eselsfestes, mehrere Hymnen auf Maria und auf Jesus. Fehlende Ehrerbietung oder ungebührliche Vertrautheiten sind nur andeutungsweise zu erkennen: an einigen erfundenen Strophen, einigen Wortspielen oder Kalauern in Küchenlatein, vor allem – immer noch nach dem Buch des Bischofs von Sens – an dem Hinweis, daß die stimmgewaltigen Sänger die Antiphon in Fauxbourdon (*in falso*) erschallen lassen sollten. Doch wie man sich vorstellen kann, sind die parodistischen oder unterhaltsamen Veranstaltungen, zunächst als harmloses Spiel der Chorknaben gedacht, durchaus geeignet, Einfälle und ungewöhnliche Erfindungen anzuregen

oder in anstößige Ausschweifungen auszuarten. Und das in der
Kirche, im Chor selbst. Denn – und das ist der entscheidende Umstand – das gesamte Schauspiel liegt dank der totalen Umkehrung
der Hierarchien und Funktionen allein in den Händen der kleinen
Kleriker. Genau wie am Tag der Unschuldigen Kinder erwählen
die Chorknaben und die kleinen Kleriker auch am Narrentag einen
der Ihren durch Akklamation zu den höchsten Ehren. In den Kathedralen und den großen Kollegiatkirchen ist es der *Narrenbischof* oder *-erzbischof*, ja manchmal sogar der *Narrenpapst*, der
»durch lächerliche Possen, die ihm als Farce dienen«, in seinen
hohen Funktionen bestätigt wird: ein burleskes, parodistisches
Zeremoniell, das mitunter in Satire übergeht. Der Auserwählte
legt eine prunkvolle Amtstracht an, setzt sich die Mitra auf den
Kopf, nimmt den Krummstab in die Hand, ja er bekommt sogar
das für einen Tag ausgeliehene echte Bischofskreuz; dann erteilt er
feierlich den öffentlichen Segen.
In Le Mans empfing der am 13. Dezember für die Rolle des Nar-
ren- oder Knabenbischofs auserwählte Chorknabe Geld und vierzig Pinten Wein aus den Beständen des Kapitels, damit er die
Coena puerorum, den Festschmaus der Kinder, vorbereiten
konnte. Dafür verpflichtete sich jeder Kanoniker, bei seiner Aufnahme fünfundzwanzig Livres an das Kapitel zu zahlen, eine
Summe, die bald auf vierzig Livres erhöht wurde. Gelegentlich
wurde der Knabenbischof auch »Kohlbischof« genannt, weil seine
Gefährten ihm bündelweise Wintergemüse für das Bankett brachten.
Alle gehorchen dem Narrenbischof, -abt oder -papst, der, für
einige Stunden zur Herrschaft erkoren, seine Akoluthen um sich
schart. Wie stets bei fröhlichen Geselligkeiten wird reichlich Wein
an die Chorknaben und das niedere Kirchenvolk ausgeschenkt. So
kommt es, daß diese Paraliturgie der Vesper jedes Jahr an einem
Wintertag in lautes Gejohle und derben Unfug umschlägt, wie es
die um Wiederherstellung von Zucht und Ordnung bemühten
Texte, die Sittenpredigten und manchmal auch die Schriften der
Moralisten bis mitten ins 18. Jahrhundert hinein bitter beklagen:
»Es waren abscheuliche Entweihungen in Form schändlicher und
sträflicher Handlungen, gemischt mit zahllosen mutwilligen und

vermessenen Scherzen; wahrlich, wenn alle Teufel der Hölle sich vorgenommen hätten, ein Fest in unseren Kirchen zu feiern, wüßten sie es nicht anders zu gestalten, als wie es damals üblich war.« Die Pariser Universität erklärt im Jahre 1444 mit großem Ernst, daß »das Fest der Subdiakone oder der Narren ein heidnischer Überrest war, Zeichen einer verdammungswürdigen und schädlichen Verderbnis, angetan zur offensichtlichen Verachtung Gottes, der heiligen Messen und der Bischofswürde; und daß diejenigen, die es feierten, den Heiden nacheiferten, daß sie gegen die Kanones der Konzilien und die päpstlichen Dekrete verstießen; daß sie die kirchlichen Sakramente und Würden verweltlichten; daß sie Spott mit geweihten Dingen trieben, einen verdächtigen Glauben hatten und wie Ketzer hätten behandelt werden müssen«.

Die Kirche, die Gelehrten und die Bischöfe sehen in dem wilden Treiben vor allem einen Angriff auf die Würde der Diener Gottes und – auch hier wieder – einen allzu lebhaften Nachschein alter, als heidnisch qualifizierter, ausgesprochen volkstümlicher Traditionen, die den profanen Belustigungen gefährlich nahekommen. Unentwegt wird in den Urkunden der Synoden und der Provinzialkonzilien gemahnt, daß die Kirche heute wie morgen und zu jeder Tageszeit, auch außerhalb des Meßopfers, eine Stätte des Gebets und der Andacht sei. Es wird verlangt, »daß der Schöpfer sittsam bedient werde«. Man erläßt ein förmliches Verbot gegen das Tragen von Masken und die unanständigen Spiele, gegen all die Narrenpossen: »Wir verbieten ferner, an den bezeichneten Tagen Bischöfe zu erwählen, denn solches ist Spott im Gotteshaus und es entartet zur Verachtung der Bischofswürde.« Wiederholt wird dargelegt, daß »man nicht tanzen darf, weil das zu Streitigkeiten und Disputen führt und die Gottesdienste stört«.

Sehr viel später – auf dem Konzil von Toledo im Jahr 1566 – ordnen die Prälaten an, daß »diese vorgetäuschte und kindische Bischofswahl, die durch schändlichen Mißbrauch zu bestimmten Festen des Jahres üblich geworden ist«, keinesfalls praktiziert werden darf, »weil sie die Bischofswürde aufs äußerste beleidigt und zahlreiche andere Mißbräuche fördert, die der Kirchendisziplin, der Erhabenheit des Gottesdienstes und der Verehrung des Hauses

unseres lebendigen Gottes in keiner Weise angemessen sind«.
Diese Dekrete beschränken sich übrigens nicht auf feierliche Warnungen, sondern sie drohen mit schweren Strafen. 1445 erneuert
das Provinzialkonzil von Rouen das Verbot, in Kirchen und auf
Friedhöfen zwei Spiele zu veranstalten, »gemeinhin Narrenspiele
genannt, bei denen Masken getragen und viele unanständige Dinge
getan werden«. Geistliche, die es wagen sollten, derartige Belustigungen aufführen zu lassen, werden mit Exkommunikation bedroht, Kanoniker mit einer dreimonatigen Entziehung »der Hand-
gelder, die sie gewohnheitsgemäß in eben diesen Kirchen empfangen; die gleichen Gelder sollen unter den übrigen Chordienern,
die sich als anständiger erwiesen haben, aufgeteilt werden«.
Diese Verordnungen – soweit nachgewiesen, scheint die erste auf
das Jahr 1198 zurückzugehen – berichten von tausenderlei Einfällen, Übertreibungen, Ungeheuerlichkeiten und Ruchlosigkeiten,
die in der Folgezeit nach Lust und Laune von Moralisten aufgegriffen werden, um ihre Reden und Sittenpredigten mit dem Schmelz
bequemer Klischees zu überziehen. Ihnen zufolge treten Kleriker
bisweilen mit entsetzlichen, fratzenhaften Masken auf, andere wiederum in Frauenkleidern oder als gemeine Leute, als Komiker, als
Histrionen verkleidet. Sie lesen die Messen in weltlichen Gewändern. Man sieht sie lustwandelnd im Chor, wo sie, beladen mit
Weinflaschen, dicken Fladen, Fleischvierteln und Schinken, um die
Altäre spazieren. Gekrönt mit Lorbeer und anderen Blätterkränzen
geben sie sich gemeinsam den erstaunlichsten Possen hin, und
manche setzen sich rote Mützen auf. Sie tanzen im Kirchenschiff,
singen schlüpfrige Lieder und »essen ihr fettes Fleisch sogar vom
Altar, in unmittelbarer Nähe des Zelebranten«. Auf dem Tisch des
Herrn, zwischen den liturgischen Gefäßen, spielen sie mit Würfeln
– ein Spiel, das die Kirche und die Obrigkeiten nachdrücklich mit
vielfältigen Verboten und stets unter Androhung schwerer Bußen
oder Strafen bekämpfen. Schlimmer noch ist ein Bild, das zahlreiche Bücher uns als den Gipfel des Entsetzlichen vorstellen: »Sie
machten Beräucherungen mit dem Qualm ihrer alten Schuhe, die
sie verbrannten.«
»Närrische und frevelhafte Feste... Man hätte meinen mögen, die
Mänaden und Satyrn der Dichter wären zum Leben erwacht, so

viele Narrheiten trieb das Volk.« Offenbar wurden in den Kirchen tatsächlich große Maskeraden, ja regelrechte Schauspiele veranstaltet. Manchmal nahm schon die Wahl des Narrenpapstes oder -bischofs die Ausmaße einer parodistischen Zeremonie an, und zwar für jedermann sichtbar, außerhalb des Chores oder gar auf dem Kirchhof. In Tournai »ist es am Tag der Unschuldigen Kinder seit jeher Brauch, daß die Vikariate und die jungen, mit einer Pfründe versehenen Kaplane der Kirche Notre-Dame auf einer Schaubühne vor dem großen Portal der obengenannten Kirche einen Narrenbischof wählen, und daß während dieser Wahl ergötzlich über den Stand der Kanoniker und der anderen Kirchenleute gesprochen wird«. Mit absoluter Selbstverständlichkeit mischen sich Laien ins Ehrengeleit, »junge Bürgersöhne und Einwohner der Stadt..., um das Volk auf ihre Kosten für den Zeitraum von zehn oder zwölf Tagen zu belustigen«.

Manche Kleriker verkleiden sich als Könige und Herzöge – auch dies ein Zeichen mangelnder Ehrerbietung und vor allem eine Verkehrung der gesellschaftlichen Positionen, eine Parodie. Andere maskieren sich und führen Theaterspiele auf. Noch andere, Männer wie Frauen, stellen sich paarweise tanzend zur Schau, locken die Passanten an »und bringen sie zu unanständigem Gelächter«, Vorkommnisse, die 1536 auf dem Kölner Konzil und 1566 auf dem Konzil von Toledo entschieden mißbilligt werden. In beiden Fällen bestätigen die Urkunden, daß die Aufführung von »Theaterspielen« zu diesem Fest durchaus üblich war. Später, 1577, hören wir in Lyon ebenfalls von »Spielen, Tragödien, Farcen, lächerlichen Schauspielen mit Masken, Wappen und Tamburinen sowie anderen Ungehörigkeiten mehr, die sich in den Kirchen ereignen«. Dennoch ist unschwer zu erkennen, daß sich das Ganze zum überwiegenden Teil auf parodistisch gemeinte Gesten und Darbietungen beschränkt hat, auf respektlose Imitationen, Nachäffungen der religiösen Dienste oder Amtshandlungen, der Mysterien, ja der profanen Theaterstücke.

Freilich kann man sich darüber hinaus »Narrheiten und Possen« vorstellen, die sich am Rande der traditionsgemäß gebilligten Ergötzungen, am Rande der gewöhnlichen Vesper-Spiele ereigneten und die oft unverblümt Züge von Liederlichkeit annahmen.

Die Kleriker, Spaßmacher des Volkes

Der zweite große Festabschnitt ist der Umzug durch die Stadt, der, weitaus spektakulärer, in seiner Bedeutung für das städtische Leben, für das Kräftespiel und die Machtverhältnisse ganz andere Dimensionen hat.

Ursprünglich war er nichts anderes als eine schlichte Fortsetzung der Spiele des Narrenbischofs unter freiem Himmel, auf dem Kirchhof und in den umliegenden Gassen, vor allem im Kreuzgang oder in der Klausur des Kapitels: »Von der Kirche führte man ihn mit ungebührlichen Spielen und Possen durch die Stadt«; »dann zogen sie durch die Städte, auf beweglichen Bühnen oder in Wagen, um sich zu zeigen, und schließlich nahmen sie, damit das Volk etwas zu lachen hatte, unanständige Haltungen ein und trugen spaßhafte oder gottlose Reden vor«; »alsdann ließen sie sich in Karren voller Unrat durch die Straßen ziehen und ergötzten sich daran, die um sie versammelte Bevölkerung mit Dreck zu bewerfen«. Hier noch ein letztes Zeugnis: »Diese Farce wurde so weit getrieben, daß die Kirchenleute jedes Jahr einen Narrenbischof ernannten, dem auf einer Schaubühne vor der Kirchentür ein lächerliches Festmahl bereitet wurde, nachdem man ihn in ungehöriger Weise und mit großem Lärm durch die Stadt geleitet hatte.«

Doch jenseits oder am Rande der unbeschwerten Fröhlichkeiten, jenseits des Wunsches, das Fest fortzusetzen und die Masse des Volkes außerhalb der Kirche daran teilnehmen zu lassen, standen gezielte, man könnte sagen »politische« Absichten hinter der Prozession des Narrenbischofs oder -papstes: Es ging darum, Spenden einzuholen, sowohl in Naturalien als auch in Münzgeld, und es ging um die Anerkennung der Überlegenheit, der Vorrangigkeit des nach kanonischen Vorschriften lebenden Kollegiatklerus gegenüber allen anderen Körperschaften der Geistlichkeit. So verlangten die Kleriker Tribute, die – oft geringfügig oder burlesk – symbolischen Wert gewannen. Das alles geschah unter Berufung auf die Gebote einer Tradition, die von den hohen Persönlichkeiten des Chors eifersüchtig verteidigt, ja sogar in die Form eines echten Rituals gebracht wurde.

Ein Manuskript aus dem 13. Jahrhundert beschreibt den genauen Weg und die Stationen des Ehrengeleits, das dem Narrenpapst der Kathedrale Saint-Etienne durch Besançon gegeben wurde. Der Umzug, an dem sich nicht nur die Chorknaben und die kleinen Kleriker beteiligten, sondern auch die Diakone und die Kanoniker, nahm überall Nahrungsmittel für das abendliche Festmahl entgegen, während die Kerzenbeleuchtung von dem Kapitel selbst gestiftet wurde. Im übrigen präzisiert das Ritual, daß »jeder Bewohner des Hügels [aus dem Viertel der Zitadelle] dem Narrenpapst nach altem Brauch Brot und Wein schuldig ist«.

Insbesondere gibt der Umzug Gelegenheit, die hierarchischen Verhältnisse innerhalb der städtischen Geistlichkeit, in der die Kanoniker immer noch eine mächtige Stellung innehaben und eine Art Vorrang beanspruchen, öffentlich klarzustellen. Heute ist es oft sehr schwierig, zu durchschauen und zu begreifen, welche Beziehungen in ein und derselben Stadt zwischen den verschiedenen Kirchen herrschten, zwischen den Pfarrkirchen und den Kollegiatkirchen, die fast immer viel älter, sehr viel angesehener waren. Wir haben zwar einen recht klaren Begriff von der administrativen Rolle des Bischofs und seines Kapitels, von ihren Herrschaftsbereichen und gerichtlichen Zuständigkeiten; dürftig indes ist unsere Kenntnis von der Aufteilung der Gläubigen, von den Entscheidungen in Hinsicht auf die Auswahl der Gottesdienste, die Teilnahme an Messen und an Zeremonien, den Ort der Bestattungen – ganz abgesehen von der Konkurrenz der Klöster. Noch ungewisser erscheint die Rolle der Kollegiatkirchen, von denen wir sehr wenig wissen, ja von denen wir uns im Grunde überhaupt kein deutliches Bild machen können, da der Klerus von einer Stadt zur anderen oft vollständig anders organisiert war – entweder gab es zahlreiche Pfarrkirchen, die sich mit dem demographischen Wachstum laufend vermehrten, oder aber, im Gegenteil, nur wenige Pfarrkirchen im Schatten einiger noch außerordentlich mächtiger Kollegiatkirchen. Schon diese einfachen Feststellungen geben zu denken und verweisen auf die Dringlichkeit einer – längst überfälligen – gründlichen Untersuchung der Gesamtheit der Kleriker dieser oder jener Stadt; nur unter dieser Voraussetzung wäre es möglich, die Kräfteverhältnisse genauer zu analysieren und zu erkennen, wie sich die gesellschaftlichen Realitäten, der Wettbewerb um Einflußsphären und deren tatsächliche Verteilung in den religiösen Bräuchen niederschlugen.

Gerade dort, wo es um Vorrang und Ansehen geht, bieten Feste dank ihrer Symbolik und ihrer mehr oder weniger ausgeprägten Treue gegenüber Traditionen privilegierte Gelegenheiten zur Beobachtung – insbesondere das Narrenfest, der Triumph der kleinen Kleriker, die einem Kollegium angehören und im Namen des gesamten Kapitels Huldigungen, Zeichen der Ehrerbietung von der ganzen Stadt verlangen.

In Le Mans fordert das Kathedralkapitel im Jahre 1240 Entschuldigungen vom Abt von La Couture, der sich geweigert hat, den kleinen Narrenbischof, einen jungen Kleriker namens Bérenger, zu empfangen. Bald danach ist es an der Äbtissin von Notre-Dame-du-Pré, persönlich vor der Kanonikerversammlung zu erscheinen, wo sie wegen ihrer Weigerung, dem Narrenzug zu trinken zu geben, Rede und Antwort stehen soll. Der Abt von Beaulieu hingegen schenkt zwar zu trinken aus, bekräftigt aber, er täte es allein aus gutem Willen – auch er wird nachdrücklich zur Ordnung gerufen, denn so zu handeln war durchaus seine Pflicht. Diese Einzelheiten sind in dem Abschlußbericht über eine fünf Jahre später durchgeführte Untersuchung fein säuberlich und ernsthaft festgehalten.

In Besançon reitet der Narrenpapst von Saint-Etienne, bekleidet mit den Insignien seiner Würde und mit einer Goldrose geschmückt, in Begleitung seiner »Kardinäle« durch die Stadt. Die einzelnen Kirchen haben traditionelle, ein für allemal festgelegte Tribute zu leisten: »Wein zum Trinken« gibt es in Saint-Paul, in Jusan-Moutier und in Battant, Brot dagegen in Saint-Vincent und in dem Dorf Brégille. In Wirklichkeit handelt es sich hier um vier Kollegien, die jeweils ihren eigenen Zeremonienmeister wählen – die Kathedrale Saint-Etienne ernennt den Papst, Saint-Jean einen Erzbischof, Sainte-Madeleine einen Bischof und Saint-Paul einen Kardinal. Wenn nun »der in Saint-Jean erwählte Erzbischof, der Bischof der Madeleine und der Kardinal von Saint-Paul dem Papst vorausgehen wollen«, besagt das Ritual, »müssen sie vor ihm niederknien und seinen Segen empfangen«: Zeichen der Unterwerfung, die gewiß keine gravierenden Folgen haben, aber immerhin einen ausgeprägten Sinn für hierarchische Verhältnisse beweisen.

Im übrigen – und dies ist ein weiterer Aspekt des Straßenfestes, das dem Schauspiel und der Volksbelustigung dient – lösen die Narren des Kathedralchors oder der anderen Kollegien überall rasende Begeisterung aus. In der ganzen Stadt herrscht ein einziges großes Winterfest, die erste der schönen Maskeraden, und auch hier betonen Chronisten wie Moralisten das Geschrei, die anstößigen Lieder und Gebärden, die den Aufzug unvermeidlich begleiten.

Was davon stimmt, ist schwer zu sagen: Uns ist von diesen Narrenzügen kein einziger ausführlicher Bericht überliefert, kein einziges aus dem Leben gegriffenes Bild, und wir können sie uns allenfalls anhand volkstümlicher Fastnachts- oder Kirchweihszenen vorstellen, die jedoch ausnahmslos eine recht späte Zeit betreffen. Das längste Gedicht des *Narrenschiffs* indes, ein Kapitel, das den hemmungslos zur Schau gestellten derben Festgewohnheiten gewidmet ist, versetzt uns immer wieder in das Narrenfest zurück. Sebastian Brant beschuldigt die Priester, sie ließen die wüsten Rotten gewähren, ja machten sich selbst zu ihren Anführern. Er erinnert an Ilsan, den langbärtigen, wegen seiner burlesken Possen berühmten Mönch, sodann an den Pfaffen vom Kalenberg bei Wien, der als Autor fröhlicher Lieder und Schwänke ebenfalls einen beachtlichen Ruf genießt. Überall, wo die Massen versammelt sind, zeige sich gleiche Vorliebe für anstößige Situationen und unzüchtige Reden, für die Verehrung des Sankt Grobian, einer äußerst populären, zweifellos erfundenen Figur, nach der sich später eine ganze Literaturgattung benennt: der *Grobianismus*, spezialisiert auf die Sammlung von Farcen und satirischen Spottstücken. An alledem seien die Narren schuld, sie seien stets mit von der Partie, sie seien es, die das Volk verführen: »Ein Narr den andern schreiet an: ›Sei ein guter Gesell! Und lustig, Mann!‹ ... Welch Erdenfreud sonst haben wir, als bei so guten Gesellen sein? Drum laßt uns fröhlich prassen und schrein!« Beim Feiern schont man weder Gott noch die Ehrbarkeit, und selbst die übelsten Schwänke werden an den Mann gebracht: Mit zotigen Wit-

Abb. 4: Illustration zu ›Das Narren Schyff‹ von Sebastian Brant, entnommen der Straßburger Ausgabe von 1913.

zen, mit wüsten und obszönen Scherzen geht es nur so um die Wette, denn »ein jeder Narr will Sauwerk treiben, daß ihm die Büchse mögen bleiben, die man umträgt mit Eselsschmer... Der Narr die Sau bei den Ohren hält und schüttelt sie, daß die Sauglock klingt... Die Sau führt jetzt allein den Tanz, sie hält das Narrenschiff am Schwanz.« Und Brant fährt fort, indem er eine Folge burlesker Messen für jede Gebetszeit des Tages erfindet oder in Erinnerung ruft – ein Esel singt die *Prim*, Sankt Grobian die *Terz*, die »Hutmacherknechte« die *Sext*, während die wüste Rotte aus vollem Halse die *Non* erschallen läßt; dann ruft das Schwein zur *Vesper*, wobei es die Sauglocke läutet, und schließlich heißt es: »Unflat und Schamperjan dann singt, bis die *Complet* den Anfang nimmt, in der man ›All sind voll!‹ anstimmt.«

Immer wieder die Empörung über das Profane, das sich in seiner liederlichsten, seiner zügellosesten Form mit den Festen der Kleriker vermischt. Der geistliche Vorwand, der religiöse Rückhalt verschwindet hier fast vollständig. Aber die Chorknaben und vor allem die kleinen Kleriker nehmen dennoch an dem Fest teil, sie führen den Umzug an und leiten das Possenspiel auf der Straße, während ihre Herren, die Kanoniker der Kathedralen und der Kollegiatkirchen, sie duldsam gewähren lassen; zweifellos sehen sie in dem Fest eine spontane Unterstützung ihrer sozialen Körperschaft, eine Bekräftigung ihrer Vorrangigkeit und ihrer gewichtigen Bedeutung innerhalb der Stadt: Das Fest der Unschuldigen Kinder, das Narrenfest, macht allgemein deutlich, daß Privilegien vorhanden sind, und die bloße Tatsache, sich zu zeigen, auf der Straße lärmenden Tumult zu stiften und die Leute aus der Stadt ein wenig zu foppen oder zu ärgern, hebt diesen Umstand hervor. Fraglos wissen die Kanoniker, daß ein solches Fest für die armen und jungen Kleriker ein Ventil ist, ein hochgeschätzter Anlaß, zu parodieren und zu spotten, wenn nicht gar in einer burlesken oder bitteren Weise Kritik zu üben.

Jedenfalls fügen die Dezemberfeste sich jahrhundertelang bruchlos in ein spirituelles und religiöses Klima oder zumindest in Bräuche ein, die sich – wie man es an bestimmten Messen, an den Predigten, den Prozessionen innerhalb und außerhalb der Kirche, an den geistlichen Spielen, den Tänzen und den Mysterien beobach-

ten kann – nicht scheuen, die weltlichen, häufig ausgesprochen
gewöhnlichen Themen des Augenblicks mit der gottesfürchtigen
Andacht oder der Lehre des Heilsgeschehens zu verbinden: Das
Profane ist überall, und oft bleibt das Burleske nicht aus.

Trotz außerordentlich strenger und vermehrter Verdammungsurteile erhalten sich diese Spiele während des ganzen 15. Jahrhunderts, ja bis ins 16. Jahrhundert hinein. Erst dann gelingt es den
Provinzialkonzilien und den Universitätslehrern infolge rastloser
Verweise, lautstarker Proteste und empfindlicher Strafen, ihren
Begriff vom Sakralen, von Anständigkeit, von der gebührlichen
Verehrung der Kultstätten, von der Würde der Gottesdienste und
der Würde des Klerus allmählich durchzusetzen, ja es gelingt ihnen sogar, den Hierarchien wieder Achtung zu verschaffen. Doch
die neuen Ideen fassen nur schleppend Fuß, unter Zuhilfenahme
aller möglichen Drehungen und Wendungen, wobei der Beschluß,
die Gotteshäuser allein für den Gottesdienst zu reservieren und
jede Art von Zerstreuung, nicht nur die profane, aus dem Tempel
zu verbannen, eine entscheidende Rolle spielt. Diese Maßnahme,
deren Notwendigkeit sich in erster Linie aus der Gegenreforma-
tion ergibt, verleiht den großen liturgischen Feiern des Jahres ein
anderes Gepräge. Die Bischöfe unterstützen diese Politik, und die
Kanoniker scheinen sich ihr zu beugen, wohl unter gewissen Ein-
bußen ihres glanzvollen Ansehens, ihrer Popularität und ihres
Einflusses innerhalb der Stadt, denen das Fest weitgehend gedient
hatte. Eine Situation, die als Teil des Konflikts »Bischof gegen Ka-
nonikerkapitel« erscheinen mag, in jedem Fall aber ein Zeichen für
das unvermeidliche Verblassen der Macht des Kapitels setzt.

Wie dem auch sei, das Narrenfest, allzu streng verurteilt und Gegenstand zahlloser Verbote, ist bald nur noch eine Erinnerung.
Das Burleske, von nun an vorwiegend profan, entwickelt sich auf
anderen Wegen.

IV. Närrische Aufzüge und Karnevalsbelustigungen

1. Die Laien: Bruderschaften und literarische Gesellschaften

In dem Streit zwischen dem Bischof und den Kanonikern – einem Streit, der tiefere und weiterreichende Gegensätze zum Ausdruck bringt, ja in dem sich zwangsläufig eine Art soziologisches Profil des geistlichen Standes spiegelt – ergreift die Stadt gelegentlich Partei, was allgemein als notwendig empfunden wird. Abgesehen davon haben die Kanoniker, als Gruppe stets in der Überzahl und durch Verwandtschaften oder Klientelen stärker als der Bischof mit den aristokratischen Familien der Stadt verbunden, zweifellos größeren Einfluß auf die Notabeln, jedenfalls auf die Bürgermeister und die Ratsherren im Norden. Auch die Fürsten engagieren sich: In Lille ordnet die Rechnungskammer des Herzogs von Burgund 1466 an, daß »dem Knabenbischof der Kirche Saint-Paul, dem seit jeher eine Beihilfe für sein Fest gegeben wird«, das Gewohnheitsrecht auf eine Zuwendung von sechzehn *Sous parisis* eingeräumt wird. Allem Anschein nach übt der Narrenbischof dieser Stadt das ganze Jahr hindurch eine Art Schirmherrschaft über verschiedene, dem Spiel gewidmete Gesellschaften aus, die er protegiert, denen er Ratschläge erteilt und Geldmittel zur Verfügung stellt. Die erwähnte Rechnungskammer beispielsweise stiftet dem Narrenbischof von Lille zweiundvierzig *Gros* zur Weitergabe »an die Gefährten von der Place du Petit Fret, als Beihilfe für die Festdekoration und die feierliche Gestaltung der Prozession«. Das Programm dieser Prozession zu Ehren der Traubenmadonna soll, so heißt es weiter, von dem Narrenbischof »in unserem Palast unter unserem Geckensiegel« verkündet werden. Es gibt Preise und Belohnungen, als höchste Auszeichnung jedes Jahr eine Statuette der glorreichen Jungfrau Maria mit einem Strahlenkranz über dem Kopf, einer Krone aus zwölf Sternen und der Lanze unter den Füßen – eine Kostbarkeit, die, wie man sagt, mindestens zwölf *Livres parisis* wert ist; der zweite Preis ist ein silberner

Mond im Wert von sechs *Livres*, und der schönste Festwagen wird mit einer Krone im Wert von zwölf silbernen *Livres* (zwei *Livres parisis*) belohnt. Was die im Anschluß an die Umzüge aufgeführten Spiele betrifft, so wird diejenige Gesellschaft ausgezeichnet, die »das lustigste und lächerlichste Narrenspiel« zu bieten hat, »das seit 99 Jahren in dieser Stadt gegeben ward«. Der erste Preis ist ein Uhu oder eine Eule im Wert von drei *Livres*, der zweite eine Elster im Wert von dreißig *Sous*. Dies alles sind Hinweise auf permanente Unterstützungen in Form von Prämien, die nicht nur zu höheren Aufwendungen für Kostüme und Dekorationen ermutigen, sondern auch als Anreiz für neue Inventionen dienen.

Die von den Chorknaben und den Klerikern der Kathedralkapitel gewählten *Päpste* oder *Bischöfe* scheinen also eine ganze Reihe von Spielen und Belustigungen in Regie zu nehmen, so daß sie schließlich – jedenfalls in den Städten Nordfrankreichs – allgemein anerkannte Funktionen erfüllen und ihren Willen und ihre Anregungen auch bei solchen Festen durchsetzen, die keine Narrenfeste sind. Auf diese Weise verstärkt sich der Widerhall der Narrenfeste: Sie gewährleisten hinfort einen ganzen Zyklus von Belustigungen.

Unter diesen Umständen kann man sicher sein, daß die Einwohner der großen Städte, das Volk, wenn man so will, mit bitterböser Miene zusah, wie Gelehrte und Bischöfe die Abschaffung des Narrenfests betrieben. Was da geschah, war mehr als ein Angriff auf eine der zentralen Vergnügungen des Jahres. In Troyes, wo das Fest seit der Pragmatischen Sanktion von 1438 offenbar nicht mehr jeden Winter gefeiert wurde, erhob sich einige Jahre später lautes Geschrei; man argwöhnte, es würde nun vollends zum Verschwinden gebracht. 1445 rottet sich eine große Menschenmenge zusammen, aufgewiegelt (oder vielleicht nur unterstützt?) von den Kanonikern dreier Kollegiatkirchen, die auf eigene Kosten Schaubühnen errichten lassen, auf denen verschiedene Autoren mittels improvisierter Spiele lebhafte Kritik an den Bischöfen und dem unheilvollen Verbot üben: Am ersten Sonntag im Januar »boten die Mitglieder der Kapitel von Saint-Pierre, Saint-Etienne und Saint-Urbain auf hohen Bühnen ein Personenspiel dar, bei dem der Bischof und die höchsten Würdenträger der Kathedrale, die im Namen der Pragmatischen Sanktion eine Abschaffung des Fests verlangt hatten, getadelt und beleidigt wurden«. Das Spiel zeigte namentlich drei allegorische Gestalten: »Heuchelei, Falscher Schein und Verstellung, in denen das Volk den Bischof und jene beiden Kanoniker erkannte, die das Fest hatten verhindern wollen – ein Ansinnen, über das die Leute einvernehmlich unzufrieden und empört waren. Dabei, und das macht die Sache noch schlimmer, sagten diejenigen, die das Spiel aufführten, keinerlei irrige oder im Glauben anrüchige Worte.«

Unmöglich, die Stadt um das Narrenfest zu bringen, ohne daß sich kräftiger Protest erhebt. Zugleich werden deutliche Bestrebungen offenbar, diesem Volksvergnügen, wenn man es schon beibehalten muß, jede religiöse Einbindung zu nehmen, es von allen paraliturgischen Feiern fernzuhalten, es nunmehr an profane Gruppen und Gesellschaften zu delegieren, die für alles, was geschieht, die volle Verantwortung tragen.

Jede Gesellschaft, gleichgültig, ob es sich um eine natürlich gewachsene oder um eine künstliche Gemeinschaft handelt, behauptet sich durch das Fest, von welcher Art auch immer, sei es ernsthaft und erbaulich oder närrisch und burlesk. Das gilt für Innungen und Stadtviertel, für Pfarrgemeinden, für die *pievi* und die *populi* in Italien, für Marktflecken und Vororte. In den großen Städten veranstaltet jedes Viertel spontane Straßen-Spiele, die den Zusammenhalt der »Nachbarn« bezeugen und das Ansehen der Gemeinschaft in den Augen der anderen stärken – kleine, rasch vorübergehende, einfältige Inszenierungen auf Behelfsbühnen, die außer ein paar flüchtigen Bemerkungen in Chroniken und bestimmten Urkunden keinerlei Spuren hinterlassen haben. Der einzige Schimmer Licht, der auf die Vergangenheit dieser aus volkstümlichen Gemeinschaften hervorgegangenen Spiele fällt, kommt, wieder einmal, aus den Städten des Nordens: In Lille versammelten sich die Einwohner an der wichtigsten Straßenkreuzung der jeweiligen Pfarrei, am sogenannten *touquet*, rund um eine Schaubühne, die durch Fahnen oder frisch gepflanzte Bäume kenntlich gemacht war; dort saß der »Platzherr« – auch dies ein gespieltes obrigkeitliches Amt, nur eben profan –, ebenso durch Akklamation gewählt wie der kleine Narrenbischof von den Chor-

Abb. 5: Daniel Burckhardt-Wildt ›Zeichen der Ehre.
Karnevalsfiguren von Klein Basel‹, 1784

knaben, und führte den Vorsitz der Versammlung, verteilte
Naschwerk an die Kinder, Rosenkränze an die Mädchen und
spielte den Fürsten, indem er scherzhafte und burleske Haltungen
einnahm oder die hohen Herrschaften verspottete.

In jeder Stadt, in jeder Gemeinschaft finden wir die gleiche über-
schwengliche Begeisterung für das ergötzliche Spiel, ein zunächst
oft zweckfreies kollektives Vergnügen, das uralte, verschüttete
Traditionen, ja sogar volkstümliche Frömmigkeits- oder Kultfor-
men befördert, in Wirklichkeit aber auch als Träger und Stütze
sozialer und politischer Macht dient.

Die beträchtliche Bedeutung, die, zu welcher Gelegenheit immer,
jeder organisierten Prozession durch die Stadt beigemessen wird,
erklärt sich in erster Linie aus der Notwendigkeit, sich den Nachbarn zu zeigen, die eigenen Leute zu zählen und die Stärke der
solidarischen Bande zu messen. Die Umzüge vermitteln stets eine
genaue visuelle Vorstellung von den Strukturen und dem Zusammenhalt der Gruppe. Sie sind die ersten Vorzeichen unserer heutigen Manie, hinter Fahnen, vielsagenden Kürzeln und Spruch-
bändern herzulaufen.

Der Umzug gibt Auskunft, wie es um Mitgliederzahlen und
Reichtümer bestellt ist. Das zeigt sich besonders bei Feierlichkei-

ten, die mit Besuchen von Königen oder Fürsten einhergehen. Ein anonymer Dichter beschreibt in einem endlosen Bericht den Einzug Karls VIII. 1486 in Troyes, schier außer sich vor Begeisterung über den Reichtum der Gewerbe, die den König empfingen, namentlich über das Aufgebot der Papiermüller: Sie kamen »in allergrößtem Prunk, bekleidet mit *migraine* [einem scharlachroten Stoff], stolze Reiter auf schönen, kräftigen Streitrossen... Um teilnehmen zu können, ließen sie das Seinewasser fließen, zogen die Schützen hoch und hatten nicht mehr acht auf ihre Mühlen; ein jeder von ihnen war freudig erregt. Und jeder trug ein prächtiges Wams aus Satin.«

In London willigten die *aldermen* ein, daß die Glocken am Abend vor dem Fest Johannes des Täufers nicht zur Nachtruhe geläutet wurden und die Narren während der Nacht durch die Gassen schlendern durften, allerdings unter Aufsicht eines bewaffneten Ordnungshüters, der jedoch bald selbst zum unvermuteten Anlaß und Träger eines besonders farbenprächtigen Schauspiels wurde: *the marching watch*, an der die Gilden in ihren schönsten Trachten teilnahmen.

Wie man sieht, bietet der Umzug Zerstreuungen und einen Vorwand für allerhand Spiele, vom feierlichsten Ernst bis zum

Allergewöhnlichsten: ordentlich aufgestellte Gruppen, Gesten und Scheinhandlungen, Reiteraufzüge und Allegorien, Mimen und Mummenschanz – lauter Elemente, die alte Brauchtümer aufnehmen, die sich nach und nach durch Ergänzungen und Inventionen, durch den Einsatz von Schlitten oder Festwagen, durch immer zahlreichere Stationen zum wandelnden Theater entwickeln. So begleitet das szenische Spiel religiöse, politische oder gar soziale Kundgebungen, und die schöpferische Energie, die ehemals aus den Kreisen der Gläubigen kam, geht beinahe reibungslos auf Laiengesellschaften über.

Bekanntlich war die Initiative zum geistlichen Theater vielfach von religiösen Bruderschaften ausgegangen, so vor allem beim *Passionsmysterium*, aber auch bei den *Mirakelspielen*, die ihren Ursprung zwar manchmal aus sehr kargen Texten bezogen, jedoch zum Fest des Schutzpatrons regelmäßig um neu erfundene gespielte oder gesungene Illustrationen ergänzt wurden. Die Schuster Frankreichs beispielsweise hatten sich als Bruderschaft dem Schutz der beiden Heiligen Crispin und Crispinian anvertraut. In Paris führten sie ihr Spiel auf: »Das Leben und Martyrium der Heiligen Crispin und Crispinian, von Personen dargestellt, finanziert mit Hilfe der Spenden des Ostel de la Charité-Dieu sowie aller Brüder und Diener, die dabei waren und deren Namen weiter unten genannt sind.« Die Aufführung mit 31 mitwirkenden Personen erfolgte 1445, am Tag des heiligen Crispin.

Seit dem 13., vor allem seit Anfang des 14. Jahrhunderts finden sich in jeder Stadt des Abendlandes zahlreiche Beispiele solcher Inszenierungen, die von bestimmten Gesellschaften veranstaltet wurden, sei es von Vereinigungen, die der Kathedrale verpflichtet waren – den Liebfrauenbruderschaften –, sei es von den Verbänden einzelner Gewerbe oder, was die Sankt-Jakobus-Spiele betrifft, von der Bruderschaft der Jakobuspilger, die ihre eigene Kirche, ihre eigene Kapelle besaß und alljährlich ein großes Gastmahl hielt, in dessen Verlauf sie ihr *Mirakel* zeigte.

Die seit 1194 nachgewiesene, weithin berühmte Bruderschaft der Spielleute und Bürger von Arras, die außer dem *Laubdachspiel* (im Juni 1276) auch das *Spiel vom heiligen Nikolaus* aufführen ließ und einen Mann wie Adam de la Halle – der 1282 von dem angevinischen König nach Neapel berufen wurde – zu ihren Mitgliedern zählte, war eine berufsständische Vereinigung (die der Spielleute, der fahrenden Sänger) und zugleich ein Werk der Barmherzigkeit, eine *carité*. Sie widmete sich vorwiegend der Pflege derer, die vom Heiligen Feuer befallen waren, und bewahrte in ihrer Kapelle eine wunderwirkende Kerze auf, ein Geschenk der Jungfrau Maria zur Heilung der nämlichen Kranken. Dieser *Carité de la Candoile et des Ardents*, wie man sie nannte, gehörten offenbar zahlreiche Mitglieder an; wir wissen, daß drei Bürgermeister und über zwanzig gewählte Ratsherren den Vorstand bildeten. Dank des außerordentlich hohen Ansehens, das sie sich in der Stadt und im ganzen Land erworben hatte, strömten zur Feier ihrer drei Jahresfeste, bei denen die Wunderkerze durch die Stadt getragen wurde, stets große Menschenmengen herbei.

In einer ganz anderen Art und Weise befaßten andere Gruppen sich vorwiegend mit poetischen Spielen. Diese Gesellschaften, die den Namen *Puy* trugen – *Puy des Palinods* in Rouen, *Puys* von Valenciennes, von Lille, von Arras, von Amiens –, waren zumeist aus alten religiösen Bruderschaften hervorgegangen, die sich später, ab Anfang des 15. Jahrhunderts, gewissermaßen zu literarischen Gesellschaften oder Akademien entwickelten. Die Mitglieder trafen sich, um aus eigenen Werken oder aus denen ihrer Freunde zu lesen. Jedes Jahr organisierte der *Puy* Poesie-Wettbewerbe, fast immer zu Ehren der Jungfrau Maria, deren Tugenden mannigfach gepriesen wurden. Der *Puy* von Rouen war sogar zuständig für das *Passionsmysterium*. Manche preisgekrönten, gänzlich profanen Sonette indes rühmen die Schönheit ebenso wie die Tugend, und fast überall in den gebildeten Kreisen bieten die Versammlungen Anlaß zu vielseitigen Ergötzlichkeiten oder Zerstreuungen. Der *Puy* von Amiens macht seinem während der Lichtmeß-Feier erwählten Oberhaupt zur Pflicht, bei bestimmten Gelegenheiten für die Komposition von Balladen zu Ehren der Jungfrau Maria Sorge zu tragen: am Fest der Jungfrau selbst, an Allerheiligen und an Weihnachten. Das Oberhaupt ist jedoch auch verpflichtet, einer Volksversammlung vorzusitzen, der sogenannten »Brotversammlung«, einer Art Kirmes, bei der es um die Verteilung von Nahrungsmitteln und die Auszeichnung eines

»Schönredners« geht. Ferner ist der oberste Repräsentant des *Puy* gehalten, an Lichtmeß ein Bankett zu geben, es »freigebig und höfisch, jedoch ohne maßlose Aufwendungen« ausrichten zu lassen und während des Festmahls »ein Mysterienspiel« zu bieten; die Anwesenden sollen aus seiner Hand eine grüne Kappe empfangen, und demjenigen, der »das beste Königslied auf den Tischrefrain« erfindet, soll er eine silberne Krone verleihen. Seine letzte Aufgabe besteht darin, von »dem Mysterium, das den Mitbrüdern zum wichtigsten Fest und der größten Feierlichkeit des obengenannten *Puy* geboten ward«, ein Gemälde anzufertigen, damit es »am Weihnachtstag unter Entfernung des Bildes aus dem Vorjahr am gewohnten Ort in der Kathedralkirche zu Amiens aufgehängt werde«.

Ähnlich die *Chambres de Rhétorique* im Norden, ebenfalls Organe religiös geprägter Bruderschaften, die jeweils ihren eigenen Schutzpatron, ihr Wappenschild, ihren Wahlspruch und ihre ordentlich verwaltete Schatzkammer hatten. Oft nannten sie sich nach einer Blume: In Louvain (Löwen) beispielsweise waren die Namen *Rose, Margerite, Petersilie, Lilie* und *Stiefmütterchen* vertreten, jeweils verbunden mit einem Wappen in allegorischer Gestalt – das Wappenschild der *Rose* etwa zeigte eine im Garten sitzende Frau (die heilige Dorothea) und ein Kind, das ihr einen Korb mit Blumen überreicht. Die *Chambres* führten Schauspiele auf *(Marias erste Freude* 1444 in Brüssel), organisierten aber in erster Linie Poesie-Wettbewerbe. 1496 traten in Antwerpen 22 Delegationen aus mehreren Städten an, um in Versen auf die Frage zu antworten: »Welches ist das größte Mysterium oder die größte Gnade, die Gott den Menschen für ihr Seelenheil zuteil werden ließ?« Die *Rose* von Louvain trug den Sieg davon und bekam den ersten Preis: vier silberne Schalen, einen Baum und ein Bildnis des heiligen Lukas, ebenfalls aus Silber. Zweifellos waren diese Vereinigungen ursprünglich ernsthafte Bruderschaften, die sich erst später den Spielen des Verstandes, den poetischen Zerstreuungen hingegeben haben, gleichzeitig – heimlich, wie man sagt – jedoch dem Schauspiel und mehr noch dem Vergnügen volkstümlicher Versammlungen frönten.

Die dauernden Rivalitäten zwischen den Gesellschaften und den

Bruderschaften, zwischen den Vereinigungen der Stadtviertel und denen der Gewerbe forderten zwangsläufig zu unerhörten Ausgaben heraus. Jede Parade, jedes Spiel diente den Gruppen als Gelegenheit, ihre Reichtümer zur Schau zu stellen, öffentlich ihre Stärke, ihr soziales Prestige zu beweisen: »Darüber waren die Engländer ganz baff vor Staunen; denn sie hätten nie geglaubt, daß so viele reiche und edle Leute aus einer einzigen Stadt hervorkommen könnten«; »so brachen alle, die sie sahen, in höchste Verwunderung aus« (Paris, 1413). Jedenfalls werden diese Ausgaben für absolut notwendig erachtet. Und abgesehen von der Zerstreuung, abgesehen von dem Spaß einer gemeinsamen Unternehmung erscheint das Fest durchaus als eine Pflicht, eine öffentliche Auflage zu Lasten der Gemeinschaft oder der Reichsten, die, ob sie wollen oder nicht, ihren Anteil zu leisten haben.

Die Stadt hilft den Vereinigungen – oft geistlichen Bruderschaften – durch Subventionen, die von den Schreibern sehr genau in den Rechnungsbüchern vermerkt werden: »Auf ein Gesuch der Ratsherren und der Brüder von der Charité-Dieu, von Notre-Dame, Saint-Nicolas und Sainte-Catherine, die um Beihilfe baten für die Aufwendungen und Kosten, welche ihnen bei der Aufführung und Feier des Mysteriums der heiligen Katharina und bei dem Aufbau desselben entstehen..., zwanzig *Livres tournois*« (Rouen, 1454). Ein anderes Beispiel betrifft die Stadt Amiens, die sich 1413 mit drei *Livres* an den Aufwendungen der Bruderschaft vom Heiligen Sakrament beteiligte, um den Mitgliedern »zu helfen, die hohen Ausgaben zu tragen, die ihnen durch die Vorbereitung der Feste zur Passion und Auferstehung Unseres Herrn entstanden sind, desgleichen für die Kosten und Ausgaben bei der Errichtung von Estraden, auf denen die Amtmänner, der Bürgermeister, die Gemeinderäte und mehrere Ratgeber der Stadt ihre Plätze hatten«.

Um den Erwartungen der Einwohner gerecht zu werden oder infolge des Drucks, den die Ratsmitglieder ausüben, sind die Innungen und Bruderschaften manchmal gezwungen, selber die Kosten zu tragen. In England geht dies so weit, daß der Begriff *livery*, die Festuniform in den Farben der Gilde, schließlich die Standesgruppe selbst bezeichnet oder immerhin die Gruppe derer, die

wohlhabend genug sind, um sich die Tracht leisten und an den
großen Festen teilnehmen zu können. In Beverly, einem Ort der
Grafschaft Yorkshire, wirken nicht etwa alle Schneider, sondern
nur die Schneidermeister am *Fronleichnamsspiel* mit, und 1377
wird deutlich gesagt, »was das Schloß und das Montagsfest der
Rogationstage betrifft, dürfe jeder arme Schneider, der nicht die
Tracht der Brüder seines Gewerbes trage, lediglich seinen Teil zu
den Ausgaben beisteuern«. Beinahe hundert Jahre später, 1465,
steht in den Standesverordnungen der Schmiede desselben Markt-
fleckens immer noch zu lesen: »Jedes Mitglied des obengenannten
Gewerbes hat zur Aufführung des *Fronleichnamsspiels* alljährlich
vier Denare zu entrichten, und jeder Geselle des Gewerbes nur
zwei Denare.« In den englischen Städten, inbesondere im Osten
und im Norden des Landes, wurde die Beteiligung der einzelnen
Gilden an den Spielen und Mysterien auf Gemeindeversammlun-
gen erörtert oder vielmehr – so scheint es jedenfalls – ausgelost:
Nach diesem Prinzip verfuhr man 1449 in Norwich, um die zwölf
Spiele, die im Laufe des *Fronleichnamsfests* vorgeführt werden
sollten, zu verteilen: die *Schöpfung der Welt*, die *Hölle*, das *Paradies*, die *Arche Noah*, der *Pharao und seine Reiter*, *David und
Goliath* sowie die Spiele der *Evangelien*. Bassingbourn, ein un-
scheinbarer ländlicher Marktort in Cambridgeshire, bot jedes Jahr
mindestens zwei Schauspiele zum Dreifaltigkeitsfest und ein weiteres, das *Spiel vom heiligen Georg und dem Drachen*, am 20. Juli,
dem Tag der heiligen Margareta.

So gelten Spiele, Schauspiele und Umzüge allgemein als Ver-
pflichtungen, um den fliehenden Tagen einen Rhythmus zu geben, um den Massen des Volkes außer Almosen, Brot und wein-
spendenden Brunnen höchst ergötzliche Zerstreuungen zu bieten.
Manche Feste dauern Tage um Tage, vor allem dann, wenn die
Mysterien in mehreren Abschnitten aufgeführt werden oder
wenn sich aus der Ansammlung verschiedener Darbietungen regelrechte Festspiele ergeben. Um 1500 währte das *Passionsmysterium* in Amiens vier Tage, in Riom acht Tage, in Poitiers erstreckte
es sich 1534 über zehn Tage und in Issoudun ein Jahr später angeblich sogar über einen ganzen Monat. In England war es schon seit
langem üblich, daß mehrere Dutzend Spiele nacheinander aufge-

führt wurden: 36 in Chester und 48 in York. Selbstverständlich haben diese geistlichen Spiele nichts mehr mit einer bloßen Illustration der beiden *Testamente* gemein; meist dient das Heilsgeschehen nur als Vorwand für Genreszenen, Bilder aus dem Alltagsleben, lyrische Gesänge, königliche Propaganda oder gar aufbegehrende Kritik.

2. Närrische Gesellschaften

Genau in diesem Klima, im Rahmen der festlichen Zyklen szeni-
scher Spiele und der in Farben, Gesten und Gesängen mit großer
Prachtentfaltung verbundenen Prozessionen entwickeln sich die
Belustigungen der weltlichen Vereine, der fröhlichen, närrischen,
burlesken und satirischen Gesellschaften.
Einige von ihnen, der Allgemeinheit gut bekannt, stützen sich auf
bestimmte Berufsgruppen und stellen vorzugsweise das zuweilen
mit dem Gewerbe selbst verbundene *Wunderbare Leben* ihres
Schutzpatrons dar. Doch den gewohnten Spielen der kleinen Kleriker und der Chorknaben aus dem Milieu der Kathedral- oder
Kollegiatkirchen entsprechen jetzt vor allem Spiele aus der Welt
der einfachen Leute, die dem Umkreis der Rechtsgelehrten angehören: Lustbarkeiten der Notare oder vielmehr ihrer Schreiber,
ihrer Sekretäre, all derer, die man oft ganz allgemein – möglicherweise unter Anspielung auf das Wort *basilica* (und somit auf die
Gerichte) – die *Schreiber der Basoche* zu nennen pflegte und die
allein in Paris drei streng unterschiedene Gruppen oder Körperschaften bildeten: die Basochen vom Palais Royal, das heißt vom
Parlament, denen Philipp der Schöne 1302 Privilegien einräumte
und die ihre kleinen Delikte nicht nur vor einem eigenen Gerichts-
hof verhandeln, sondern überdies Strafgelder verhängen und einziehen durften; außerdem gab es die Basochen vom Châtelet und
schließlich die von der Rechnungskammer, allerdings weniger
zahlreich und sicherlich weniger einflußreich. Als Organisations-
form wählten die Gerichtsschreiber, namentlich die der zuerst genannten Gruppe, ein »Königreich«, ähnlich wie die Gesellschaften
der *Krämer* und der *Liederlichen*, wie all jene, die ihre Unabhän-
gigkeit gegenüber den traditionellen Berufsverbänden stärker betonen wollten. Der König oder vielmehr die beiden Könige der
Basoche waren in Paris anerkannte Persönlichkeiten, mit denen

die Justiz und die gesamte Ile de la Cité zu rechnen hatten. Hier
wie übrigens in zahlreichen anderen Städten des Landes führten
die Basochen zum Fest ihres Königreichs Schauspiele auf – in der
Picardie waren es die *rébus*, kurze, kritische und satirische, possenhafte und burleske Stücke, die sich stets um bekannte Schlüsselfiguren drehten; in Paris waren es seit den ersten Jahren des
16. Jahrhunderts regelrechte Theaterstücke, ebenfalls komisch
und satirisch, in Form von Moralitäten. Wie man sich denken
kann, haben manche Autoren, die natürlich alle anonym geblieben sind, nicht damit gespart, ihre Feinde oder die Gegner ihrer
Schutzherren – die des Königs beispielsweise – anzugreifen und
ihren Spott an den eigenen Vorgesetzten, den Richtern und den
Prokuratoren, auszulassen. So gab es die Ankündigung: »Spiele
und Maienfest des Königreichs Basoche«, oder auch »Spiel und
Moralität, wie gewohnt am ersten Donnerstag nach Dreikönige,
zum gewohnten festlichen Ausklang dieses Tages«. Eine rundheraus komische und satirische Belustigung, die bereits karnevals-
ähnliche Züge trug.
Doch es gab andere Gesellschaften, die, vollständig abgelöst von
jedem berufsständischen Motiv, noch enger, ja bis hin zu ihrem
Namen, an das Fest der Chorknaben anknüpften, *Fröhliche Gesellschaften*, wie man sie nannte, und häufiger noch *Närrische
Gesellschaften*, die ebenfalls einen König oder eine Königin wählten, manchmal einen Abt oder einen Bischof – genauso wie bei den
Kirchenfesten. Diese hohen Persönlichkeiten führten die Festzüge
an, umgaben sich mit einem Hof aus Vertrauten und Dienern und
traten in Komödien oder Parodien, die burleske Prozesse zum Gegenstand hatten, als Rechtsprecher auf, wobei sie die absonder-
lichsten Urteile fällten. Die Titel der Stücke, etwa *Urteil des unge-
sunden Menschenverstandes* oder *Gericht der üblen Ansichten*,
scheinen den Effekt schon anzudeuten: auch hier eine Umkehrung
der Regeln, der Werte und der Hierarchien. Wie aus einer schlichten, auf Frankreich beschränkten Auflistung dieser *Fröhlichen
Gesellschaften* und ihrer Oberhäupter zu ersehen ist, sind die Namen dennoch sehr verschieden, oft – insbesondere im Norden –
geprägt von dem Wunsch dieser oder jener Stadt, sich durch eine
eigentümliche Erfindung von den Nachbarn abzugrenzen. Wäh-

rend sich der *Abbé de Maugouvert*, der Abt der schlechten Regierung, gewissermaßen als Aushängeschild einer parodistischen Gegenmacht, die der Herrschaft der Magistraten und der Ratsherren lächerliche Konkurrenz macht, von Abbeville über Besançon bis nach Rodez in einem guten Dutzend verschiedener Städte wiederfindet, herrscht in Arras der *Prince de Gaîté* (Fürst der Heiterkeit), in Cambrai der *Abbé de Lescache-Profit* (Abt der heimlichen Gewinne), in Valenciennes der *Prince du Plaisir* (Freudenfürst) und in Soissons der *Prince des Jeunes* (Fürst der Jugend); in Lille ist es der *Prince d'Amour* (Liebesfürst) oder – wieder einmal – der *Prince des Fous* (Narrenfürst); in Tournai trägt der gleiche *Prince d'Amour* einen grünen Hut, in Bouchain regiert der *Prévôt des Etourdis* (Propst der Leichtsinnigen), und in Douai feiert man die *Fête aux Anes*, das Fest der Esel.

Häufiger begegnet man einem *Abbé des Cornards* (Abt der Gehörnten), der, wie bereits der Name sagt, eine Kappe mit Hörnern oder Spitzen auf dem Kopf trägt, ähnlich wie die Narren; noch verbreiteter ist der *Prince des Sots* (Fürst der Toren) und vor allem die *Mère folle*, die *Narrenmutter*, so etwa in Sens und in mehreren Städten des Herzogtums Burgund. Eine Frau steht auch an der Spitze der *Compagnie joyeuse* von Bordeaux: die *Mère d'Enfance* (Kindheits-Mutter), umgeben von ihren Kindern. Die Themen der Narrheit, der Torheit und der Kindheit – alles findet sich wieder, und man könnte leicht auf den Gedanken kommen, daß es sich hier um eine bloße Fortsetzung der Klerikerspiele handelt, um eine Verlagerung vom Kathedralchor in die Stadt, in die Gesellschaften der Laien.

Die Ursprünge und das soziale Erscheinungsbild mancher Narrenvereine erinnern an vornehme Gesellschaften, die, sofern sie nicht durch und durch aristokratisch sind, jedenfalls von adligen oder reichen Leuten geleitet werden und die Protektion des Fürsten genießen. 1381 gründen 36 Adlige der Grafschaft Cleve, unter ihnen der Graf persönlich, eine *Geckengesellschaft;* der Stiftungsbrief trägt 35 Siegel aus grünem Wachs und ein Siegel aus rotem Wachs. Ein Autor des Dritten Ordens der Franziskaner schreibt in diesem Zusammenhang, es handele sich um einen Ritterorden, den er in seiner um 1700 verfaßten *Histoire des Ordres religieux*

denn auch ausgiebig würdigt; ein anderer Autor nennt die Namen der 35 beteiligten Herren – die Reihe beginnt mit dem Grafen von Meurs, dann folgen Diderich von Eyl, der Graf von Meghen usw., bis hin zu den Grafen Johann von Ruckehem und Walraven von Benthem. Diese Ritter verpflichteten sich bei einer Strafe von »drei alten Groschen, die zur Ehre Gottes den Armen gegeben werden sollten«, einen goldbestickten Narren, bekleidet mit einem engen Rock, einer gelb-rot gestreiften, mit goldenen Schellen besetzten Kappe, gelben Beinkleidern, schwarzen Schuhen und mit einer Schale voller Früchte in der Hand auf ihren Kleidern, ihren Mänteln zu tragen. Am zweiten Sonntag nach Michaelis mußten sie sich feierlich versammeln und die über das Jahr entstandenen Kosten teilen, ehe sie zu ihren Geschäften zurückkehren durften (»daß niemand seine Herberge verlasse noch sein Pferd aus dem Stall hole, wenn er nicht zuvor seinen Anteil bezahlt hat...«); entschuldigt waren nur die Kranken und diejenigen, die mehr als sechs Tagesreisen vom Versammlungsort entfernt wohnten. Am Morgen der Zusammenkunft ging man gemeinsam in die Liebfrauenkirche zu Cleve, um für die verstorbenen Mitbrüder zu beten und zu opfern. Anschließend wurden ein König und zehn Räte gewählt, welche die Feste und Versammlungen des folgenden Jahres vorzubereiten und die Beiträge einzunehmen hatten – die Freiherren zahlten ein Drittel mehr als die einfachen Ritter oder Schildknappen, und die Grafen ein Drittel mehr als die Freiherren. So entstand eine *Bruderschaft* (man sprach tatsächlich von den *Brüdern)*, eine hierarchische Gesellschaft von Laien, die ausnahmslos dem Adel angehörten, eine Gesellschaft der wechselseitigen Fürbitte, die tatsächlich in mancher Hinsicht an die Ritterorden erinnert. Du Tillot berichtet, daß Briefe, die im Namen der Gesellschaft verschickt wurden, auf der ersten Seite mit den Wappen sämtlicher Ritter gezeichnet waren. Nirgendwo freilich steht etwas über die Feste selbst. Geblieben ist nur das Wort *Geckengesellschaft*, das Eindeutigkeit allerdings kaum vermissen läßt.
Die berühmtere, wegen ihrer Umzüge und Spiele weithin bekannte Gesellschaft der Narrenmutter oder *Compagnie folle* (Närrische Gesellschaft) von Dijon wurde möglicherweise in An-

lehnung an die Gesellschaft des Herzogtums Cleve ins Leben gerufen. Das Datum ihrer Gründung ist unbekannt, es gibt jedoch
einen äußerst populären, vielzitierten, in freien Versen verfaßten
Erlaß, der Philipp dem Guten zugeschrieben wird und der 1454 das
herkömmliche Recht dieser Gesellschaft bestätigt, jedes Jahr »das
edle Fest der fröhlichen Narren« zu feiern; der Herzog bekennt,
daß es für »diejenigen, die oft daran teilnehmen, die mit Leib und
Seele dabei sind«, höchst verdrießlich wäre, wenn diese Ergötzlichkeiten unterblieben, und er ordnet an, daß sie in keiner Weise
behindert werden dürfen – Privilegien, die 1482 durch Jean d'Amboise, Bischof und Herzog von Langres, Statthalter des Herzogs
von Burgund, erneut bestätigt werden: »Möge der Sachverhalt
allen bekanntgegeben und an den Straßenkreuzungen öffentlich
ausgerufen werden, damit alle ihn zur Kenntnis nehmen und niemand ihn mißachten kann.« Gleichwohl scheint die Gesellschaft
der Narrenmutter von Dijon – bezeichnend für die Entwicklung
der Sitten im Laufe eines Jahrhunderts – hinsichtlich ihrer Ver-
wurzelung und ihrer sozialen Zusammensetzung kaum mit der
des Grafen von Cleve vergleichbar und weitaus vielschichtiger gewesen zu sein. Einige Protokolle, leider aus einer sehr späten Zeit,
berichten in burleskem Ton (»Als das Jahr Tausend ins Land
ging... In dem Monat, da das Geflügel reift... Wie die Mutter so
die Kinder: wunderherrliche und allerhöchstrühmliche Parzellen
der Infanterie... An alle Narren, Erznarren, Mondsüchtigen...«)
von der Ankunft hoher Persönlichkeiten, darunter 1616 Heinrich
von Bourbon, Fürst von Condé (»der die Festlichkeiten der dickar-
schigen und vielspaßigen Schoßkinder der Narrenmutter mit seiner Anwesenheit beehrte und die Güte hatte, inmitten der versammelten Infanterie um seine Einschreibung und Aufnahme zu
ersuchen...«), ferner der Graf Harcourt (»wegen seiner glücklichen Erfolge in den Waffen und seiner treuen Dienste gegenüber
dem König von allen verehrt, Liebling der Damen...«) und, als
weiterer Gast, der Bischof von Langres (»der sich für imstande
erklärt hat, die dreifarbige Kappe und die Marotte der weisen
Narrheit zu tragen, um darin alle Gaumenfreuden, Verliebthei-
ten, Feinheiten, alle Kühnheiten, Genugtuungen und Erfahrungen der Zähne zu finden, die ein hübscher Zechbruder je verlangen

kann«). Zahlreich repräsentiert sind aber auch die einfachen Bürger, Standespersonen, Notare, Rechtsgelehrten, Kaufleute und
Handwerksmeister. Nirgendwo ist die Rede von einer Hierarchie,
nirgendwo liest man von einer ritterlichen Idee oder von einem
Brauch, der daran erinnern könnte.

Ganz im Gegenteil, die Gesellschaft war eine *Infanterie,* gleichsam nach dem Muster der Bürgermilizen, als deren Parodie sie
galt. Ihre Zusammenkünfte fanden im Ballsaal der Poissonnerie
statt. Organisiert als eine fröhliche, verbrüderte Gemeinschaft,
legte sie sich nicht etwa die Strukturen eines aristokratischen,
elitären Ritterordens zu, sondern vielmehr die eines frei phantasierten Königreichs. Die Wahl des Oberhaupts erfolgte durch
Akklamation, und gewählt wurde derjenige, »der sich durch sein
vorteilhaftes Äußeres vor allen anderen empfahl«, in Wirklichkeit derjenige, der die meisten Kosten zu tragen hatte; er nahm
den Titel *Narrenmutter* an und umgab sich mit einem ganzen
Hofstaat; genau wie ein Fürst an seinem Hofe hatte er einen
Kanzler und einen Oberstallmeister, Ratgeber, Würdenträger
und Gerichtsdiener. Ein Finanzverwalter, ebenfalls von der Versammlung gewählt, wacht, so heißt es in den Verordnungen,
»über die Polsterung unserer Wänste..., über die Ehren, Vorrechte, Vorrangigkeiten, Freiungen und Freiheiten, die den Ausdünstungen seiner Launen zuträglich sind, und das alles gegen
den gewohnten Lohn, wie er auf den Fischfang in unseren Seen
zu Chaumes und Auvenet sowie an anderen Orten und Plätzen,
auf die wir nach dem Stand des Mondes ein Anrecht haben, festgesetzt ist«. Entsprechende Regeln bestehen für jedes Amt und
für jede Aufgabe: parodistische Wahl- und Bestallungsurkunden,
die den Akzent stets mit derbem Nachdruck auf die Verspottung
der Amtshandlungen (»überreicht mit dem Rücken zum Feuer
und dem Bauch am Tisch, in Gegenwart ehrenwerter Narren...«), auf die Notwendigkeit großer Ergötzungen und
Schlemmereien setzen.

Die Gesellschaft der Narrenmutter spricht ihre eigenen Gerichtsurteile zur Schlichtung der Konflikte, die im Streit um Vorrangigkeiten oder nach großen Trinkgelagen unter den Mitgliedern
ausbrechen. Sie verfügt über eigene Garden, zu Fuß und zu

Pferde, die ebenfalls feierlich in ihr Amt eingesetzt werden
(»... gegen den gewohnten Lohn, wie er auf unsere Einkünfte aus
den Grotten von Asnières festgesetzt ist«), und sie wacht darüber,
daß niemand Gelegenheit hat, »sich über Gelder zu beklagen«. Die
fünfzig Mann starke »Schweizergarde« der *Narrenmutter*, bestehend aus den reichsten Handwerksmeistern der Stadt, hält sich
gewöhnlich am Eingang der Versammlungsräume bereit und versucht, bei den Gelagen für Ordnung zu sorgen.

Durch alle Zeichen und Attribute bezeugt die Gesellschaft ihre
ergebenste Verehrung gegenüber der ihrer Schutzpatronin Narrheit. Das Wort kehrt unentwegt in allen Texten wieder, recht monoton übrigens, ohne besonderen Erfindungsreichtum. Die Gefährten definieren sich selbst durch eine Litanei aufgeblasener,
unsinniger, manchmal äußerst verworrener Formeln: »... wir,
eheliche und bildliche Kinder der elenden lustigen Zeit und des
Narrenkolbens, ihre Enkelsöhne, Neffen und Großneffen in Rot,
Gelb, Grün, grün hinter den Ohren und mit großer Klappe«; sie
nennen sich auch »Wolfsmondsüchtige, Windige, Kuhfüßige, alte
und neue Kalender« oder schließlich »Wunderlinge, Frohsinnige,
Melancholiker, Finsterlinge, Übergeschnappte, Fanatiker, Lust-
beutel, Choleriker«. Das alles erfahren wir aus Protokollen und
Verordnungen, die in äußerst freien und burlesken Versen abgefaßt sind. Die Bestallungsurkunde eines »Gesandten der Gesellschaft«, dessen Auftrag darin besteht, dem Reglement der *Narrenmutter* mehr Achtung zu verschaffen, namentlich bei »mehreren Provinzlern und Ortsansässigen«, die sich, »seit sie nicht
mehr, wie es einst üblich war, überwacht und gewarnt werden...,
wie durchgebrannte Pferde in verschiedene Gefahren gestürzt haben..., indem sie lange und gefährliche Reisen unternahmen«,
enthält ein vierundzwanzig Zeilen langes Gedicht mit mindestens
fünfzig Narrendefinitionen, unter anderem: »verderbter Narr,
hirnloser Narr, Narr mit wenig Grips im Kopf, Narr auf gute Kost
bedacht, Narr, der Leckerbissen schleckt..., fideler Narr, Narr der
junges Mädchen sieht...« Der Gesandte, heißt es weiter, »von
Unserer Lieben Frau Mutter mit dicker, fetter und voller Macht
über alle Narren seines Amtsbereichs ausgestattet«, soll gehalten
sein, »schöne und weitschweifige Memoiren zu schreiben, die er

unserem Grünen Fiskalanwalt durch Zusendung an alle Pforten
närrisch in den Kopf setzen wird«.

Im übrigen trugen die Mitglieder der Gesellschaft von Dijon zum
Zeichen ihrer ehrerbietigen Narrentreue die Farben Rot, Grün
und Gelb, eine Dreierkombination, die sich in phantasievollen Variationen überall wiederfand, an den Kleidern und den Mützen, an
den Siegeln und den Seidenschnüren, mit denen die Siegel befestigt waren, an den mit dreierlei Tinte geschriebenen Urkunden.
Selbstverständlich hielt jeder Angehörige der *Infanterie* eine mit
dem Narrenkopf verzierte Marotte in der Hand, und jeder ließ sich
Schellen an die Narrenkappe nähen. Auf der ebenfalls dreifarbi-
gen, zwei- oder mehrflammigen Fahne, dem Banner der *Narrenmutter*, war eine sitzende Frau abgebildet, auch sie in Rot, Grün
und Gelb gekleidet, mit der Marotte in der Hand und der Narrenkappe auf dem Kopf, umgeben und bedient von »einer Unzahl
kleiner, ebenso bekappter Narren, die überall unter ihr und aus
den Falten ihrer Kleider hervorkamen, mit den gleichen goldenen
Bannern«. Eine sitzende, von lauter Narrenköpfen umringte Frau
schmückte auch die Wimpel und die Siegel.

Diese Bilder und Gebräuche weisen alle unverkennbar in die gleiche Richtung – sie laufen auf eine Erhöhung der Narrheit, eine Art
feucht-fröhlichen Kult hinaus. Was die Zeremonien selbst betrifft, so stand – wie bei jeder Gemeinschaft oder Bruderschaft – an
erster Stelle die Versammlung, das heißt der große Festschmaus.
Jeder erhielt seine persönliche Einladung: »Ich bringe Grüße von
der großen Mutter aller glücklichen Narren und Weisen, Euch
auszurichten, daß sie ihre lieben lustigen Zeiten lange nicht gesehen hat.« Jeder brachte etwas zu essen mit, einen Kapaun, ein
Rebhuhn, eine Ente oder sonstiges Fleisch. Als Treffpunkt wurde
»das Spielhaus« angegeben, »wo man sich an gewöhnlichen Maß-
krügen mißt«; es durfte »niemand anders erscheinen als von Kopf
bis Fuß mit den Farben Gelb, Rot und Grün bedeckt«. »Sollte
irgendein Abwesender sich Entschuldigungen zunutze machen
wollen, soll er der Entschuldigung gescholten sein.«

Zum Fest gehört aber auch – wiederum in Übereinstimmung mit
den Festen der religiösen Bruderschaften – die öffentliche Prozession durch die schönsten Straßen der Stadt, um das Ansehen der

Gesellschaft zu festigen. Die *Infanterie* von Dijon, die man wohl gut und gerne auf zweihundert Mann schätzen darf, defilierte in einem langen Zug hinter dem Wagen der *Narrenmutter,* einer Parodie auf den ehemaligen Kriegswagen der Kommunen, vielleicht auf den *carrocco* der italienischen Städte: ein schweres Gefährt mit einem Gespann von nur zwei Pferden und einem als Narren verkleideten Kutscher, das Ganze bedeckt mit schweren, gestreiften, quasten- und schellenbesetzten Decken, überragt von einer riesigen Marotte und geschmückt mit vier allegorischen Holzfiguren, die, nach einer leider ebenfalls sehr späten Zeichnung, an weibliche Gestalten der griechischen Mythologie erinnern: Bacchantinnen, Sylphiden oder Najaden. Ein sittsamer, wohlgeordneter Zug – ein jeder hatte den Platz, der seinem Amt entsprach. Mindestens ein Herold marschierte vor den Garden; es folgten die beweglichen Bühnen mit den Mimen, sodann der Wagen der *Narrenmutter.* Manchmal ritt die Mutter feierlich und ernst auf einem weißen Zelter, gefolgt von ihren»Hofdamen sowie sechs Pagen und zwölf Lakaien«; dahinter defilierten der Fähnrich, die sechzig Offiziere, die Stallmeister, der Falkner und der Oberjägermeister, schließlich die Reiterei mit ihrer Standarte und der *Grüne Fiskal,* Herr der Gerichtsbarkeit, mit seinen beiden Räten, bewacht von den Fußgarden, den Schweizern, die den Abschluß bildeten.

Allmählich mischten sich dem Umzug schauspielhafte Einlagen bei. Zuweilen wurden an den Wegkreuzungen Gedichte rezitiert. Zu bestimmten Gelegenheiten fuhr die *Narrenmutter* auf einem größeren Wagen, gezogen von sechs mit rot-gelb-grünen Decken verkleideten Pferden; auf diesem Wagen befanden sich diejenigen, die Verse sangen oder aufsagten: Winzergedichte, wie es heißt, teils artig und teils bösartig. Die Texte, die uns überliefert sind, aber nicht weiter zurückreichen als bis in die ersten Jahrzehnte des 18. Jahrhunderts, enthalten entweder Aufrufe zu Festlichkeiten und Ergötzungen, oder sie zählen in scherzhaftem Ton Narren auf; andere sind erfundene Dialoge zwischen einer vereinsamten *Narrenmutter* und kolbentragenden Narren, die für ihre Nachlässigkeit um Vergebung ersuchen; noch andere handeln von zwei oder drei Winzern, die mit den Lustigen Zeiten Gespräche führen.

Weder ausgefallene Ideen noch Ehrverletzungen, so scheint es jedenfalls. Doch sind diese Texte mehrfach transkribiert und so etwas wie »ausgewählte Stücke« oder Modelle, die sicherlich nach
Lust und Laune ausgeschmückt worden sind. Einige Autoren
zeichnen denn auch ein minder sittsames Bild: Die gleichen Wagen, gemeinhin »Schimpfwagen« genannt, sind bevölkert mit
Standespersonen oder mit rechtschaffenen Handwerkern, die, als
Weinbauern verkleidet, beträchtlichen Spaß daran haben, mehr
oder weniger improvisierte, schlecht gereimte, wiewohl deftige
Satiren gegen die Autoritäten, gegen die Kirche, gegen alle ihre
erklärten Feinde, ihre allgemein bekannten und ganz persönlichen
Gegner, loszulassen.

Die Feste der Narrenmutter wurden in Dijon das ganze Jahr hindurch gefeiert, insbesondere jedoch in den Monaten März bis Mai;
am Ende schlossen die Schimpfwagen sich den Karnevalsumzügen
an, jedenfalls in den letzten drei Tagen, und gingen schließlich
darin auf.

In Paris war es eine andere spottlustige Bruderschaft, *Enfants sans
Souci* (Sorglose Kinder) genannt, die am ersten Januar in der
grün-gelben Narrentracht, mit schellenbesetzten Mützen und
Narrenkolben durch die Stadt defilierte; sechs rittlings auf Eseln
sitzende Männer führten den Zug an; unterwegs entrollten die
Gecken eine mit gelben Halbmonden verzierte Fahne und Spruch-
bänder mit satirischen Inschriften gegen die Ärzte und die Apotheker, vor allem gegen die betrogenen und geschlagenen Ehemänner.

Hier handelt es sich selbstverständlich bereits um eine Form des
Karnevals: Schauspiele, Possen, Parodien und Satiren. Ihr Ursprung indes ist offensichtlich ganz eigener Art: Jede Narrengesellschaft, allen voran die berühmte *Infanterie* der Narrenmutter
von Dijon, will hauptsächlich das Vergnügen, die zwanglose Zerstreuung, und zwar für eine Körperschaft, die Leute – ausschließlich Männer, wenn ich nicht irre – verschiedener Stände und
Berufe versammelt: Schlemmereien, Umzüge, Spiele für alle. Andererseits beruft sie sich lautstark auf die Narrheit, deren Attribute oder Insignien überall verwendet werden. Ohne Zweifel setzt
die Narrengesellschaft das *Kathedralenfest der Kinder* fort, dehnt

es räumlich auf die gesamte Stadt aus und vervielfältigt es das Jahr hindurch bei unterschiedlichen Gelegenheiten, die nur noch von ferne mit dem liturgischen Kalender zu tun haben. Doch im Gegensatz zu den kleinen Narrheiten der Chorknaben ist dies ein Fest für Erwachsene, veranstaltet von reifen, gesetzten, fest im Leben der Stadt verwurzelten Leuten und für eben diese Leute bestimmt; die Beteiligten sind keine kleinen Dienstboten, sondern selbständige Männer. Sofort herrscht ein anderer Ton, und dieser Ton ändert sich nicht: Er ist burlesk, possenhaft, jedoch eher jungenhaft und kindlich, ausgesprochen spöttisch, aber nicht wirklich zotig oder derb und erst recht nicht obszön: kaum mehr als Wortspiele, die amüsant sein sollten und gleichzeitig von einer gewissen Sprachgewandtheit, von Zungenfertigkeit und schwungvoller Redekunst zeugen mußten, ja sogar von der Kenntnis einiger possenhafter Texte, die durch Anspielungen oder Hinweise in Erinnerung gerufen wurden. Das alles blieb für jedermann erträglich und verwies bereits, wenn man so sagen kann, auf Spiele mit geistreichem Witz. Verkleidungen waren an der Tagesordnung, doch auch sie waren im voraus festgelegt, gewissermaßen reglementiert. Die Statuten sprechen von Belustigungen, freilich nur von sittsamen Belustigungen: Unordnung war verpönt.

»Damals gab es nur wenige Städte ohne solche Possen, die durch Katzenmusik ergänzt wurden«, schreibt Du Tillot 1751. Doch kaum eine vermag noch die Aufmerksamkeit unserer Zeitgenossen zu erregen. Entweder sind sie rasch in Vergessenheit geraten oder sie sind vollständig in den Rahmen der Karnevalsumzüge eingegangen, oder aber Gelehrte und Historiker haben sie allzu lange für platte, nichtssagende Scherze gehalten, die keinerlei Analyse verdienen.

In der Normandie wurde statt einer *Narrenmutter* ein *Abbé des Connards* (oder *Cornards*), ein *Abt der Gehörnten*, gewählt. In Rouen hatte sich im Umkreis der Kirche Notre-Dame-des-Bonnes-Nouvelles eine fröhliche Bruderschaft gebildet, die sogenannte *Confrérie des Coqueluchiers* (Mönchskappenträger), die in absonderlichen Gewändern zur Bittprozession erschien, sonst jedoch keine weiteren Spiele veranstaltet zu haben scheint. Diese Bruderschaft wurde abgelöst von der Gesellschaft der *Gehörnten*, die alljährlich einen *Abt* wählte, ihn mit Mitra, Krummstab und einem prunkvollen perlenbesetzten Wams versah und ihn derart »am fetten Sonntag und an anderen Tagen der Bacchanalien« auf einem vierrädrigen Karren durch die Stadt zog. 1587 erschien in Rouen ein kleines Buch von etwa hundert Seiten, dessen Titel genug darüber sagt, welchen Platz die Spiele und Narrheiten der *Gehörnten* in dieser Stadt einnahmen: *Die Triumphe der Abtei der Gehörnten unter dem lausigen Abt der Gehörnten, seines Namens Zehnten-Träumer, mitsamt den gerichtlichen Ausrufungen und den Proklamationen, die sich seit der Gründung bis ins heutige Jahr zugetragen haben. Nebst der sinnreichen Schmutzwäsche, die in feiger Manier an den fetten Tagen des Jahres MDXI gezeigt wurde. Nebst dem Testament des Ovinet, auf Geheiß des nämlichen Abtes abermals erweitert und noch nicht aufgeführt. Nebst der Litanei, der Antiphon und der Oration des obengenannten Abteihauses aus dem Jahre 1580.*

In Evreux wurde die *Facetia Cornardorum* mitten im Juni gefeiert, genauer gesagt am 11. Juni, dem Tag des heiligen Barnabas, des Schutzpatrons der fröhlichen Bruderschaft: Versammlung (»schimpfliche Versammlung«), Umzug und Farcen. Eine Bruderschaft, in der, so schreibt ein Magistrat der Stadt, »Leute aus dem Gerichtswesen und andere« vertreten waren, »die am Tag des heiligen Barnabas allerhand Ausschweifungen zur Schande Gottes, des heiligen Barnabas und der Kirche« begingen.

In den Städten der Normandie hat man auch – und diesmal weit abseits von den Kirchen – ein *Eselsfest* veranstaltet, welches Du Cange in seinem *Glossarium* des mittelalterlichen Latein (1678) unter dem Stichwort »Festum Asinorum« erörtert. Bei diesem *Eselsfest* gab es ebenfalls einen *Abt der Gehörnten,* der durch die Stadt und sogar durch die Dörfer der Umgebung geleitet wurde; unterwegs sang die ihm nachfolgende Schar, ein bunter, ungeordneter Haufen, mehr oder weniger zügellose und unehrerbietige burleske Lieder. Im großen Saal des Amtshauses hielt die Bruderschaft oder Gesellschaft eine Art Spottgericht ab. Nach eigenen Aussagen machten die *Gehörnten* Lieder, Scherze und Possen »über alles, was sich während des Jahres in der Stadt zugetragen hatte, was für die üble Nachrede, die Satire geeignet war«. Das

Ganze war ein burlesker Triumph, der Gassen und Landstraßen belebte, und zudem eine Parodie auf die Justiz: Inmitten der schönsten Unordnung gab man einen kritischen, belustigenden, aber durchaus satirischen Überblick über die herausragenden Personen und Ereignisse des Jahres.

Trotz des unterschiedlichen Stils nehmen alle diese Gesellschaften eindeutig das gleiche Erbe in Anspruch: Ihre Feste gehen mehr oder weniger direkt auf eine religiöse Tradition zurück. Manche unterstellen sich einem Schutzpatron, andere, genau wie die Chorknaben, dem Zeichen der Narrheit. Selbst wenn das ebenfalls mit einer liturgischen Feier verbundene Datum variiert oder schwankt, wenn es sich mehr oder weniger erfolgreich und zuverlässig durchsetzt, und auch wenn es schließlich in einer umfassenden und komplexen Serie ganz andersgearteter Zeremonien untergeht, bewahrt das fröhliche Fest der Bürger in jedem Fall einen sakralen Schimmer, eine leichte Ähnlichkeit mit den Spielen der Kapitel, den aus dem Chor überkommenen Possen.

Bohnenkönig und König der Spiele

Den Laien, meist Standespersonen und Handwerker, fiel es nicht schwer, den ausgesprochen populären Festen oder Narrheiten der Kleriker, Subdiakone, Kinder und Unschuldigen ihre eigenen Vergnügungen entgegenzusetzen, so auch beim berühmten, ziemlich possenhaften »Königsfest«, das im Grunde ebenfalls eine Fortführung des von den Geistlichen der Stadt organisierten Narrenfests war. Zweifellos wurde es zunächst nur innerhalb der Familien gefeiert, in Form eines großen Essens am Epiphaniastag, später dann hier und dort mit einem freundschaftlichen, fröhlichen Treffen in den Gassen der Nachbarschaft verbunden. Andernorts, in den germanischen Ländern, jedenfalls in denen des Reichs, scheint sein Ursprung im sogenannten *Fest des Kaisers* zu bestehen, das mit einem mehr oder weniger burlesken Umzug und einem Gastmahl am ersten Januar gefeiert wurde. Auf Epiphanie verlegt, nannte man es *Fest der Bürger* oder sogar wieder *Narrenfest*, denn »die Weltlichen wollten den Frömmigkeiten der Kirchenleute in diesem Punkt nicht nachgeben«. In jeder Familie wurde ein König gewählt, der *Bohnenkönig*, während die Stadt einen »beim Bankett gewählten« König und Kaiser zum Oberhaupt bekam. Dieser Wahl konnte sich niemand entziehen, und die Stadt- oder Gemeindeverwaltung sorgte für die Organisation der Vergnügungen, indem sie das Festmahl mit einem Gastwirt aushandelte und den Hauptteil der Kosten übernahm. In Besançon, wo das Essen pro Person 13 Sous kostete, bezahlte die Kommune einen Anteil von je 4 Sous; im Jahr 1467 erschienen 238 Gäste, darunter 52 Fremde und mehrere Adlige – nicht zuletzt Pierre und Charles d'Amboise sowie Jean de Daillon –, die infolge des Krieges zwischen dem König und der *Ligue du Bien Public* verbannt worden waren.

In dem lustigen Festzug, der den König am 6. Juni 1313 zur Ile Notre-Dame geleitete, entdeckte Geoffroi de Paris nicht nur Adam und Eva oder Pilatus, der sich die Hände wusch, sondern gleich daneben »Bohnenkönige und Wilde Männer, die großen Ulk trieben«. Es ist Juni, die Saison des Königs vom Epiphaniastag ist längst vorbei, und alles läßt darauf schließen, daß er, einmal gewählt, wohl das ganze Jahr geherrscht haben muß, daß er unter den spielerischen Persönlichkeiten einen der allerersten Plätze innehatte: eine Art Held, einigermaßen legendenumwoben, vielleicht eher eine Art Spielleiter, der Anführer und Verantwortliche possenhafter Feiern und Zeremonien. Es kann sich indes unmöglich um eine bloße Transposition handeln: Der Bohnenkönig ist trotz des festlichen Anlasses, trotz des liturgischen Datums seiner Einsetzung keineswegs einer der Heiligen Drei Könige, die durchaus ihr Ansehen bewahren und als mächtige, exotische Figuren einen bedeutsamen Platz in den bildlich oder mimisch dargestellten Szenen einnehmen; eine Untersuchung der ihnen gewidmeten Darbietungen würde, wie bereits angedeutet, auf zahlreiche Werke verweisen, von denen einige ausdrücklich berühmten Künstlern zugeschrieben werden. Doch diese Könige, die den Orient, Afrika und Asien mitsamt ihren Geheimnissen repräsentieren, haben kaum »volkstümliche« Züge; sie werden eher als bestaunenswerte Monumente vorgeführt. Diejenigen, die – nach Art der Mimen – ihre Rollen spielen, bleiben anonym. Der Boh-

nenkönig hingegen ist eine gewählte, auserlesene, angesehene
Person, in der ganzen Stadt als Herr respektiert, bekannt für seine
Unternehmungslust und seine Möglichkeiten, sich verschwende-
risch zu zeigen, den anderen auf seine Kosten Ergötzungen zu ge-
währen. Er ist eine Leitfigur, ein Anführer von Tänzen und
Gesängen.

In verschiedenen Städten, besonders im Norden Frankreichs, wo
die städtische Zivilisation sich lebhaft entfaltet, wo der mit ent-
sprechender Macht verbundene Unternehmungsgeist der Stadträte stärker wächst als andernorts, nehmen die Magistraten die
Organisation der Narrenfeste selbst in die Hand. In Saint-Omer
subventioniert die Kommune regelmäßig eine fröhliche Gesellschaft von Barbieren und Wundärzten, die *Gesellschaft des Fürsten der Straße* und die des *Fürsten der fröhlichen Hoffnung*.
Doch die Rivalität zwischen der Kirche und der Stadt, die sich
beide um eine Kontrolle der Feste bemühen und sich das damit
verknüpfte Prestige streitig machen, tritt im Verhältnis zu den
Gesellschaften der Fischhändler sehr viel deutlicher zutage: Während die Abtei Saint-Bertin sich tatkräftig für die *Mysterienspiele*
der Fischhändler vom Faubourg de Lizel verwendet, unterstützen
die Beamten der Kommune die Fischhändler vom Haut-Pont. In
Cambrai gab die Stadt beträchtliche Subventionen an lustige Gesellschaften: an die des *Narrenfürsten*, die des *Fürsten der Einhör-
ner*, die des *Bürgermeisters Knurrfurz* und an die Gesellschaft des
Abts der fröhlichen Narrheit; im übrigen kürte sie selbst jedes
Jahr einen *Abt der heimlichen Gewinne*, ausgewählt unter den
reichen Standespersonen, die in der Lage waren, aus eigener Ta-
sche zu bezahlen; unterstützt von einem Prior und zwei Haushof-
meistern leitete dieser Abt eine fröhliche Gesellschaft, die am
13. Januar, dem Gedenktag der Taufe Christi, auf hohen Bühnen
»Belustigungen« zum besten gab, Farcen und Personenspiele; er
führte den Vorsitz beim Empfang der Ehrengäste und lud seine
Mitbrüder aus den benachbarten Städten zum Souper »in seinen
Palast«. Auch diese Feste, Feste »des Zwanzigsten« genannt – des
zwanzigsten Tages nach Christi Geburt –, bewahrten durchaus
einen gewissen Zusammenhang mit dem liturgischen Zyklus und
dauerten unter Umständen eine ganze Woche. In Arras wählten

die Beamten des Herzogs von Burgund und die reichen Bürger der
Stadt jedes Jahr einen *Abt der herrlichen Freuden*, der für die
Organisation der öffentlichen Spiele und Lustbarkeiten verantwortlich war. Dieser Abt, ausgestattet mit einem Krummstab
aus vergoldetem Silber, unterhielt auf eigene Kosten eine Komö-
diantentruppe, die im Laufe des Jahres Spiele und Liedervorträge
veranstaltete, ja bei manchen Gelegenheiten auch Sänger aus
anderen Städten zum Wettbewerb lud. Die ausgesetzten Preise,
meist silberne Gegenstände, zeigen recht deutlich, welche Themen vorgeschrieben waren oder was den Konkurrenten zum Verdienst gereichte: eine Pax (ein Kreuz, wie es bei den Messen als
Kußtafel diente) und ein Ring für denjenigen, der am besten gesagt hatte, »warum es in Frankreich keinen Frieden gab« (1431);
eine Lerche für den kühnsten Sänger; ein Krug und ein Ziegen-
bock »für das Spiel vom Weisen und dem Trunkenbold«; ein Bär
»für das längste Durchhalten beim Vesperspiel«; außerdem
bekamen alle Anwesenden einen kleinen Silberbecher, und die
Teilnehmer aus Montreuil empfingen eine Rose, weil sie von weit-
her gekommen waren.
So zeichnet sich immer deutlicher eine von Städten und Gemeinden verwaltete Organisation der Feste und der Spiele ab, eine besondere, dem Spiel gewidmete Funktion, delegiert an Beamte *(Könige* oder *Äbte)*, die den Platz der Kinder aus den Kathedral- und
Kollegiatkirchen einnahmen. Und das stets unter der Kontrolle
der Stadt, ja weitgehend sogar auf deren Kosten; für die restlichen
Ausgaben indes kam nicht etwa ein Verein oder eine Gesellschaft
mit Hilfe von Beiträgen, anteiligen Beisteuern und Bußgeldern
auf, sondern ein einziger Mann, der designiert und in die Pflicht
genommen wurde: die gleiche Form der Wohltätigkeit, die für die
Städte der antiken römischen Welt beschrieben wird und die hier
zur Erhaltung, ja zur Vermehrung der öffentlichen Lustbarkeiten
und Schauspiele mit erstaunlicher Kraft wiederauflebte.
Die Begeisterung für Feste, Begegnungen und Wettbewerbe
führte zu engen Verbindungen zwischen den Städten und begün-
stigte eine Art »Frieden im Spiel«. Die Truppen zogen von Stadt
zu Stadt, um Wettbewerbe auszutragen und sich in großer Aufmachung zu zeigen, in Zügen von mehreren Dutzend, manchmal

mehreren hundert Mann hinter einer Seidenfahne, welche die Farben und die Wappen der Gesellschaft trug. Herolde im Waffenrock, Trommler und Trompeter, Pagen in Livree bildeten das Geleit, und als Erkennungszeichen, um Zugang zum Bankett zu haben, bekam jeder eine Bleimarke, ein *méreau*.

3. Stechspiele und Turniere: Nachahmungen und Parodien

Als Erbe der Klerikerfeste und oft unter Wahrung der religiösen Bezüge beruft sich das profan possenhafte und burleske Fest, der Karneval in seinen vielfältigen Ausprägungen, ebenfalls auf die Traditionen einer ganz anderen Gesellschaft, einer anderen Liturgie: die der Ritterschaft. Bei Umzügen und Darbietungen werden die Spiele der Krieger aufgegriffen, sei es, um sie möglichst genau nachzuahmen, sie sogar an Tapferkeit zu überbieten, sei es, um sie mehr oder weniger derb ins Lächerliche zu ziehen.

Es wäre eine Fehleinschätzung, wollte man in den großen Kampfspielen, den *Pas d'armes*, oder jedenfalls in den Stechspielen und den Turnieren ein reines Kasten-Vergnügen sehen, das den Adligen vorbehalten und gänzlich von anderen sozialen Kontexten abgeschnitten wäre. Die fürstlichen Turniere ziehen massenhaft Menschen an, Verwandte und Schutzverwandte, Leute aus dem höfischen Gefolge, Waffenbrüder der Ritter- und der Kriegerschaft, aber auch Neugierige, Kaufleute, Bürger, Handwerker aus allen Gewerben. Beim *Pas de Sandricourt* im Jahr 1493 nahmen an den verschiedenen Gastmählern nicht nur 1200 Edelleute teil, sondern auch »Heilkundige, Wundärzte und Apotheker, um denen zu helfen, die im Einsatz waren... Waffenschmiede, Sattler, Federschmücker, Schneider und Leute aus sonstigen Gewerben, alle trinkend und essend«; und in den acht Tagen, die das Fest dauerte, zählte man nicht weniger als 1800 bis 2000 Personen, »sowohl aus dem inneren Kreis als auch Hinzugekommene«, »und wer immer Gewürzwein, Weißen oder Bleichen wollte, dem wurde er zu keiner Zeit verwehrt, ebenso wenig wie alle Arten von Gelee, die man nur machen kann«. Es waren große Herren, die offene Tafel hielten, so der *Sire* von Charny, der zum *Pas de l'arbre de Charlemagne* im Juli 1443 auf drei Schlössern bewirten ließ, insbesondere auf dem von Marcennay, das der Abtei Saint-

Benigne in Dijon gehörte, wo »derart angerichtet war, daß alle
Leute jederzeit festlich bewirtet werden konnten, ohne die Geschäfte, Beratungen, Übungen oder Vorkehrungen der Turnierkämpfer zu stören oder zu verhindern« – eine große Parade also,
ein sportliches Spektakel, das am Rande von einem volkstümlichen Fest begleitet wurde. Dabei fand der *Pas*, später *Pas d'armes*
genannt, ein Spiel, bei dem der Angegriffene einen Durchgang zu
verteidigen hatte, noch auf einem weiten Feld oft mitten auf dem
Lande statt, während sich die Stechspiele und Turniere, die auf
eingeschränkten Kampfplätzen ausgetragen wurden, ganz und gar
in den Rahmen des städtischen Lebens einfügten.

Es sind Spiele, die sich beim Volke selbst, jedenfalls bei den Bürgern der Städte, großer Beliebtheit erfreuen. Im Norden Frankreichs wetteifern Städte und Kommunen um das Angebot. Gewiß,
die Herrichtung der Stechbahnen, der Aufbau von Schranken und
stufenförmig erhöhten Tribünen sind kostspielig, in der Regel
werden mehrere hundert Livres investiert. Der Boden muß einge-
ebnet, hier von Pflastersteinen befreit, dort gerodet werden. Aber
der Fürst wird schon helfen... Und sieht man nicht »viele treue
Städte, die Zehrungskosten für zahlreiche Pferde und das große
Bankett übernehmen, um Gewinn an den Schaulustigen zu haben« und den Handel zu begünstigen? Als der *Sire* von Hautbourdin 1449 den *Pas de la Belle Pèlerine* organisieren will, bewerben
sich Brügge, Lille, Arras und Saint-Omer als Austragungsorte
und machen sich gegenseitig nicht nur die Ehre, sondern auch die
Gewinne streitig: Die Festlichkeiten sollen dreißig Tage dauern!
Saint-Omer trägt den Sieg davon, indem es Hautbourdin eine in
drei Raten zahlbare Summe von 1500 *Ecus d'or* bietet, »damit das
Volk und die Körperschaft dieser Stadt von der Versammlung der
Herren und anderen Gäste, die sich bei dieser Gelegenheit am Ort
einfinden werden, profitieren mögen« (J.-P. Jourdan).

Die Stechspiele, keineswegs ungewöhnlich und hochgeschätzt,
haben auch einen Platz in den Traditionen der Stadt selbst, die
manchmal ihre eigenen Kampfspiele organisiert, wobei sie die
Bürger der anderen Städte als Gäste einlädt und begehrte Preise
aussetzt. So verläuft denn das »bürgerliche« Spiel zunächst genau
nach dem Muster des adligen Spiels, dessen Regeln und Besonder-

heiten übernommen werden, freilich auf die Gefahr hin, daß die
konkrete Ausführung sich in Nachahmungen verliert, möglicherweise gar in possenhaften Parodien, die keine harmlosen, scherzhaften Scheingefechte mehr sind, sondern reiner Spott.

Oft reicht diese städtische, sowohl von den Fürsten als auch von
den Magistraten geförderte Tradition bis in eine ferne Vergangenheit zurück. 1330 riefen die Bürger der Stadt Paris ein Dutzend
andere Städte für den Monat August zu Stechspielen auf, ganz
nach Art »der Tafelrundenfeste, die Artus, der König von Bretagne, abzuhalten pflegte«. Die Spiele fanden auf einem großen
abgeriegelten Platz zwischen dem Temple und Saint-Martin-des-
Champs statt, »aus Liebe zu den Damen«, die in edler Aufmachung und reich geschmückt erschienen waren, und vor einer
Volksmenge, die sich auf hohen Tribünen oder an den Fenstern der
umliegenden Häuser drängte. Aber auch hier sprechen die Chroniken (und die Schreiber der Rechnungskammern) vor allem von
Stechspielen in Flandern und im Norden Frankreichs, wo das städtische Leben einen höheren Reifegrad erreicht hat, wo regelrechte
Gesellschaften die Verantwortung übernehmen und alles tun, um
den Erwartungen gerecht zu werden.

Eine ernstzunehmende Angelegenheit beispielsweise war die Initiative eines reichen Kaufmanns, der 1331 in Tournai eine Bruderschaft aus 31 Bürgern gründete; angeregt vom Artus-Zyklus
und somit von der *Tafelrunde*, trug jedes Mitglied den Namen
eines Königs oder Helden der Sage. Eingeleitet wurde das Fest, ein
ganzes Jahr im voraus angekündigt, durch sonntägliche Bankette,
die in Tournai selbst reihum von den einzelnen »Königen« gegeben wurden. Während dieser Zeit kam die gesellschaftliche
Solidarität der Mitbrüder übrigens klar durch ihr gemeinsames
Auftreten bei Messen und Familienfeiern zum Ausdruck – sie erschienen unter dem Schall von Hörnern und Trompeten, stets mit
dem Banner und dem Herold an der Spitze. Bei dem Turnier, das
am Montag nach Fronleichnam begann und zwei oder drei Tage
dauerte, stellten sich die 31 Könige nacheinander vierzehn auswärtigen Kampfvereinigungen, die aus verschiedenen Städten kamen, von Saint-Omer bis Reims, Compiègne, Senlis und Paris.
Am letzten Tag gingen alle Beteiligten ins Stechen, diesmal in

Sechser-Gruppen. Es gab außerordentlich lebhafte, ja geradezu gewalttätige Kämpfe, bei denen mehrere Verletzte und einige tödlich getroffene Pferde auf dem Schlachtfeld zurückblieben. Als Auszeichnung empfing der eine Sieger einen goldenen Geier, der andere ein Streitroß.

Aufgrund seiner Regelmäßigkeit sehr viel berühmter war das alljährlich veranstaltete *Försterstechen* in Brügge, das einer uralten Tradition folgte und die Bürger der Stadt in Harmonie und unbeschwertem Wetteifer mit den Großen des Hofes von Burgund verband. Dieses Stechen, das, wie es heißt, 1220 von der Gräfin Johanna ins Leben gerufen worden war, erinnerte an die alten »Förster«, die Hüter und Herren der großen Wälder der Domäne. Auch dieses Fest wurde von einer mächtigen, in der Stadt verwurzelten Bruderschaft organisiert, der Bruderschaft des *Weißen Bären*, und bestand aus kriegerischen Stechspielen und Kämpfen zu Pferde, geleitet vom *Förster* des Jahres, der den Spieß, das Symbol seiner spielerischen Macht, zum Gedenken an die großen Wolfs- oder Wildschweinjagden von einst in der Hand hielt. Jedermann geöffnet, zogen diese Turniere Bürger und Ritter des ganzen Landes an; die Grafen und Barone nahmen gern als Kämpfer teil: 1421 gewannen Peter von Luxemburg und Jean de la Trémoille die beiden ersten Preise, den silbernen Bären und das Waldhorn, einige Jahre später, 1427, ging Philipp der Gute persönlich ins Stechen.

In Lille ließ der am Fetten Sonntag beim großen Souper (»sechs oder höchstens acht Fleischplatten«) gewählte *Roi de l'Epinette*, der *Spinettkönig*, vier Turnierkämpfer bestimmen, die gegen die Favoriten der anderen Städte antreten sollten und den Auftrag hatten, die Delegationen mehrerer fröhlicher Gesellschaften des Landes (den *König der Liederlichen* aus Cambrai, den *Fürst der Liebe* aus Tournai) zu begrüßen. Das Turnier dauerte mindestens zwei Wochen und endete mit der feierlichen Preisverleihung in Gegenwart der Adligen und der Damen – die höchste Auszeichnung war wiederum ein Bär, allerdings nicht aus Silber, sondern aus Gold.

Alle diese traditionellen Lustbarkeiten verleihen den spielerischen Gesellschaften und ihren Oberhäuptern erhebliches Prestige. Persönlichkeiten wie der *Spinettkönig* und der *Förster* stehen das

ganze Jahr im Blickfeld der Öffentlichkeit, man sieht sie, gleichsam die Helden des Jahres, am Hofe und auf den großen Festen
oder Zeremonien. Sie sind freigebige, lustige, liebenswürdige und
tapfere Fürsten und nehmen an den Spielen der umliegenden
Städte teil. Sie empfangen die Großen von Burgund und sogar die
Großen des Königreichs. Im Mai 1463 besucht Ludwig XI. die *Fête
de l'Epinette*, 1479 tritt Maximilian in Brügge gegen Pierre de Lo-
bel, den damaligen *Spinettkönig*, und gegen den *Förster* an. 1447
gewinnt der *Förster* Van Aertricke den Preis des *Bären* in Lille; um
den Sieg zu feiern, gibt er nach seiner Rückkehr in die Heimatstadt
Brügge ein herrliches Fest und lädt Karl den Kühnen mit Herzogin
Isabella zu seinen eigenen Stechspielen, denen ein prunkvolles
Bankett und ein großes Feuerwerk folgen; am nächsten Tag spei-
sen der Herzog und die Herzogin bei dem neuerwählten Festkönig
von Brügge, Anselm Adorno, der bei dieser Gelegenheit mehrere
Gesteche vorführt.

Unter diesen Umständen nimmt das Konkurrenzdenken gewaltig
zu, alles wird beherrscht von dem Streben nach Ruhm, so kurz-
lebig er auch sein mag, von der Rivalität zwischen den Städten und,
mehr noch, von der Liebe zum Prunk, zum glanzvollen Schein,
von dem Wunsch, den Reichtum einer Stadt, die in der Lage ist,
den Massen Genugtuung zu geben, durch prächtige Umzüge und
Festlichkeiten herauszukehren. Die Ansprüche an den *König* der
Spiele werden für den, der die Rolle erfüllt, zunehmend zu einer
schweren Belastung; der Auserwählte muß tagelang offene Tafel
halten; zu den Festessen lädt er Edelfrauen und -fräulein, Ritter
und Knappen; er schmückt sein gastliches Haus mit Bildteppichen
und erleuchtet es bei Nacht; jedem, der kommt, bietet er Wein und
Spezereien an. Das kostet unerhört viel Geld. Manche fürchten
den Ruin; sie weigern sich, König zu sein und sich dafür zu ver-
schulden, ihren Schmuck und ihr Geschirr zu verpfänden, ihre
Güter zu verkaufen. Solche Ehren erscheinen ihnen gar zu teuer
bezahlt. Lieber fliehen sie aus der Stadt, als daß sie das Risiko
eingehen, gewählt zu werden: »Mehrere Einwohner, Bürger und
Bürgersöhne, die imstande wären, Festkönig oder Turnierkämpfer
zu sein, haben sich aus der obengenannten Stadt entfernt oder sind
in andere Städte gezogen, mit denen sie sich durch Heirat verbun-

den haben, um die hohen Ausgaben zu meiden, die wegen selbigen Festes erforderlich wären und erforderlich sind.« Im gleichen bitteren Ton fährt der Herzog oder sein Statthalter fort: »Seit einiger Zeit treibt man nur noch unter Mühe und Gefahr einen Mann auf, der bereit ist, nämliche *Feste de l'Epinette* zu übernehmen oder zu erhalten; ebensowenig gibt es Turniergänger in ausreichender Zahl, denn sie lassen aus Furcht vor hohen Kosten, Aufgaben und Aufwendungen alles im Stich... Dadurch ist das Fest dem Anschein nach auf bestem Wege, binnen kurzer Zeit zu mißlingen oder sich in Nichts aufzulösen.« Obendrein lehnt so mancher Gewählte es kategorisch ab, seinen Auftrag zu erfüllen, und beläßt die Dinge, wie sie sind, verfolgt vom Geschrei seiner enttäuschten Mitbürger: »Beim letzten Mal, als der König ernannt worden war..., wollten er und andere Bürger die *Epinette* nicht akzeptieren, aus Furcht vor der großen Belastung und den Ausgaben, die angemessen gewesen wären.« Der Herzog mischt sich persönlich ein, erhebt die Fest-Veranstaltung zur Pflicht, leiht Geld, droht vor allem mit Strafen, und die Stadtväter schließen sich ihm an. 1459 wird der designierte König wegen Verweigerung eingesperrt, und es wird beschlossen, einen Teil seiner Güter zu verkaufen, um die Lustbarkeiten zu erhalten; ähnlich ergeht es den Turnierkämpfern, die ebenfalls verpflichtet sind, sich auszurüsten und gebührlich zu bewirten. Ein Zwang also, der den politischen und sozialen Aspekt dieser öffentlichen Feste betont – Feste, die stets einen volkstümlichen Charakter bewahren, ganz unabhängig von der »aristokratischen« Waffenübung, die ihnen als Vehikel dienen mag. Man muß den Leuten Genugtuung geben, das Prestige und das Renommee um jeden Preis zur Schau stellen, derart auf die öffentliche Meinung einwirken und schließlich die herrschende Regierung rühmen und erhöhen – das Fest ist ein Spiegel der Macht, ein Zeichen ihrer allgemeinen Anerkennung; die Gegenwart der Massen ist ein deutlicher Maßstab für stillschweigende oder ausdrückliche Zustimmung.

Die Stadt trägt ihr möglichstes zur Erhaltung der Feste bei: Sie erhebt zusätzliche Steuern auf Wein, Salz, Freudenhäuser und solche Gasthöfe, die sich durch eine »verderbte, närrische Lebensart und liederliche Gespräche« auszeichnen. Um die Festkasse zu füllen, konfisziert sie das Eigentum der pflichtvergessenen Beamten, die sich einen Dienstverstoß haben zuschulden kommen lassen. Doch was dabei herauskommt, ist nie genug und noch lange kein Heilmittel für die Verzichtserklärungen der auserwählten Personen, für die Konflikte und Intrigen, zu denen es kommt, weil immer wieder versucht wird, die ganze Last auf einen Nachbarn oder gar einen widerspenstigen Rivalen abzuwälzen. Die Familien befehden sich, aber nicht, weil jeder nach der Ehre trachtet, sondern weil niemand sie haben will, »so daß die Königswahl großen Haß unter den Bürgern und Geschlechtern dieser Stadt erzeugte oder schürte«.

Bei den Turnieren, die von reichen Bürgern finanziert und zuweilen durch allgemeine Steuererhebungen oder Zuschüsse von den Gemeinden unterstützt werden, begnügt man sich nicht mit Kampfspielen, mit höfischen, manchmal durch Tänze, Einlagen oder Mysterienspiele aufgelockerten Empfängen und Banketten, sondern es kommen Paraden hinzu, prachtvolle Umzüge und, zu bestimmten Gelegenheiten, regelrechte parodistische Schauspiele: Defilees und satirische Darbietungen, die Vorboten des Karnevals sind.

In Brügge und Lille erscheint der König mit luxuriösem, phantastischem, exotischem Gepränge, einem Plagiat sämtlicher fürstlicher Herrlichkeiten. In wunderschöne, phantasievolle Seidengewänder gehüllt, reitet er, eskortiert von seinem zahlreichen Gefolge, stolz auf dem Rücken eines ganz und gar mit Schabracken abgedeckten Pferdes einher: »Und der nämliche König war herausgeputzt mit lauter Spiegeln und Pfauenfedern, und seine Pagen ebenfalls mit Pfauenfedern.« Ein ähnliches Bild bieten die auswärtigen Delegationen, die Gesellschaften der Turnierkämpfer, die Pagen und die Frauen. Alle diese fröhlichen Gesandtschaften rivalisieren um die Anzahl, um die Prachtentfaltung feinster Stoffe in leuchtenden Farben, strotzend von Erfindungskraft. 1438 kamen die Besucher aus Valenciennes in einem beeindruckenden Aufzug nach Lille: »Ausstaffiert als Wilde Männer, ein jeder mit seinem Turnierschild und einer dicken Keule ... Und ihre Pferde waren als seltsame Fabelwesen vermummt, manche mit eingefetteten Tierhäuten, andere mit Vogelfedern, was sehr befremdlich anzusehen war; die Wilden Männer selbst hatten sich mit Schilfflocken geputzt und geharnischt.« Es besteht indes kein Zweifel, daß parallel zu diesen ganz und gar ritterlichen Orientierungen, parallel zu der verbreiteten Ambition, sich den Regeln der Kampfspiele und des dazugehörigen Prunks möglichst anzunähern, in denselben Städten auch andere, äußerst populäre Spiele veranstaltet wurden, die plumpe Imitationen, eindeutige Parodien waren, derer man sich lediglich weniger rühmte. Außerdem vermochten derlei lächerliche Wettspiele die Chronisten nicht in der gleichen Weise zu inspirieren. Es fällt jedoch nicht schwer, eine ganze Reihe dieser burlesken, ja satirischen Aufzüge oder Wettkämpfe zu nennen, Zeugnisse, die nicht nur Begeisterung verraten, sondern auch Spaß an der Imitation, am spöttischen Nachäffen. Von Italien, insbesondere von den Städten der Toskana wissen wir, daß die Männer des *Popolo* sich gern als Ritter rüsten ließen, um auf diese Weise ihren sozialen Erfolg zu bekunden und den Anspruch, mit den Größten Schritt halten zu können, sinnfällig zu machen. Doch gleichzeitig ergötzte sich das wirkliche Volk, das Volk der kleinen Leute, an mehr oder weniger komischen Wettspielen, bei denen kriegerische Heldentaten dem Spott preisgegeben wurden: Turniere auf Eselsrükken, Wettrennen von Tieren aller Art. Solche Schauspiele waren ebenso alltäglich wie beliebt. Jacques Coeur machte sie zum Thema eines Flachreliefs, das er an einem Kamin seines Palastes anbringen ließ: zwei ungeschickt auf Eseln sitzende Turnierkämpfer, bewaffnet mit dicken, kurzen, unförmigen Lanzen und mit einem runden Korbgeflecht anstelle eines Schildes, begleitet von zwei Wappenherolden, die wie Stallknechte gekleidet sind und von denen einer das Horn eines Ziegenhüters bläst, während der andere stolz einen gewöhnlichen Stock erhebt.

In Brügge, der Stadt des ausgesprochen aristokratischen *Försterstechens*, wurden zu verschiedenen Gelegenheiten des Jahres Kämpfe ausgetragen, bei denen sich einfache Kaufleute oder Handwerker gegenüberstanden, Männer, die sichtlich keinerlei Erfahrung im Umgang mit Waffen hatten und im Lanzenstechen niemals gegen die Großen des Hofes hätten antreten können. Ähnlich in dem unweit von Brügge gelegenen Gent, wo die Betei-

ligten sich um 1450 seltsame Gefechte lieferten, »bald mit Stan-
gen, bald mit Steinen, manchmal sogar mit Angelruten... Da sie
ihre Pferde nicht in Galopp zu bringen wußten, trieben sie ihnen
die Hacken weit tiefer ins Fleisch, als man es mit Sporen tut...,
und das schallende Gelächter setzte den Kampfgefährten heftiger
zu als die Härte ihrer Schläge«: Turniere um der Farce, der Parodie
willen.

4. Der Karneval:
liturgisches Fest, höfisches Fest?

So zeichnen sich denn jetzt – nicht anhand eines klaren chronologischen Leitfadens, sondern vielmehr unter dem Gesichtspunkt der Entwicklung von Sitten und Neigungen – die Ursprünge des wirklichen Karnevals ab, der einerseits als Hinterlassenschaft, Nachahmung und im gleichen Zuge als Rivale der Klerikerfeste, der an den liturgischen Zyklus gebundenen Zerstreuungen erscheint, andererseits als Erbe der häufig von gesellschaftlichen Ungereimtheiten oder Mißständen angeregten burlesken und satirischen, von der Stadt oder den fröhlichen Gesellschaften veranstalteten Spiele. Als Festspiel der Bürger überschwemmt der Karneval die Stadt mit einem wilden Umzug, mit einer jener fröhlichen Prozessionen, die den Höhepunkt der Saison bilden, an denen die Schaulustigen sich ergötzen, in deren Verlauf die Massen sich in buntem Durcheinander mischen. Mehr scheint der Karneval in der ersten Zeit nicht gewesen zu sein, das heißt bevor er zur Institution erhoben wurde und andere, oft ersichtlich politische Merkmale annahm, bevor er seine Themen aus anspruchsvolleren Quellen bezog, bevor er sich zum Lieder- und Poesiewettbewerb, zur Schauparade vergänglicher Kunstwerke entwickelte.

Zunächst war der Karneval eine Prozession wie viele andere auch, ein Frühlingstanz, geprägt von Erinnerungen an die heidnischen Bräuche von einst, an den Kult um den Frühlingsbeginn, die Götter der Feldfrüchte und die Kräfte der Natur: Masken von Schutzdämonen und Waldtieren. Manche Autoren zögern nicht, in diesem Zusammenhang ganz selbstverständlich auf die Tradition der Bacchanalien, die Feiern der Fruchtbarkeit, des Weins und der Wälder zu verweisen, ja sie unterstreichen dies noch durch eine etymologische Interpretation, indem sie das Wort Karneval direkt vom Lateinischen herleiten, von jenem schiffsförmigen Festwagen, dem *char*, der die Umzüge berühmt machte.

Doch viele der so ans Licht gebrachten Verwandtschaften erscheinen recht oberflächlich, und das Spiel, Einflüsse oder Entsprechungen herauszufinden, folgt nicht immer einer handfesten Regel – schlichte, vielleicht ganz zufällige Koinzidenzen bekommen ein zu großes Gewicht. Genau wie beim Zusammenhang zwischen den Saturnalien und den Winterfesten der Kleriker haben sich die im Grunde doch sehr alten, oft unkontrollierbaren Erinnerungen zweifellos auch in diesem Falle verwischt und sind den christlichen Einwirkungen, den neuen Symbolen eines langsam herangereiften, nach seinem eigenen Rhythmus sich entfaltenden Rituals gewichen.

Eine besser begründete Etymologie läßt darauf schließen, daß der Karneval nichts anderes bezeichnet als die letzten Tage vor der Fastenzeit mit ihren Enthaltsamkeitsgeboten und ihren Zwängen, die letzten Tage der unbeschwerten Freiheit, den Augenblick, da man noch Fleisch essen darf: *carne vale*. Eine Übergangszeremonie vom Fetten Dienstag zum Aschermittwoch, eine Erhöhung der Lebensfreude und des glücklichen Gedeihens; ein Fest des Überflusses also, an dem die Menschen essen, trinken und genießen, ohne sich noch um die Verbote zu kümmern – die Zeit eines Dialogs oder eines Kampfes: Themen, denen schon um 1400 das Interesse zahlreicher Sittenprediger, ja sogar weltlicher Autoren und wenig später auch das der Künstler galt. In Spanien berichtet der *Libro de Bien Amor* ausführlich über die Gespräche zwischen *Karneval* und *Fasten*.

Wenngleich wir, was die bildlichen Szenen betrifft, die Allegorien von *Karneval* und *Fasten*, meist in Gestalt eines Mannes und einer Frau, nur selten allein und als groß ausgeführte Figuren zu sehen bekommen, bleibt uns immerhin der berühmte *Kampf zwischen Fasching und Fasten*, ein Motiv, das sich schon im 13. Jahrhundert großer Beliebtheit erfreute und das man auf etlichen berühmten Bildern wiederfindet, bis hin zu der Darstellung von Pieter Breughel, derzeit im Wiener Kunsthistorischen Museum: ein scherzhafter, komischer Kampf, eher Ulk als Satire oder Sittengemälde. Die Vielzahl der dargestellten Personen bestimmt die Szenerie: Im Hintergrund sieht man einen Markt, kleine Gruppen müßiger Spaziergänger, verkrüppelte Bettler, Leute, die Kreisel tanzen las-

sen und sie mit Peitschen in Schwung halten, am Boden kniende
Würfelspieler, die eifrig ihr Geld zählen, und andere, die sich ir-
dene Krüge zuwerfen. Natürlich ist ein Narr mit von der Partie; er
läuft quer über den Platz, mit einer langohrigen Narrenkappe auf
dem Kopf und in einem merkwürdigen Gewand, das auf einer
Seite rot, auf der anderen blau-gelb gestreift ist. Im Mittelpunkt
des Bildes zieht eine Brunnenszene den Blick auf sich: Einige
Frauen säubern große, auf einem Stein liegende Fische, während
ein Fischer die nächste Fuhre bringt, einen vierrädrigen Holzka-
sten voller lebender Flußfische – lauter Hinweise auf den Beginn
der Fastenzeit. Im Vordergrund dominiert der Kampf zwischen
Fasching und Fasten, ein lächerlicher Kampf nach Art eines Lan-
zenstechens zwischen zwei Reitern und ihren Knappen. Die Dame
Fasten, ausgezehrt und mager, eine wahrhaft klägliche, grau ange-
zogene Gestalt, sitzt auf einem wackligen Stuhl, den zwei andere
traurige Figuren, ein Mönch und ein barsches Weib, ziehen; der
Proviant besteht aus drei jämmerlichen Heringen, ordentlich ne-
beneinandergelegt und sehr trocken. *Fasching* reitet ein dickbau-
chiges Faß, an dessen Vorderseite, gleichsam als Bugfigur, ein
schönes Stück Schinken klebt, durchbohrt von einem Küchenmes-
ser. Feist, mit hochrotem Kopf, unter dem Beistand fideler, bunt-
gekleideter Burschen hebt er seine Waffe: einen langen Spieß mit
gebratenem Fleisch und einem Wildschweinkopf; zu seinen Füßen
liegen Weinkrüge, Trinkbecher und lose Spielkarten. Ganz an der
Seite bereiten sitzende alte Frauen Eierkuchen zu.
Durch alle möglichen Elemente, Gesten und Symbole gemahnt
der Karnevalszug an die fröhlichen, manchmal sehr viel älteren
Prozessionen der religiösen Feste, die über das Jahr gefeiert wurden. Eine Infanterie von Läufern, Tänzern und Sängern überflutet
die Straßen, nimmt Besitz von der Stadt und dringt bis zum
Hauptplatz, meist bis zum Rathaus, dem Bürgerhaus, oder zu den
Gebäuden der Zünfte vor. Wie die Chorknaben zu Weihnachten
oder Neujahr heischen sie Geschenke, Nahrungsmittel, insbesondere Fische für die kommenden Fastenmahlzeiten, aber auch Geldmünzen für Getränke. Die wunderschönen Illustrationen der
Nürnberger Handschriften, die ausschließlich dem berühmten
Fastnachtstreiben der Stadt, der Beschreibung des *Schembart-*

Abb. 6: Maske mit Tannenzapfen und Eicheln,
aus dem Nürnberger Schembartlauf

Abb. 7: Tiermaske: Vater und Sohn,
aus dem Nürnberger Schembartlauf

Abb. 8: Vogelmaske, aus dem Nürnberger Schembartlauf

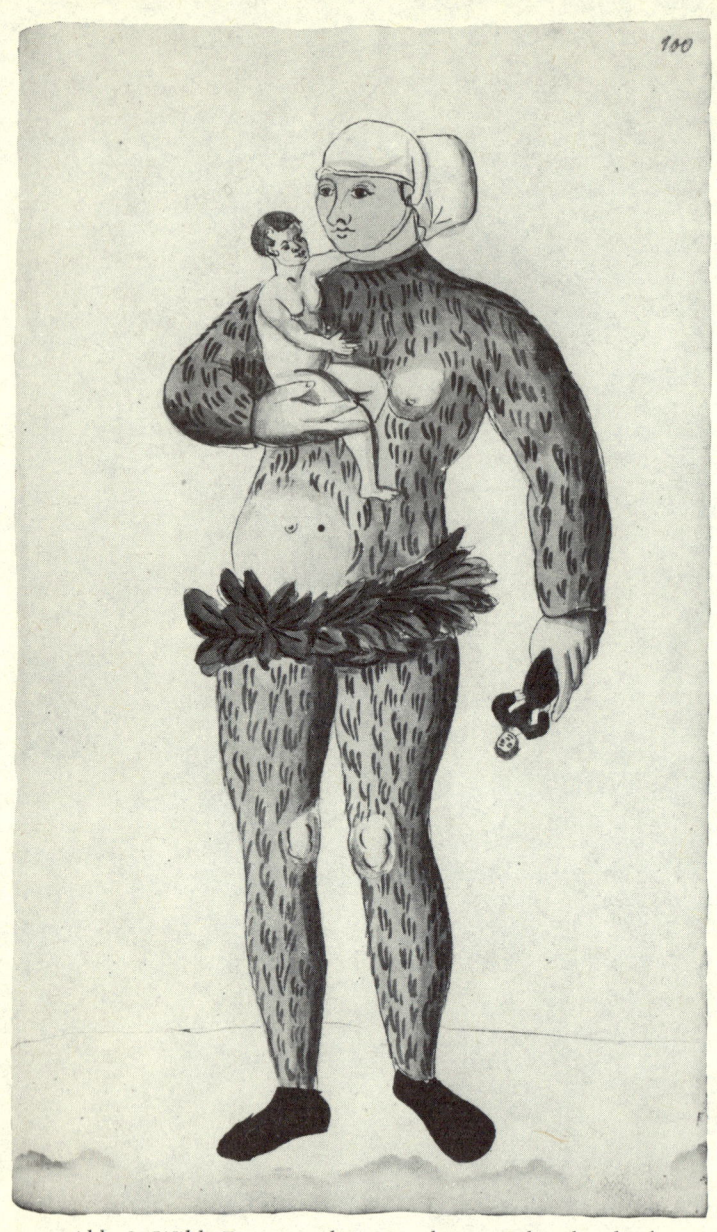

Abb. 9: Wilde Frau, aus dem Nürnberger Schembartlauf

laufs[9] gewidmet sind, zeigen für die Jahre 1450–1530 *Läufer*,[10] die entweder einen Korb mit herausragenden Fischköpfen oder eine dicke, am Gürtel befestigte Lederbörse tragen; überall gingen sie heischen, erst in der Menge der Zuschauer, dann an den Türen, und in bestimmten Jahren, mindestens aber bis 1459, verlangten sie im Einverständnis mit den Stadträten eine Beisteuer von den Juden und von allen Frauen, die einen unzüchtigen Lebenswandel führten. Diese Maßnahme, die einen religiösen Hintergrund, eine religiöse Färbung hat und eine noch lebendige Erinnerung an frühere Zeiten bezeugt, bestätigte unter dem Deckmantel und dem Zeichen des Festes eine gewisse Macht über die Häretiker, die ein Sühnegeld für ihre soziale Stellung oder ihre Ausschweifungen zahlen mußten.

In Rom entrichteten die Juden – die in der Stadt gut gelitten waren, ja die sogar den Schutz des Papstes genossen und in stetig wachsender Anzahl aus verschiedenen Ländern des Abendlandes herbeikamen, um Zuflucht zu suchen – im 14. und 15. Jahrhundert einen regelrechten und regelmäßigen Tribut an die Schatzkammer des Vatikans, die daraus beinahe die gesamte Finanzierung des Karnevals bestritt; zwischen 1400 und 1440 belief sich der Betrag auf etwa 500 Goldmünzen, eine mehr als stattliche Summe. Unter Martin V. wurde die Beisteuer um 1420 auf alle jüdischen Gemeinden des päpstlichen Herrschaftsbereichs ausgedehnt, was zweifellos eine erhebliche finanzielle Erleichterung für die Organisatoren und die Anführer der Spiele, aber auch ein klares Signal der Unterwerfung bedeutete.

In Deutschland und in den meisten Teilen Frankreichs beherrschte der Karneval die Stadt. Dies zeigte sich vor allem an der Inbesitznahme der Straßen, am Verhalten gegenüber den Passanten, an bestimmten Gesten, die symbolischen Wert hatten und in denen man die Ansprüche der Narren, ihrer Bischöfe, Päpste oder Äbte, wie sie bei den fröhlichen Klerikerfesten angemeldet worden waren, wiedererkennt. Genau wie die Narren am Tag der Unschuldigen Kinder oder an Epiphanie bewarfen die Tänzer des Karnevals

[9] *A. d. Ü.*: deutsch im Original.
[10] *A. d. Ü.*: deutsch im Original.

das Volk auf der Straße, ja sogar die an den Fensterkreuzen lehnenden Damen mit gefüllten Eierschalen – die meist Duftwässerchen enthielten, namentlich das hochgeschätzte Rosenwasser – oder mit Blumen, Zweigen oder Nüssen. Und genau wie zu Beginn der religiösen Festspiele, der *Mirakel* oder der *Mysterien*, wurden gelegentlich kleine Geschenke verteilt.

Oft treten die Läufer bewaffnet auf. Einige von ihnen machen den Weg frei, indem sie ungünstig plazierte Schaulustige oder achtlos flanierende Passanten mit grünen Zweigen oder Reisigbündeln, ähnlich denen, die im Schwitzbad zum Auspeitschen der Patienten benutzt wurden, von der Straße kehren; andere sind mit Holzkeulen gerüstet, wieder andere mit Lanzen oder Spießen, sogenannten stumpfen Spießen, die keine Eisen-, sondern Holzspitzen haben; bisweilen halten sie ihre Instrumente mit ausgestreckten Armen hoch, um die Menschenmenge an den Straßenrändern zu bedrohen. Daß bei dem Gedränge mancher Neugierige unsanft gerempelt wird oder gar einen Hieb abbekommt, wundert niemanden. In Deutschland trugen die *Läufer* zumindest gegen Ende des 15. Jahrhunderts häufig kleine Feuerrohre, in Laubbuschen versteckt und mit Pulver gefüllt, die für mehrere Schüsse hintereinander taugten, unterwegs neu geladen werden konnten und benutzt wurden, um den Aufbruch oder die Ankunft am Ziel anzukündigen, manchmal aber auch, um Störenfriede zu vertreiben – ein gefährliches Spiel natürlich, das die Stadträte schließlich verboten.

Nach dem Rhythmus der Trommeln bewegt die Prozession sich voran, begleitet von einem Musikantenzug; Flötenspieler führen den Tanz an, einen langsamen, eher schwerfälligen Tanz, der allmählich Elemente neuer Moden übernimmt, insbesondere von der am Hofe üblichen *Morisca*, aber dennoch ein Prozessionstanz bleibt, wie wir ihn von den liturgischen Umgängen und Zeremonien kennen. An den Straßenkreuzungen verlangsamt sich der Zug, die Reihen schließen auf zu einer schauspielhaften Runde, und die Läufer fassen einander bei den Händen, stets darauf bedacht, die Tanzfiguren unter Gebrauch ihrer Mützen, Umhänge und Spieße durch spielerische Gebärden zu betonen.

Die Narren und ihr Schiff im Karnevalszug

Das Erstaunliche an diesen im Grunde höchst gewöhnlichen Aufzügen, die naturgemäß zum Wesen der Selbstdarstellungen von
Körperschaften und Gesellschaften gehören, ist die enge Anlehnung an die großen Spiele der Liturgie und deren Fortsetzungen
außerhalb der Kirche, sowohl in bezug auf den Geist des Festes
selbst als auch im Hinblick auf Details: in Süddeutschland beispielsweise die deutliche Ausrichtung an der liturgischen Epipha-
niasfeier. Auch bei religiösen Schauspielen macht man Anleihen,
so etwa beim *Spiel vom Heiligen Georg und dem Drachen,* dessen
Aufführung in Nordfrankreich, in England und später auch in
Deutschland häufig Bestandteil der Fronleichnamszeremonien
war: auf Schauwagen ausgestellte Riesendrachen, die Feuer
spuckten und, belebt von einer unsichtbaren Mechanik, wütend
ihr Maul und ihren Schwanz bewegten. Dieser Anregung folgend,
führten die großen Karnevalsumzüge lange Zeit in getreuer Nachahmung einen Drachenwagen mit; andere stellten seltsame Tiere
zur Schau, nie gesehene, ungeheuerliche Fabelwesen. Unzweifel-
haft jedoch kommt immer wieder eine unmittelbare Orientierung
am Narrenfest, dem Fest der Unschuldigen Kinder, zum Vor-
schein, so unmittelbar, daß der profane Karneval jedenfalls in der
ersten Zeit als eine genaue Entsprechung der volkstümlichen Vergnügungen zu Ehren der kleinen Kleriker erscheint. Das gilt sowohl für die Kostüme und die Ikonographie wie für die Gestaltung, die Präsentation der dekorativen Elemente und schließlich
für die Art und Weise, das Ende, die Apotheose des Umzugs vorzubereiten: ein Fest der Narrheit, der Unvernunft und der Vergänglichkeit. Man stellt extravagante Kostüme zur Schau, unge-
wohnte Kopfbedeckungen, die zwar von Moden beeinflußt sind,
ihren Bezug zur Narrenkappe aber nie verlieren, zweigeteilte
Gewänder, überwiegend in Rot, Gelb und Grün. Jedermann
versucht, durch unerwartete Gesten, durch lächerliche, verquere
Posen auf sich aufmerksam zu machen. Hinzu kommen die versil-
berten Kupfer- oder Bronzeschellen, welche die Tänzer um die
Hüfte und die Knie, manchmal auch an ihrem Wams tragen: vertraute Attribute der Narren. Das Schellengeläut gibt den Rhyth-

mus der Moriskentänze an, es verbreitet sich wie eine unaufhalt-
same Mode, unbeeindruckt von den Verordnungen der Fürsten
und der Städte, die immer wieder in Erinnerung rufen, daß die
Schellen ein Zubehör der Narren sind, das ehrenwerten Leuten
nicht geziemt.

Die Narren selbst, in den Chroniken ebenso leicht erkennbar wie
auf den Illuminationen, sind überall gegenwärtig: »Kein Fest ohne
Narren«, wie ein von S. L. Sumberg zitiertes deutsches Sprich-
wort sagt. Gewiß, die immer noch bestehenden Fröhlichen Bruderschaften, die der *Narrenmutter* oder der Phantasiekönige, die
zahlenmäßig doch recht beschränkt sind und im übrigen schon bei
vielen anderen Gelegenheiten zu Ehren kommen, erheben, was
den Karneval betrifft, allem Anschein nach keinerlei Anspruch auf
Vorrangigkeit, auf eine herausragende Rolle; vielleicht nehmen
sie nicht einmal teil. Sie haben ihre eigenen Feste und Umzüge, zu
denen die Mitbrüder, beseelt von einem starken Gefühl der Solidarität, keine Außenstehenden zulassen. Beim Karneval sind es andere Narren, die auf den Straßen tanzen.

Man sieht sie vor dem Zug herlaufen, bemüht, ihm einen Weg
durch die Menge zu bahnen. Wie Zeremonienmeister kündigen
sie die Schauspiele an – vertraute, unerläßliche Figuren, hier freilich keine jungen Kleriker oder Chorknaben, auch nicht die Mitbrüder organisierter Gesellschaften, sondern Männer außerhalb
des üblichen Spiels, gutsituierte Bürger, Handwerker, Kaufleute
und deren Söhne, bekleidet mit Eselsohrenkappen, mit Gewändern in den traditionellen Farben, auf Eseln reitend, Eier werfend,
aus vollem Halse singend und an Tollheit kaum zu überbieten.

Nicht zuletzt auf den Festwagen spielen die Narren eine sichtbare
Rolle – als Protagonisten oder Komparsen, ja selbst als Helden von
Genreszenen, Moralitäten, Satiren und Allegorien. Die Maler
versäumen es nie, einen tanzenden, zu jedem Kunststück fähigen,
spottenden und schimpfenden Narren in den Vordergrund der
fröhlichen Zerstreuungen zu stellen, ganz gleich, um welche Art
Lustbarkeit es sich im einzelnen handeln mag. Der Narr fehlt
nicht einmal bei den *Mysterien* oder *Mirakeln*, ja manchmal sieht
man ihn sogar in Darstellungen von Martyrien, die als gespielte
Szenen natürlich den Charakter einer Parodie haben. Der Narr ist

überall vertreten, selbst auf den Wegen der Fürsten und ihres berittenen Gefolges bei den feierlichen Einzügen in die Städte. Was den Karnevalszug angeht, so helfen die Narren dem Verständnis der Zuschauer auf die Sprünge, gestikulierend und erklärend machen sie deutlich, worum es geht; ihre bloße Anwesenheit, ihre seltsam zweigeteilten, einseitig mit breiten Querstreifen in sich beißenden Farben versehenen Kostüme, die lächerlichen Eselsohrenkappen, das Schellengeläut – alles, was sie ausstrahlen, bricht die ungetrübte Heiterkeit, demonstriert die Nichtigkeit mancher Gewohnheiten und Werte: die Kontraste zwischen den Sorgen und den Gelüsten der Menschen, zwischen ihren Leidenschaften und ihren Narrheiten. In den *Liebesgärten* und höfischen Dialogen begleitet ein Narr das Liebespaar; er hebt sein Glas, um auf das Wohl der Verliebten zu trinken, und ermuntert den Saitenspieler zum Ständchen. Die Narren lauern allerorten und reiben sich die Hände.

Manchmal sind sie die Hauptakteure, die einzigen Schlüsselfiguren für die Lektion des Schauspiels. So beispielsweise in gewissen ländlichen Szenen, etwa einem Garten, wo eine als Narr verkleidete Person Wasser aus dem Brunnen schöpft, während eine andere feines Backwerk in einen riesigen, unter freiem Himmel stehenden, feuerspuckenden Ofen schiebt. Ähnlich verhält es sich im Falle des traditionelleren *Sommer*- oder *Landhauses*, das ebenfalls in einem Garten steht und als Unterkunft der Narren dient, bewohnt von einfältigen Toren und Dämonen, von Wilden Männern und Barbaren; oder im Falle jener Narren, die, farbenprächtig gekleidet, auf Bäume klettern und einer nach dem anderen in ein zum Vogelfang aufgespanntes Netz fallen. In die gleiche Richtung weist das vom Ufer ablegende Narrenschiff, ein Thema, das direkt in närrischen Traditionen und Bräuchen gründet. Schon lange belebte die Gegenwart des Narren alle möglichen Gruppen, die sich auf großen Holzschlitten durch die Straßen ziehen ließen. Doch bereits wenige Jahre nach der Veröffentlichung des Gedichts von Sebastian Brant wird beim Karneval in ganz Deutschland ein wirkliches Schiff gezeigt, ein Schiff auf Rädern, das sich auf offenem Meer in den Wellen wiegt, ausgestattet mit einem hohen Mast, einem geräumigen Mastkorb, einer Rahe und dem dazugehörigen

Tauwerk; eine große Fahne flattert im Wind. Narren, nicht etwa in Seemannstracht, sondern wie immer in rot-grün-gelben Kostümen, klettern den Mast hinauf; ein anderer spielt Geige; ein Mönch singt, ißt oder predigt; manchmal schwimmt sogar eine Sirene oder ein Delphin in den Fluten nebenher. Vielfältige Szenen, gewiß, die im Hinblick auf die Anzahl der Personen, die Masken, die Kleidung, die Farben, die Haltungen der Narren und der predigenden Gelehrten noch viel Spielraum für Inventionen lassen, die sich aber allesamt auf das klassische Bild des Dichters berufen: das *Narrenschiff*, das mit den Träumen der Unvernunft an Bord Kurs auf ferne, nebelhafte Horizonte nimmt.

Ein anderes lebhaftes Zeugnis, diesmal von religiösen Einflüssen geprägt, symbolisch und mit einem traditionellen Bezug, der nicht unbedingt als offensichtlich empfunden wird, ja der im Laufe der Zeit immer stärker verwischt, ist die Szene, mit der das Fest zu Ende geht: die Verbrennung des schönsten Wagens und sämtlicher Narrheiten des Spiels am letzten Tag der Lustbarkeiten, am Schluß der langen Prozession. Nach Einbruch der Nacht stürmen Tänzer und Läufer, mit Fackeln gerüstet, den Drachen, die Burg, das Haus der Narren oder das Schiff und geben sich nach der gewaltsamen Eroberung einer fröhlichen Zerstörung hin, die noch nicht dem lachenden Gaukelmann, der Allegorie des Karnevals selbst gilt, sondern lediglich den übermächtigen Bildern des Dämons, den Kräften der Unvernunft, den erfinderischen Phantasien. Seit den ersten Jahren des 16. Jahrhunderts gerät diese Szene zu einem regelrechten Feuerwerk, da in den Holz- oder Pappgerüsten Pakete mit kleinen Böllern und Schießpulver verborgen sind.

In einem der schönen Nürnberger Schembartbücher findet sich ein beeindruckendes, über zwei Seiten reichendes Bild, das die Apotheose des Karnevals von 1539 auf ergreifende Weise, erstaunlich reich an Details und Vitalität, ins Gedächtnis ruft – ein Bild, das S. L. Sumberg sorgfältig analysiert hat. Andere, bescheidenere Darstellungen aus den Schembartbüchern früherer Jahre zeigen, daß die Szene selbst keine Neuheit ist. Mitten auf dem großen Platz vor dem *Rathaus*[11] – das mit seinen bemalten oder

---

[11] *A. d. Ü.:* deutsch im Original.

stuckverzierten Fassaden, seinen Arkaden, seinen ausgezackten
Giebeln, den ausladenden Schutzdächern und der benachbarten,
von Marktbuden gesäumten Kirchenapsis minutiös beschrieben
wird – liegt ein schweres Schiff. Der massive hölzerne Rumpf, rot
angestrichen und mit hohen Bordwänden, schwimmt auf himmel-
blauen Wellen, unter denen die Räder verschwinden; eine Sirene
und mehrere Fische bilden das Geleit. Die üblichen Attribute, alles
Zubehör ist vorhanden: der hohe Mast mit dem geräumigen
Mastkorb, die rote Fahne, das kleine Hinterkastell in Form einer
Hütte mit spitzem Dach, der Schiffsschnabel, hier ohne Bugfigur,
der am Heck befestigte Anker sowie zahlreiche Wanten und Taue.
Trotzdem ist es – jedenfalls zu dieser Zeit – nicht mehr das *Narrenschiff*, denn an Bord führen verschiedenartige und höchst indi-
vidualisierte grotesk-monströse Gestalten das Kommando. Es ist
das Schiff des Bösen, der Herrschaft dämonischer Gewalten, besetzt mit allen Hilfskräften des Teufels; der Maler zeigt neun Figuren, doch die Begleittexte, in denen die Ordnung des Karnevals
erläutert wird, nennen bis zu neunzehn. Man sieht Vogel- und
Raubtiermasken, Fellkleider und absonderliche Farben. Mehrere
Personen halten Wache oder schlagen Alarm. Ein von Kopf bis
Fuß schwarzgekleideter Teufel hat sich mit einer riesigen Spritze
bewaffnet und verschießt Wasser oder Feuer. Mindestens zwei
Bombarden oder Steinschleudermaschinen befinden sich an Bord.
Ringsum die Menge der Angreifer: Tänzer oder Läufer, gekleidet
wie Krieger bei der Parade, angeführt von berittenen Herolden
und flankiert oder aufgeheitert von einigen Narren, die sich in
gestreiften Kostümen, selbstverständlich mit Eselsohrenkappen,
im Vordergrund tummeln oder vielmehr ihre Waffen vorbereiten,
Spieße und Steine, Feuerrohre und Böller; vier Wilde Männer von
kräftiger Statur nähern sich dem Schiff mit mächtigen Keulen.
Die Läufer machen sich zum Angriff bereit und schwingen ihre
Waffen: Lanzen oder Wurfspieße, Fackeln oder undefinierbare,
mit Pulver geladene Gerätschaften. Am Schiffsrumpf lehnen
schon zwei Sturmleitern, und alles deutet darauf hin, daß das
kurzlebige Spiel zu Ende geht, daß die Festung des Bösen bald
fallen und in Flammen aufgehen wird.

Karnevalsthemen: Neuheiten und Moden

Wie alle zeitgenössischen Feste, ob weltlich oder religiös, ob alter-
tümlichen Ursprungs oder christlicher Prägung, bietet der Karneval zahlreiche Straßenschauspiele. Doch jenseits der reinen Vergnügungen, der Gelage und der Tänze, abgesehen auch von jeder
allegorischen Interpretation zeugen die Feste der Vorfastenzeit
von dem, was als sehenswürdig gilt, von dem Wunsch, Bewunderung zu erregen; sie sind ein Repertoire modischer Themen, die
dem Geschmack des breiten Publikums der Stadt entsprechen und
für uns überaus schwer zu erfassen sind: kurzlebige künstlerische
Ausdrucksformen, Werke aus billigen Materialien, dem Feuer angelobt und ohne sonderliche Sorgfalt hergestellt, aber dennoch
Zeugen, spontane Bekundungen einer Zivilisation, kostbare An-
haltspunkte für unsere Vorstellung von einer vergangenen Kultur.

Leider gibt es dazu weder ein Verzeichnis noch eine erschöpfende
Untersuchung, die uns erlaubte, eine ernstzunehmende Übersicht
zu geben, die Unterschiede von Stadt zu Stadt oder auch nur von
Land zu Land zu bestimmen, uns an irgendeiner zeitlichen Entwicklung zu orientieren. Das einzige, was zur Verfügung steht,
sind Erwähnungen in den Rechnungsbüchern, den Verzeichnissen
der Kommunen, meist spärliche und eher in Anspielungen bestehende Hinweise auf den Einkauf von Holz und Tuchmaterial, auf
Ausgaben für den Wein, für die Bezahlung der Arbeiter; außerdem einige flüchtige Bemerkungen der zeitgenössischen Chronisten. Die Künstler, insbesondere die Maler und die Bildhauer, hat
es offenbar nicht verlockt, einen im Grunde so gewöhnlichen, dem
Vergessen anheimgegebenen Prunk zu schildern. Wir sind
deshalb gezwungen, uns – zumindest, was das 15. Jahrhundert
betrifft – vor allem an die bemerkenswerten Nürnberger Handschriften zu halten, die ab 1449 regelrechte Festprotokolle mit Beschreibungen von Dekorationen und Kostümen liefern und überdies vereinfachende Illustrationen der Masken und Festwagen
enthalten.

Der Karnevalszug, hier der Nürnberger Schembartzug, bestand
im großen und ganzen aus drei Gruppen, drei Einheiten, die äu-

ßerlich leicht zu unterscheiden waren, sich in der bunten, zuweilen zügellosen Anordnung des Umzugs jedoch vermischten: Zunächst gab es die Tänzer oder Läufer, die phantasievolle allegorische oder frei erfundene Kostüme trugen, dafür aber schlichte, lediglich kolorierte Masken, dann die großen, sehr aufwendig gestalteten Masken und schließlich bildliche, illustrierende Kompositionen aus Dekorationselementen und lebenden Personen, die auf Schlitten oder Räderwagen von kostümierten Komparsen, manchmal auch von prächtig herausgeputzten Pferden gezogen wurden.

Die Verwendung stehender oder fahrbarer Schaubühnen für alle Arten der spielerischen Darstellung des weltlichen oder religiösen Theaters geht freilich auf sehr viel frühere Zeiten zurück. Die mittelalterlichen Feste haben diese Tradition mit Sicherheit aufgegriffen, als die Aufführungen von *Mysterien* und *Mirakeln* gebräuchlich wurden. Im *Passionsspiel*, das auf einem fahrbaren Schiff stattfand, wechselten die Darsteller manchmal von einem Dekor, von einem »Haus« zum anderen. Mit Vorliebe wurde damals die *Arche Noah* gezeigt, häufiger noch das *Schiff der heiligen Ursula*, das sich in Deutschland natürlich besonderer Beliebtheit erfreute. Die Schaugefährte, in England *pageants* genannt, hießen in Nürnberg *Höllen*, eine Bezeichnung, die ihren Ursprung in jenem Höllenschlund haben könnte, den die Verantwortlichen der *Mysterien* gern als Szenerie für den erhängten Judas im *Passionsspiel* benutzten: ein abscheulicher, weit aufgerissener Rachen mit zahlreichen Personen und fratzenschneidenden Dämonen in seinem Innern; jedenfalls waren die Wagen oft mit Teufeln und bösartigen Ungeheuern, Abgesandten der Hölle, bevölkert.

Dennoch, wenn man die Auswahl und die Themen in ihrer Gesamtheit betrachtet, hebt der Karneval sich durch sehr viel weiterreichende Phantasien und Inventionen von den wirklich religiös geprägten Schauspielen ab. Kein Vergleich mit dem Narrenfest, das sich in seinen Ausschweifungen und Extravaganzen doch recht monoton ausnimmt; auch nicht mit dem geistlichen Spiel, das trotz der oft überraschenden Wendungen und der hinzuerfundenen Ausschmückungen in relativ festgelegten Bahnen bleibt. Der Fastnachtsumzug der letzten Fetten Tage schöpft seine An-

Abb. 10: Hölle, aus dem Nürnberger Schembartlauf von 1539

regungen aus allen nur erdenklichen Quellen und greift außer durchsichtigen Allegorien oder Moralitäten gänzlich profane Themen des Alltags auf: ein buntes Gemisch, eine vielfältige Auswahl, Anekdoten, die an kleine Szenen jener Art erinnern, wie sie bei den fürstlichen Einzügen an Straßenkreuzungen, Stadttoren und Brunnen zu beobachten waren – Zerstreuungen, die dem Anschein nach keinen Zusammenhang miteinander haben.

In Wirklichkeit beziehen sich viele Themen immer noch auf das feudale Leben der Grundherrlichkeit, auf die Feste und die Kultur der Höfe. Abgesehen von den Spielen und Schiffen der Narren tun die Verantwortlichen des Karnevals, ihre Künstler und ihre Kostümemacher sich nicht gerade durch neue Ideen, durch originelle Kompositionen hervor – und dies ist auch kaum ihr hauptsächliches Bestreben. Sie begnügen sich mit Nachahmungen, allenfalls bequemen Adaptationen jener Motive, die den Fürsten und ihren Vertrauten, ihren Gästen, lieb und teuer waren; sie greifen auf, was die großen Gastereien der Ritterfeste, der Stechspiele und der Turniere berühmt gemacht hat. So kommt es, daß auf den Schauwagen am Fetten Dienstag oft die gleichen Bildergruppen zu sehen sind wie bei den Zwischenspielen am Hofe.

Das Schiff selbst gibt zwar das Narrenschiff wieder, ist aber sehr viel reicher geschmückt, beladen mit plastisch herausgearbeiteten allegorischen, realistischen oder burlesken Figuren, so daß es gleichzeitig an die silbernen oder feuervergoldeten Tafelaufsätze erinnert, die sich in Form mächtiger Schiffe auf bunten Emailfüßen erhoben: eine erstaunliche Vielfalt von Genreszenen und »sagenhaften« Motiven, die ebensogut aus der Bibel stammen wie aus der griechisch-römischen Mythologie oder aus den vertrauten Bildern des höfischen Lebens.

Ähnlich verhält es sich – dies sei ausdrücklich hervorgehoben – mit dem Brunnen, dem man regelmäßig im Mittelpunkt aller möglichen Zerstreuungen begegnet: auf Volksfesten, an Straßenkreuzungen, auf Plätzen – immer ist es beim Brunnen, wo sich die prachtvollste Bühne erhebt, wo die schönsten Mimenspiele inszeniert werden. Was die *Mysterien* betrifft, so ist der Brunnen verständlicherweise eine der reizvollsten Attraktionen des *Paradie-*

ses, des Gartens der Lüste. Und bei Hofe standen auf den fürstlichen Tafeln oder, im Falle größerer Aufführungen, gelegentlich am Fuß der Bühnen wunderschöne, mehrstöckige Silberbrunnen, ebenfalls emailliert und stets mit reichen Ornamenten ausgestattet: Mauerwerk mit Zinnen, Fische und kleine Schlangen, Affen und andere Grotesken, wasserspeiende Hunde oder Löwen, kleine Engel mit Krügen. Manche dieser Brunnen wogen bis zu 70 oder 80 kg Feinmetall. Auf den Schaubühnen und Festwagen des Karnevals wird vor allem der *Lebensbrunnen*, oft auch der *Liebes-* oder *Jungbrunnen* gezeigt, inspiriert von uralten Volkslegenden oder von Schilderungen der Bibel – von der Genesis bis zu den Psalmen –, Brunnen, die man auch in manchen epischen Sagenkreisen, etwa dem *Alexanderroman*, wiederfindet. Zu einer Zeit, da die Sagen, die »fabelhaften« Geschichten der griechisch-römischen Mythologie wieder – oder immer noch – sehr beliebt waren, dachte man in diesem Zusammenhang sicher auch an die Nymphe Juventa, die von Jupiter in eine sprudelnde Quelle verwandelt wurde, oder gar an Hera und ihre Brüder, die ihr jedes Jahr eine neue, makellose Jugend schenkten. Ein erlesenes Thema, das von mehreren Malern ausgearbeitet wurde und jedenfalls den Vorwand für erstaunliche Kompositionen geliefert hat. Hieronymus Bosch stellt einen sonderbaren *Lebensbrunnen*, ein überaus komplexes, fast könnte man sagen »flammendes« Monument mitten ins Zentrum seines *Irdischen Paradieses* und der *Schöpfung Evas*; und auf der Mitteltafel seines *Gartens der Lüste*, wiederum im Zentrum des Gemäldes, sieht man einen *Jungbrunnen*, ein blaues Wasserbecken, in dem nackte Frauen mit langen blonden Haaren baden.

Eine Nürnberger *Schembart-Hölle* von 1510 zeigt einen Jungbrunnen, einen monumentalen, mehrstöckigen Aufbau, recht häßlich übrigens, umgeben von dem spärlichen Grün einiger Büsche: zwei goldene, durch Metallrampen geschützte Becken sowie ein turmartiger ziselierter Pfeiler mit den Wasserspeiern und einem Narrenkopf auf der Spitze, dazu einige nackte Personen im Wasser und außerhalb der Becken. Insgesamt ziemlich dürftige Phantasien, eher konventionell, eher nüchterne Allegorie als überschäumende Erfindungskraft, keine Spur von Ausgelassenheit jedenfalls – man beschränkt sich auf ein mattes Bild, eine schlichte architektonische Komposition.

Das Beispiel der Höfe und der höfischen Spiele dient im übrigen als Anhaltspunkt nicht nur für die Themenwahl, sondern auch für die Sichtweise, die Art, mit den Themen umzugehen. So etwa – immer noch in Nürnberg – bei der Darstellung des berühmten *Venusbergs*[12], des Zauberbergs der Liebe, des sagenumwobenen Gartens germanischer Tradition. Gewiß, die der Venus und ihrem lustvollen Königreich gewidmeten Schauwagen stellen die Helden des Mythos vor: die Ritter Tannhäuser und Eckart, begleitet von einem Bauern und einem Gelehrten, die den Zauberkräften der Göttin ebenfalls anheimgefallen sind. Der Eingang des Gartens wird in der Regel von einem Mann im Narrenkostüm bewacht, und die Gegenwart dieses Narren mit seinem stummen Gespött, seinen unschwer zu vermutenden Kommentaren, ja selbst einige mehr oder weniger feinsinnige Andeutungen, die aus den Haltungen oder den Kostümen sprechen, verleihen dem Ganzen eine ironische Note. Im Detail fügt sich das Bild dem Charakter des Karnevals, des Vergänglichen, des Nutzlosen; insgesamt aber ist die Szene nichts als eine bloße Wiederholung der an den Fürstenhöfen, in den vornehmen Kreisen der Grundherrlichkeit begehrten Liebesduelle. Der *Venusberg* ist ein lieblicher Garten, belebt von höfischen Spielen und galanten Turnieren; man sieht vor allem verliebte, wohlgelaunt plaudernde Paare bei Tisch. Ein anderer Wagen zeigt das *Urteil des Paris*, das den gleichen höfischen Geist verrät.

Ein weiteres Zeichen für das Interesse an den höfischen Moden und Vergnügungen ist die offenkundige Vorliebe für Phantasiebilder, für das Fremdartige, die Exotik mehr oder weniger ferner Länder. Wilde Männer und Frauen gehören zu jedem Karnevalszug. Im Rahmen des Fastnachtstreibens der Fetten Tage treten sie als imposante Figuren auf, riesenhafte Gestalten, in Tierhäute und Fellkleider gehüllt, mit überdimensionalen Masken, groben Perücken und langen schwarzen Bärten. Der Wilde Mann hält – wie könnte es anders sein? – eine Keule in der Hand, auf dem Rücken

---

[12] *A. d. Ü.*: deutsch im Original.

trägt er dicke Bündel grüner Zweige und manchmal einen großen Tragkorb mit einem gefangenen Kind in Gestalt einer Holzpuppe oder einer Marionette darin, die zweifellos einen bösen Waldgeist verkörpert. In Süddeutschland, in Tirol und in der Schweiz ist ein anderes, sehr eigenwilliges Kostüm des Wilden Mannes üblich – das Gewand ist bedeckt mit Hunderten von Kastanien, die dicht an dicht auf das Tuch genäht sind; die Maske besteht in einem Schweinekopf. Die Wilde Frau, in der gleichen Weise gekleidet, trägt ebenfalls eine Puppe, die ein Kind symbolisiert, das sie behalten will, um ihre Einsamkeit zu mildern. Während des ganzen Umzuges machen die Waldmenschen auf sich aufmerksam, indem sie die Schaulustigen bedrohen, dann wieder furchtsam zurückweichen oder in wilde Tänze ausbrechen.

Mit diesen Figuren, die auf altes Volksbrauchtum zurückverweisen, durch ein neues Verständnis und die höfische Betrachtungsweise aber lieblicher geworden sind, hängt auch der Gebrauch grotesker Tierkopfmasken – vor allem Vogel-, Schweine- und Ziegenköpfe – zusammen, die dämonische Kräfte und totemistische Traditionen beschwören, zugleich jedoch eine schlichte Neigung zur Natur bezeugen.

Im Grunde ist das alles recht gewöhnlich, anekdotisch, beinahe langweilig: Statistenfiguren, die allenfalls Regungen furchtsamer Neugier auslösen oder vage Glaubensvorstellungen und Ängste ansprechen. Im Vergleich dazu haben Anleihen bei der Exotik ferner Länder, etwa den Figuren und den Szenen des Orients, eine viel kräftigere Wirkung; sie ermutigen zu Inventionen und ziehen leidenschaftliches Interesse auf sich. Plötzlich tauchen im prunkvollen Karnevalszug wirklich fremdartige Gestalten auf, die nur noch beiläufig an die einheimischen Traditionen gemahnen, beispielsweise eine männliche Figur, deren Umhang und Beinkleider mit kleinen Spiegeln besetzt sind: ein Wilder, gewiß, mit wüstem Schopf, einem imposanten schwarzen Bart und Schellen am Gürtel; doch dem traditionellen Bild sind die vielen Spiegel hinzugefügt, wahrscheinlich um die Zuschauer zu »blenden«, vielleicht eine Anspielung auf die Kräfte, die dem unter Sonneneinwirkung feuerspendenden Glas innewohnen, oder einfach nur aus Spaß an der prunkvollen, von orientalischen Moden inspirierten Verzierung. Aus dem Orient und aus Afrika stammen unverkennbar die Hintergründe eines lebenden Bildes, das die Begegnung des Bauern und des Mohren, zwei stark typisierter Masken, beim Tanz beschreibt. Am Gesicht des Bauern ist abzulesen, welche verächtlichen oder zumindest überheblich-belustigten Gefühle die Städter, ja selbst das Straßenvolk gegenüber den Tölpeln vom Lande hegen: ungeschlachte Züge, zerzaustes Haar, ungepflegte Aufmachung und plumpe Stiefel; Kleider in grellen Farben, manchmal in den gleichen Tönen, die sonst den Narren vorbehalten sind. Der Mohr trug am Ende des 15. Jahrhunderts immer noch eine schwarze Larve mit wulstigen Lippen und wolligem Haar als herausragendes Merkmal. Das Thema zeigt, welcher Beliebtheit diese Moden sich zu einer Zeit erfreuten, da an den Fürstenhöfen die Morisca getanzt wurde und der Sarazene bei großen Turnieren als Figur auf der Bühne agierte.

In den fünfziger Jahren des 15. Jahrhunderts tauchten nachgebildete Elefanten – mit Pappe überzogene Holzgerüste – im Festgeleit der königlichen Einzüge oder auf Schaubühnen an den Straßenkreuzungen auf; zur gleichen Zeit wurden künstliche Elefanten anderer Machart bei den Zwischenspielen an den Festtafeln der Höfe gezeigt: bewegliche Figuren mit versteckten Maschinerien, die in der Lage waren, den Rüssel zu schwenken und die Ohren aufzustellen, und die eine zinnenbewehrte Burg auf dem Sattel trugen. Die gleiche Konstruktion finden wir beim Karneval wieder: Männer oder Kinder an den Fenstern eines massiven Turms auf dem Rücken des Elefanten, manchmal Krieger, die im Schutze der wandelnden Festung Pfeile verschießen. Man mag darin Reminiszenen, Anspielungen auf alte Legenden sehen, vielleicht abermals auf den *Alexanderroman*, doch vermutlich handelt es sich eher um Zeugnisse eines neugierigen Interesses an wunderbaren fernen Ländern, an exotischem Getier – für das Volk ist der Karneval unter anderem eine billige Menagerie.

1453 nahmen die Türken Konstantinopel ein, 1470 eroberten sie Negroponte, eine der Perlen des venezianischen Machtbereichs im Orient, und 1480 belagerten sie Otranto. Die türkischen Sitten kamen in Mode: »orientalisierte« Umzüge und Paraden, ganz nach dem neuen Geschmack. Beim Karneval reiten herrlich anzu-

schauende Rotten in farbenprächtigen Gewändern auf ebenso
prächtig geschmückten Pferden durch die Straßen, Männer, die
sich wie Eroberer benehmen, indem sie Schaulustige und Tänzer
verhöhnen; von allen Seiten angegriffen, werden sie nach harten
Kämpfen schließlich, in den letzten Stunden des Tages, von der
Menge überwältigt; sie ergeben sich; als Gefangene, nicht als
Sklaven, bekehren sie sich mit spektakulären Gebärden zum
christlichen Glauben: ein Triumph der Waffen und der Kirche.
Ganz am Ende des Jahrhunderts tauchen die »Indianer« auf, merkwürdige Gestalten, die eher an den fernöstlichen Prunk der indi-
schen Malabar- oder Koromandelküste erinnern als an den neu-
entdeckten Charme der Westindischen Inseln. Gewiß, ihre Haut
ist rot-braun geschminkt, die Kleidung jedoch besteht in einem
langen Wollburnus mit breiten farbigen Streifen; weder Kriegsge-
rät noch Körperbemalung noch Federschmuck, sondern eine hei-
tere Maske unter einem weißen Turban; keinerlei Waffe, weder
Bogen noch Wurfspieß; kein Hinweis auf exotische Attribute, weder auf zauberhafte Papageien noch auf Baumkähne oder tropische
Früchte und Pflanzen, lediglich Goldreifen an Armen und Bei-
nen.

5. Ausschweifung oder Auflehnung?

Höfische und exotische Motive, Rückgriffe auf alte Traditionen, allegorische Darstellungen, der ausgeprägte Wunsch, zu gefallen, Verwunderung und Neugier zu wecken – das alles hält die Anregungen des Karnevals in den Grenzen der Sittsamkeit, auf der Ebene von Schauspielen im guten Ton. Insoweit unterscheidet sich dieses Fest nicht wirklich von den anderen Straßenvergnügungen, denen der liturgischen Zeremonien oder der fürstlichen Einzüge, der Triumphzüge in Italien oder der aufwendigen Empfänge von Ehrengästen.

Ist es nun erforderlich, die andere Seite des Karnevals stärker herauszukehren? Ist es richtig, das volkstümliche Fastnachtstreiben vor allem als einen Herd zügelloser Ausschweifungen und Liederlichkeiten zu deuten oder – wie man leicht glauben könnte und wie es oft genug behauptet wird – als den Widerschein, den spielerischen, spektakulären Ausdruck einer scharfen gesellschaftskritischen oder politischen Satire, vielleicht sogar als Ausdruck eines echten Konflikts zwischen verschiedenen sozialen Gruppen, zumindest aber den eines unehrerbietigen Aufbegehrens? Hier ist sicherlich übertrieben worden, bei genauer Betrachtung scheinen die Dinge so einfach nicht zu sein.

Die Kostüme, die Masken, die Menschenmenge auf der Straße, die Anwesenheit Fremder, die großzügig geöffneten Häuser – das alles begünstigt naturgemäß, ebenso wie die meisten Narrenfeste, allerhand Tollheiten, unübliche Freiheiten. Im Karneval ist alles erlaubt, und noch heute besteht die Vorstellung von einem Fest, bei dem jeder sich ungehemmt tummeln kann, bei dem jeder Gelegenheit hat, sich den Zwängen und Tabus unter dem Deckmantel des Spiels, der Maskerade und der Anonymität zu widersetzen. Was die Requisiten und die Masken, die Schaugefährte und die

Kostüme betrifft, so ließ man sich in der Tat gern etwas einfallen, um Tabus zu durchbrechen, verbotene Spiele zu rühmen. Die Tänzer trugen die erstaunlichsten Kleider aus Seidenstoffen in leuchtenden Farben; sie sahen aus »wie Papageien«. Manche schmückten sich mit einer Tunika oder einem Waffenrock, ja sogar mit Kappen aus Spielkarten. Andere befestigten kubische oder an den Oberflächen facettenförmige Würfel unterschiedlicher Größe an ihrem Wams und ihren gerafften Beinkleidern.

Häufig formiert der Zug sich vor der Tür eines Wirtshauses und legt unterwegs regelmäßige Pausen für Trinkereien ein. Es ist ein ausschweifendes Spiel, vor allem dank der Masken, einer uralten Tradition, die seit Jahrhunderten von Kirchenlehrern, manchmal von Moralisten und – seltener – von den Magistraten der Stadt verurteilt oder verboten wird: ein heidnischer, unanständiger Brauch, der zu Schandtaten verführt. Der maskierte Mann übernimmt keinerlei Verantwortung für sein Handeln und entzieht sich der gerechten Verdammung. Die Synodalurkunden sprechen von Männern und Frauen, die bei religiösen Frühjahrsprozessionen oder zu bestimmten Zeremonien und Tänzen im Rahmen der liturgischen Feierlichkeiten Masken aufsetzen – Gewohnheiten aus fernen Zeiten, sittenlose Haltungen, die der Schicklichkeit und der Bescheidenheit zuwiderlaufen und die zu ächten sind. Jedenfalls dürfen Priester oder Chorknaben um keinen Preis »falsche Gesichter« tragen oder sich nach Art der Schauspieler als Weltliche vermummen. Abgesehen von einigen großen, ausgesprochen volkstümlichen, mit dem Zyklus der Jahreszeiten verbundenen Festen, die insbesondere in Deutschland und in Österreich von eigenwilligen, tiefverwurzelten Bräuchen bestimmt waren, ist es offenbar gelungen, die Aufzüge maskierter Personen so gut wie vollständig aus dem Heiligenkult und den religiösen Zeremonien zu verbannen. Um so triumphierender, allerseits leidenschaftlich erwartet und hochgeschätzt, setzen sie sich bei den lustigen oder grotesken Karnevalszügen durch. Das gilt für sämtliche Tänzer, die beteiligt sind; zwar tragen sie nicht notwendig groteske Masken – Tierköpfe, fratzenhafte oder erschreckende Larven –, weisen aber mindestens bemalte, häufig mit einer Silber- oder Goldschicht bedeckte Gesichter auf. Was die

Läufer betrifft, die in Scharen auftreten, so dient bei ihnen die Maske, ähnlich wie das Kostüm, vornehmlich als Emblem der Zugehörigkeit oder Uniformität – sie soll den Betreffenden als Mitglied einer Rotte, einer Brigade, wie man in Italien sagen würde, kenntlich machen. Andere Masken stellen Jugend und Schönheit zur Schau, wieder andere verleihen ihren Trägern durch zarte Farben, meist Rosatöne, den Anschein von Weiblichkeit und erlauben, jedenfalls andeutungsweise, die Darstellung von Frauenrollen. Bisweilen – auch dies ein Zeichen der Liederlichkeit – tritt eine ganze Gruppe Männer in Weibertracht auf, so vor allem in jenen Szenen der deutschen Fastnacht, die in mehr oder weniger treuer Nachahmung den *Venusberg* darstellen.

Anonymität, Vermummung und Rollentausch, reichlicher Weinausschank und Massenszenen, burleske Tänze, schrille, »wilde« Katzenmusik, Trommelschläge, Geschrei und obszöne Lieder charakterisieren, den Beschreibungen der Chronisten oder Moralisten zufolge, die Atmosphäre des Karnevals, eines ebenso glanzvollen wie gefährlichen Spektakels, das fraglos allerlei Unordnung in der Stadt hervorrief. Daß freilich unter dem Schutz der Masken und durch Anspielungen auf bestimmte Personen oder ehrwürdige Institutionen, durch die bildlich gestalteten Festwagen und durch Lieder, deren rätselhafte lautmalerische Refrains im Wechsel mit unverschlüsselten Strophen wiederkehrten, Amtsmißbräuche angeprangert, Machthabende kritisiert, Lächerlichkeiten verspottet und Mißgeschicke lächerlich gemacht wurden, galt allgemein als statthafte Belustigung – zumindest bei dem bunten Treiben auf der Straße und innerhalb gewisser Grenzen.

Massenspiele also und Kritik an Unsitten der Gesellschaft – aber bedeutet der Karneval einen gezielten Angriff oder auch nur eine wirkliche Infragestellung des ungezügelten Machtgebrauchs, der Herrschaftsprinzipien oder gar der sozialen Hierarchien? Ist er bare Zerstreuung, ein Unmutsventil oder das Zeichen einer tiefergehenden Auflehnung?

Im Grunde sind die Umzüge der Fetten Tage von Beginn an, schon durch ihren Ursprung und ihr Wesen, viel weniger antihierarchisch als die der Narrenfeste und die Prozessionen am Tag der Unschuldigen Kinder. Im Karneval ist nirgendwo die Rede von

einer Umkehrung der Rangordnungen und der Machtverhältnisse. Die Tänzer oder Läufer rekrutieren sich nicht aus einer bestimmten sozialen Schicht oder einer bestimmten Altersgruppe,
wie etwa die kleinen Kleriker oder die Chorknaben. Es gibt keinen
Hinweis auf eine solidarische Bewegung, die auch nur den geringsten Bezug zu den Unschuldigen, den reinen Kindern, den einfachen Leuten oder Armen hätte. Der Karneval ist für alle da.

Von den lebenden Bildern, die auf den Schauwagen ausgestellt
werden, erinnert einzig das *Glücksrad* an die Bestimmung der
Menschen und ihre Stellung vor Gott, freilich indirekt. Es geht
eher darum, die Eitelkeit ehrgeiziger Bestrebungen und die Unbeständigkeit irdischer Positionen zu illustrieren. So wie Sebastian
Brant es in seinem *Narrenschiff* zum Ausdruck bringt: Ein großes
Rad, gedreht von der allegorischen Figur des Glücks oder von der
Hand des Schicksals, des Zufalls, läßt mehrere Personen, Ritter
wie Kaufleute, die den Gipfel des Ruhms erreicht haben, von ganz
oben nach ganz unten fallen. In Nürnberg bezog man auch Narren
ein. Aber das Thema war weder neu noch originell. Schon seit
geraumer Zeit, seit den ersten Darstellungen der *Mysterien* und
des *Passionsspiels*, kannte man das Rad vor dem Höllenschlund
und seiner feurigen Glut, ein Folterrad, auf dem sich Sünder drehten, die zum Fegefeuer oder zu den Qualen der Hölle verdammt
waren. Andere große Räder, deutlicher erkennbar als Werkzeuge
des Schicksals, dienten der Illustration von kurzen Erzählungen,
Moralitäten oder gar Spottschauspielen, die auf der Straße gezeigt
wurden. In Arras brachte das *Jeu de la Feuillée* von Adam de la
Halle um 1270 ein *Glücksrad* auf, besetzt mit leicht identifizierba-
ren Bürgern der Stadt, die »kopfunten« gedreht wurden. All dies
waren Lektionen im burlesken Stil, die der Karneval bereitwillig
übernahm, im Laufe der Zeit aber immer mehr entschärfte, ihrer
konkreten Bezüge beraubte. Die Allegorie gewann entschieden die
Oberhand über die Farce und den direkten Angriff.

In diesen Bildern und Spielen nichts als systematische Kritik an
der Verteilung von Macht, Reichtum und Befehlsgewalt sehen zu
wollen, wäre übertrieben, ein Vorurteil. Die Satire bewahrt in der
Regel einen belustigten, wenn nicht geradezu gefälligen Charakter, und die Bitterkeit versteckt sich unter dem Gewand des fröh-

lichen Narren, verbindet sich mit erfundenen Figuren oder Darbietungen, die in erster Linie gefallen sollen: mißliebige Unter-
töne sind kaum zu hören.

Um Unsitten und Lächerlichkeiten anzuprangern, bedient man
sich gern der Figur des alten Weibes, oft dargestellt in Form einer
Puppe, einer Marionette, deren Fäden ein abscheulicher, mißge-
stalteter Teufel in der Hand hält, und im Kampf gegen ein Teufel-
chen mit Ziegengesicht – eine Figur, die am letzten Abend unter
Freudengeschrei verbrannt wird. Andere Masken indes verkörpern das gleiche alte Weib, angetan mit einem langen Kleid, einer
schwarzen Schürze und mit einer Haube auf dem Kopf: eine
Kupplerin, Wirtin oder Betreiberin eines öffentlichen Badehauses,
die auf dem Rücken einen Holzkübel trägt, aus dem eine junge
»Badmagd« herausschaut, eine leichtbekleidete Puppe mit bloßen
Armen und nackten Schultern. Manche Masken erinnern noch
unverhohlener an die Badestuben, an die Prostitution.

Eine beliebte Zielscheibe der Maskerade sind die Kaufleute, gei-
zige Händler, die von der universellen Narrheit des leichten Geld-
verdienens besessen sind. Davon zeugt ein ebenso eindrucksvolles
wie originelles lebendes Bild aus Nürnberg, eine Schembart-
Hölle, die drei Kramläden unter ein und demselben Dach vorstellt,
eine Art Flohmarkt mit Antiquitäten, Tand und Trödelkram. Die
Verkaufsauslagen unter den vorspringenden Schutzdächern zeigen ein unglaubliches Durcheinander von alten Kleidern, Flitter-
zeug, Geschirrstücken, Gürteln, Geldbörsen und sogar Büchern.
Zweifellos ein realistisches Konterfei irgendeines Markts der
Stadt, aber dennoch komisch und burlesk, ganz im Gegensatz zu
den Buchmalereien, die meist bemüht sind, den seriösen Charakter der Geschäfte und die für das Wirtschaftsleben der Stadt bedeutsame Rolle des Händlers hervorzuheben; kurz, eine Satire,
eine Parodie, die allerdings eher zum Burlesken neigt als zur
scharfen Verurteilung. Die Gegenwart von ein oder zwei Narren
in den Hinterläden bekräftigt die burleske Absicht.

Weniger harmlos und durchaus von echter Besorgnis angeregt
sind die Masken oder lebenden Bilder, die von gewissen Kirchen-
leuten, von Amtsmißbrauch und unlauteren Praktiken handeln,
wie sie in den letzten Jahrzehnten des 15. Jahrhunderts von man-

chen Zeitgenossen offen kritisiert wurden. Sie sind vor allem aus deutschsprachigen Ländern überliefert. Die Illustrationen und Protokolle der Nürnberger Handschriften liefern mehrere Beispiele. Da ist zunächst eine Figur, die unter den Tänzern oder Läufern den *Ablaßkrämer* repräsentiert: eine schlichte, im Ausdruck spöttische Maske, die das Gesicht des Mannes verbirgt, ein blauer Hut mit einer prachtvollen Feder und ein weites Gewand, das unter angehefteten Schriftstücken verschwindet – ein Kleid aus Ablaßbriefen, versiegelt mit den Schlüsseln des heiligen Petrus oder mit dem Bischofsstab. Doch der Text, der auf den Briefen zu lesen ist, enthält nichts als eine Auflistung der Masken und der Vergnügungen, die den Massen in dem betreffenden Jahr gezeigt wurden, oder kurze Gedichte, Reime, Refrains. Auch hier keine scharfen Angriffe, weder rachsüchtige Worte noch himmelschreiende Empörung und jedenfalls keine großen Reden; es bleibt bei einer »Darstellung«, einem Spottbild, einer Unehrerbietigkeit. Das gleiche gilt für die anonymen Figuren von Geistlichen, Mönchen, Predigern und Ablaßhändlern, mehr oder weniger beseelte Hampelmänner, die unermüdlich lächerliche Homilien plappern oder endlose, eher aus kalauerhaften, unverständlichen Formeln denn aus direkten Anspielungen zusammengesetzte Predigten halten. Das Ganze bleibt im Rahmen eines großen, meist zweckfreien Volksvergnügens.

Farcen und Fastnachtspiele

In einigen Regionen, vornehmlich in Deutschland, bietet der Karneval jedoch mehr als einen glanzvollen, reichhaltigen, vielfältigen Umzug, der den Herrschenden gelegentlich die Leviten liest. Das Volk erwartet etwas anderes: ein Schauspiel nach Art eines kleinen Theaterstücks, eine wirkliche Farce, die nicht nur mimisch dargeboten oder gesungen wird, sondern auf einem gutgeschriebenen Text beruht, mit Dialogen, ja mit kleinen Handlungen. Das *Fastnachtspiel*[13] ist eine der interessantesten Formen der satirisch

[13] *A. d. Ü.:* deutsch im Original.

ausgerichteten volkstümlichen deutschen Literatur und seit einem
Jahrhundert von Literaturwissenschaftlern, Philologen, Soziolo-
gen und Spezialisten der Volkskunde erforscht; eine Form des literarischen Ausdrucks, die stets mit dem Karneval verbunden ist
und uns vor allem für das 15. und 16. Jahrhundert eine stattliche
Anzahl von Zeugnissen hinterlassen hat. Einige Texte stammen
aus der Feder anonymer Schriftsteller, die meisten indes von
Autoren, die schon zu Lebzeiten berühmt waren und später als die
Meister der gesamten Gattung anerkannt wurden, allen voran
Hans Sachs (1494 – 1576), Verfasser von über sechstausend Ge-
dichten, von religiösen und weltlichen Tragödien, ja sogar einer
Hymne auf Luther, und Autor von etwa hundert Fastnachtspielen,
in denen er versammelt und verwendet hat, was er auf seinen Rei-
sen durch Deutschland gelernt und erfahren hat; eine unerhörte
Vielfalt an traditionsreichen Themen, Charakterbildern, Situa-
tionen, an humoristischen oder satirischen Stilmitteln. Hans
Sachs, der wagnersche Held der *Meistersinger*, war tatsächlich der
Meistersinger[14] seiner Heimatstadt Nürnberg.

Im Rahmen der Karnevalsfeiern ist das *Fastnachtspiel* eine Darbietung eigener Art, die sich nicht unmittelbar in das Treiben des
großen Umzugs einfügt, sondern eher am Rande stattfindet.
Allem Anschein nach fanden die ersten Aufführungen um 1400
oder etwas früher vor einem kleinen, auserlesenen Zuschauerkreis
im Hof eines vornehmen Bürgerhauses, in einem großen Saal oder
im Versammlungsraum einer Zunft statt. In der Folgezeit werden
die Spiele immer häufiger auf dem Hauptplatz der Stadt oder vor
einer Kirche gezeigt, wo das Publikum massenhaft zusammen-
strömt. Die Autoren sind daher – wie man es genau verfolgen
kann – gezwungen, ihre Texte den Umständen der Vorführung
anzupassen, sich auf die Bühnensituation und das Publikum ein-
zustellen; sie legen zunehmend Gewicht auf die Prologe und die
Gesamtgestaltung, auf verbindende Zwischenspiele; sie vermehren die Anekdoten, die Anspielungen auf aktuelle Ereignisse. Was
hier geboten wird, ist in der Tat die Krönung, der Höhepunkt des
Fests, bleibt aber eine Form des dramatischen Ausdrucks, die auf

---

[14] *A. d. Ü.*: deutsch im Original.

einen speziellen Anlaß zugeschnitten ist, auf ein Publikum, das
eigens um der Aufführung willen erscheint. Kein Vergleich mehr
mit dem einfachen Straßenspiel, das überall in der Stadt, an allen
Straßenkreuzungen zahlreiche Male wiederholt wird und sich auf
Gesten, Mummereien, Kostüme und Attribute konzentriert. Das
Fastnachtspiel hat ehrgeizigere Ansprüche; es ist eine Schöpfung
von Autoren, die sich bei ihren Texten um einen zusammenhän-
genden Aufbau bemühen.

Der Gattung des Fastnachtspiels liegen verschiedene Traditionen
und Einflüsse zugrunde. Zunächst einmal der unerhörte Reichtum an Ideen und Situationen, die seit dem 13. Jahrhundert in das
liturgische Drama eingegangen sind – auch dies ein Genre, das in
Deutschland vielfältig vertreten ist, dem nationalen Klima,
manchmal gar dem Zeitgeschmack, den Alltagssorgen angepaßt.
Sodann und vor allem die zahlreichen »volkstümlichen« Hymnen
und Gesänge, die im Milieu des Bürgertums verfaßt wurden, die
nicht etwa spontane, kollektive, anonyme Schöpfungen sind, wie
ein bestimmtes historisches Konzept der Romantischen Schule des
19. Jahrhunderts unterstellt, sondern komponierte, in Schrift-
form abgefaßte Werke individueller Künstler, eine bald lyrische,
bald satirische Literatur, die von Stadt zu Stadt, von Generation zu
Generation weitergegeben wird und sich großer Beliebtheit erfreut. In der Nachfolge oder auch in Konkurrenz zu der höfischen,
ritterlichen Dichtkunst der *Minnesänger* mehren sich die volks-
tümlich-bürgerlichen Lieder, später *Volkslieder*[15] genannt; eine
Poesie, die gewisse Formeln der religiösen Lyrik aufnimmt, die
Metaphern und Symbole bevorzugt, die von der Rose und dem
Garten, von der Stunde und den Jahreszeiten, vom Ring und vom
Halsband spricht und die das Liebeslied ganz klar in ihre Entwicklung einbezieht: Der Autor versetzt sich in die Rolle des Ritters,
des Helden früherer Zeiten; er besingt das Schicksal des jungen
Kriegers, des Knappen, des Dieners oder des Pagen, der auf Aben-
teuersuche durch die Lande zieht. Manche Volkslieder nehmen
den Charakter eines reinen Erzähliedes oder einer Volksballade an
und berichten von den aufregenden Ereignissen der Zeit, so etwa

---

[15] *A. d. Ü.:* deutsch im Original.

das *Lied auf die Schlacht von Sempach* (1386), auf den Sieg der Schweizer Eidgenossen über den Herzog von Österreich. Andere Balladen erzählen vom Liebesleid und vom Unglück der Frauen, etwa das *Lied von der schönen Bernauerin*, das den Tod der Agnes Bernauer, die wegen ihrer heimlichen Ehe mit Albrecht von Bayern 1435 als Hexe verurteilt und ertränkt wurde, zum Thema hat. Kurz, wir haben es hier mit Dichtungen zu tun, die nicht mehr ausschließlich von Fürsten und Kriegern handeln, sondern von den Kämpfen und den Tränen aller und natürlich auch von ihrem Stolz, von kleinen Soldaten, die in der Schlacht ums Leben kommen, von der schlichten, aber stolzen Bäuerin, die geliebt und verurteilt wird; Situationen, die jeder zu schätzen weiß, Volkslied-Szenen, die sich in den Bühnenstücken mit »kleinen Handlungen« leicht wiederfinden lassen.

Zur gleichen Zeit erblüht die Kunst der *Meistersinger*, die sich im 14. Jahrhundert zuerst in den Singschulen von Kathedralen oder Klöstern zusammengeschlossen hatten, sich aber auf einen viel älteren Ursprung beriefen; ihre erste »Schule«, behaupteten sie, sei mit Statuten und Privilegien von Kaiser Otto I. bestätigt worden. Wie dem auch sei, die religiöse und liturgische Prägung der von weltlichen Meistern geleiteten und oft von einer berufsständischen Bruderschaft verwalteten Singschulen ist durchgehend zu erkennen. Ihre Geschichte mit Kristallisationspunkten im Rheinland, im Südwesten und im Süden Deutschlands ist genau bekannt; es gab Schulen in Mainz, Worms und Straßburg, in Nördlingen und Ulm, in München und Nürnberg und schließlich in Tirol und in ganz Österreich. Jedes Jahr organisierten die Meister Wettbewerbe, *Hauptsingen* oder *Schulsingen*[16] genannt, in deren Verlauf ausschließlich religiöse oder erbauliche Themen vorgetragen wurden; der Sieger empfing eine Krone, auf der König David abgebildet war.

Die *Meistersinger* versuchten sich in allen Gattungen. Als Dichter-Handwerker der Stadt und Mitglieder einer Vereinigung übernahmen sie zumeist Auftragsarbeiten. Sie schrieben höchst offiziell anmutende Chroniken oder Biographien in Versen, sie san-

[16] *A. d. Ü.*: deutsch im Original.

gen Loblieder auf die Stadt (den *Lobspruch auf die Stadt Nürnberg* von Rosenplüt) und Schmählieder auf die Fürsten oder Nachbarn, die für Feinde oder Konkurrenten galten. Doch der »politische« Elan, die Neigung zur beißenden, wiewohl eher abstrakten Satire ging bei den berühmtesten Meistern, etwa bei Muskatplüt oder bei Lienhard Nunnbeck, weitgehend verloren; der Lehrer von Hans Sachs verfaßte ziemlich konformistische Werke. Männer wie er zogen die Beobachtung vor, die Beschreibung der Tagesereignisse, die Wiedergabe pittoresker Anekdoten. Dabei bedienten sie sich durchaus verschiedener Muster oder Schemata, die dank der Inhalte jedoch einer einheitlichen Tendenz gehorchten.

Einige Meistersinger erwarben sich gemeinsam mit ihren Schülern oder Gefährten einen Ruf in einem ganz eigenen Genre, dem *Schwank*, einer Art burlesken, mit einer ebenfalls komischen Novelle ausgeschmückten Fabel. Ursprünglich erzählte diese Novelle die Abenteuer eines anonymen Spaßmachers, einer erfundenen Person, *Schalk* oder *Schelm*[17] genannt, die sich mit Imitationen begnügte, um Mißstände oder Torheiten anzuprangern; dann, ungefähr ab 1460, traten die Abenteuer deutlicher charakterisierter, realer Helden in den Vordergrund, die in einem wohldefinierten sozialen Kontext standen – Abenteuer, die meist in Form von *Lebensgeschichten* abgehandelt wurden; so etwa in der Schwanksammlung *Neidhart Fuchs*, einer Folge von Farcen und Scherzen, mit denen der Held und seine bäuerlichen Nachbarn sich wechselseitig befehden; so auch im *Pfaffen vom Kalenberg*, einem burlesken Heldenlied auf einen Pfarrer, dem es ein ums andere Mal gelingt, seine Pfarrkinder, lauter bösartige Bauern, durch Narrenpossen zu täuschen: ein Text, der aufgrund seines lebhaften Erfolges 1473 gedruckt wurde. Doch der berühmte *Till Eulenspiegel* ist und bleibt, wie alle mit der Materie befaßten Autoren zu Recht hervorheben, das vollkommene Beispiel und zweifellos das Meisterwerk dieser Schwänke – ein Ruf, der zwar nicht neu ist, der aber hält, was er verspricht: 1478 erstmalig in Lübeck erschienen, mit Sicherheit jedoch schon sehr viel früher aufgeführt oder jedenfalls bekannt, handelt es sich hier um eine niederdeutsche Pro-

---

[17] A. d. Ü.: deutsch im Original.

saerzählung von dem wechselhaften Schicksal, den unerwarteten
und höchst verwunderlichen, oft komischen Erlebnissen eines
durchtriebenen Bauern, der in der Volksmeinung jahrhundertelang die Tugenden des Eigensinns und der Schläue seines Milieus
verkörpert hat. Bemerkenswert und aufschlußreich für das Wesen
der literarischen Gattung ist, daß es den Helden wirklich gegeben
hat: Der echte Eulenspiegel wurde im Braunschweigischen geboren und starb 1350 in Mölln (Schleswig-Holstein); lange Zeit
wurde sein Grab wie eine Wallfahrtsstätte besucht. Die Erzählung
führt die Protagonisten durch Dörfer und Städte in Norddeutsch-
land und den Niederlanden, dann nach Rom, wo es dem Helden
gelingt, den Papst durch eine recht kindische Schurkerei hinters
Licht zu führen: burleske Szenen, farbenprächtige Bilder, gewiß,
aber oft auch makabre Nuancen und vor allem herbe Kritik, die
gegen Geiz und Mittelmäßigkeit gerichtet ist, gegen die Bürger,
die Priester, die Predigermönche, die Herren, die Heuchler und die
bösen, unehrlichen Weiber.

Indes, die vielseitigen Meistersinger erboten sich auch, Karnevals-
farcen zu schreiben oder schreiben zu lassen, Stücke, die zwar
nicht dem vertrauten Muster folgten, sich aber mit den gleichen
Themen befaßten und offenbar für ein ähnliches Publikum mit
einem ähnlichen kulturellen Hintergrund bestimmt waren. Diese
Fastnachtspiele, ebenfalls geprägt von den satirischen und burlesken Elementen, die sich bei den Zeitgenossen größter Beliebtheit
erfreuten, sind spaßhafte Schauspiele, gewöhnliche Drolerien
mehr oder weniger auf der Höhe des aktuellen Geschmacks und
den Umständen der Darbietung mehr oder weniger angemessen –
gleichsam »Revuen« der Ereignisse, der Unsitten und der Mißstände, die in der Stadt oder im Viertel von Bedeutung sind.

Gewiß, die Spiele sollen erbaulich sein, sie sollen das Publikum
belehren, ihm Lektionen der Moral oder des Anstands erteilen –
ein Anspruch, den sie auf recht naive Weise zu erfüllen suchen:
entweder durch den Prolog, der eine explizite Einführung in die
Situation gibt und die moralische Nutzanwendung erläutert, oder
durch den »Ausschreier«, meist in Gestalt des Hauptautors, der
am Ende des Stücks auf die Bühne zurückkehrt und sich zum Ab-
schied dem Publikum zuwendet, es mit Ratschlägen und Warnun-

gen überschüttet und die Bilanz der Handlung zieht. Manche Szenen, auch solche burlesker Art, werden in der damals nicht ungewöhnlichen Form von Disputationen und Streitgesprächen präsentiert: kurze erbauliche Fabeln oder verstärkende Possen, wobei die beiden Protagonisten jeweils die Verteidigung einer Sache oder einer Person – eines sozialen Typus oder eines Berufsstandes – übernehmen.

Aber die Farce ist grausam oder jedenfalls bitter. Als Zielscheibe bevorzugen die Bürger den Bauern, den einfältigen, nahezu geistesschwachen Tölpel vom Lande, der unentwegt in zweideutige oder lächerliche Situationen gerät, der den Damen zu schmeicheln versucht, sein Geld verliert, umsonst arbeitet und sich vergeblich müht, die erlesenen Moden der Städter nachzuahmen – ein ausgesprochen bequemes Thema, an dem Autoren und Schauspieler oft endlos weiterspinnen und das, häufig benutzt, schließlich eine eigene Gattung hervorbringt: das *Neidhardspiel*.

Dieses Spiel eignet sich aber auch vorzüglich zur Kritik an Heuchlern und Verleumdern, an denen, die – sei es aus Fremdheit oder aus Unwillen – abseits der Festlichkeiten bleiben, die Unmut verbreiten, die das Karnevaltreiben mehr oder weniger offen mißbilligen. Wiederum ergibt sich ein recht konformistisches Spektrum kleiner Spottszenen, in denen die schlechten Manieren der Nörgler oder der Hochmütigen nachgeäfft und ins Lächerliche gezogen werden, so etwa im Falle der zänkischen Alten, die ein scharfes Auge auf ihre Töchter hat, die knauserig auf jeden Pfennig achtet oder aber, von Grund auf intrigant, keine Bloßstellung scheut und sich für üble Geschäfte hergibt: ränkesüchtige Weiber, die man nachts im Wirtshaus, beim Teufel zu Gast, tanzen und trinken sieht, die sich weigern, ihre Zeche zu bezahlen, die ihren Herrn durch fortwährendes Gezeter und unerträgliche Beleidigungen aus dem eigenen Haus vertreiben. Hans Folz (gestorben 1515), der den Singschulen neue Impulse gab, hat auf den Stil der komischen Farcen spürbaren Einfluß genommen, ihnen zu einem anderen Aufbau verholfen, der vielleicht weniger Spontaneität zuläßt, dafür aber den inneren Zusammenhang der auf eine einzige oder höchstens zwei Figuren bezogenen Genrebilder gewährleistet – etwa im Falle der Juden, die immerfort nachzählen, ob ihr Geld noch stimmt, oder der Rabbiner, die unermüdlich mit den Christen über den falschen Glauben streiten.

Eine andere häufig verspottete Persönlichkeit ist der Ritter, der auf der Bühne des *Fastnachtspiels* sein Prestige einbüßt und keineswegs mehr der *miles gloriosus* der alten Mimen ist: Erbärmlich gekleidet, ungelenk, behindert durch sein Schwert und sein Panzerhemd, ist er nichts als ein Maulheld, ein degenerierter Feigling. Doch vorzugsweise werden Gelehrte und Sittenrichter, Priester und Prediger verspottet, die mit Wissenschaft vollgestopften Pedanten, die schwatzhaften Hampelmänner: so in den Spielen *Salomo*, *Aristoteles* oder vom *Kaiser und dem Abt*, erst recht im *Arzt*- oder *Salbenkrämerspiel*, wo die Vertreter dieses damals schon mächtigen Berufsstandes (mit einer, wie wir wissen, wunderbaren Zukunft) als Ignoranten, als echte Komödienfiguren erscheinen.

Harmloser, lediglich komisch oder bereits abgeschmackt sind die Farcen, Spottstücke und sittenkritischen Satiren, die vom Liebes- oder Eheleben handeln: ein unerschöpfliches Repertoire, ein Spiel mit immer gleichen Situationen, in denen es um Brautgaben und Erbteile geht, um Hochzeiten, um aufsässige Diener und um verfolgte, geschlagene, verhöhnte Ehemänner; dazu, heiterer, allerhand Marktszenen, der Herr und sein Knecht, der anmutige und giftige Weiberklatsch. Der Diener oder Knecht, eine vertraute, gefährliche Figur, tritt häufig in Erscheinung und nimmt die Bühne lange Zeit in Beschlag; dabei hat er nichts anderes im Sinn, als sich über seinen Herrn lustig zu machen, ihn schamlos zu hintergehen, Spott mit seinem Geiz, seiner fadenscheinigen Eitelkeit und vor allem mit seinen Liebesabenteuern zu treiben. Immer wieder kommt die Szene von dem Diener, der eine heikle Mission höchst ungeschickt erledigt, der alles verpatzt und sich mit dem Geld aus dem Staube macht. Das *Spiel vom klugen Knecht* handelt von einem ebenso armen wie einfältigen Bauern, dem ein Zigeuner Glück und Berühmtheit verheißen hat, sofern er nur bereit ist, schöne neue Kleider anzulegen; der Mann stiehlt seiner Frau mehrere Goldstücke und schickt seinen Diener in die Stadt; der aber kauft die Kleider auf Kredit, verschwindet mit dem Geld, setzt sich mit einem Advokaten ins Benehmen und weigert sich vor

Gericht, anders zu antworten als durch sinnloses Blöken, desgleichen, als der Advokat seine Gebühr von ihm verlangt – eine List,
die in Deutschland seit den ersten Jahrzehnten des 13. Jahrhunderts bekannt ist, seit den burlesken Schwänken des Strickers vom
Pfaffen Ami, »dem ersten Manne, der es verstanden hat, gut zu
lügen und seinen Nächsten zu täuschen«, eine List, die sehr viel
später, um 1460, in Reuchlins *Henno* wiederauftaucht und in
Frankreich von einem anonymen Autor aufgegriffen und für die
berühmte Farce *Maître Patelin* verwendet worden ist.

Oft werden die Dienergeschichten, die ulkigen kleinen Konflikte
und Gemeinheiten, in einer Gerichtsszene vor dem Richter abgehandelt, der den Auftrag hat, Kläger und Zeugen anzuhören, dem
Mann oder der Frau recht zu geben, sich durch einen klugen
Schachzug aus der Affäre zu ziehen. Eine weitere Kategorie kleiner Stücke befindet sich bereits an den Grenzen der literarischen
Gattung: die Disputationen, Streitgespräche und Wettbewerbe,
ebenfalls burlesk, voll Anekdoten und lebhafter Dialoge, so etwa
ein Wettbewerb zwischen mehreren verliebten Jünglingen, die
ihre Abenteuer und Heldentaten erzählen, wobei derjenige, der
die abgefeimtesten Narrheiten oder die unerhörtesten Erlebnisse
zu berichten hat, den Preis erhält; oder ein Wettbewerb zwischen
sieben Frauen, die alle denselben Mann heiraten wollen und eine
nach der anderen ihre Fähigkeiten und Tugenden, ihre Brautgaben, ihre Vorzüge und ihre Art der Haushaltsführung rühmen:
am Schluß ist es der Mann, der sich nach einem langen possenhaften Monolog entscheidet – mit dem größten Mißbehagen, wie
man wohl annehmen darf.

Manche dieser Szenen nehmen vulgäre Züge an. Ziemlich ein-
fallslos häufen sie Wörter, Gesten oder obszöne Attribute, in denen manche Historiker, die sich mit der Sittengeschichte und der
mittelalterlichen Literatur befassen, ein Fortleben alter, heidnischer Traditionen zu erkennen glauben, Relikte von kultischen
Fruchtbarkeits- und Frühlingsbräuchen, Phänomene, denen sie
symbolischen Wert zuschreiben, etwa den der »Jugendweihe«.
Überprüfbar sind solche Interpretationen freilich nicht – weder die
Dichter noch die Bürger, ob Zuschauer oder Chronisten, haben
ihre Absichten oder Reaktionen je mitgeteilt.

Nun muß man allerdings einräumen, daß nicht alle *Fastnacht-spiele* entweder bösartige Satiren oder bare Possen sind. Manche nähern sich der anekdotischen Genreszene, bisweilen sogar der erbaulichen und lehrreichen Erzählung; ihre Themen schöpfen sie entweder aus dem christlichen Repertoire, dem liturgischen Drama, aus den germanischen Heldenepen oder aus dem allgemeinen Volksbrauchtum. Oft handelt es sich um nichts anderes als eine elaborierte Form historischer Bilder. Das *Spiel des Schauspiels vom toten König* zeigt den im Sterben liegenden Herrscher, der seinen drei Söhnen befiehlt, ihm einen Pfeil mitten ins Herz zu schießen; nur der Jüngste weigert sich, worauf der König ihn als sein einziges eheliches Kind anerkennt. Natürlich wird auch das *Salomonische Urteil* aufgeführt und, immer noch nach dem Schema einer akademischen Disputation, einer Stilübung, das *Urteil des Paris*.

Andere Spiele bestehen aus Allegorien und bringen Persönlichkeiten oder Tugenden der galanten Welt auf die Bühne, wie man sie sonst vornehmlich aus den höfischen Dichtungen und Romanen kennt. Hier erscheinen die *Liebe*, die *Treue* und die *Beharrlichkeit*, die *Sorge*, die *Verzweiflung* und die *Keuschheit* in allen nur denkbaren Gewändern. Hier erscheinen auch die Jahreszeiten mit den Blumen und den Früchten im Gefolge, bisweilen mit spaßhaften Attributen: der Herbst mit der Weinlese und der großen Völlerei, der Winter mit Schlachtplatten; einzig der Frühling bleibt verschont, nichts als Wohlgerüche, Blumen und eine leicht bewegte Maienluft, in der mitschwingt, was die galante Liebe an Schönheiten verheißt.

Die Meister erinnern auch an epische Mythen, an die *chansons de geste*, den Sagenkreis um König Artus oder an deutsche Legenden, unter anderem das *Nibelungenlied*. So taucht mitten im Fastnachtspiel Dietrich von Bern wieder auf, der Held des »gotischen Sagenkreises«, der das Schicksal Theoderichs des Großen illustriert. Dietrich bekämpft Siegfried und schlägt ihn in die Flucht; er rettet die junge Frau, die der blutrünstigen Meute eines Jägers, eines Wilden Mannes, zu entfliehen sucht; er trotzt dem Teufel in einem erbitterten Kampf und tötet ihn.

Manche Autoren stellen in ihren *Fastnachtspielen* regelrechte

»historische« Bilder dar, direkte Anspielungen auf die Ereignisse und Besorgnisse ihrer Zeit, hin und wieder sogar im Sinne eines politischen Lehrstücks, das zur Menschlichkeit ermahnt. Den ungewöhnlich präzisen Analysen Carlo Gruenangers zufolge ist es der Nürnberger Meister Hans Rosenplüt (gestorben um 1470), der in einem seiner Stücke einen Ritter nach Rom entsendet, um dem Papst das Unglück der von schlechten Herren unterdrückten Bauern zu klagen; der Papst ergreift Partei und interveniert beim Kaiser, doch die fehdefreudigen Fürsten fürchten einen Frieden, der sie, wie sie vermuten, ruinieren würde, und der gute Fürsprecher wird zum Verräter – eine unverschleierte Kritik an der herrschenden Gesetzlosigkeit und ein Loblied auf die Wohltaten des Friedens der guten Städte, die der ewigen Fehden bewaffneter Parteigänger müde sind. Von demselben Verfasser stammt das *Lied von den Türken*, in dem der Sultan mit seinem Hofstaat beim Kaiser vorstellig wird, um im Laufe einer langen Disputation zu beweisen, daß die Verhältnisse in seiner Heimat sehr viel besser sind als in Deutschland.

So geht denn der Karneval ganz offenkundig mit sittenkritischen Satiren, oft mit einer Kritik an den Mißständen der Gesellschaft einher. Das gilt nicht nur für den Umzug, der sich durch Masken und Mimen äußert, sondern ebenso für die Schauspiele im eigentlichen Sinne, wenngleich diese relativ kurz und punktuell sind, eigens für die Fastnacht konzipiert und geschrieben. Dort, wo das Defilee der Wagen und der Tänzer besonders glanzvoll ausfällt, gedeihen mit den Meistersingern und Satirendichtern auch die berühmtesten Farcen des Karnevals, vor allem in Deutschland, von Lübeck bis Nürnberg, bis hin nach Österreich. Dennoch bleibt die literarische Satire im wesentlichen Zerstreuung. Sie kennt ihre Grenzen und hält sich an sie. Sie hat die Freiheit, Unzufriedenheit zu artikulieren, üble Vorfälle anzuprangern, bewegt sich aber meist in allgemein anerkannten Stereotypen: Torheiten der Bauern, Streitigkeiten zwischen Eheleuten. Selbst daß sie die Unbeständigkeit der Frauen oder die Greuel des Krieges brandmarkt, bleibt durchaus im Rahmen des Vertrauten und ist ohne umstürzlerischen Impuls. Die Rücksicht auf Werte der ritterlichen Kultur und des vornehmen Geschlechts gerät keineswegs in Vergessen-

heit: Eine Kulturrevolution ist nicht in Sicht. Es wird gern mora-
lisiert, und gelegentlich kehren, in aller Ehrfurcht und durchaus
ernstgemeint, die Themen des Todes und der Hölle wieder: An der
christlichen Ethik wird nicht gerüttelt. Einige Spiele mühen sich
sogar um eine Art Gottesbeweis der Keuschheit: Nur der Mann,
dessen Frau treu geblieben ist, kann sein Glas austrinken, ohne
Wein zu verschütten; allein der anständigen Frau wird ein bestimmter Mantel nicht von den Schultern gleiten. Und was die
»politischen« Probleme betrifft, so findet man im Fastnachtspiel
die Besorgnisse wieder, die dem Ideal einer Gesellschaft von Bürgern und Kaufleuten entsprechen – bloß keine Schlachten mehr,
man pfeift auf unnütze Heldentaten, setzt alle Hoffnungen in
den Frieden und hegt ungeteilte Bewunderung für die »gute
Regierung«, die natürlich mit derjenigen identisch ist, die das
Fest organisiert, die es duldet und es finanziert. Weit davon entfernt, sich zum Sprachrohr einer inneren gesellschaftlichen Auseinandersetzung zu machen, befürworten Farcen und Satiren das
einträchtige Beieinander; letztlich stehen sie selbst im Dienste
einer Ordnung, deren Wohltaten sie preisen, obschon in ungewöhnlicher Manier.

Sittenrichter, Raufereien und Ausschweifungen

Wirkliche Unordnung kommt auf andere Weise ins Spiel: durch
das Gedränge der Massen, die erregte Stimmung, den reichlich
ausgeschenkten Wein – lauter Voraussetzungen dafür, daß die geringste Grobheit in Raufereien münde; oder, was viel dramati-
scher ist, durch offiziellen Widerstand gegen den Karneval, durch
Versuche, ihn zu verbieten und dem Treiben ein Ende zu setzen.
Denn das ist es, was die Bevölkerung und die Meister des Spiels
nicht hinnehmen wollen. Nachdem die Bischöfe ausgiebig gegen
die Exzesse, die schwerwiegenden Unehrerbietigkeiten der Tänze,
Maskeraden und Darbietungen vor dem Altar des Herrn und insbesondere gegen die Narrheiten der Winterfeste geeifert haben,
gehen manche Kirchenlehrer in ihren Predigten nun erbittert gegen sämtliche Spiele vor, hauptsächlich die des Karnevals. Sie ver-

dammen die lebenden Bilder, die, begleitet von Narren, auf Schlitten vorgestellt werden; sie geißeln die Bürger, die sich mit bizar-
ren Kostümen herausputzen und sich unter Masken verbergen;
geduldet sind einzig ernsthafte Darstellungen.

Hin und wieder gelingt es einem dieser Reformatoren, sich durchzusetzen und den Volksfesten Bußcharakter aufzuprägen. Man
ruft zur Kasteiung des Fleisches auf und schürt die Furcht vor göttlichen Strafen. So etwa in Florenz unter der Ägide Savonarolas,
der acht Jahre lang, von 1490 bis 1498, die Geschicke der Stadt
lenkt und mit strengem Blick alle öffentlichen Zeremonien überwacht. Nachdem er die eitlen weltlichen Spiele – einschließlich
derer des Geistes und der Gelehrsamkeit – verdammt hat, nachdem er die Kartenspiele, die Würfel, die profanen Bücher und die
schönen Kleider auf Scheiterhaufen hat verbrennen lassen, macht
er sich an die grundsätzliche Umgestaltung der Umzüge der Vorfastenzeit und verwandelt sie in eine Darstellung des *Karnevals
mit Kreuz*. Die *laudi*, religiöse Klagen mit alter Tradition, lösen
die leichten, fröhlichen, manchmal recht scherzhaften Lieder ab;
die Organisation des Festes obliegt nicht mehr den Gewerben oder
den Bruderschaften des Stadtviertels, sondern den in Florenz
überaus aktiven *compagniae laudesi*, Bußbruderschaften, die
durch ganz Italien wandern, sich öffentlich geißeln und inbrünstig
die göttliche Liebe beschwören. Oft allerdings begnügt man sich –
leichtfertig und überstürzt, aber einer verbreiteten Praxis folgend
– mit einer bloßen Adaptation: Ein religiöser Text, eine mystische
Hymne beispielsweise, wird einer gänzlich profanen Melodie angepaßt, der Weise eines Handwerkerliedes oder einer höfischen
Vergnügung. Wenngleich mit dem Sturz des gefürchteten Domi-
nikaners wieder alles anders wird, geht die Neigung zum ernsthaften, ja erbaulichen großen Schauspiel doch nicht sogleich verloren, es bewahrt noch einige Jahre lang die Gunst des Publikums.
So zieht bei den folgenden Karnevalsfeiern ein eigentümlicher
Triumphzug durch die Straßen von Florenz: der berühmte *Trionfo
della Morte*, gestaltet von Piero di Cosimo, dem Maler der Maskeraden und der Festwagen. Im Mittelpunkt des *Trionfo* stand ein
ungewöhnlich großer, von Ochsen gezogener Wagen, verkleidet
mit schwarzen Behängen, deren Verzierung aus Gerippen und

weißen Kreuzen bestand, und überragt von einem riesigen Bild
des mit der Sense bewaffneten Todes; unten, zu seinen Füßen,
standen geschlossene Särge, deren Deckel sich gelegentlich bewegten, ja aus denen sich in schauerlicher Weise bei jedem Trom-
melwirbel Skelette erhoben. Dem Wagen folgten schwarz verkleidete Reitertrupps, ebenfalls im Zeichen eines weißen Kreuzes und
eskortiert von je vier Knappen, die schwarze Fackeln trugen.
Feierlich bewegte der Zug sich durch die Straßen, angeführt von
einer großen schwarzen Fahne. Bei jedem Halt stimmten die den
Särgen entsteigenden Skelette, auch sie jeweils eine Fackel
schwingend, mit schauriger Stimme ein Miserere an: »Buße in
Schmerz und in Tränen ist nunmehr unsere Qual. Die Gesellschaft des Todes ruft zur Buße! Wir sind gewesen, was ihr seid;
einst werdet ihr tot sein, wie wir es sind. Und hier hilft, seit das
Böse kam, kein Büßen mehr.«

In anderen Städten verlangten Gelehrte oder Prediger, bisweilen
mit wenig klugen Argumenten, die Abschaffung jeder Art von
Schauspiel oder Umzug, so etwa in München, in Konstanz und in
Nürnberg.

Der Kampf und der Sieg der »Infanteristen«, der Wildleute und
der Narren nehmen in der Nürnberger Fastnacht – wie überall
sonst – eine doppelte Bedeutung an. Der symbolische Triumph,
der Erfolg über die Dämonen des Bösen und der Hölle, ist zugleich
ein Triumph der liebenswerten Narrheit, der Zügellosigkeit oder
zumindest der Zerstreuung und der Freiheit des Spiels; ein Sieg
über engherzige Verbote und Zwänge, die als unerträglich gelten.
Auf dem Narrenschiff des Karnevals, vorzugsweise auf dem Schiff
der Dämonen, die zum Abschluß des Festes verbrannt werden,
sieht man häufig die überragende Figur eines schwarzgekleideten
Gelehrten, eines Doktors, fast immer mit wallendem Bart und in
Begleitung eines fratzenhaften, widerwärtigen Ungeheuers.
Manche, eher anekdotische und komische Gestalten weisen sich
durch eine Spritze oder ein Gefäß, das sie in der Hand halten, als
harmlose Physiker oder Ärzte aus, manche, ausgerüstet mit
Astrolabium, Kompaß und Sextant, als Astronomen. Andere indes tun sich dadurch hervor, daß sie mit gewaltiger Stimme predigen – eifernd, aggressiv: strenge Sittenprediger, Sinnbild der Re-

formatoren und Zensoren, die für zahlreiche Verbote verantwortlich sind, die vor allem als Gegner der Spiele, der Zerstreuungen,
jedenfalls als Verächter des Karnevals erscheinen. Einer von ihnen
könnte sehr wohl Sebastian Brant gewesen sein, der sich gegenüber den Straßenvergnügungen, die zum Vorwand für Ausschweifungen, Liederlichkeiten und groben Unfug dienten, wenig
nachsichtig gezeigt hatte; ein anderer – ebenfalls in Deutschland –
verkörpert Johannes Capistranus, jener unermüdliche Prediger,
der sich, im Vorausblick auf Savonarola und die Scheiterhaufen
von Florenz, rühmte, 1454 auf dem Münchner Marktplatz mehrere tausend Schachbretter und Tricktrackspiele, vierzigtausend
Würfel sowie haufenweise Spielkarten verbrannt zu haben. Die
Hauptfigur indes war Doktor Andreas Osiander, der in seinen Predigten zu Augsburg und zu Nürnberg die Fastnachtsfeiern als Relikte des Heidentums und des Atheismus geißelte, was ihm die
erklärte Feindschaft des narrenliebenden und spielfreudigen Volkes eintrug. Die mit viel Schminke streng und abstoßend gestaltete Figur des Doktors auf dem Schiff kehrte durch ihre Posen und
ihre Lächerlichkeit, ihre fiktiven, mit donnernder Stimme vorge-
tragenen Predigten alles hervor, was dieser Mann an Hassenswer-
tem an sich hatte. Ein Doktor Osiander steht, gut sichtbar, in
schwarzer Tracht und mit einem Tricktrackbrett in der erhobenen
Hand, auf dem Schembart-Schiff, das 1539 zum Abschluß der
Lustbarkeiten gestürmt wird. Doch diesmal begnügen die Nürnberger Läufer sich nicht damit, sein Ebenbild, die Pappmaske mit
dem wallenden Bart, zu verbrennen; sie greifen sein in weiser
Voraussicht fest verbarrikadiertes Haus an, schießen mit ihren
Feuerrohren gegen die Fenster und versuchen, die Türen aufzu-
brechen, was das sofortige Verbot des Schembartlaufs zur Folge
hat.
So erkennen wir in den ikonographischen Motiven und in den
Auseinandersetzungen auf dem öffentlichen Platz alle ethischen
und sozialen Probleme wieder, die das große fröhliche Fest, hervorgegangen aus einer religiösen Liturgie und immer noch von ihr
geprägt, schon in der Anfangszeit charakterisiert haben. Der Konflikt ist der gleiche wie ehemals, als die volkstümlichen, kindlichen
Bräuche im Chor der Kollegiatkirche oder im Straßenmilieu auf

den Widerstand der Reformverfechter und der kirchlichen Autoritäten stießen, die dem Treiben im Namen einer nüchternen, erhabenen, von mehr Spiritualität erfüllten Religion Schranken setzen wollten. Bei den Festlichkeiten im Chor waren es die kleinen Kleriker, mitunter sogar einige Kanoniker, die, eifersüchtig auf ihre Privilegien und Vorrechte innerhalb der Stadt bedacht, gegen die Erlässe der Bischöfe und der Synoden um die Erhaltung des Narrenfests kämpften. Hier, auf der Straße, sind es die Tänzer und Narren des Karnevals, die im Bündnis mit dem Volk gegen die starrsinnigen Sittenrichter, Gelehrten und Moralisten antreten.

Die Schaugefährte des Fastnachtszuges, jedenfalls die auf Holzschlitten aufgebauten Szenen, fallen an den Freudentagen übrigens meist dem Angriff der Narren zum Opfer: außer den genannten gibt es weitere gute Beispiele für die Erstürmung dieser oder jener Hochburg des Anstandes oder der rigiden Moral. Als »feudales« Thema, bei dem Erinnerungen an höfische Zerstreuungen, an die Zwischenspiele bei fürstlichen Tafelrunden eine wesentliche Rolle spielen, hat die Burg eine lange ikonographische Tradition, die seit dem 13. Jahrhundert sämtliche Formen des künstlerischen Ausdrucks überschwemmt. Manchmal handelt es sich nur um einen festen Turm mit einem triumphbogenförmigen Tor, der am Eingang der Stadt errichtet wurde, um dem Einzug des Königs Ruhm und Glanz zu verleihen. Solche Türme, bald aus Holz, bald aus Eisenplatten oder lediglich aus großen gefärbten Stoffbehängen gefertigt, findet man seit dem 14. Jahrhundert in Flandern, in Deutschland und in England, stets neben oder vor den massiven Toren der Stadt; bisweilen wurde der hohe Besucher dort sogar beherbergt. Und doch nimmt die Burg, an deren Mauern die angreifenden Narren ihre Sturmleitern anlegen, gelegentlich – ähnlich wie das zuvor erwähnte Schiff – eine besondere Bedeutung an und vermittelt eine andere Lektion. Sie entspricht eher dem Turm der Hölle und der Vorhölle, der in den *Passionsmysterien* als Gefängnis für die Sünder dient. Bei den Bühnenaufführungen der *Moralitäten*, die zahlreiche Beispiele aus allegorischen Gedichten aufgreifen, sind Türme und Burgen Symbole, Festungen, in denen die *Tugenden*, personifiziert durch gefangene junge Frauen, Zuflucht suchen. Es gibt die Burg der *Beharrlich-keit*, die Burg der *Liebe*, die Burg der *Lust*. Im Karneval bezeichnet die Erstürmung und Brandschatzung des Turms den Sieg der Tän-zer und der Narren. Eine Illustration des Nürnberger Schembart-laufs zeigt eine Episode dieser Kämpfe und schildert in Einzelhei-ten, was sich am Fuße des Mauerwerks und oben auf den Zinnen zuträgt: Mit Unterstützung zahlreicher Narren, die durch Esels-ohrenkappen und Schellen gekennzeichnet sind, greifen die Läu-fer zwei mächtige Türme an, der eine verteidigt von zwei Narren, die riesige Steine hinunterwerfen, der andere von drei Masken, darunter ein gehörnter Teufel und ein Türke mit einem Turban auf dem Kopf. Auf beiden Seiten fechten also Vertreter der Narr-heit, doch am Ende tragen die Narren von der Straße den Sieg davon.

6. Das vereinnahmte Fest:
Politik und Kunst;
die Stadt als Hüterin der Spiele

Angesichts der Konflikte, die in allen oder fast allen Städten zwischen den Sittenrichtern und den Narren ausbrechen, setzen die Obrigkeiten schließlich ihre Kontrollgewalt durch. Dabei legen sie natürlich Wert darauf, dem Volk nicht zu mißfallen. Die Regierungen sind gern bereit, das derbe Gespött hinzunehmen, das die Würde der Herrschenden ein paar Stunden lang untergräbt und ihre Manieren ebenso ins Lächerliche zieht wie ihren sozialen Stand: ein finsterer Tag, gewiß, ein paar ärgerliche Momente; aber im Grunde sind derart grobe Farcen nicht wirklich bedrohlich, weit weniger jedenfalls als ein schleichendes Feuer, das unter der Asche glimmt.

Doch das Spiel darf gewisse Grenzen nicht überschreiten, es darf sich nicht zu sehr in die Länge ziehen, und vor allem darf es die öffentliche Ordnung im Straßenmilieu und das Eigentum der Stadtbewohner nicht gefährden. Schon sehr früh hat man sich bemüht, das Fest in Zaum zu halten. Mag sein, daß es in der allerersten Zeit Scharen fröhlicher, undurchschaubarer, anonymer Masken gegeben hat, die sich der Straße uneingeschränkt und ohne Überwachung bemächtigen konnten, um dort ihre Pantomimen aufzuführen. Doch wie dem auch sei, die Autoritäten – eher die Städte als die Fürsten – waren recht schnell bei der Hand, eine Art Spielpolizei einzurichten, Schutztruppen, bestehend aus vermummten, kostümierten Männern, die die Funktion von Gerichtsdienern oder Polizisten wahrnahmen.

Ein Beispiel – wiederum der vorzüglich dokumentierten Untersuchung von Samuel L. Sumberg entnommen – liefert Nürnberg, wo die Fastnachtsfeier zunächst ein Privileg des Gewerbes der Metzger war. 1348 erlebte die Stadt mehrfach Unruhen, ausgelöst durch aktuelle wirtschaftliche Schwierigkeiten, durch Tumulte vor den Toren der Stadt, wo streitsüchtige Ritter oder Briganten ihr Unwesen trieben, und durch das Aufbegehren der Zünfte, die weite Bereiche der Administration an sich zu ziehen suchten. Es kam zu Straßenkämpfen, bewaffneten Erhebungen, Plünderungen und Judenverfolgungen. Schließlich, im Juni 1349, brachte der Kaiser die Stadt unter seine Gewalt, setzte den entmachteten Rat wieder ein und erkannte den Metzgern, die ihm während der schwierigen Konflikte treu geblieben waren und so manchen Flüchtling in ihren Häusern aufgenommen hatten, das Recht zu, jedes Jahr zur Fastnacht einen Lauf durch die Straßen zu veranstalten: erst als vermummte, dann als maskentragende Tänzer, und endlich mit dem Privileg, ein regelrechtes Fest zu organisieren, bei dem allein sie Spiele und Schaugefährte vorführen durften. Die Privilegierten machten reichlich von ihrem Monopol Gebrauch, indem sie den Umzug durch Schutzrotten sicherten und das Fest mit dem berühmten *Zämertanz der Metzger* eröffneten, einem Rundtanz auf dem Marktplatz, den Chronisten und Buchmaler mit Wohlgefallen beschreiben.

Manchmal indes erlaubte der Rat anderen Gruppen, vorwiegend Handwerkern, durch die Menge zu laufen oder zu tanzen, doch ohne Masken und ohne viel Aufhebens. Das heißt, sie waren gezwungen, sich mit unverhülltem Gesicht zu zeigen, erkennbar als die, die sie waren, und sich dem dadurch herausgeforderten Gespött des Volkes zu stellen. Die Metzger nahmen die Einmischung ohnehin übel und gingen, auf ihr Recht gestützt, zur Verfolgung über. 1507 hatten die Ratsherren offenbar einer Gruppe reicher Kaufleute gestattet, einen Schauwagen mit einer prachtvollen Szene im orientalischen Stil auszurüsten und in kostbaren Türkengewändern durch die Straßen zu ziehen. Zwei der illuminierten *Schembartbücher* bezeugen die exotischen Kostüme im Detail: Auf einem Bild sind achtunddreißig verschiedene Personen dargestellt. Die mit Spießen und Lanzen bewaffneten Läufer der Metzger rotten sich, angefeuert von Trommelschlägen und Flötenmusik, zusammen, um den von Gold und Zierat prunkenden Schlitten zu stürmen; sie vollenden ihr Werk trotz der Intervention des Rates und vertreiben die Türken aus der Stadt.

Die Herren des Spiels beziehen allenthalben Prestige aus ihrer Position, die sie eifersüchtig zu bewahren trachten, um so ihren

Platz an der Spitze der gesellschaftlichen Hierarchie zu kennzeichnen. Auch in Paris nehmen die Metzger einen der ersten Ränge ein, jedoch nicht speziell für den Karneval, der dort keine erhebliche Rolle spielt, der jedenfalls kaum organisiert ist, sondern ganz allgemein, in Hinsicht auf alle Festanlässe. Wir wissen, daß vor den königlichen Einzügen der oberste Vertreter der Kaufleute sich oft an die Hauptleute der Metzger wandte, damit sie am Seineufer, in der Nähe der großen Metzgerei des Châtelet, »ein Mysterienspiel« organisierten, das »zuvor von der Stadt gebilligt würde«. Ein begeisterter Chronist, ersichtlich beeindruckt von einem so offenkundigen Zeichen der Macht, schreibt: »Und am Aufgang zur großen Brücke zeigten die Metzger der Stadt einen mit Leben erfüllten Hirsch, ungestüm wie ein Achtender, bekleidet und bedeckt mit den Wappen von Frankreich und England, und sie führten ihn bis zum Ostel des Tournelles.« Eine privilegierte Rolle, die genau zu dem paßt, was man sonst von den Metzgern weiß, von ihrem Reichtum, ihrer Popularität und ihrer Fähigkeit, die Massen aufzuwiegeln und am Gängelband zu halten.

Das Spiel oder Schauspiel in seiner ernsthaften oder, wenn es dem Anlaß entspricht, auch burlesken Version erscheint also keineswegs als eine Angelegenheit von aufständischen oder aufbegehrenden Mitgliedern der Gesellschaft. Ganz im Gegenteil, es spielen, defilieren, tanzen und singen diejenigen, die eine Position behaupten wollen und zu behaupten haben, die sich einen Ruf verschaffen und den Beifall der Massen ernten wollen – entweder, um ein bestehendes Prestige zu festigen, oder um Herren der Straße zu bleiben, um die volkstümlichen Bewegungen im eigenen Interesse zu benutzen. Die Massen zu blenden, bei dem bunten Treiben auf der Straße sich zu ihrem Anführer aufzuwerfen oder sie gegen eine andere, aus irgendwelchen Gründen verhaßte Macht aufzuwiegeln, sie in einer Fehde zu benutzen – es sind stets die gleichen Intentionen, die gleichen Mittel des politischen oder sozialen Handelns, die hier zum Zuge kommen.

Vergleichbare Interessen und ein vergleichbares politisches Bewußtsein verbergen sich hinter manchen Wettläufen und komischen Inszenierungen des römischen Karnevals, der ebenfalls darauf ausgerichtet ist, die Macht des Fürsten zu erhöhen und das

Solidaritätsgefühl der städtischen Gemeinschaft zu stärken. Die
großen Feste der Römer, jedenfalls diejenigen, die schon aus dem
11. Jahrhundert bekannt sind, standen zwar oft im Zusammenhang mit liturgischen Zeremonien, beriefen sich aber auch gern
auf die glorreiche Vergangenheit der Stadt, auf zahlreiche sagen-
hafte Legenden, die eine Art »historischen« Stolz rühmten und die
Idee einer ungebrochenen Kontinuität des antiken Prunks bekräf-
tigten.

Die volkstümlichen Feste nahmen hier vielerlei Formen an. So gab
es – in der Tradition der Mittsommerfeste – die Feiern der Johannisnacht, die großen Beschwörungsfeuer rund um die Lateran-
basilika; am *sabato in abbis* nahm sogar der Papst an den gemeinsamen Tänzen des Volkes und des Klerus teil. Rom hatte seine
eigenen liturgischen Darstellungen für die Feste der beiden großen Märtyrer der Stadt: theatralische Spiele von der *Kreuzigung
des heiligen Petrus* und der *Enthauptung des heiligen Paulus*,
meist aufgeführt von religiösen Bruderschaften oder Vereinigungen des Viertels (1404 von den *Jocatores du rione* aus der Gegend
der *Monti*). Die *ludi paschales* am Karfreitag fanden im Kolosseum statt. Andererseits machte die politisch ziemlich be-
deutungslose Kommune gegenüber der Kirche ihren Anspruch
geltend, bestimmte volkstümliche Vergnügungen nach eigenen
Vorstellungen zu gestalten oder Feste zum Gedenken an die »Frei-
heitssiege« über die adligen Parteien zu veranstalten. Ebenfalls im
Kolosseum wurde – allem Anschein nach ab 1332 – die Rückeroberung des Monuments durch die Magistraten oder Ratsherren des
Kapitols mit aufwendigen Stierkämpfen begangen, an denen übrigens zahlreiche Adlige teilnahmen; in dem genannten Jahr gab es
mindestens elf Tote, die den Tieren zum Opfer gefallen waren und
als Helden mit großem Prunk in Santa Maria Maggiore und San
Giovanni in Laterano beigesetzt wurden. Noch populärer und älter waren die possenhaften *Testaccio*-Spiele, die, wie man sagte,
auf die Gründungszeit der Stadt zurückgingen; dabei trugen zunächst die Meister der verschiedenen *rioni* ihre Wettrennen aus,
oft auf Eselsrücken; anschließend ließ man zweirädrige Karren,
auf denen Schweine festgebunden waren, den Hügel hinunter-
rollen.

Aus diesen lächerlichen, stets gut besuchten und außerordentlich beliebten Wettspielen haben sich offenbar ab Anfang des 14. Jahrhunderts und in wachsendem Maße nach der Rückkehr der Päpste die burlesken Umzüge und Wettkämpfe des Karnevals entwickelt.

Die politische Intention, das Bestreben, eine Überlegenheit, eine Macht oder eine Schirmherrschaft zu stärken, kommt hier vor allem darin zum Ausdruck, wie man die Juden während der Karnevalsspiele, noch lange als *Testaccio*-Spiele bezeichnet, behandelt: Es gibt Wettläufe von Eseln, Prostituierten und Juden. Wie wir wissen, tragen die letzteren einen wesentlichen Teil zur Finanzierung der Festlichkeiten bei. Doch damit nicht genug, man verlangt außerdem, daß sie Schauspiele darbieten, ernsthafte oder groteske Aufzüge, die ihnen Gelegenheit geben, ihren Reichtum zur Schau zu stellen, die aber auch geeignet sind, sie in einer zunehmend erniedrigenden Position vorzuführen. Zunächst erscheinen die Verantwortlichen der jüdischen Gemeinde, die den Zug eröffnen, geschmückt mit prächtigen Kostümen in Gelb und Rot, den Farben der Stadt, als Reiter oder als Läufer, ein jeder mit einem reich bebänderten Stab in der Hand. Diese *Gesellschaft der Juden* bereitet den Weg; sie gibt dem Senat und dem Statthalter das Ehrengeleit. Später kommen dann die berühmten »Judenläufe« hinzu, eingeführt und anerkannt durch Papst Paul II. (um 1470); sie führen vom Anfang der Prachtstraße Roms bis hin zum Kapitol – eine Strecke, die seitdem als *Corso* bezeichnet wird. Abgesehen von gelegentlichen Änderungen des Weges endet der Lauf der Juden stets vor der Residenz des Papstes. Ein Spiel, dessen Possenhaftigkeit sich im Gang der Jahre auf unangenehme Weise verstärkt und das schließlich zur reinen Farce wird: Die Läufer sind nur noch mit einem armseligen Stück Stoff bekleidet, beinahe nackt; später werden sogar mißgestaltete, bucklige Männer als Teilnehmer ausgewählt. Daher die *lazzi*, die groben Späße, und, was die Masse des Volkes betrifft, nicht nur eine Zerstreuung von zweifelhaftem Geschmack, sondern auch eine Gelegenheit, unbekümmert einen Fremden, einen Sündenbock zu verhöhnen, sich dank des sichtbaren Zeichens der Überlegenheit in dem selbstherrlichen Gefühl politischer Solidarität und politischen Zusammenhalts zu wiegen.

So wird der römische Karneval, den manche zeitgenössischen Zeugen, Verfasser von Reiseerinnerungen oder Chroniken, in den ersten Jahren des 16. Jahrhunderts *Judenfest* nannten, zu einem psychologischen Handlungsinstrument: Eine Gruppe, der es in der Stadt recht wohlerging, entrichtete bereitwillig ihren Tribut, bezeigte dem Statthalter feierliche Ehren, bot den Herren und den Räten Geleit, um deren Glanz zu erhöhen, und erniedrigte sich einverständig vor dem versammelten Publikum.

Das alles unterstreicht den bewußt oder unbewußt politischen Charakter des volkstümlichen Festes. Und es unterstreicht auch seine Prestigefunktion. Denken wir nur an den Preis der Kostüme, die zunächst eher aus grobem Tuch, dann aus feinem Leinen, aus gefärbter Wolle und schließlich aus Seide, Samt oder Brokat bestehen, sehr teuren Stoffen in leuchtenden Farben; denken wir an die Kosten der extravaganten exotischen Verzierungen, an die immensen und schließlich Jahr für Jahr wiederkehrenden Ausgaben für einen einzigen Tag, daran, was die Herstellung einer einzigen Schlittenszene oder eines Schauwagens, der am letzten Abend niedergebrannt wird, an Findigkeit und Kunstfertigkeit verlangt: Ohne Zweifel zeugt die aktive Beteiligung am Karneval von dem Wunsch, in Erscheinung zu treten, den eigenen Wert zu zeigen, sich vor aller Augen verschwenderisch zu geben. Sebastian Brant spricht es aus, wenn er sagt, daß manche Vermummten angeblich nicht erkannt werden wollen, am Ende aber selber kundtun, wer sie sind, damit man im Volke munkeln kann: »Schau, mein Herr von Runkel! Der führt am Arm 'ne Kunkel; das hat gar Großes zu bedeuten, daß er kommt zu uns armen Leuten!« Und schließlich endet der Karneval – wie andere Feste auch – mit üppigen Gelagen, zu denen sich die Magistraten der Stadt mit ihren Gästen versammeln – mindestens ein Dutzend Tafeln, Gedecke für über hundert Personen. Mitunter dehnt das feierliche Bankett sich aus oder man setzt das Gastmahl Wochen später, nach der Fastenzeit fort: ein Ereignis besonderer Art, das die Chronisten ohne Zögern dem Fastnachtsprunk der Stadt zuordnen, indem sie sämtliche Gänge und, natürlich, die »Zwischengänge«, die Spiele, beschreiben.

Man kann sich vorstellen, wie das Fest unter diesen Umständen an Spontaneität verliert, wie es sich von der wirklich volkstümlichen

Vergnügung entfernt und sich immer deutlicher von dem fröhlichen, zügellosen und ungebremsten Treiben der Kleriker und Narren abhebt. Der Karneval entwickelt sich zu einem erlesenen Schauspiel, das zwar auf der Straße inszeniert, aber von der Aristokratie konzipiert wird. Ein klarer Beweis dafür ist das Repertoire der Themen, die denen immer ähnlicher werden, die man am Hof und bei den Adligen in Ehren hielt, Themen, die der Mode folgen und bestimmte Szenen des höfischen Lebens idealisieren, die manchmal mit angelesenen Erinnerungen für sich werben. Als Abglanz einer verfeinerten Kultur gewinnen die dargestellten Bilder an Raffinesse und Eleganz hinzu, was sie an Spott und burlesker Phantastik einbüßen. Das gleiche gilt für Musikstücke und Lieder, die uns im allgemeinen viel besser bekannt sind als die lebenden Bilder oder die Masken.

Der Karneval der Medici: Triumphzüge

So offenbart sich in Florenz – repräsentativ für ganz Italien – eine Entwicklung des volkstümlichen Festes, die unter dem Einfluß der Stadtherren und der Fürsten, namentlich unter Lorenzo de' Medici, rasche Fortschritte macht, auch über das sittenstrenge Zwischenspiel Savonarolas hinaus. Lorenzo, feinsinnig, kunstliebend, selber Autor und Poet, aber auch ein Mann der Politik, dem es gelang, ohne viel Ärgernis eine starke Tyrannei in Florenz zu errichten, benutzte mit Geschick sämtliche Feste, in erster Linie den Karneval, zu seinem eigenen Ruhm, zum Ruhm seines Hauses, seiner Stadt und des öffentlichen Friedens – gegen die Unruhestifter, gegen die Feinde seines Regimes. Der Florentiner Karneval dieser Zeit erscheint als ein glanzvolles Beispiel des fröhlichen, volkstümlichen Festes, das einstmals dem Aufbegehren des Volkes Ausdruck verschafft hatte, dann aber vereinnahmt wurde, beschlagnahmt zum Vorteil dessen, der sich an der Macht befand, und zugunsten der Seinen. Der Karneval wurde zum Ort der Lobpreisung und Verherrlichung der Macht.
Diesmal wissen wir freilich besser Bescheid: Dank der Berichte von Chronisten und der Aufzeichnungen einiger Kunstschriftstel-

ler, dank der Bilder und Gemälde zeitgenössischer Künstler, vor
allem aber dank der berühmten Karnevalslieder können wir uns
das Geschehen ziemlich gut vergegenwärtigen.

Die *Canzone a ballo*, das volkstümliche, spontane und kurze Lied,
ein wenig monoton, da die Melodie kaum variiert, weicht allmählich den gründlicher geformten, manchmal geradezu kunstvollen
Canti carnascialeschi, die teilweise von anonymen Autoren stammen, teilweise von Musikern, die gerade in Mode waren, von
Dichtern, Kaufleuten oder Staatsmännern. Hunderte dieser Lieder sind, von den Zeitgenossen säuberlich transkribiert und später
sogar gedruckt, erhalten geblieben und heute in Sammelbänden
verfügbar.

Der Florentiner Karneval ist vor allem eine Zurschaustellung von
Luxus, eine Prahlerei, das große Schauspiel des Jahres: ein erstaunliches Gepränge, um die Phantasie des Publikums zu beeindrucken, zu blenden, zu entzücken, wenn nicht zu lähmen. Den
gewohnten Maskeraden, den Umritten kleiner Reitertrupps, den
Schaubühnen und ihren lebenden Bildern, den riesigen Figuren,
wie man sie von den deutschen und nordfranzösischen Städten her
kennt, gesellt sich nun eine italienische Version der großen Darstellung hinzu, sicher nicht unabhängig von den Traditionen des
antiken Prunks. Worum es geht, kündigen zahlreiche *canti* schon
durch ihren Titel an: *trionfi*. Die Erfindung oder doch jedenfalls
die ersten großen Erfolge der Triumphzüge schreibt Giorgio Vasari dem Maler Piero di Cosimo (geboren um 1460 – 1462) zu, der
in seiner Jugend, wie es in Vasaris Aufzeichnungen heißt, »sehr
unstet und eigensinnig war, immer neugierig auf Erfindungen,
und sich oft den Vorbereitungen der Karnevalsmaskerade widmete, wofür die jungen Adligen der Stadt sich sehr erkenntlich
zeigten, da er ihnen auf diese Weise zu einer Reihe von Inventionen, Neuheiten und schönen Ornamenten für ihre Zerstreuungen
oder ihren Zeitvertreib verhalf«. Alles in allem kann man wohl
sagen, daß er es war, der sich den Triumph ausdachte (»der auf die
Idee kam, diese Herren nach Art eines Triumphzuges durch die
Straßen defilieren zu lassen«), der den Reitern ein prächtiges Fuß-
geleit beigab, in leuchtenden Farben gekleidet, mit Gewändern,
die »einer Geschichte entsprachen«. Häufig ist von mehreren

Dutzend Pferden die Rede, von sechs oder acht Fackeln tragenden Dienern und Knappen für jeden einzelnen Herrn. Und das Schaugefährt ist kein Schlitten, der mühsam über das Pflaster gezogen wird, sondern ein pompös ausgestatteter Triumphwagen, ein wahres Monument, häufig mit mehreren Stockwerken und raffinierten Maschinerien.

Seite um Seite, ohne den Atem zu verlieren, offensichtlich auf andere Texte oder Notizen gestützt, beschreibt Vasari minutiös solche Triumphzüge, die zum Karneval, anläßlich der fürstlichen Einzüge oder zur Feier eines Erfolges der Medici veranstaltet wurden. Die Schilderung beginnt mit den Kreationen Francesco Granaccis (1469–1543), der in jugendlichem Alter von Lorenzo entdeckt worden und künstlerischer Leiter großer Maskeraden und Triumphzüge war, der ruhmreiche Szenen im antiken Stil entwarf, um – den Berichten Plutarchs folgend – die Siege des Lucius Aemilius Paullus über die Feinde Roms zu feiern. Der Maler Granacci, ein Schüler Ghirlandaios, der es in Florenz schnell zur Berühmtheit brachte, der zahlreiche von Engeln oder Heiligen eingerahmte *Madonnen im Strahlenkranz, mit Kind* schuf, ebenso Szenen aus dem *Leben Jesu*, vor allem *Kreuzigungen*, oder Szenen aus *Heiligenleben* (Franz von Assisi, Antonius von Padua, Katharina von Alexandrien; das Wunder des Nikolaus von Tolentino) und sogar einen *Johannes auf Patmos*, hat auch das Gepränge des Hofes und der Stadt dargestellt. Wir verdanken ihm einen bemerkenswerten und imposanten *Einzug Karls VIII. in Florenz* (Palazzo Riccardi) sowie mehrere *Fahrten des Odysseus*, die *Geschichte von Polyphem* und eine *Rückkehr des Odysseus* auf den Vorderseiten großer Hochzeitstruhen. Sein gesamtes Lebenswerk bezeugt ein gleichbleibendes Interesse an den heldenhaften Triumphen der römischen Geschichte, an den Kompositionen von Masken und Festwagen – ein Interesse, das nicht zuletzt in dem berühmten *Triumph des Camillus* hervortritt, den der Meister zum Empfang des Medici-Papstes Leo X. 1515 in Florenz ausrichtete: »Eine so wunderschöne Maskerade, so gut angeordnet und dekoriert, daß man sie besser nicht hätte erfinden können.« Jacopo Nardi schrieb dazu die *canti*: »Schauet den Glanz, in dem das glückliche Florenz erstrahlt... Wie ihr seht, gehen Hand in Hand Minerva und Mars, die uns Sterblichen durch Heldenmut, Weisheit und Kunst ewiges Leben schenken.«

Einen Triumphzug gab es auch im Karneval des Jahres 1513, bei dem die Wahl des Giovanni de' Medici zum Papst gefeiert wurde. Diesmal war es ein anderer renommierter Künstler, Jacopo di Pontormo, der das Gepränge organisierte; die Ausführung übernahmen zwei rivalisierende, um die schönsten Erfindungen, Gestaltungen und Verzierungen der Schauwagen wetteifernde Gesellschaften, zu denen die Herren und die Adligen der Stadt sich eigens zu diesem Zweck zusammengeschlossen hatten: die Gesellschaft des *Diamante*, der Giuliano de' Medici, der Bruder des Papstes vorstand, und die des *Broncone* mit Lorenzo, Sohn des Piero, an der Spitze.

Der *Diamante*, beraten von Andrea Dazzi, Universitätslehrer für Griechisch und Latein, stattete drei Wagen aus: *Kindheit*, *Manneskraft* und *Alter*. Die Ornamente waren von berühmten Künstlern entworfen und gezeichnet worden: einem Ziseleur namens Carota, von Raffaelle delle Vinole und von zwei Malern, Andrea del Sarto und Andrea di Cosimo; Kostüme und Masken stammten von Piero da Vinci (dem Vater Leonardos) und Bernardino da Giordano, während Pontormo, der Meister des Gesamtwerks, sich die Bemalung der Wagen vorbehalten und versucht hatte, auf den Bespannungen nicht nur perspektivische Wirkungen, sondern auch Helldunkel-Effekte zu erzeugen.

In der Hoffnung, den Prunk der Konkurrenten zu übertreffen, wartete die Gesellschaft des *Broncone* mit sechs von Jacopo Nardi entworfenen Wagen auf, die folgende Themen und Figuren vorstellten: das *Goldene Zeitalter* mit Saturnus und Janus, begleitet von sechs Hirtenpaaren, die, halbnackt, über die Schultern geworfene Marder- und Zobelpelze trugen und die Haare mit Löwen-, Tiger- und Luchsfellen bedeckt hatten; *Numa Pompilius*, den zweiten römischen König, wie eigens hervorgehoben wurde, der die Gesetze der Stadt und der Religion in der Hand hielt, und in seinem Geleit sechs auf Maultieren reitende, in feinem, goldbesticktem Tuch gewandete Oberpriester, die große Goldgefäße trugen; die Regierung des Konsuls *Titus Manlius Torquatus*, der nach dem ersten Krieg gegen Karthago einen segensreichen Frie-

den in der Stadt verkündet hatte – hier dargestellt mit acht prächtigen Pferden vor seinem Wagen und eskortiert von sechs Senato-
renpaaren, in Togen gehüllt, sowie zahlreichen Liktoren und Prä-
toren; *Julius Cäsar* – nach der Eroberung Kleopatras – auf einem
von Büffeln gezogenen Wagen: das pompöseste Schauspiel, mit
Dekorationen, die Pontormo eigenhändig gemalt hatte, mit bewaffneten Soldaten, die fackelförmige Trophäen trugen; *Augustus*, gefolgt von den lorbeergekrönten Dichtern, allesamt in den
Trachten ihrer Heimatprovinz, und vor dem Wagen greifähnliche
Pferde mit erhobenen Flügeln; schließlich *Kaiser Trajan* in Gesellschaft von zwölf Rechtsgelehrten in fußlangen Togen und Kapu-
zenmänteln aus Grauwerk, »genau wie die Doktoren jener Zeit sie
zu tragen pflegten«, umgeben von Kanzlisten, Notaren und
Schreibern. So wurde die Geschichte Roms bis zu ihrem Höhepunkt durch eine Folge von Allegorien und lebenden Bildern in
Erinnerung gerufen. Auf dem letzten Wagen aber sah man eine
große Weltkarte, auf der ausgestreckt, mit dem Gesicht nach unten, ein toter Krieger lag, der seine schartigen, verrosteten Waffen
fest umklammert hielt; in seinem Rücken klaffte eine große
Wunde, der ein nacktes, am ganzen Körper goldbemaltes Kind
entstieg. Diese Szene symbolisierte die Renaissance des *Goldenen
Zeitalters*, das Ende der Kriege und der Gewalt, den Auftrieb
wohltuender Lebenskraft: eine Allegorie, eine Lektion, die den
Namen der Gesellschaft rechtfertigte, denn *broncone* nannte man
einen verdorrten, aber noch fruchtfähigen, erneut zum Grünen
bereiten Ölzweig.

Dies war, sicherlich nie übertroffen, der Triumph aller Triumphe.
Das Genre selbst hatte sich allmählich gefestigt und variierte
kaum: Der Bogen spannt sich vom *Triumph des Todes*, der noch im
Zeichen der Bußpredigten Savonarolas stand, bis hin zu diesen
liebenswerten und gelehrten, von Anspielungen auf den einstigen
Glanz Roms überquellenden Phantasien.

Schon der Triumph selber ist ein erlesenes Schauspiel, ein prozessionsartiger, organisierter Zug, in dessen Mittelpunkt ein monu-
mentaler, üppig verzierter Wagen mit der Hauptperson und ihren
Akoluthen steht; Pferde oder Büffel bilden das Gespann, und die
Ornamente präzisieren die symbolische Bedeutung; daneben oder

dahinter formiert sich ein Geleit reitender Figuren, die einen Bezug
zu dem Helden haben, die seine Taten oder Tugenden illustrieren
und sich zu einem bunten Genre- oder Geschichtsbild verbinden;
den Schluß bildet das Heer der anonymen Gefolgsleute, ausgerüstet mit Fackeln, deren Farben und Formen zum Thema passen.
Das Ganze ist eine Komposition, ein schöpferisches Werk, gestaltet von einem Meister, Schriftsteller, Dichter oder Humanisten
(was stets auch Historiker bedeutet), ein Werk, dem ein Modell-
entwurf zugrunde liegt, dessen Ausführung man verschiedenen
Künstlern, Modellierern, Kostümschneidern, Ziseleuren und Malern anvertraut hat. In regelmäßigen Abständen, an Plätzen oder
Kreuzungen, hält der Zug an, und jede Gruppe singt ihren *canto*,
der ebenfalls dem Thema zugeordnet ist und der offenbar die
Funktion hat, Details zu erklären, dem Publikum gewissermaßen
die Augen zu öffnen: »Schaut her, wer wir sind... Seht unsere
Verzierungen, unsere Kostüme...« Unentwegt bringt der
Triumphwagen die Gesamtkomposition wie eine Lektion in Erinnerung. Gewiß, ein Gutteil des Spektakels ist nichts als blendende
Entfaltung des Luxus, der Formen und der Farben, Vorführung
der Pelze und des goldenen Beiwerks, der flammenden Fackeln
und blitzenden Waffen; der Rest freilich ist eine seltene Darbietung für Eingeweihte, ein Schauspiel, dessen Sprache in Allegorien, Symbolen und augenzwinkernden Hinweisen besteht. Darin
läuft alles zusammen und dazu trägt jedes Element bei: die Formen, die Schnitte der Kleider, ihre Farbtöne, die Wappenschilder,
die Ornamente des Wagens, die Schabracken, die Helmstutzen.
Natürlich gibt es unterschiedliche Themen, doch sie bewegen sich
stets in einem bestimmten Rahmen: ernsthaft, hochtrabend, bisweilen didaktisch, erzieherisch. Insbesondere die *canti* lassen diesen Rahmen erkennen. Überwiegend handelt es sich bei ihnen um
Anleihen bei der Antike, dem mythologischen Fundus – um Zitate
und Anspielungen, die garantiert in der Gunst des Publikums
standen und eine breite Zurschaustellung des Wissens erlaubten. Lorenzo de' Medici selbst schrieb einen *Trionfo di Bacco e
d'Ariana*, der vielleicht der bekannteste seiner *canti* und so aufgebaut ist, daß jede Strophe entweder die Hauptpersonen der Gruppe oder eine einzelne Schar von Gefolgsleuten beschreibt: »Dies

sind Bacchus und Ariadne, ein schönes Paar, glühend ineinander
verliebt« (hier wird die eher ermutigende Geschichte einer
Ariadne erzählt, die bei Dionysos Trost sucht, eine liebenswerte, ja
sogar leicht lasterhafte Version des Dramas der jungen Griechin,
ein Appell, das Unglück eine Zeitlang zu vergessen, nicht mehr
unter dem Schrecken der Verlassenheit zu leiden). »Dies sind
kleine Satyrn, verliebt in die Nymphen, die sie durch Wälder und
Höhlen verfolgen.« »Der danach kommt, auf dem Esel, das ist
Silen, alt, trunken und fidel, reich an Fett und reich an Jahren.«
Das Lied endet mit einer fröhlichen Moral, einer Hymne auf die
Sorglosigkeit, die Freude des Tages: »Öffne ein jeder gut seine
Ohren; was morgen kommt, ist nie gewiß ... Ihr Frauen und jun-
gen Verliebten, hoch leben Bacchus und Amor!«

Andere *cantí*, deren Verfasser anonym geblieben sind, begleiteten
den *Triumph von Paris und Helena*: »Nie sah man, nirgends auf
der Welt, Liebende wie diese; wird der eine vom Feuer verzehrt,
erleidet der andere glühende Pfeile.« Geschmückte Wagen zeigten
die Göttin Minerva in ihrem ganzen Ruhm (»ein klägliches Los
erwartet den, der die Gunst dieser Dame vermißt«) oder, Seite an
Seite, Venus und Juno (»es folgt Juno, Göttin der Göttinnen,
Spenderin von Ehre, Ansehen und Reichtum«).

Alltäglicher – zumindest unter denen, die uns erhalten sind – erscheinen die Lieder, die von den *Tugenden* handeln: von der *Klugheit*, von der *Liebe*, die stärker ist als Eifersucht, vom *Triumph*
über den *Geiz* und die *Gewinnsucht* (»... mit soviel Mühe und
Schweiß immer nur heischen und bewahren, verfolgt von der
Angst...; der Gewinne müde, und doch nie weise geworden«).
Auch die Wissenschaften und die *Stände des Menschen* werden
besungen: *Triumph der vier mathematischen Wissenschaften*
(»Die vier Schwestern, die ihr seht...; die dritte, schon alt und
gelb gekleidet, ist jene, die Ordnung in die Zahlen bringt«);
es geht weiter mit dem *Triumph der vier Jahreszeiten* oder dem
der *Vier Temperamente*: Feuer, Blut, Wasser und Erde, personifiziert durch Figuren und Symbole. Diese Quartette, ein sehr ver-
breitetes und bequemes Kompositionsschema, erlaubten einen
rhythmischen Wechsel von kontrastierenden Haltungen und
Farben.

Der Triumph ist allerdings auch – jedenfalls gelegentlich – eine Mahnung an die Ungewißheit des menschlichen Lebens, an seine Vergänglichkeit; so der Triumph des *Siebes*, ein bitteres Lied in beschleunigtem Rhythmus, das die Qualen derer beschreibt, die in ein Sieb geworfen sind, das die Guten von den Bösen scheidet: »Und trotz unserer bitteren Tränen seht ihr in diesem Sieb Verachtung, Verwirrung, Furcht und Qual... die einen fallen durch, die anderen bleiben hängen, die einen weinen, während die anderen seufzen... und das Sieb dreht sich im Kreise und schüttelt doch unentwegt.« Und schließlich der Triumph der *Drei Parzen*.

All diese Themen werden höchst theatralisch entfaltet. Fraglos haben die großen, mit Aufzügen verbundenen Feste, die Einzüge von Gesandten oder Freunden, am häufigsten und vor allem jedoch die Karnevalsfeiern ungezählte Gelegenheiten geboten, den Triumph, den Prunkwagen, der sich im Italien jener Zeit unerhörter Beliebtheit erfreute und sich in allen künstlerischen und literarischen Ausdrucksformen spiegelte, zu verfeinern, zu bereichern, zu materialisieren.

Es duldet keinen Zweifel, daß der *Triumph* an den von kriegerischem Heroismus geprägten Prunk des antiken Rom anknüpft, an die feierliche Prozession, die dem siegreichen Konsul unter Ausstellung der Beute, der Gefangenen, der in Ketten mitgeführten Sklaven das Ehrengeleit zum Kapitol gab. Einige ebenso prahlerische Schauspiele dieser Art beleben noch heute die Straßen und Plätze der italienischen Städte – zum Vergnügen der Massen inszeniert, um die Neugier des Volkes zu stillen. Wie bereits erwähnt, feierte Kaiser Friedrich II. seinen Sieg über die Mailänder und ihre Verbündeten 1237 mit einem Triumphzug durch Cremona, ganz und gar im antiken Stil: Vorführung der auf dem Schlachtfeld eroberten Kriegswagen des Feindes, ein endloser Aufmarsch von Gefangenen, darunter, mit einer Kette um den Hals, der Doge von Venedig, der sich in dieses unglückselige Abenteuer verirrt hatte; außerdem, so wird berichtet, ein Elefant (ein lebendes Tier oder eine Nachahmung?). Im 15. Jahrhundert dann sind es die Mauren oder die Türken, die durch die Straßen von Rom defilieren, entweder als gefesselte Sklaven oder aber reich geschmückt und dem Papst als Tribut dargeboten, um derart die Siege des christlichen Glaubens zu rühmen – nach Ludovic Scarampo im Jahre 1451 ist es der Kardinal Caraffa, der 1473 einen solchen Zug veranstaltet, sodann, 1484, Alfons II. von Neapel (mit fünfhundert in Otranto gefangengenommenen Türken) und 1487 der Gesandte des Königs von Spanien (mit hundert Mauren aus Malaga und den Dörfern der Umgebung). Der entschieden auf die Verherrlichung der kriegerischen Erfolge ausgerichtete Triumphzug bleibt ein reines Schauspiel, allseits erwartet, geschätzt, beruhigend.

Doch parallel zu dieser traditionellen Form hält und entwickelt sich im Italien der Höfe, vom Norden bis in den Süden des Landes, ein eher heiterer, ja sogar friedfertiger allegorischer Triumph, der an die literarische und humanistische Vorstellungswelt des 14. Jahrhunderts anknüpft. In diesem Zusammenhang denkt man natürlich sogleich an die *Triumphe* (um 1360) von Petrarca, in denen der Dichter sechs Allegorien entwirft: die *Liebe*, die *Keuschheit*, den *Tod*, den *Ruhm*, die *Zeit* und die *Ewigkeit*, die jeweils einen schönen Vorwand liefern, um Kämpfe oder ruhmreiche Taten zu beschreiben. Und man denkt, um bei Petrarca zu bleiben, an seine Krönungen zum Dichter, zunächst 1340 in Neapel durch König Robert, dann, weit erhebender, am 8. April 1341 in Rom, wo ihm im Laufe einer beeindruckenden Zeremonie die Lorbeerkrone und der *cappello*, eine Art Diadem, verehrt wurden. Ähnlich verhält es sich im August 1347 mit den Festlichkeiten zu Ehren von Cola di Rienzo, Petrarcas Freund, der als Herr von Rom und Volkstribun prächtige Paraden stattfinden und sich zum *Cavaliere dello Spirito Santo, liberatore di Roma, zelatore dell'Italia, tribuno augusto, amatore del Mondo* ernennen ließ. Die pompösen Titel, die einen klaren Herrschaftsanspruch für Rom erhoben, waren in Goldbuchstaben vor himmelblauem Hintergrund auf einer Tafel am Portal der Kapitols-Kirche Ara Coeli angeschlagen. Der wahre römische Triumph indes fand am 2. August statt: fünfundzwanzig Städte oder Provinzen nahmen an der Heilig-Geist-Messe teil, um die Bürgerschaft Roms zu empfangen. Auf dem Altar wurden vier Fahnen geweiht: eine mit den Wappen des Julius Cäsar, für Perugia bestimmt; eine mit einer

sitzenden Frau, dem Sinnbild Roms, zwischen zwei Gestalten, die
Italien und den christlichen Glauben verkörperten – das Banner
Italiens, hier an Florenz verliehen; die Allegorie der *Freiheit* war
Siena zugedacht, während Todi eine Fahne mit dem Wappen Cola
di Rienzos erhielt; eine fünfte Fahne mit dem Bildnis des heiligen
Petrus war dem Gesandten von Pisa vorbehalten, der noch nicht
erschienen war. Am 15. August wurden dem Volkstribun vor
Santa Maria Maggiore von den sechs großen römischen Basiliken
sechs verschiedene Kronen verliehen.

Glorreiche Feste, die nicht so sehr den Sieg als vielmehr die Einheit
preisen, die Wert auf die Tugenden legen: ein weicheres, sanfteres
Bild, eine Feierlichkeit ohne Aggressivität. Auch hier setzt sich der
Einfluß der Dichter, der Humanisten, derer, die die Tugenden und
die Liebe besingen, durch und dringt sehr schnell in die mit dem
Text verbundenen Formen des künstlerischen Ausdrucks ein.
Man erkennt es vor allem an den zahlreichen Darstellungen der
Triumphe des Petrarca, seien es Zeichnungen oder Buchmalereien, Gemälde oder Bildteppiche. Das Thema hatte damals und
mindestens bis Ende des 16. Jahrhunderts eine erstaunliche Resonanz; in Wien befindet sich noch heute eine vollständige Serie der
sechs *Triumphe*, und das Metropolitan Museum in New York
bewahrt die beiden *Triumphe der Zeit und des Ruhms* auf, Bildteppiche, die höchstwahrscheinlich in Arras gefertigt wurden; die
erklärenden Vierzeiler unter den Triumphwagen der einzelnen
Szenen sind auf französisch geschrieben, ein Beweis für die beträchtliche Verbreitung des Werkes.

Zur gleichen Zeit nimmt das Fest, das den siegreichen Kriegern,
den Eroberern, bereitet wird, mitunter freundlichere Züge an, indem es eher die Tugenden der Helden hervorhebt und jedenfalls
dem Muster einer wohlgeordneten, reich geschmückten Darbietung folgt. Die Gestaltung wird renommierten Künstlern anvertraut. Schon der Triumphzug zu Ehren des nach Rom einziehen-
den Kaisers Sigismund im Jahr 1433 ist nahezu frei von dünkel-
haftem kriegerischen Glanz. Wie es heißt, war Donatello gebeten
worden, die Dekoration des Prachtwagens und die Zeichnung der
Kostüme zu übernehmen. In dem Aufzug erscheinen mehrere,
von Maschinerien bewegte allegorische Figuren, die geradewegs

von antiken Vorgaben hergeleitet sind. Ähnlich bei den beiden
Triumphzügen, die Alfons dem Großmütigen, der die Angeviner
vertrieben hat, in Neapel bereitet werden: Im Juni 1421 ist es ein
prozessionsartiger Konvoi blumenbeladener Barken in der Bucht;
1443 defilieren prunkvolle Züge von Verbündeten, namentlich
Katalanen und Florentiner, die letzteren in Weiß und Rot, den
Farben ihrer Stadt, auf drei ungewöhnlich großen Wagen sind
Allegorien dargestellt, die *Gerechtigkeit*, die *Stärke* und der *Sieg*,
und auf dem von vier weißen Pferden gezogenen Prachtwagen
thront der König unter einem Baldachin zwischen den Kronen von
sechs verschiedenen Königreichen. Der hölzerne Triumphbogen
ist ersetzt durch ein grandioses Steinmonument, verziert mit
Reliefs, die in ihrer Mehrzahl von Francesco Laurana stammen:
Allegorien, Szenen vom glücklichen Gedeihen und von der Guten
Regierung. Der Königswagen wurde wie eine Reliquie aufbewahrt, und das Fest inspirierte noch jahrelang die Künstler, Buch-
illuminatoren ebenso wie Tafelmaler. Die Darstellungen dieses
Triumphs indes enthalten keine einzige Szene, auf der die Menge
der beschämten, in Ketten gelegten Gefangenen zu erkennen
wäre; eine ganz und gar humanistische Tendenz also, die man in
vielen anderen Triumph-Bildern wiederfindet, wo die Wagen eher
an die Schauwagen friedlicher Prozessionen gemahnen als an die
Kampfwagen der Krieger.

Die manierlich gewordenen *Triumphe* beeinflussen und verschö-
nen die künstlerischen Formen in allen Schulen Italiens. In den
Städten, in denen hofgehalten wird, läßt der in seinen Unterneh-
mungen mehr oder weniger glückliche Fürst oder Tyrann sich
gern auf diese Weise glorifizieren; selbstgefällig erzwingt er die
Bewunderung seiner Vertrauten oder seiner Untertanen und wird
so der Nachwelt überliefert. Ein gutes Beispiel dafür ist Federico
da Montefeltro, der sich um 1460 von Piero della Francesca auf
einem mit zwei weißen Pferden bespannten Hochzeits- und
Triumphwagen malen ließ; der Herzog steht aufrecht, umgeben
von allegorischen Figuren, der *Stärke*, der *Gerechtigkeit*, der *Mä-
ßigkeit* und der *Klugheit*, während eine geflügelte Victoria ihm die
Lorbeerkrone über das Haupt hält; die Herzogin, Battista Sforza,
fährt auf einem Wagen, der von *Amor* gelenkt und von zwei wei-

ßen Einhörnern, Symbolen der Keuschheit, gezogen wird; sie befindet sich in Begleitung des *Glaubens*, der *Hoffnung* und der *Liebe* sowie einer Gefolgschaft treuer Dienerinnen. Einen vergleichbaren Eindruck vermittelt die große Skulptur von Sigismondo Malatesta auf dessen Mausoleum in Rimini. Schließlich schuf Mantegna eine bewundernswerte Bilderserie mit dem *Triumph Cäsars*, die zwischen 1484 und 1494 in Mantua entstand und sich heute in Hampton Court befindet: neun großformatige Gemälde, auf denen imposante Monumente und archäologische Funde zu sehen sind, Bögen, Säulen und Pilaster sowie eine Vielfalt kleiner Tempel, die kaum noch Platz für den Zug lassen – ein echtes römisches Trümmerfeld. Das Werk hatte schon zu seiner Zeit bemerkenswerten Erfolg, massenhaft strömten Besucher herbei, um es zu bestaunen, und Mantegna selbst gab es in Stichen wieder, die in ganz Europa Verbreitung fanden.

Es gibt auch Triumphzug-Bilder zu Ehren des christlichen Glaubens, zum Ruhme der Bekenner, der Heiligen, ja selbst der Gelehrten – eines, geschaffen von Giotto, ist Franz von Assisi gewidmet, ein anderes, in der Florentiner Kirche Santa Maria Novella, Thomas von Aquin. Und nicht zu vergessen sind die *Triumphe des Todes*, die, von Künstlern dargestellt, den ebenso düsteren wie erbaulichen Karnevalswagen Savonarolas ankündigen oder reproduzieren: so der wohl berühmteste *Triumph des Todes* (um 1360) von Francesco Traini im Camposanto in Pisa. Nimmt man noch die Legenden und Mythen im antiken Stil hinzu, so ergibt sich insgesamt ein außerordentlich vielfältiges Repertoire an Formen, ja sogar an Wesensmerkmalen. Gleichwohl stützen sich diese Bilder sämtlich auf ein einziges Modell, den Umzugswagen – natürlich nicht mehr auf die fahrbaren Bühnen der frühen Straßenschauspiele, nicht mehr auf die mit Dekorationen überfrachteten englischen *pageants*, sondern auf das ›Erbstück‹ der Antike, den – modifizierten – Triumphwagen, der nun die friedlichen Feste, die erbaulichen Feste, die Freudenfeste ziert, angefangen bei dem schlichten Wagen Montefeltros, einer kahlen Platte auf vier Rädern, die als schmucklose Stellfläche für die strengen Figurationen der Tugenden dient, entblößte, bei-

nahe abstrakte Bilder, bis hin zu dem üppigen *Triumph von Bacchus und Ariadne*, dem Werk eines unbekannten Malers, das ersichtlich von dem berühmten *canto* über die Liebschaften des Bacchus beeinflußt ist: ein verblüffendes, »barockes« Monument, bewegt von kräftigen Zentauren und bis zur Deichsel mit Weinreben
geschmückt.

Das Erstaunliche ist, daß sich bei der Untersuchung dieser faszi-
nierenden Zeugnisse einer überaus reichen, aus höchst vielfältigen Quellen schöpfenden Zivilisation stets der gleiche Sachverhalt bestätigt: eine enge, zwingende Verbindung, ein dauernder
Austausch zwischen der literarischen oder bildlichen Darstellung
des Triumphs und seiner materiellen Wiedergabe in der vergänglichen und hinfälligen, dennoch üppigen, konkreten, lebhaften
Gestalt des Umzugswagens der fürstlichen Einzüge, der Gesand-
tenempfänge, der Jubelfeste und, vor allem, des Florentiner Karnevals seit der Zeit der Medici.

Die Maskeraden: Galanterien, Umsicht und Zustimmung

Vor oder hinter dem Aufzug der Wagen kommt das, was in den
Texten, den Chroniken oder Gedichten, als Maskerade bezeichnet
wird: Scharen kostümierter, maskierter Personen, die verschiedene Gruppen bilden, in denen sie mittels ihrer Kleidung, ihrer
Attribute, mit Hilfe nachahmender Gesten, durch Schreie, Anru-
fungen und eigens für diesen Zweck geschriebener Lieder ein bestimmtes Thema, eine bestimmte Anekdote illustrieren. Leider
berichten die Chronisten nur beiläufig davon, oft pauschal, ohne
individuelle Merkmale zu nennen. Die Maskeraden, die von sehr
viel gröberer Machart als die Triumphwagen sind, haben offenbar die Aufmerksamkeit der Dichter, der Festgestalter, der
Kostümemacher und der berühmten Maler kaum zu fesseln ver-
mocht; was dort gezeigt wird, wirkt eher improvisiert und verlangt nur bescheidene Mittel, wie sie den Einwohnern eines Stadtviertels, den Mitgliedern einer berufsständischen Gruppe oder
einer Bruderschaft zur Verfügung stehen. Graphische Darstellungen der Maskeraden sind selten: einige Skizzen hinter den Aufzü-

gen der Trimphwagen oder an deren Rändern. Erschließbar sind sie einzig durch die Untersuchung der *Karnevalslieder*, die immer dazugehörten: zahllose Kompositionen – Texte und sogar Partituren –, die uns in ausreichender Zahl überliefert sind.

Manche maskierten Gruppen greifen die gleichen Themen auf wie die Wagen, allerdings mit bescheideneren Ansprüchen, mit weniger Aufwand, oft in einer bloßen Anspielung – Tendenzen, die sich nicht wesentlich von denen unterscheiden, die im Zusammenhang mit den Triumphzügen erwähnt worden sind. Doch im Detail, und was die Auswahl aus anderen Bereichen stammender Motive betrifft, begegnen wir hier einer unerhörten Vielfalt, einem immensen Reichtum an Phantasien, gar Innovationen. Schon wenn man die Titel und die Refrains der für die Maskeraden bestimmten *canti* liest, wird einem klar, was der Florentiner Karneval während der Periode seiner glorreichen Entfaltung in den achtziger Jahren des 15. Jahrhunderts wirklich war. Man spürt die Vollendung einer Entwicklung, deren fundamentale Strömungen leicht zu erkennen sind: Traditionen und bewußte Neuschöpfungen.

Ein erster Aspekt ist – wieder und immer noch – die Erbauung, die tugendhafte Lektion, das Urteil Gottes und die Vergänglichkeit des menschlichen Lebens, verbunden mit Erinnerungen an das liturgische Fest zur Ankunft der Fastenzeit am letzten Tag vor Aschermittwoch, mit Erinnerungen an die Stunden der großen Buße, die von Sittenrichtern und Kirchenlehrern verordneten Augenblicke der öffentlichen Sühne. Wie es scheint, ein ganz und gar klassischer Zug, der hier, im Bereich der religiösen Themen, der Höllendarstellungen, der Verdammung aller Laster und der Loblieder auf die Guten um mannigfaltige Variationen ergänzt wird, um erstaunliche Einfälle, manchmal auch klare Abwandlungen. Der ursprüngliche Leitfaden stellt sich in der Regel als bloßer Vorwand dar, als bloßer Entwurf, an dem man endlos weiterspinnen kann, den man bisweilen sogar als Kontrastmittel benutzt.

In diesem Zusammenhang stoßen wir unvermeidlich auf die Glaubenshelden und die Pilger. Der ganze *Canto degli Spiriti beati* beispielsweise ist ein einziger Aufruf zum Kampf gegen die in jenen Jahren so bedrohlichen *Ungläubigen*; heftige Vorwürfe werden gegen diejenigen erhoben, die sich das Leben zu leicht machen, die zögern oder Ausflüchte suchen, die sich weigern, in den Kampf zu ziehen: »... und in der Zwischenzeit poliert der Türke seine Waffen und versammelt seine Leute, um unsre Felder einzunehmen... Vergeßt eure Angst, eure Fehden und den Groll, laßt ab von eurem Geiz, dem Hochmut und der Grausamkeit; neigt eure Liebe wieder den Gerechten zu, denen, die wahre Enthaltsamkeit üben.« Es fällt nicht schwer, sich die maskierte Gruppe mit ihren Kleidern und ihren Waffen zu vergegenwärtigen – ein Karnevalslied als Appell zum Kampf, ein Kreuzzugslied, das sich unverkennbar auf eine alte Tradition beruft.

Andere Lieder wandeln das ursprüngliche Motiv auf sonderbare Weise ab, indem sie es mit Anekdoten und augenzwinkernden Bemerkungen verknüpfen, mit weniger ernstzunehmenden Auseinandersetzungen, mit höflichen Redensarten. Die Lebensfreude, die Liebe zu den Dingen dieser Welt rücken in den Vordergrund, und damit fast immer auch die Frauen.

Der *Canto di romiti con neve* klingt in der Tat wie eine Parodie auf die Pilgerfahrt, auf die damit verbundenen Entbehrungen und Nöte. Die häßlichen Kleider, die alten Laken, die langen Bärte und die lächerlichen großen Hüte lassen das Publikum nicht lange im unklaren: »Mag es euch nicht wundern noch erstaunen: unter den Laken haben wir ganz andere Launen.« In Wirklichkeit sind es *Pilger der Liebe*, die ihre eingeschneiten Häuser verlassen haben, um das Herz der Damen zu erobern: eine Übertragung, ausgehend von einer beklagenswerten Prozession (»Kein einziger von all den Dienern, die doch gewöhnlich so geschickt, so auffallend, so reich geschmückt, begleitet unsern Zug«), die schließlich in eine Serenade mündet: »O wie wir euch bewundern, ihr schönen Edelfraun, denn bei den Pilgern ist es mit schönen Fraun gar schlecht bestellt; wie sehr sind wir bereit, alles zu verlassen, die Berge und den Wald, die Einsamkeit des Landes, das dornige Gestrüpp, das Fasten und die Zucht, um hier zu weilen, im Glanz der Stadt, und liebend dann zu euch zu eilen, euch zu schmeicheln Tag für Tag.« Die Schar der Pilger auf dem Weg nach Rom und verführt von den Reizen des dortigen Lebens: eine schöne Erfindung zum Ruhme der Stadt und ein Lob auf die Frau. Wie viele andere nimmt auch dieser *canto* im letzten Refrain eine Wende zum galanten Stück;

die harte Prüfung der Pilgerfahrt verliert sich nach allerhand lieb-
reizenden Verwirrungen in den Gefilden der edlen Minne.
Einzelne Texte entfernen sich noch weiter von den ursprünglichen
Anregungen, stets in die Richtung von Parodien oder Satiren, nicht
unbedingt scharf, aber eindeutiger, unverhohlen spaßhaft, eher zu
Wortspielen, zu witzigen Verdrehungen geneigt als zu langen Reden. Die Pilgerfahrt, die Zurschaustellung von Reliquien ist hier
nur noch ein Anlaß. Schamlos tun die Maskierten ihre Freude über
das schöne Leben kund, das sie im Pilgergewand genießen, ihre
Genugtuung über Almosen und Gefälligkeiten, so etwa im *Canto di
Pellegrini truffatori*: »Wir ziehen durch die Welt, durch alle Lande,
ob nah oder fern, und leben von Alchimi, Schlauheit und Kunst...
Wie schön und süß ist das Nehmen, wenn man nichts zu geben
braucht! Geld gegen ein paar Worte, das ist ein guter Beruf, deshalb
sind wir dabei!« Was die Verehrung vorzüglicher Reliquien an
einem abgeschiedenen Ort betrifft, so begnügt sich die maskierte
Gruppe, die hin und wieder einen dekorierten Wagen mit sich führt,
mit einem *canto*, der in lockerem Ton die wundertätigen Wirkungen aufzählt, doch ohne in offene Unehrerbietigkeit zu fallen:
»Sticht euch der Bauch, die Brust, das Herz, werden Angst und
Schmerz euch genommen, wohl und glücklich werdet ihr sein, hier,
in der Einsiedelei, kraft der Tugenden dieses Reliquienschreins, der
euch von Krankheit macht frei.«
Die Darstellung der Hölle und ihrer Qualen folgt unverändert dem
traditionellen Schema: Man sieht die Verdammten, die Lasterhaften, die Bösen in den Flammen des Fegefeuers, wo sie ewiger Pein
ausgesetzt sind. Der *Carro dei diavoli*, eine lange liedähnliche
Komposition, führt die Schuldigen vor, die keine Aussicht haben,
das verfluchte Höllenreich je verlassen zu können. Alles wird beschrieben, wir bekommen ein Bild von den Dekorationen und Kostümen. »Hier, wie ihr seht, unser siebenköpfiger Großmeister,
dessen vorderstes Haupt eine Krone trägt... Diese Bischöfe und
Priester, in gut befestigte Fesseln gelegt, haben sich untereinander
bekriegt...; all diese Äbte und Mönche frönten den Freuden der
Welt und gaben nichts auf den Dienst an Gott. Dies hier sind Kaufleute und Bürger, daneben die Wucherer, dann die Ehrgeizigen und
Soldaten, Bauern, Nonnen und Frauen nebst all den lasterhaften

Alten, und in deren Schar zahlreiche Florentiner, geschickt und gerissen, wie sie sind.«

Andere maskierte Gruppen, die ebenfalls ein anschauliches Bild von den Höllenqualen geben, die ausführlich von den Klagen der verlorenen Seelen und ihren schändlichen Sünden berichten, sind eher auf moralische Nutzanwendung bedacht, auf Lehren für den Alltag und für das Verhalten in Liebesangelegenheiten; sie rühmen eine Lebensweise, die nichts Asketisches an sich hat, sondern durchaus den höfischen Sitten entspricht. Bezeichnend für diese Mentalität ist der *Canto d'anime damnate* von Bernardino della Bocina, ein Klagelied von vierzig fortlaufenden Versen, ohne Refrain und ohne Strophen, in einem gleichförmigen und langsamen Rhythmus: »Wir sind die Verdammten der Hölle, gerichtete Seelen, dem Ende geweiht. Ihr Frauen, laßt euch nun sagen, welcher Grund so grausame Strafen wirkt... Auch ihr habt euer Ende vorbereitet... Wüßtet ihr, welche Person sich hinter uns Masken verbirgt, gäb es keine unter euch Schönen, die nicht unser Unglück beweint'!« Doch wenn man weiterliest, begegnen einem dieselben Frauen als altgewordene reizlose Masken, die den schaulustigen, am Fenster lehnenden Damen zum Vorwurf machen, daß sie den Zärtlichkeiten eines ihnen in Liebe ergebenen Mannes nicht nachgegeben haben: »Hütet euch, zu handeln wie wir, die wir uns nie begnügten. Nehmt euch ein Beispiel an unserem Los, seid höflich mit euren Geliebten... Wir haben die treuen Männer verlacht und waren immer grausam...!«

Selbstverständlich ist der Florentiner Karneval, der Karneval der Medici, immer noch ein Königreich der Narren, allerdings, wie es scheint, in abnehmendem Maße und nur im Sinne einer Anspielung auf frühere Zeiten oder infolge einer Gewohnheit, die allmählich zerfällt. Hier und dort eine kleine Gruppe oder ein Wagen, mehr nicht. Nirgendwo Scharen von Läufern, die, als Narren verkleidet, allgegenwärtig und sich selbst überlassen, am letzten Abend der Lustbarkeiten den schönsten Wagen stürmen. Die zum Schauspiel erhobene Narrheit ist nicht mehr das verbindende Moment des Umzugs. Die ihr gewidmeten Inszenierungen und Lieder wirken zusammengesetzt, spitzfindig; man spielt mit Worten; man beläßt es bei kraftlosen kleinen Moralitäten (so beispielsweise

im *Trionfo de'pazzi*). Der *Canto della Pazzia* zählt in ziemlich
platter und akademischer Manier auf, was an den Menschen ›verkehrt‹ ist: »Sollen wir heute aller Welt zeigen, daß ein jeder sein
Teil an der Narrheit hat? Narren sind, wer weiß es nicht, die ver-
narrten Liebesleut, da sie zum Spielzeug anderer werden... Narren sind die Fürsten und Herren, die Frieden meiden und Krieg
betreiben. Ein Narr, wer maßlos glaubt und maßlos liebt, Narr
aber auch, wer gar nichts glaubt und keine Liebe kennt.« Gelegentlich treten Wilde Männer auf, die das einfache Leben preisen,
die großen Wälder und das weite verlassene Land, Wildleute, die
behaupten, sie hielten die wahre Vernunft gefangen.
Wirkliche Satiren oder strenge Verurteilungen kommen nur selten vor, und wenn, dann meist entschärft durch pittoreske Anekdoten oder gedämpft durch harmlose, deskriptive Lieder. Wenn
der *Canto de giuocatori* das Laster des Spiels geißelt und seine
ebenso unvermeidlichen wie entsetzlichen Folgen beschreibt
(»Wir waren alle blind, dem Sog dieses Lasters ausgesetzt; ein
Kaufmann, reich und ehrenwert, starb im Kerker einen verzwei-
felten Tod... Hunderttausend schwarzgehandelte Würfel und
Berge falscher Karten haben wir den liebsten Freunden anvertraut...«), dann antwortet sogleich der *Canto della palla col
trespolo* – geschrieben für eine in unmittelbarer Nähe folgende
Gruppe –, der die Freuden und Genüsse des Ballspiels rühmt, das
gänzlich untadelig ist, nichts als Kunstfertigkeit und Geschicklichkeit verlangt: »Das Glücksspiel mit Würfeln und Karten beschert
uns ein trauriges Los, doch wir, wir spielen jetzt Ball, da braucht es
nur Kraft und Geschick.« Ist die *palla* nicht auch die Devise der
Medici?
Von den großen und ernsten Tugenden ist kaum noch die Rede.
Man zieht es vor, sich über Weisheit, Sanftmut und Umsicht zu
verbreiten. Auch dies eine politische Lektion? Ein Augenzwin-
kern, ein Aufruf? Klare Intentionen jedenfalls, die nicht mehr den
eroberungslustigen Waffenhelden preisen, sondern den Mann der
Regierung. Der *Canto dei Giusti* handelt von friedliebenden Männern, die Gewalt mißbilligen und sich »weder für Schlachten
interessieren noch für Armbrustschützen oder Lanzenreiter, weder für Galoppaden noch für Geschütze«. Eine andere Gruppe

stimmt den *Canto dei soldati c'hanno lasciato Marte e segueno Minerva* an: »Wie unsere Kleider zeigen, haben wir dem Krieg entsagt und eure Stadt gewählt, um dort zu leben und zu sterben, wie unser Wille es entschied... Lange hat Mars uns gehalten in seinen Banden aus Schmerz und Verrat, und jede Hoffnung war dahin... nur Tränen, Schreie und Seufzer! All dem sind wir nicht mehr ergeben, und im Schutze der weisen Göttin, die Umsicht walten läßt, ...« Mit einer gewissen Spontaneität und ohne viele Formeln beschrieben, werden die unheilvollen Grausamkeiten des Krieges hier den glückseligen Zeiten des Friedens entgegengestellt, den Perioden der Guten Regierung. Der Held ist niemand anders als der kluge, umsichtige Mann, der die Dinge mit eigenen Augen gesehen und alles abgewogen hat, dem man keinen Bären aufbinden kann. Ähnlich bei dem Festwagen der weisen Alten, für die der *Canto de' prudenti* bestimmt ist: »An unserm langen Bart und unseren Gesichtern... erkennt ihr, wer wir sind, und wie sehr wir auf Klugheit bedacht.«

In Anbetracht der liturgischen und religiösen Ursprünge des Festes kann man sich des Eindrucks nicht erwehren, daß die Bezugnahmen immer weiter in die Ferne rücken und nur noch als Vorwand dienen. Der Narr räumt seine Stellung, der Rekurs auf die Heilige Schrift bricht ab, und selbst die christlichen Tugenden des Glaubens und des Muts verblassen vor der vernünftigen Minerva.

Im gleichen Zuge und zweifellos mit den nämlichen Intentionen findet die Entdeckung bisher unüblicher antiker Themen großen Zuspruch; es mehren sich die Rückgriffe auf das unerschöpfliche Repertoire des alten Rom, und dies nicht nur für die Triumphwagen, sondern auch für bescheidene Maskeraden, für schlichte Kostümaufzüge. Doch in all diesen preziösen Genrebildern, die sicher nicht das Ergebnis exzessiver Ambitionen sind und die sich mit dem Pomp der großen Triumphe nicht messen können, weist nichts oder fast nichts auf ausgeprägte Neugier hin, auf ein wirkliches Interesse am antiken Mythos oder Gegenstand. Es bleibt bei Zitaten als Vorwand für reiche Verzierungen, oder man beläßt es bei einer kleinen Genreszene voller Künstelei wie etwa im *Canto delle Ninfe*, obwohl dort immerhin Gebete an den Gott des Überflusses ertönen. Eine weitere Form schließlich sind Hymnen auf das angenehme Leben, Aufrufe zur reinen Liebe: Die Jünglinge im *Canto di giovanni vestiti all'antica* verkünden eine Reinheit, die in nichts hinter der ihrer makellosen Kleider zurücksteht, eine Liebe ohne Falsch und Künstlichkeit; sie erflehen »einen sanften Blick« von den leichten Frauen am Wegesrand, »einen einzigen Gedanken, um die Seele des aufrichtigen Liebenden zu erquikken«. Wenn die griechischen Sklaven – zweifellos die des antiken Athen – gefesselt vorbeiziehen, mögen die Ketten schwer an ihnen lasten, doch wieviel schwerer wiegen die Fesseln und Ketten, die das Herz der Verliebten in dauernder Knechtschaft halten (*Canto dei greci schiavi*)! Und wie sollte man beim Anblick der jagenden, von wilden Meuten unterstützten Nymphen, die ihre unschuldigen Opfer in Netzen und Schlingen fangen, nicht an die Herzen der gnadenlos von der Liebe gefangenen Männer denken? »O wie erzittert man im Angesicht solcher Naturschauspiele! Wer nicht blind ist, öffne die Augen, schaue sie an!« Proserpina, die sich als Plutons Gefangene so sehr nach dem Licht und den Schönheiten des Tages sehnt, kann die Frauen, die glücklichen Sterblichen, nur ermuntern, die besten Jahre nicht mit Trübsal zu verschwenden. Das alles bleibt konventionell, ja oberflächlich und steht im Dienst einer anmutigen kleinen Moralität. Galanterien, weiter nichts.

Die Darstellungen des sozialen Lebens, wenngleich weitaus vielfältiger, hinterlassen ebenfalls den Eindruck von Oberflächlichkeit und Seichtheit – kurz, den Eindruck eines liebenswerten Konformismus. Gewiß, an Kritiken fehlt es nicht, doch sie sind eher Sittensatire als Auflehnung. Der *Canto delle meretrici* handelt von Kupplerinnen, wie wir ihnen mit dem Tragkorb auf dem Rücken schon beim Nürnberger Karneval begegnet sind; hier irren sie durch die Straßen, auf der Suche nach einem Haus, in dem sie ihr Gewerbe ausüben können; sie klagen über das Gesetz, das sie zwingt, die Stadt zu verlassen und ein langes Kleid mit Schleier zu tragen; im übrigen geben sie ohne Verve moralisierende Wahrheiten von sich. Für die Männer freilich, die ihnen in die Hände geraten, bedeuten sie den Ruin. Ein Beispiel liefert der *Canto d'uomini impoveriti per le meretrici*: Einst, in ihrer Jugend, waren sie reiche und angesehene Männer, nun sind sie dazu verdammt, die Wünsche ihrer Schönen zu erfüllen, Edelsteine und Kleider zu kaufen, das Haus zu möblieren, sich mit einer Schar bösartiger Verwandter zu plagen, »denn diese Raubkatzen haben Väter, Mütter, Schwestern und Verwandte, die sich mit großem Geschick darauf verstehen, alle Mittel auszuspielen«. Zahlreiche Szenen illustrieren den Abstieg Schritt für Schritt – da sind diejenigen, die aus der Stadt haben fliehen müssen, »schmutzig, verarmt, entblößt und ausgehungert«, und so weiter bis zu denen, »die ihr hier seht, die ehemals Prälaten und in der Stadt wichtige Persönlichkeiten waren, hier nun garstige Gestalten, elend durch die Schuld der Kupplerinnen... Auch diese Männer, alt und grau, mit traurigen Lumpen bedeckt... sind ihnen einst anheimgefallen.«

Warnungen gelten auch den ehrgeizigen, koketten und naiven jungen Frauen, die in die Hände der Kupplerinnen, der *meretrici*, gefallen sind – ein Schicksal, von dem der *Canto di puttanieri* erzählt. »Nehmt euch ein Beispiel an unserem Irrtum, an uns, die wir unser zügelloses Verlangen nach guter und reiner Liebe nun beweinen, da wir zu elenden Weibern erniedrigt sind, zu einem solchen Schmerz!« Im Anschluß daran zieht eine Maskerade weinender Frauen auf, trotz allem schön, reich gekleidet und geschmückt, um ihre Lektion zu erteilen: »Wir waren von edlem Blut und wohlgeboren... Schenkt ihren eitlen Worten keinen Glauben... Meidet sie, meidet die gerissenen Hyänen, die euch Geld und Kleider bieten und die liebsten Freundinnen ins schlimmste Schicksal führen.« Manche Lieder schildern die Qualen und das eheliche Unglück der gegen ihren Willen verheirateten jungen Frau. Die Witwen nehmen ihre Töchter bei der Hand und ziehen überall herum, um Ehemänner für sie aufzutreiben – eine Serie anmutiger und doch beklagenswerter kleiner Bilder: »Arme kleine Witwen, immer im schwarzen Gewand...; sie verkehren in allen Häusern, knüpfen tausend Beziehungen an, wählen mit schlechtem Vorbedacht und wissen nie recht, was sie wolln. O hirnloser Verstand, leicht wie das Laub!«

Damit sind die Mißbilligungen auch schon erschöpft; sie wenden sich gegen die Prostitution und vor allem gegen die bösen, gewinnsüchtigen oder lächerlichen Weiber, die ihren Profit daraus schlagen. Das Ganze ist eher ein Klagekonzert enttäuschter weinender Frauen denn eine Anprangerung des Lasters; die Wollust wird kaum einmal erwähnt. Es geht im Grunde um die lächerlich gemachte Liebe und die elende Lage derer, die alles verloren haben; um die Mißgeschicke der *Liebe* und die Mißgeschicke des *Glücks*.

Im übrigen hat das soziale Bild, das hier immerhin für eine Vielfalt von Situationen entworfen wird, nicht den geringsten Anstrich einer Satire. Genau darin besteht die ganze, in unseren Augen befremdliche, unerklärliche, allen sonst üblichen Schemata dieses Festes widersprechende Besonderheit des Florentiner Karnevals im *Quattrocento*: nicht einmal maßvolle Kritik oder, wie in Deutschland, possenhafte Späße; nichts Burleskes, keine Aufmüpfigkeit. Die Lieder und die Masken, die verkleideten Personengruppen begnügen sich mit wohlmeinenden Beschreibungen der Tugenden oder der Dienste. Nichts als buntgemischte Gefälligkeiten.

Natürlich ist die Rede von Wettrennen, von sportlichen Spielen, von Spielen, die zur Volksbelustigung veranstaltet werden – aber ohne sie zu verurteilen. Ganz im Gegenteil, es ist eine Sympathie spürbar, die als Grundlage für lange Dialoge und Diskussionen dient, so etwa im *Canto d'uomini chei vanno a correre colla buffola*, der die Verdienste des Reiters, des Pferdes, ja sogar des Büffels rühmt. Der *Canto delle livree che tornavano dalla buffolata* berichtet von den jungen Siegern, die, »alle maskiert, so heldenhaft in ihren prunkvollen neuen Gewändern defilieren«; in der Arena haben sie den Preis errungen und wollen ihn nun gemeinsam den Damen überreichen.

Keine Kritik, kein Vorbehalt, kein Stirnrunzeln, nichts gegen Unterworfene, Fremde oder Sonderlinge. Die Karnevalslieder kränken niemanden, sie bekunden weder Dünkel noch Verachtung; sie begleiten fröhliche, mit ihrem Schicksal zufriedene Menschen und sind allenfalls ein wenig spöttisch. Auf einem Wagen, der den *Canto degli acconciatori di fante* illustriert, stellen die Dienstboten-Vermittlerinnen Mägde jeden Alters und jeder Stellung zur Schau: eine, blutjung und noch zu verheiraten, soll den Zimmerdienst versehen, »und nach Ablauf von fünf Jahren soll sie ihre Brautgabe erhalten«; eine andere, die älter ist und Bescheid weiß

in der Welt, soll als Monatslohn sechs Livres und dazu ein leichtes
Hemd bekommen, »denn sie ist reinlich und sauber, und erledigt
alles im Nu; und diese, die den großen Stößel hält, bedient ihn mit
so viel Kraft und Eifer, daß vom Mörser bald ein guter Duft auf-
steigt...«

Ein *Lied der jüdischen Gäste*, ein *Lied der getauften Juden*, Lied
derer, die in der Stadt geblieben sind – lauter Gruppen, die ihre
Zufriedenheit ausdrücken, kaum einmal ihre Sorgen oder gar Ver-
bitterung darüber, daß auch einheimische Christen sich als Geld-
verleiher betätigen. Ein ausgesprochen heiteres Lied der *pescatori
veneziani*, sehr lieblich und zart, preist die Gastfreundschaft der
Florentiner und stärkt so das Ansehen einer blühenden, liebenswerten Stadt, die alle Fremden herzlich aufnimmt. Die Fischer
sprechen von ihrem Gewerbe, ihrem Geschick und beschließen
den Gesang, wie es fast immer der Fall ist, mit einer Serenade,
einem Appell an die schönen Frauen: »Doch wenn ihr Frauen es
lernen wollt, verraten wir euch gern aus Höflichkeit, wie man das
Fischen betreibt, und der Fang soll uns allen in edler Gesellschaft
ein herrliches Festmahl sein, so es nicht regnet noch stürmt.«

Keine Satire auf den Händler, weder unter moralischen noch unter
sozialen Gesichtspunkten, keine Verurteilung, nicht ein Wort gegen seinen Geiz, seine Aktivitäten, über seine vergebliche oder
lächerliche Geschäftigkeit. Den *canti* zufolge betreibt er das denkbar edelste Gewerbe, ehrenwert, hochanständig und vor allem der
Stadt außerordentlich nützlich; er ist es, der Reichtum und Prestige verschaffen kann, und der Karneval befleißigt sich, es kundzutun. Im *Canto di mercanti tornati in Firenze ricchi* begegnen
wir Handelsreisenden, die in Frankreich oder in Deutschland gewesen sind, in Flandern oder in Ungarn, manche gar in »Calicut«
oder in Spanien – Männer, die sich, stolz auf ihre Erinnerungen,
ihre Erfahrung und ihre vollen Börsen, mit lauter Stimme an die
Jugend ihrer Stadt wenden: »Vertut eure Zeit nicht mit Schlaf und
Spiel; laßt fahren die Liebe und die Gasterei... Was gibt es Schö-
neres, als die Welt zu sehn und dabei zu verdienen?« Zum Schluß
heißt es dann: »Ihr edlen Florentiner, so fähig und geschickt...
rettet uns vor den drohenden Gefahren, schickt eure Söhne hinaus, Reichtum und Ruhm zu erlangen, mehr als das Gold und die

Tugend ihnen je geben könnt.« Christen und Verteidiger des
Glaubens, rufen die Kaufleute zur Aktion gegen die Türken auf,
zum Feldzug gegen jene, die sich mit gezücktem Schwert bereit
halten, um »bei uns einzufallen«, die von den fruchtbaren Fel-
dern und den schönen Ernten träumen, die sie erobern könnten:
»O ihr guten Christen, betet zum Himmel, er möge die Könige
und die Fürsten vereinigen und uns von einer so schrecklichen
Gefahr befreien!« Dem schließt sich ein weiterer Gesang an, der
canto der Florentiner Kaufleute *che tornano alla patria*, derjenigen, die »von den äußersten Grenzen Calicuts« in die Heimat zu-
rückgekehrt sind, beladen mit Gewürzen, »die kraft ihrer brennenden Natur denen Appetit verleihn, die ihn verloren haben«;
eine Art Wunderkraut haben sie mitgebracht, außerdem Liköre,
Konfitüren und vor allem Sklaven. Die Maskerade und die Gesten kann man sich unschwer vorstellen: »Die kleinen Sklaven,
die ihr seht, sind alle zu verkaufen, sie sind willig, zu gehorchen,
gern werden sie euch zu Diensten sein, ohne zu spielen und ohne
zu lachen; und bedenkt, daß nicht einer dabei ist, der häßlich
wäre...« Auch hier endet die Vorstellung mit einem galanten
Appell: »Nur die Frauen stellen wir nie zur Schau... Wollt ihr
sie aber sehen, soll es nach eurem Willen sein; wir sind da, euch
Genüge zu tun.«

Die Handwerke: der Stolz auf die gute Arbeit

Bleiben die *canti* der Handwerke und Gewerbe, die, weit zahlreicher als alle anderen, von beruflichen Fertigkeiten und erwiese-
nen Diensten erzählen. Ein erstaunlich breites Spektrum, das ein
wunderbares Bild vom Leben der Stadt vermittelt, von den täg-
lichen Arbeiten, den kleinen Händlern, den Gesellen. In den
Sammelbänden sind diese Lieder dutzendweise enthalten, und
Olindo Guerrini trug in seinem 1863 erschienenen Werk mehr
als hundert derartiger *canti* zu einem regelrechten Katalog der
Florentiner Karnevalsprache zusammen. Alle Berufe singen von
ihren Verdiensten, und alle, selbst die geringsten, tun es in der
gleichen gefälligen Art: Fabrikanten, Trödler, Straßenunterhal-

ter, Diener, Musikanten, Amtsgehilfen. Manche berichten, daß
sie aus weiter Ferne kommen, beispielsweise die mit Wohlgerü-
chen handelnden Kaufleute aus Valencia. Andere sind großen
Gefahren ausgesetzt: Seeleute, Soldaten, Zureiter für die Pferdedressur, Rennwagenlenker, aus Deutschland stammende Söld-
ner.

Alle diese Lieder sind Jubelchöre: keine Bitterkeit, keine Satire.
Alle verfahren auf die gleiche Weise: zunächst eine Art Empfeh-
lung, meist an die Damen gerichtet, um sich vorzustellen
(»Donne, noi siamo...«); dann mehrere Strophen, um die handwerklichen Gesten zu beschreiben, die verwendeten Materialien,
die Qualität der Produkte sowie deren Nützlichkeit und Bedeutung für das Leben der Stadt (»l'arte nostra è macinere e servire
tutta gente«), zum Schluß dann der höfische oder galante, niemals
vulgäre Appell an die zuschauenden oder zuhörenden Frauen. Bekundet wird die Freude, ein angesehenes Gewerbe auszuüben, der
Stolz auf die gute Arbeit.

So bietet denn der Florentiner Karneval – weit entfernt von den
Possen, die man sich gern vorstellt, und ganz im Gegensatz zu
einer kritischen Revue der Lächerlichkeiten, Mißstände und Laster – ein friedliches Bild der selbstzufriedenen Stadt, einer Stadt,
in der jedermann glücklich ist mit seinem Los, in der jeder Gründe
hat, in einem Atemzuge Loblieder auf sich selbst und die Gemeinschaft zu singen. Man darf wohl – und ohne zu übertreiben – die
canti als Entsprechungen der großen Wandmalerei über die *Wirkungen der guten Regierung* deuten, einer Verherrlichung der
Verdienste der Machthabenden, die Ambrogio Lorenzetti für den
Palazzo Pubblico in Siena geschaffen hat. Nein, der Karneval ist
kein Fest der Verhöhnung oder des Aufbegehrens, sondern ein
Fest des sozialen und politischen Etablissements. Die religiöse
Tönung verblaßt in diesem Kontext.

Abgesehen von der bisweilen naiven Selbstgefälligkeit zeugen
manche Lieder offen von dem Wunsch, den Stolz der sozialen
Gruppe zu fördern oder Propaganda zu betreiben. Ein *canto* nennt
Florenz »die schönste Stadt unter dieser Sonne«. Der *Trionfo dei
diavoli* beklagt das Unglück derer, die in der Ferne im Exil leben
müssen: »die trostlose Höhlen bewohnen, in die kein Licht und

keine Sonne fällt, in denen ewige Finsternis herrscht«; er bedauert
das Los der Verbannten, die nicht weise, nicht klug waren, als sie
den Medici den Gehorsam verweigerten, und erteilt schamlos ge-
bieterische Ratschläge: »Stellt euch nie gegen euren Fürsten, der
sein Amt durch hohe Verdienste erworben hat... Möge unser
Leid euch als Beispiel dienen. Liebt und fürchtet den, der das Zepter trägt.« Schließlich erschallt der Ruf »Palla, Palla«, der Kriegs-
ruf der Medici, im *Canto delle Palle*, einem Lied, das ausschließlich zum Ruhme des Hauses Medici geschrieben worden war und
ursprünglich als Begleitstück der triumphalen Zeremonie anläßlich der Wahl Giovanni de' Medicis zum Papst Leo X. im Jahre
1513 gedient hatte.

Alles andere als ein Ausdruck des Aufbegehrens, erhöht das Fest
vielmehr die in Ehren respektierten Machthaber oder die an der
Macht befindlichen Körperschaften. Derart vereinnahmt, zumindest jedoch streng überwacht, verändert der Karneval gründlich
sein Gesicht, er wird gesittet und gerät zunehmend in den Sog
ästhetischer, meist allegorischer Konventionen: »... nach und
nach verläßt der alte Karneval die Straßen, um sich in Palästen
einzuschließen, und ein Konformismus im Solde der Medici tritt
an die Stelle der endgültig erloschenen volkstümlichen Begeisterung.« Nanie Bridgmann, die das Musikleben des italienischen
Quattrocento untersucht hat, fährt mit der Feststellung fort, daß
sich im gleichen Zusammenhang auch das Genre des Karnevalslie-
des transformiert, daß es sich durch die Einführung einer immer
komplexer werdenden Polyphonie vollständig verwandelt. Die
neuen Weisen verlangen mehr als die kräftige Stimme »der wak-
keren Leute, die beim Umzug auf den Wagen saßen«; man bevorzugt geschulte, erfahrene Sänger, die der erforderlichen Verbal-
akrobatik gewachsen sind. Ebenso wie das geistliche und weltliche
Theater geht auch das Karnevalslied an professionelle Künstler
über. Die neuen Lieder erzählen von den Vergnügungen der Höfe,
von Lustbarkeiten, die der Stadt und dem gewöhnlichen Volk unbekannt, ja selbst den Bürgern fremd sind: von der Falkenjagd,
von der Hunde- oder der Pferdedressur. Der Karneval, bislang Parade, Schauspiel, eine Stütze der Macht und ein Mittel zu Lektionen der Weisheit, bietet neue Vorbilder und Modelle an, die zu-

nehmend feinsinniger werden: Die schwungvollen Ansätze der ersten Zeit, die wirklich volkstümlichen Themen werden zugunsten der Interessen der Mächtigen und ihrer Institutionen vereinnahmt oder vergessen. Der Karneval ist kein *Narrenfest* mehr, sondern ein Fest der Weisen, der Verdienstvollen und häufig ein Fest des Hofes – ein aristokratisches Fest jedenfalls.

Schluß

Es ist niemals leicht, ein Element der Zivilisation, eine Form des kollektiven Ausdrucks im Verhältnis zu ihren historischen Vorgängern richtig zu bestimmen. Das gilt für das Narrenfest, es gilt aber auch für den Karneval. Während wir uns im Gefolge mehrerer Generationen von Historikern und Pädagogen daran gewöhnt haben, in meist leichtfertiger Manier von einem klaren Einschnitt zwischen der Zeit des alten Rom und dem »Mittelalter« zu sprechen, geben zahlreiche Autoren als Ursprung und Quelle der Feste eine in uralte Zeiten zurückreichende Erinnerung an heidnische Gebräuche an. Was man der Ökonomie oder der Gesellschaft verweigert, wird dem Fest ohne weiteres zugestanden: Man erinnert an die Saturnalien und die Bacchanalien, an die Maiumgänge und den Cereskult, an die Frühlingsfeiern und das Mittsommerfest. Man verweist auf die übereinstimmenden Daten im Festkreis des Jahres, auf die Gleichheit der Themen, auf die Ähnlichkeit der Masken und Vermummungen, der Symbole und der Bräuche.

Diese Art der geschichtlichen Betrachtung kam im 17. und 18. Jahrhundert in den Predigten der Reformatoren zum Ausdruck, ebenso in den Konzils- oder Synodalerlässen, in den Warnungen der Bischöfe und den Urteilen der Sittenrichter. Die Haltung dieser Männer ist leicht zu erklären: Die schlechten Sitten der Kleriker und der Gläubigen, die Exzesse, die Selbstgefälligkeiten und die derben Äußerungen konnten nur Überreste des Heidentums, der überspannten Kult- und Frömmigkeitspraktiken früherer Epochen sein; die Gläubigen und ihre Hirten hatten immer noch nicht von diesen verabscheuungswürdigen kollektiven Gebräuchen abgelassen, sie hatten sich noch nicht von den Glaubensvorstellungen ihrer Ahnen und den traditionellen Gesten befreit, man mußte sie also lehren, Gott zu dienen, die Kirche dem Gottesdienst vorzubehalten. Eine Kampfposition also, ein guter

Grund, die Evangelisierung fortzusetzen, ein Anreiz, nüchternere religiöse Praktiken und Frömmigkeitsformen zu fördern. Der ständig wiederholte Hinweis auf heidnische Sitten diente den Reformatoren als Waffe, als Argument.

Heutzutage weist eine ganz anders begründete Position, die mit der Entscheidung für einen bestimmten Ansatz der Forschung und der Interpretation verbunden ist, in die gleiche Richtung. Sie besteht darin, die einzelnen Bestandteile eines Volksbrauchs zu definieren und diese dann mit Merkmalen der fernen Vergangenheit oder gar denen räumlich weit entfernter Länder in Zusammenhang zu bringen. Dieser Ansatz liefert in Hinsicht auf volkstümliche Veranstaltungen, Gebräuche, Spiele, soziale Traditionen und sogar bestimmte Formen des künstlerischen Ausdrucks immer wieder Untersuchungen, in denen die jeweiligen Praktiken und Themen beschrieben und analysiert werden, ohne ihre zeitlichen Bezüge ausreichend zu berücksichtigen; statt dessen werden Argumente oder übereinstimmende Merkmale gesammelt, die geeignet sind, einen gleichsam unbeweglichen fundamentalen Volksbrauch zu hypostasieren, der die Jahrhunderte zu überleben fähig sei.

Dabei handelt es sich entweder um Bücher, die sich unter einem eher »ethnologischen«, »folkloristischen« Gesichtspunkt mit dem Fest beschäftigen, es in einzelne Elemente zerlegen, ohne seine chronologische Entwicklung wirklich zu beachten, und die manchmal mit ständigen Hinweisen auf Spiele, die heute noch gängig sind, die des Mittelalters zu erhellen trachten. Ein solches Verfahren, das der Beobachtung der Gegenwart den Vortritt läßt, ist offensichtlich eine allzu billige Lösung, da es weder den politischen noch den sozialen Kontext ernst nimmt und die prägenden Einflüsse, denen jeder Ausdruck des kollektiven Lebens zwangsläufig in jeder Epoche ausgesetzt ist, verwischt.

Oder es handelt sich um Bücher, deren Autoren zwar eine historische Betrachtungsweise pflegen, indem sie das Fest – das Narrenfest oder den Karneval – in einem genau definierten Augenblick der Geschichte beschreiben und seine politischen oder sozialen Implikationen herausarbeiten, die sich aber bei der Interpretation der eigentlichen Spiele, der Masken und der Symbole auf den über

tausend Jahre alten Fundus antiker Quellen berufen. An sich ist
dieses Verfahren durchaus beachtenswert. Was stört, ist seine
Übertreibung und systematische Anwendung, die Zeitverständnis
vermissen läßt. Es steht außer Frage, daß die mündlichen Überlieferungen, das kollektive Gedächtnis Erinnerungen an sehr alte
Praktiken und Äußerungsformen lange aufbewahren, vielleicht
länger als Bücher; aber sie tun es auf eine oft oberflächliche Weise,
indem sie nur die Geste oder den Dekor festhalten, während die
Bedeutung verlorengeht. Wie dem auch sei, jede Generation
drückt den Dingen ihren Stempel auf. Eine Bauernmaske aus dem
15. Jahrhundert spiegelt nicht die rohen und feindlichen Kräfte
der Natur, vielmehr bezeugt sich in ihr weit eher die Verachtung
der Städter für die ungepflegten, ungeschlachten Tölpel vom
Lande. Ähnlich verhält es sich mit jeder Darstellung, mit Kostümen und Figuren, die stets im Kontext der gegebenen Moden
und der Zeichen des Augenblicks zu interpretieren sind.
Daß man hier und dort, von einem Jahrhundert zum anderen, auf
Übereinstimmung und Verwandtschaften stößt, ist nicht verwunderlich: Alles in allem hält das Repertoire der Themen sich in
Grenzen. Doch auf die Spitze getrieben, führt das Spiel der Annä-
herungen und Vergleiche nur noch zu Feststellungen, die man sich
ebensogut schenken könnte. Der Mann, der sich hinter der Maske
des Nürnberger Karnevals von 1480 verbirgt, denkt gewiß nicht
an die Mythen der germanischen Volksbräuche; er lebt in seiner
Zeit, seiner Gesellschaft, seiner Religion.
Der Tradition des 19. Jahrhunderts folgend, haben viele Autoren
den religiösen Charakter der »mittelalterlichen« Feste des Winters
und der Vorfastenzeit vergessen. Und doch sind diese Feierlichkeiten – zumindest ihrem Ursprung nach – eng mit dem christlichen
Kalender, mit den Riten des Gottesdienstes verknüpft, unmittelbar angeregt von jenen Festen, die in den Kirchen und im Chor der
Kathedralen gefeiert wurden: Eselsfeste, Feste der Unschuldigen
Kinder, die in erster Linie Klerikerfeste sind. Daß sich ihnen vielfach profane Elemente beimischen, daß die festlichen Veranstaltungen auf der Straße das ursprüngliche Erscheinungsbild bis hin
zu ungebührlichen Narrheiten und wilden Umzügen verändern,
steht außer Zweifel; aber die Bezüge bleiben überwiegend religiös,

und der Klerus nimmt jedenfalls an den Winterfesten regelmäßig
teil, ja er hält sich für deren verantwortlichen Organisator. Viele
Gesten und Symbole, Masken und Verkleidungen, alles, was unmittelbar mit den Narren zu tun hat, kommt von den liturgischen
Riten und den Gottesdiensten, den *Mysterien* und den *Mirakeln*.
Freilich gibt es eine zeitliche Übereinstimmung mit dem Festka-
lender der Jahreszeiten, sicherlich sind Reminszenzen am Werk,
aber von der getreuen Reproduktion eines unbeweglichen antiken
Modells kann keine Rede sein.

Die Erklärung des Charakters dieser volkstümlichen Vergnügungen innerhalb und außerhalb der Kirche gebietet daher eine Analyse der Reaktionen, die angesichts der zunächst auf den Chor und
den Kreuzgang beschränkten Spiele, die zum Vorwand für das
närrische Treiben der Massen geworden sind, innerhalb der Kirche
selbst, bei ihren Obrigkeiten und ihren Lehrern, ausgelöst wurden.

Das fröhliche Fest der Narren, ein wilder, recht zügelloser Umzug
ohne festen Leitfaden, verblaßt schließlich vor dem Erfolg der sehr
viel besser organisierten und »durchdachten« Zerstreuungen des
Karnevals. Dieser wiederum, von Anfang an in der Regie verschiedener sozialer Gruppen der Stadt, dient, im äußersten Falle,
der Vermittlung von Lektionen politischer und berufsbezogener
Klugheit. Unter dem Aspekt der kollektiven Reaktionen und ihrer
psychologischen Hintergründe, unter dem Gesichtspunkt der gesellschaftlichen Partizipation erscheint der aus den liturgischen
Zeremonien in der Kathedrale und aus den Tänzen der jungen
Chorgeistlichen hervorgegangene Zyklus der winterlichen Defilees und Umzüge eindeutig als der volkstümlichere von beiden.
Der Karneval, ein eher weltliches Fest, ist von dem Versuch der
Mächtigen geprägt, die Stadt durch das Fest zu regieren, von
einem aristokratischen Anspruch, der zur Schau gestellt wird und
in der Themenwahl der Darstellungen zum Ausdruck kommt, geprägt von dem Abglanz einer vergleichsweise elitären, höfischen,
fürstlichen und humanistischen Kultur.

Was das Narrenfest betrifft, so ergibt sich ein klares Bild all der
Probleme, die angesichts der ursprünglich von Kinderscherzen,
von den Belustigungen der Chorknaben und kleinen Kleriker an-

geregten Ausschweifungen und Ungebührlichkeiten hervortreten. Immer wieder stoßen wir auf den Konflikt oder zumindest auf den fortwährenden Gegensatz zwischen den oft kindlichen, spontanen und unüberlegten »volkstümlichen« Praktiken, die sich zunächst im Chor der Kathedrale und später dann auf der Straße entfalteten, und den ganz andersgearteten Praktiken, denen die Vertreter einer Sittenreform des geistlichen Standes oder, allgemeiner gesagt, die kirchlichen Autoritäten im Namen einer von weltlichen Einflüssen befreiten, spirituellen Religion Geltung zu verschaffen suchten. Das heißt, auf der einen Seite stehen die kleinen Kleriker und einige auf die Wahrung ihrer Privilegien und Vorrechte in der Stadt bedachte Kanoniker, denen das Fest Gelegenheit gibt, öffentlich auf sich aufmerksam zu machen und die eigene Bedeutung zu unterstreichen; auf der anderen Seite finden wir die Bischöfe und die Synoden, die eine strengere Ordnung durchsetzen wollen und sich bemühen, ihre Welt besser in den Griff zu bekommen. Der Konflikt selbst ist ein Moment im Kampf zwischen dem Bischof und seinem Kapitel. Die Narrenfeste, von den Reformatoren heftig angegriffen und den nach der Reform des 16. Jahrhunderts entstandenen Kirchen natürlich unbekannt, wurden gemeinsam mit einer Reihe anderer Ausdrucksformen, die keine scharfe Trennung zwischen dem Sakralen und dem Profanen machten, in den Dekreten der Konzilien regelmäßig verdammt, bis sie nach und nach, namentlich im 17. Jahrhundert, entweder verschwanden oder, auf ein paar symbolische Gesten beschränkt, außer Gebrauch kamen.

Im Hinblick auf den Karneval, ein urbanes, in die städtische Ordnung eingegliedertes Fest, das der Initiative der Ratsherren oder der weltlichen Narrengesellschaften zu verdanken war und von der einen oder anderen berufsständischen Vereinigung unterstützt wurde, stellte sich das Problem freilich in anderer Weise. Beim Karneval traten die Kleriker nicht in Erscheinung; es ging also nicht darum, ihre Späße zu zähmen, ihre leicht zur Unehrerbietigkeit neigenden Gesten und Worte zu überwachen. Der Skandal bestand vielmehr in der öffentlichen Unordnung, in liederlichen Spielen, in Satiren, die alle Regeln des guten Geschmacks verletzten. Der regelmäßig am Fetten Dienstag veranstaltete Um-

zug mit seinen Tänzern und seinen Masken, seinen satirischen
Gruppenbildern, die auf Schlitten durch die Straßen gezogen wurden, und vor allem mit den Wagen, auf denen der schwarzgeklei-
dete, groteske, wichtigtuerische Doktor oft an vorderster Stelle
stand, wurde im 15. Jahrhundert ebenfalls von den starrsinnigen
Sittenrichtern und Moralisten verdammt, die von ihren Kanzeln
und Lehrstühlen aus gegen die Späße und Freizügigkeiten der
Vorfastenzeit eiferten. Es kam vor, daß der Konflikt nach einem
schwerwiegenden Zwischenfall durch das Verbot sämtlicher Straßenvergnügungen beendet wurde, so etwa in Nürnberg. Doch in
den meisten Fällen verliert das Spiel, von strenger Hand geführt,
nur an Schärfe und Lebendigkeit und nimmt statt dessen »gesit-
tete«, belehrende, wenn nicht gar erbauliche Züge an. Die *Triumphe* besingen den ungetrübten Glanz in Italien, und in Deutschland spiegelt das *Fastnachtspiel* im großen und ganzen durchaus
traditionelle, brave Inspirationen wider.
Der Versuch, ein »mittelalterliches« Narrenfest einem »modernen« Karnevalsfest gegenüberzustellen, anhand der zu diesen Gelegenheiten veranstalteten Spiele zwei Epochen, zwei Arten der
Zivilisation miteinander vergleichen zu wollen, wäre ein reiner
Kunstgriff. Das Fest der Kleriker bleibt – zumindest in Nordfrankreich – bis in die ersten Jahrzehnte des 17. Jahrhunderts bestehen,
und der Karneval reicht mit seinen Wurzeln – etwa in Italien, aber
auch in Deutschland – sehr weit in die Vergangenheit zurück,
orientiert sich an oft alten Volksfesten und ist jedenfalls sowohl in
Rom als auch in anderen großen Städten schon ab Anfang des
14. Jahrhunderts fest etabliert. Das macht jede noch so feine Trennung zwischen der Epoche des »Mittelalters« und den vage definierten, zeitlich unscharf abgegrenzten Jahrhunderten der »Renaissance« für die Untersuchung dieser Feste sowie für jede andere
ernsthafte Erforschung der Formen der Zivilisation und des gesellschaftlichen oder politischen Lebens fragwürdig, bodenlos. Der
Begriff des »mittelalterlichen« Festes ist ein Phantom.
Der chronologische Unterschied liegt natürlich auf der Hand: Die
großen Fastnachtsumzüge setzen sich später durch als die bunten
Straßenvergnügungen des Narrenfestes. Gleichwohl treten sie
lange vor der üblichen Zäsur des 15. oder 16. Jahrhunderts auf.

Die Erklärung muß also anderswo gesucht werden als in dem schlichten Wechsel der Epochen, der Zivilisationen – eine Vorstellung, die, nebenbei gesagt, ohnehin als mythisch erscheint.

Auch die vorliegende Untersuchung bleibt, was die Chronologie und die Geographie der Feste betrifft, sehr summarisch und bedürfte mannigfacher Ergänzungen oder Klarstellungen. Oft fehlen die einzelnen Elemente; andererseits wäre es wohl müßig, für jede Region oder jede Stadt sämtliche Zeichen und Zeugnisse aufzuzählen, was zusätzliche, langwierige Forschungsarbeiten voraussetzte. Und selbst bei einem derartigen Aufwand blieben die Ergebnisse wegen der Armut und Ungleichheit der Quellen im Detail prekär. Dieses Problem stellt sich, wie wir wissen, bei jedem Aspekt der damaligen Zivilisation: verstreute oder verschwundene Urkunden, lückenhafte Serien, Chronisten, die mehr oder minder erzählfreudig und zuverlässig sind. Jede chronologische Tafel, jede Geographie des Spiels und seiner Äußerungsformen ergäbe ein skelettartiges, künstlich zusammengesetztes Schema, das mehr weiße Flecken als gesicherte Daten enthielte, das mehr über die Belesenheit der Autoren verriete als über die Realität der damaligen Zeit.

Im übrigen macht sich alles an Nuancen fest. Von französischen, deutschen oder italienischen Zivilisationen zu sprechen, Unterscheidungen zwischen großen biographischen, ethnischen oder linguistischen Einheiten zu treffen, liefe nicht nur auf Willkür, sondern auch auf die Bestätigung der Existenz einer »mittelalterlichen« Zivilisation hinaus. Das einzige, was man erkennen kann, wenn man sich vorsichtig an Überblicke hält, sind einige nicht sonderlich krasse Unterscheidungsmerkmale. Um einige wenige Eigentümlichkeiten hervorzuheben: Es scheint beispielsweise die Entwicklung in Frankreich so zu verlaufen, daß sich im Bereich der Krondomäne und in den Fürstentümern von Anjou, Orléans und Berry eine unangefochtene Macht der zahlreichen Kathedralkapitel herausbildet, daß sich in den Gemeinschaften der Kathedralkanoniker Männer aus bedeutenden Familien versammeln, Besitzer von Ländereien und Grundherrschaften, die in der Stadt erheblichen Einfluß haben. Eine Situation, die fundamental verschieden ist von der in England, wo die Chöre und die Messen der großen Kathedralkirchen oft nicht von Weltgeistlichen bedient wurden, sondern von Mönchen, die der Regel ihres Klosters unterworfen waren (etwa bei den Benediktinern der Christ Church in Canterbury). Diese Regulargemeinschaften stellten sich ganz anders dar, orientierten sich nicht an den gleichen Hierarchien: niedere Kleriker oder Chorknaben gab es kaum oder gar nicht. Mit Sicherheit liefen auch die Gottesdienste anders ab, und man darf annehmen, daß die Mönche nicht leicht bereit waren, Inventionen oder Extravaganzen in den Liturgien der Winterfeste zu dulden. In ihren Kirchen wird es daher am Tag der heiligen Unschuldigen Kinder kaum zu einer Umkehrung der Machtpositionen und sozialen Ränge gekommen sein, ja nicht einmal dazu, Eselsfeste und Klerikertänze überhaupt zu entwickeln.

Bei diesem Beispiel, das sich auf Frankreich und England bezieht, spielen offenbar die Unterschiede in der Beschaffenheit und Struktur der für den Gottesdienst, die Messen und die Leitung der großen Kirche zuständigen Gruppe eine entscheidende Rolle. Anderswo würde man zur Analyse anderer Nuancen eher auf das stärkere Gewicht der Hierarchie oder schlicht auf die leichter greifbaren Unterschiede in den Gewohnheiten und Praktiken oder im Gesamtverhalten der Gläubigen verweisen, kurz, auf eine andere Entwicklung der Religion und ihrer kollektiven Handlungen. Wie wir wissen, hat das Narrenfest oder das Fest der Unschuldigen Kinder in Italien mit Sicherheit nicht die gleichen Freiheiten und Aufmüpfigkeiten hervorgebracht wie in Spanien oder in Deutschland. Die Konzilien, die sich gegen diese für unheilvoll und unwürdig erachteten Vergnügungen oder Zerstreuungen erhoben, waren solche, die in Nordfrankreich, in West- und Süddeutschland und in Kastilien zusammentraten. Was die italienischen Städte angeht, so steht zu vermuten, daß die Bischöfe ihrer Autorität nachdrücklicher Geltung verschafften, daß die Kollegiatkirchen und selbst die Kathedralen keine Möglichkeit hatten, aufzubegehren oder ihre eigene Macht in die Waagschale zu werfen; der Bischof, der fast immer gute Beziehungen zu vermögenden und einflußreichen Familien unterhielt, hatte die Stadt und seinen *contado* fest in der Hand; es gab mehr Diözesen als in Frankreich, und die Kathedralen in Kleinstädten verfügten lediglich über unscheinbare Kapitel mit wenigen Mitgliedern. Vor allem jedoch trat die Stadt mit ihren Magistraten oder Räten bei öffentlichen Veranstaltungen und Festen sehr früh als Rivalin oder ergänzende Partnerin der Kathedrale auf: Die Feste, die hier gefeiert wurden, waren profane Feste, bestimmt von einer starken, oft volkstümlichen Tradition, Feste, die den religiösen Riten wenig zu verdanken hatten, die sich nicht oder nur sehr selten als Fortsetzung der kirchlichen Feiern verstanden. Nirgendwo anders hatten und bewahrten die kriegerischen Spiele, die Wettkämpfe zwischen Stadtvierteln (Rennen, Ballspiele), die Defilees und Umzüge eine solche Bedeutung wie in den Städten Italiens. Der öffentliche Platz, der Platz der *Signoria*, des *Popolo* oder der *Commune*, ein Ort der Prachtentfaltung und der Festlichkeiten, spielte eine größere Rolle als der oft winzige, in ein dichtes städtisches Straßennetz eingefügte Kirchhof; so beispielsweise in Siena und in Florenz. In Pisa lagen die zur Kathedrale gehörigen Gebäude, die Kirche selbst, das Baptisterium und der Kampanile an den äußersten Rändern der Stadt, am Fuß der Festungsmauer, weit entfernt vom aktiven Zentrum.

Eine ähnliche Entwicklung zeigte sich – allerdings später, ab der zweiten Hälfte des 13. Jahrhunderts – in den Städten von Nordfrankreich und Flandern, wo parallel zu den erst berufsständischen, dann politischen Institutionen, parallel zu den Hansen der Tuchhändler und ihren Lagerhallen zahlreiche fröhliche, närrische oder spielerische Bruderschaften entstanden, die das ganze Jahr über für die Feste verantwortlich waren. Eine Stadt wie Lyon feierte das Narrenfest ebenso glanzvoll wie die Turniere oder Stechkämpfe der *Fête de l'Epinette*. Ähnlich war es in Deutschland, wo die Städte um 1300 sichtlich erstarkten, regiert von einer Handels- und Geldaristokratie, die immer reicher wurde – insgesamt ein städtisches Milieu, das in der Literatur und der Kunst außerordentlich lebendige Entwürfe hervorbrachte, eine Kultur, die zwar von Traditionen zehrte, aber dennoch nach eigenen Ausdrucksformen suchte, wie etwa im Fall der Meistersinger und ihrer Schulen, die als zentrale Stätten des Unterrichts, des schöpferischen Lebens und des Wettbewerbs galten und deren Ruhm weit über die Grenzen ihres Bezirks hinausging.

Die im Rahmen des Karnevals mit dem Fest verbundenen Dichtungen und satirischen Spiele, die Possen und Farcen zählten zweifellos zu den höchstentwickelten Formen der städtischen Zivilisation. In Flandern und im Artois – mit der *Bruderschaft der Spielleute* und dem *Puy* von Arras – waren es die von den religiösen und berufsständischen Gesellschaften organisierten Schauspiele und Wettkämpfe. In Deutschland und in Österreich erfreuten sich die *Meistersinger* – Erben der früheren Meister kirchlicher Singschulen – derartiger Beliebtheit, daß ihre Neigungen, ihre Inspirationsquellen und bald auch ihre Tradition allenthalben Beachtung und Widerhall fanden. Die großen Feste, die in den Städten begangen wurden, haben ihnen viel zu verdanken; sie gediehen durch die Unterstützung der größten Meister, die in ihnen eine Gelegenheit und ein Mittel erblickten, ihr Renommee zu festigen und ihren Ruhm zu mehren, sich jedenfalls zur Geltung zu bringen. Danach kam keine rechte Spontaneität mehr auf: Umzüge und Darstellungen wurden an Interessen gebunden. Die Fürsten in Italien bedienten sich der Feste in der gleichen Weise.

Der Übergang von einem Fest zum anderen, die jeweilige Entwicklung, die Wahl der Themen und der allgemeine Ton lassen sich nicht allein und nicht hauptsächlich aus kulturellen Fakten oder spontanen Phänomenen erklären. Das Fest, welches es auch sein mag, zeugt auch von politischen Besorgnissen und Absichten, von den gesellschaftlichen Kräfteverhältnissen: Im Narrenfest spiegelt sich der Machtkonflikt zwischen dem Bischof und seinem Kapitel innerhalb des Klerus; der Karneval offenbart das Kräfteverhältnis zwischen den sozialen Gruppen der Stadt, der Regierung, dem Fürsten und den Räten. Zunächst nur ein Spiel, gerät das Fest zwangsläufig zu einer Lektion in Bürgersinn und Gehorsam. Das einzige, was es dabei gewinnt, ist dem Wunsch zu verdanken, den festlichen Prunk in die Nachwelt eingehen zu lassen: die Herstellung wirklicher »Kunstwerke«, denen ein Entwurf zugrunde liegt, Kunstwerke jener Art, wie sie in Schriften und Gemälden gern wiedergegeben und überliefert werden.

Literaturverzeichnis

Aubry, Pierre, *La musique et les musiciens d'église en Normandie au XIII*^e *siècle*, Paris 1906.

Baleztena Abarrategui, J., *El Rey de la Faba*, Pampelune, o. J.

Bedier, J., »Les plus anciennes danses françaises«, in: *Revue des Deux Mondes*, 1906.

Belmont, N., »Le joli mois de mai«, in: *L'Histoire*, 1978.

Berger, Roger, *Le nécrologe de la confrérie des jongleurs et des bourgeois d'Arras, 1194–1361*, Arras 1970.

–, *Littérature et société arrageoises au XIII*^e *siècle. Les chansons et dit artésiens*, Arras 1981.

Bernheimer, Richard, *Wild Men in the Middle Ages*, Cambridge 1952.

Boiteux, M., »Les Juifs dans le Carnaval de la Rome moderne, XVe–XVIIIe siècles«, in: *Mélanges de l'Ecole française de Rome. Moyen Age et Temps moderne*, 1976.

Bourquelot, F., *Arrêt du Parlement de Paris relatif à la Fête des Innocents dans la ville de Tournai en 1499*, Bibliothèque de l'Ecole des Chartes, 1841–1842.

Boutiot, Th., *Histoire de la ville de Troyes et de la Champagne méridionale*, 1870–1880, Bd. 3.

Bouton, A., *Le Maine, histoire économique et sociale. XIVe, XVe et XVIe siècles*, Le Mans 1970.

Braekman, M., »La dansomanie de 1374: hérésie ou maladie?«, in: *Revue du Nord*, 1981.

Brant, Sebastian, *Das Narrenschiff*, übertragen von H. A. Junghans, Stuttgart 1964, franz.: *La Nef des fous*, übersetzt von M. Horst, Straßburg.

Brassart, F., *Fêtes communales à Douai depuis les temps les plus reculés jusqu'à nos jours*, Paris–Douai, 1869.

Bridgemann, Nanie, *La vie musicale au Quattrocento*, Paris 1960.

Burguière, M.-Cl., *L'Aristocratie et les fêtes à la fin du Moyen Age: Flandre, Artois, Picardie, Hainaut, Brabant, Namurois, Cambrésis*. Mémoire, Universität Paris IV, 1977.

Canel, A., *Recherches historiques sur les fous des Rois de France et accessoirement sur l'emploi du fou en général*, Paris 1873.

Caro Baroja, Julio, *El Carnaval*, Madrid 1979.

Castan, A., »Le forum de Vesontio et la Fête des fous à Besançon«, in: *Mémoires de la Société d'Emulation du Doubs*, Besançon 1877.

–, »Les origines du Festin des Rois à Besançon«, in: *Mémoires de la Société d'Emulation du Doubs*, Besançon 1878.

Catholy, Eckehard, *Fastnachspiele*, Stuttgart 1966.

Cattanès, H., *Les »Fastnachtspiele« de Hans Sachs*, Smith College Studies in modern Languages, I. IV., Northampton (Mass.)–Paris 1923.

Champolion-Figeac, A.-L., *Documents inédits tirés des collections manuscrites de la Bibliothèque royale et des archives ou des bibliothèques des départements*, Paris 1841–1848, Bd. 4.

Chartrou, J., *Les Entrées solennelles et triomphales à la Renaissance*, Paris 1928.

Cherest, A., »Nouvelles remarques sur la Fête des Innocents et la Fête des fous«, in: *Bulletin de la Socièête des Sciences historiques et naturelles de 'Yonne*, Auxerre 1853.

Clément-Hémery, *Histoire des fêtes civiles et religieuses en Flandres*, Avesnes 1845.

Clementi, F., *Il Carnevale romano nelle cronache contemporanee*, Città di Castello 1939.

Cloulas, I., *Laurent le Magnifique*, Paris 1982.

Corvisier, A., »Une société ludique aux XIIIe–XVIe siècles: l'Abbaye des Conards de Rouen«, in: *Annales de Normandie*, 1977.

Couderc, C., »L'Entrée solenelle de Louis XI à Paris«, in: *Mémoires de la Société de l'histoire de Paris et de l'Ile-de-France*, 1896.

Coulet, N., »La place des Juifs dans les cérémonies d'Entrées solennelles au Moyen Age«, in: *Annales. Economies. Sociétés. Civilisations*, 1979.

Cox, Harvey, *The feast of fools*, Cambridge 1969, dt.: *Das Fest der Narren*, Stuttgart 1970.

Dacheux, L., *Un réformateur catholique à la fin du XVe siècle, Jean Geiler de Kaysersberg*, Paris 1876.

Davis, N. Zemon, »The reasons of misrule: Youth groups and charivaris in sixteenth-century France«, in: *Past and Present*, 1971.

Denaux, A., *Les sociétés badines, bachiques, littéraires et chantantes, leur histoire, leurs travaux*, Paris 1867.

Desportes, Pierre, *Reims et les Rémois aux XIIIe et XIVe siècles*, Paris 1979.

Diobach-Rojdestvensky, O., *La poésie des Goliards*, Paris 1931.

Donovan, Richard B., *The liturgical drama in medieval Spain*, Toronto 1958.

Fabre, A., *Etude historique sur les clercs de la Bazoche*, Paris 1856.

–, *Les clercs du Palais*, Lyon 1875.

Fahne, Anton, *Der Carneval mit Rücksicht auf verwandte Erscheinungen. Ein Beitrag zur Kirchen- und Sittengeschichte*, Wiesbaden 1972.

Floegel, Karl Friedrich, *Geschichte des Grotesk-Komischen*, Leipzig 1788.

Floquet, A., *Histoire des Conards de Rouen*, Bibliothèque de l'Ecole des Chartes, 1839–1840.

Fouret, Cl., »La violence en fête: la course de l'Epinette à la fin du Moyen Age«, in: *Revue du Nord*, 1981.

Gaignebet, C., »Le combat de Carnaval et de Carême«, in: *Annales. Economies. Sociétés. Civilisations*, 1972.

Gaste, A., »Les drames liturgiques de la cathédrale de Rouen«, in: *Revue catholique de Normandie*, 1892.

Gauvard, Cl., und Gokel, A., »Le charivari au Moyen Age«, in: *Annales. Economies. Sociétés. Civilisations*, 1974.

Gazeau, A., *Les Bouffons*, Paris 1882.

Gougaud, L., »La danse dans les églises«, in: *Revue ecclésiastique*, 1914.

Grinberg, M., »Carnaval et société urbaine. XIVᵉ–XVIᵉ siècles: le royaume dans la ville«, in: *Ethnologie française*, 1974.

Gruenanger, Carlo, *La litteratura tedesca medievale*, Mailand 1967.

Guenée, Bernard, und Lehoux, Françoise, *Les Entrées royales françaises de 1328 à 1515*, Paris 1968.

Guery, Abbé, »La Fête des fous au Moyen Age en Normandie«, in: *Recueil des travaux de la Société libre d'agriculture, sciences et arts de l'Eure*, 1917.

Guglielmi, N., »El Status del loco y de la locura en el siglo XII. A proposito de dos escenas romànicos (Parma-Alnay«), in: *Anales de historia antigua y medieval*, Buenos Aires 1972.

Halkin, L., »La maison des Bons Enfants de Liège«, in: *Bulletin de l'Institut archéologique liégeois*, 1940.

Harvey, H. G., *The theatre of the Basoche*, Cambridge 1941.

Heers, Jacques, *Fêtes, jeux et joutes dans les sociétés médiévales d'Occident*, Montreal–Paris 1971.

Huard, G., *A propos du Titivillus*, Bibliothèque de l'Ecole des Chartes, 1947–1948.

Hunninger, Benjamin, *The origin of the theatre. An essai*, Den Haag 1955.

Hurault, Abbé, *La cathédrale de Chalons au XIIIᵉ siècle*, Chalons-sur-Marne 1907.

Jacquot, Jean, *Les fêtes de la Renaissance*, Paris 1956.

Jourdan, J., *Joutes et tournois en France à la fin du Moyen Age*, Doktorarbeit, Universität Paris IV, 1981.

Jusserand, J. J., *Histoire littéraire du peuple anglais, des origines à la Renaissance*, Paris 1896.

Lafons Melicoq, A. de, »Les rois de la fève, les fous en titre d'office et de chapelle, les joueurs de farce et les momeurs de l'Hôtel de Philippe le Bon, duc de Bourgogne«, in: *Messager des Sciences Historiques de Belgique*, 1910.

Lanson, Y., *Recherches sur l'Office de l'Aumône du chapitre cathédral de Cambrai. XVᵉ siècle*, Mémoire, Universität Paris X, 1973.

Ledieu, A., »Le roi des grandes écoles d'Abbeville au XVᵉ siècle, in: *Bulletin philologique et historique du Comité des travaux historiques*, 1902.

Lefébure, P., *L'évêque des fous et la fête des Innocents à Lille aux XIVᵉ et XVᵉ siècles*, Lille 1902.

Lefebvre, Joël, *Les fols et la folie: étude sur les genres du comique et la création littéraire en Allemagne pendant la Renaissance*, Paris 1968.

Le Roy Ladurie, Emmanuel, *Le Carnaval de Romans*, Paris 1979, dt.: *Karneval in Romans*, Stuttgart 1982.

Lozinski, Grégoire (Hrsg.), *La bataille de Caresme et de Charnage*, Paris 1933.

Luce, S., *Les clercs vagabonds à Paris et dans l'Ile-de-France sous Louis XI*, Nogent-le-Rotrou 1878.

Lussky, G. F., »The structure of Hans Sachs' Fastnachtspiele in relation to their place of performance«, in: *The journal of english and germanic philology*, 1927.

Manzoni, L. (Hrsg.), *Libro di Carnevale dei secoli XV–XVI. Scelta di curiosità litteraria inedite o rare*, Bologna 1881.

Masson, P. M., *Chants de carnaval florentins*, Paris 1913.

Mead, W. E., *The english medieval Feast*, London 1967.

Méchin, Colette, *Saint-Nicolas*, Paris 1978, dt.: *Sankt Nikolaus*, Saarbrücken 1982.

Medici, Lorenzo de', *Textes*, Paris 1947.

Ménard, Philippe, *Le rire et le sourire dans le roman courtois (1150–1250)*, Genf 1969.

–, »Les fous dans la société médiévale: le témoignage de la littérature au XIIᵉ et au XIIIᵉ siècles«, in: *Romania*, 1977.

Menestrier, C. F., *Des ballets anciens et modernes*, Paris 1682.

Millin, A.-L., *Monuments antiques inédits ou nouvellement expliqués*, Paris 1802–1806, Bd. 2.

Moreau de Tours, P., *Fous et Bouffons: étude physiologique, psychologique et historique*, Paris 1885.

Ortigue, J. d', *Dictionnaire de plain-chant*, Paris 1860.

Pansier, Pierre, *Théâtre populaire d'Avignon*, Marseille 1973.

Parent, P., und Bouchay, O., *Fêtes médiévales en Flandre wallone*, Lille 1952.

Paulin, P., *Etudes sur l'ordre canonial ou ordre des chanoines réguliers*, Avignon 1885.

Pilot de Thorey, J. J. A., *Usages, fêtes et coutumes en Dauphiné*, Grenoble 1885, Bd. 1.

Plaisse, A. und S., *La vie municipale à Evreux pendant la guerre de Cent Ans*, Evreux 1978.

Poirion, Daniel, *Le Poète et le Prince*, Paris 1965.

Raby, Frederic James Edward, *The Oxford book of medieval latin verse*, Oxford 1959.

Robert, U., *Les signes d'infamie au Moyen Age*, Paris 1891.

Ronnales, G., »Le théâtre à Montferrand au Moyen Age«, in: *Le Moyen Age*, 1979.

Rossiaud, J., »Fraternités de jeunesse et niveaux de culture dans les villes du Sud-Est à la fin du Moyen Age«, in: *Cahiers d'histoire*, 1976.

Rubys, Cl. de, *Histoire véritable de la ville de Lyon*, Lyon 1604.

Rudwin, M. J., »The origin of the german carnival comedy«, in: *The journal of english and germanic philology*, 1919.

Sahlin, Margit, *Etude sur la Carole médiévale*, Upsala 1940.

Sapori, A., »Un Fiorentino bizarro alla corte di Borgogna: Scaglia Tifi«, in: *Archivio storico italiano*, 1931.

Singleton, Ch. S., *Nuovi Canti carnascialeschi del rinascimento*, Rom 1940.

Sumberg, Samuel Leslie, *The Nuremberg Schembart Carnival*, New York 1941.

Swain, B., *Fools and folly during the Middle Ages and the Renaissance*, New York 1932.

Taillepied, N., *Recueil des antiquités et singularités de la ville de Rouen*, Rouen 1587.

Thiers (Abbé J. B.), *Traité des jeux et des divertissements qui peuvent être permis ou qui doivent être défendus aux Chrétiens selon les règles de l'Eglise et le sentiment des Pères*, Paris 1686.

Thompson, E. M., »Le charivari anglais«, in: *Annales, E. S. C.*, 1972.

Tillot, M. du, *Mémoires pour servir à l'histoire de la Fête des fous*, Lausanne 1867.

Tolnay, Charles de, *Jérôme Bosch*, Paris 1967, dt.: *Hieronymus Bosch*, Baden-Baden 1965.

Uhl, W., *Drama in renaissance Germany and Switzerland*, London–New York 1961.

Villetard, H., »La danse écclésiastique à la mètropole de Sens«, in: *Bulletin de la Société archéologique de Sens*, 1911.

Welsford, Enid, *The fool. His social and litterary history*, London 1935.

Young, Karl, *The drama of medieval church*, Oxford 1933.

Verzeichnis der Abbildungen

Wir danken den Museen und Bibliotheken für die freundliche Abdruck-
genehmigung.

Editorische Notiz

Die deutsche Ausgabe ist mit dem Einverständnis des Autors an wenigen
Stellen geringfügig gestrafft. Die Argumentation ist davon nicht berührt.